考古与艺术史
译丛

丛书顾问

罗 泰（Lothar von Falkenhausen） 李 零

丛书主编

来国龙 缪 哲

考古与艺术史
译丛

《定居地球》
Settling the Earth

《洞穴中的心智：意识和艺术的起源》
The Mind in the Cave: Consciousness and the Origins of Art

《远古艺术家：追溯人类最原始的艺术》
The First Artists: In Search of the World's Oldest Art

《破解玛雅密码》
Breaking the Maya Code

《寻找埃及失踪的古墓》
Searching for the Lost Tombs of Egypt

《国家及其废墟：希腊的古代、考古学与民族想象》
The Nation and its Ruins: Antiquity, Archaeology, and National Imagination in Greece

《破译的故事：从埃及圣书文字到玛雅文字》
The Story of Decipherment: From Egyptian Hieroglyphs to Maya Script

《罗马与剑：战士和武器如何塑造罗马历史》
Rome and the Sword: How Warriors and Weapons Shaped Roman History

《征服过去：考古学的起源》
La Conquête du Passé: Aux Origines de l'Archéologie

考古与艺术史
译丛

The Nation and its Ruins
Antiquity, Archaeology, and National Imagination in Greece

国家及其废墟
希腊的古代、考古学与民族想象

[希]扬尼斯·哈米拉基斯 —— 著　　石雨晴 —— 译

郑州大学出版社

图书在版编目（CIP）数据

国家及其废墟：希腊的古代、考古学与民族想象/（希）扬尼斯·哈米拉基斯著；石雨晴译. -- 郑州：郑州大学出版社，2025.5. -- ISBN 978-7-5773-0986-6
Ⅰ．K885.45
中国国家版本馆CIP数据核字第2025DU2234号

备案号：豫著许可备字-2025-A-0013

© Yannis Hamilakis 2007
The Nation and its Ruins: Antiquity, Archaeology, and National Imagination in Greece was originally published in English in 2007. This translation is published by arrangement with Oxford University Press. Beijing Han Tang Zhi Dao Book Distribution Co., Ltd. is solely responsible for this translation from the original work and Oxford University Press shall have no liability for any errors, omissions or inaccuracies or ambiguities in such translation or for any losses caused by reliance thereon.

The Nation and its Ruins: Antiquity, Archaeology, and National Imagination in Greece 的英文版最初出版于2007年。本译本经牛津大学出版社安排出版。北京汉唐之道图书发行有限公司对该译本负全部责任，牛津大学出版社对译本中的任何错误、遗漏、不准确或含糊之处，或译本造成的任何损失不承担任何责任。

国家及其废墟：希腊的古代、考古学与民族想象
GUOJIA JI QI FEIXU：XILA DE GUDAI、KAOGUXUE YU MINZU XIANGXIANG

策划编辑	郜 毅	封面设计	陆红强
责任编辑	郜 静	版式设计	九章文化
责任校对	樊建伟	责任监制	朱亚君

出版发行	郑州大学出版社（http://www.zzup.cn）
地　　址	河南省郑州市高新技术开发区长椿路11号（450001）
发行电话	0371-66966070
经　　销	全国新华书店
印　　刷	鸿博昊天科技有限公司
开　　本	889 mm×1 094mm　1/32
印　　张	13.25
字　　数	301千字
版　　次	2025年5月第1版
印　　次	2025年5月第1次印刷
书　　号	ISBN 978-7-5773-0986-6
定　　价	78.00元

本书如有印装质量问题，请与本社联系调换。

考古与艺术史译丛
总序

我们探究遥远的古代,从来不只是为学问而学问。其实,对古代的研究反映了我们当下的自我认识:它犹如一面镜子,把当今的"文明"社会与远古相对照,让我们有机会反思我们对当今社会本质的假设,也提醒我们别把现代的社会福祉视为理所当然。尤其是以研究物质遗存为主的考古学,它能在时间深度上比文献研究更加深入,并且通过年代精准的考古学文化序列,为世界各地的历史发展提供具体可见的物质形态。不仅考古发现的过程本身在智力上令人振奋,如果运用得当,考古学还可以在认识论上提供一套全新的、独立于历史文献的观点(尽管考古与文献也有可能是互补的)。最重要的是,考古学——无论是研究远古的史前考古,还是后来有文字记载的历史时期考古——都能设法还原"劳动群众"的主观意志,而他们的生活和经历往往为历史文献所无意或有意地忽略。

尽管考古发掘已经取得辉煌的成就,而且这些发现已经成为艺术史的经典和艺术史讨论的基础,但考古学家的任务不是挖宝。印第安纳·琼斯(Indiana Jones)不是一个好榜样。尽管有人会这么认为,但考古学不是抱残守缺的书呆子的领地。恰恰相反,考古学是一门充分利用现代技术成果的现代科学。在将现代科技应用于考古学的需要时,考古学者发挥了巨大的创造力。其中的关键是研究设计。特别是在过去75年里，伴随着考古发掘和分析技术的巨大改进，考古学家做出了巨大努力，创造了越来越成熟、旨在涵盖考古材料中所包含的全部历史经验的解释体系。总而言之，考古不仅是研究人类历史的一种手段，而且考古学史作为一门学科，也可以成为历史研究的对象。此外，在科学考古学正式开始之前，已经有学者对过去的历史材料进行了几个世纪的认真研究。今天，这一古老的研究传统——通常被称为古物学——正与科学考古学并肩前行，但有时也令人不安。这在中国尤其如此。科学考古学在中国的发展相对比较短暂——仅有100年的历史，而在欧洲部分地区则已经超过200年。中国古物学（金石学）的历史，至少始于公元11世纪，几乎是复兴时期兴起的欧洲古物学的两倍长的时间。最近的研究也显示，欧洲以外其他地区的古物传统中，在现代学术知识模式普遍开始传播之前，对古代的物质遗产的研究也是一个普遍关注的问题。

与所有学术研究一样，考古学者的观点受制于他们工作的历史环境，这反映在不断变化的学术风格、取向和兴趣上。近年来，考古学受人文和社会科学中自我反思转向的影响，让研究者更加深切地认识到，历史偶然性和偏见是如何在整个考古学史上塑造或影响了我们的研究。因此，考古学目前正在经历一个"去殖民化"的过程，旨在遏制顽固的种族主义的暗流，纠正历史上对各种弱势群体的排斥。由此产生的考古学，经过彻底的自我净化，必将对考古研究及其在社会中的地位产生持久的影响。同时，公众对考古材料本身产生了浓厚的兴趣，由于国际休闲旅游的扩展，他们有前所未有的机会直接参观和体验考古学的成果。因此，考古学者的一个任务就是提供关于考古学及其各个领域最新的、最可靠的研究状况和说明。

考古与艺术史译丛的设计旨在兼顾对考古发现本身的呈现和对考古思维方式及其时代变迁的探究，总体目标是邀请公众参与到考古学的研究中来。阿兰·施纳普（Alain Schnapp）的《征服过去：考古学的起源》是真正的学术经典。作者以无与伦比的精湛技艺，在其广泛的知识背景下追溯了欧洲现代早期从古物学到考古学的演变。扬尼斯·哈米拉基斯（Yannis Hamilakis）在《国家及其废墟：希腊的古代、考古学与民族想象》一书中，举例说明了在作者的祖国，考古学是如何为更广泛的政治目标服务的。在《定居地球》一书中，克莱夫·甘布尔（Clive Gamble）对考古学中最古老、最具争议的辩论进行了最新的总结：人类是如何（以及何时）扩展到地球上所有五个洲的。大卫·刘易斯–威廉斯（David Lewis-Williams）的《洞穴中的心智：意识和艺术的起源》同样关注人类的早期历史，探讨了人类尝试视觉表现的最早阶段——旧石器时代的洞穴艺术。米歇尔·罗尔布朗谢（Michel Lorblanchet）和保罗·巴恩（Paul Bahn）在《远古艺术家：追溯人类最原始的艺术》中，从不同的角度探讨了同一主题。文字作为一种记录语言的手段，是人类符号制作的后期发展的成果，这是莫里斯·波普（Maurice Pope）的《破译的故事：从埃及圣书文字到玛雅文字》和迈克尔·D.科（Michael D. Coe）著名的《破解玛雅密码》的主题；这两本书主要讨论了现代学者是如何努力把已被遗忘许多世纪的早期文字破译出来的。同样，克里斯·农顿（Chris Naunton）的《寻找埃及失踪的古墓》和西蒙·詹姆斯（Simon

James)的《罗马与剑：战士和武器如何塑造罗马历史》探讨了各自文化区域内历史文化考古学的重要主题。后续将会有更多的译著。在此我谨向为翻译这些重要著作而努力的译者表示敬意，希望他们的译著能得到读者的欢迎！

罗泰（Lothar von Falkenhausen）
2022 年 12 月 31 日　于伊克塞勒

（来国龙　译）

献给我的父母 Στους γονίς μου

前　言

本书研究的是古典古代*、特定古典古物、考古学和民族想象之间的关联。书中将回答一系列环环相扣的问题，比如：民族想象为何需要过去遗留的物质痕迹？这些痕迹如何影响永不止息的民族想象过程？古物对希腊民族空间（topos）的想象及其物质性的生产有何帮助？考古学被西方用作实现现代性的官方工具，它如何生产出民族的物质性？从民族国家本身到知识分子，再到各种社会团体，包括该民族的"他者"，这些社会行为体如何利用古代和特定物质古物来构建自己版本的民族想象，并同时追求各自不同的目的？通过本书的探索，我们能对考古学和古代有多少了解？更重要的是，我们能对这个民族及其成果有多少了解，尤其是其中不太受关注的部分？本书将探究民族如何利用古物来生产想象，换言之，民族的想象和记忆是如何物质化、客观化的。

为探究上述问题，我以希腊为研究对象。一提到"希腊"，

---

* 部分中文资料也将古典古代（classical antiquity）译作"古典时代"，但有资料称"古典时代"是从公元前5世纪到4世纪中叶，而该英文术语在《不列颠百科全书》中的定义为，从公元前8世纪古希腊作家荷马的作品问世到5世纪罗马帝国衰落的历史时期。为避免误导读者，本书采用"古典古代"这一译法。参考：https://www.britannica.com/event/Classical-antiquity 和 https://wenhui.whb.cn/third/baidu/201908/03/280887.html（若无特殊说明，本书脚注均为译者注；译者注中引用的网址只保证在本书翻译过程中有效）

尤其是在西方语境下,大多数人都会想到古典古代、神庙和大理石雕塑、古代战争,以及民主的起源。但我聚焦的并不是古典古代本身,也不是大多数西方学者理解的希腊主义(西欧从18世纪开始对古典古代的理想化;参阅莫里斯,1994),而是18世纪末、19世纪初传入希腊的新希腊主义,主要是我所称的**本土希腊主义**。本土希腊主义是指19世纪中后期希腊本土社会对西方希腊主义的挪用,他们将西方希腊主义重塑为一种新颖、融合、类宗教的形式,用于想象时间与地点、过去与现在,用于生产和再现民族身份(关于希腊主义一词在希腊的含义及用法,见西加拉斯,2001;另参阅孔布利,1998)。我希望借由本书,邀请古典学者、考古学家、历史学家和人类学家思考书中提及的希腊主义的重塑问题,书中的这种重塑除了自有其重要性外,还有助于我们理解更广泛的希腊主义现象,这也是西方最普遍的知识与社会现象之一。如今,人类学家已经看到,希腊人民应对古典传统影响力的方式是值得深入探究的,在过去一段时间里,他们也吸引人们关注到了这类探究。人类学家还指出了一种矛盾的现象:一方面,古典过去占据着西方想象的中心位置;另一方面,作为现代民族国家的希腊,却在现代地缘政治关系中处于相对边缘的位置(如赫茨菲尔德,1987)。这一论述为我们提供了许多有价值的见解,但仍需解决的问题是,对古典古代物质痕迹发挥的社会(和感觉/感官)作用,以及生产其物质性的规范流程缺乏细致关注(参阅波特,2003)。这部分空白必须填补,这也是本书的撰写目的之一。本研究将证明,自18世纪晚期以来,物质古物在希腊人民的生活中发挥了根本性的作用,影响之大可能超越其他现代民族国家的受影响程度。本书会提供详细的案例研究,提出并分析与考古学家、国家官员、政治家、知识分子等不同群体、不同背景者相关的无数事件，从而为详尽研究民族想象的物质性、时间和过程提供机会；为观察物与人的相互塑造提供机会（近些年的相关讨论，参阅米勒，2005）；为反思现代性及其在想象和物质层面的生产提供机会，尤其是在欧洲外围国家。因此，本书也有助于撰写有关现代性及现代性工具的其他历史，以充分展示现代性形式的多样性、多重性和复杂性。

我需要简要介绍一下自己的学术及个人背景，这有助于解释我为何选择这一研究主题，证明我所选理论方法的合理性，以及解释我所用的方法。我认为，任何这种类型的研究，以及任何试图理解希腊民族及其碎片（字面义和比喻义）的努力，若想避免落入政治陷阱，只有从反身性立场出发一途。

我接触到这一主题可以算是偶然。我先后在希腊的克里特大学和英国的谢菲尔德大学学习考古学。我从1996年开始在英国多所大学任教，教授考古学和人类学，在此期间，我除了对本书主题的研究外，还研究了爱琴海地区史前社会的方方面面，其中重点是食物消费和消费者的身体感知，社会记忆及其政治经济，还有身体感官。我对考古学和希腊的兴趣主要形成于本科时期。当时的课程是按德国古典考古学的传统设计（或默认沿袭下来）的。德国古典考古学的传统是采用传统的以艺术史为导向的话语体系，该话语体系受到了许多经典文献的批判（如莫里斯，1994），但直接与欧洲身份认同的过程，以及希腊民族想象的过程相关（参阅哈米拉基斯，2000c）。我对这种范式的不满源自两方面：我自己早期的政治化，这让我既不相信这种范式的精英主义内涵，也不相信它与民族意识形态的相关性；我认为它无法就过去的物质和社会世界给出令人满意的解释。早期，我之所以想要揭露希腊过去的民族主义"用途"，主要是出于一种天真的兴趣，因此，我的研究缺乏计划和条理，更像是在严肃学术研究之外的业余爱好。但从1988年开始，我与希腊之间的空间和社会距离，以及我接触到的有关考古工作性质和过去意义的激烈论战，帮助我阐明了自己的论点，并将它们与希腊考古学的社会背景关联起来。这并不是说，身处希腊"内部"就无法评论这个民族，保持距离的好处在于，既能避免被希腊的民族想象归化，也能将希腊置于比较视角中，与其他民族研究项目关联起来。

1993年，理论考古学团体在英国达勒姆召开会议，在其中一场以希腊考古学理论为主题的研讨会上，我发表了与埃莱安娜·亚卢里合著的论文，这也是我首篇关于希腊考古学的论文，标志着我早期研究框架形成的关键时刻（哈米拉基斯和亚卢里，1996）。自那时起，我的这一研究开始有了生命力，我撰写了更多论文，做了更多报告，开展了更多、更广泛（且高强度）的研究工作，与此同时，我还研究了希腊的史前史和考古学理论。写作本书，给了我充分发展自己论点、重新审视旧材料和详尽探讨新证据与新数据的机会。正如序言及后续章节将更全面解释的那样，我已开始相信，只有将这一主题置于后殖民研究的话语中，只有在充分探讨了殖民主义与民族主义之间的相互作用后，才能将这一主题论述清楚，我的这一认知也与我早期研究成果在多种场合得到的认可有关（部分内容与我早期著作中的观点有矛盾之处）。此外，我对自己早期的部分观点进行了修正，本研究反映的是我当前的观点。我认为，谈论"过去的用途"，谈论各种团体利用古代的工具性或策略性，都只能**部分**解释这些现象的复杂性。本书将展示我所用研究方法的潜力与局限。本体论的研究方法往往将来自过去的古物和物质痕迹视为主体，而非客体，即将它们视为民族大家庭的一员；因此，我们需要换一种方法和探索框架来研究这一关系。简而言之，本书中的平行叙事讲述的是一个不断发展的学科及学术方法，一种动态的话语体系，是笔者思想世界与自身社会、政治生活和际遇的碰撞结果。

致　谢

我对自己萌生创作本书之念的时刻记忆犹新。那是 1996 年 3 月，在威尔士大学兰彼得分校，我刚刚将一篇以现代希腊为背景探讨古代希腊的文章交给同事安德鲁·弗莱明。两三天后，工作间隙的咖啡时间，安德鲁来到我面前，说他特别喜欢这篇文章；他还建议我以此为主题写一本书，说会很有趣，也很有意义。这是我此前从未想过的，我一直是将史前史和考古学理论视为主要研究领域，将这一研究主题视为业余爱好。我由衷感谢安德鲁，如果没有他的鼓励（以及其他同事、友人的间接鼓励），这本书压根不会开始。我也十分感谢相信我并以各种方式支持我的其他同事和机构。我利用 1998 年秋和 1999 年春的大学公休假，正式开始了对这一主题的研究。1998 年秋时，我在伦敦，1999 年春时，我以玛丽·西格·奥博伊尔博士后研究员的身份参与了普林斯顿大学的希腊研究项目。我在伦敦期间，伦敦大学学院考古研究所所长彼得·乌科接待了我，伦敦国王学院的菲利普·卡拉博特也尽其所能为我提供了便利，让我能更好地在该学院档案馆和图书馆开展研究。普林斯顿大学的迪米特里·贡迪卡斯对我的研究产生了浓厚兴趣，以他一贯的热情和周到，为我提供了诸多建议和帮助。燧石图书馆的工作人员特别乐于助人，主动为我提供了许多帮助。2003 年，我在辛辛那提大学古典学系任马戈·蒂图斯研究员，该系图书馆存有极其珍贵的文献，尤其是现代希腊语领域文献，本书大部分内容的参考资料都出自那里。非常感谢该系图书馆的工作人员，以及格策尔·科恩、芭芭拉·伯勒尔等教职人员，他们为我在辛辛那提大学的研究提供了巨大便利。此外，古典学系的研究生们活泼、热情，对我照顾得十分周到，经常组织愉快的饮酒聊天会，这对整日泡在图书馆做研究的我来说真是必不可少的放松。我还必须特别感谢沙里·斯托克、杰克·戴维斯的热情款待。杰克对这个项目兴趣浓厚，非常愿意与我探讨各种问题，与我分享他在希腊考古学方面的专业知识和经验。他对本书的支持贯穿这个项目始终，为我提供了各种建议和想法。我还要感谢辛辛那提大学档案馆的工作人员，谢谢他们的帮助，谢谢他们向我开放馆内资料。

在2005至2006学年，我有幸成为洛杉矶盖蒂研究所的访问学者，从事另一项目的研究工作，这也给了我修订本书、重新审视书中部分观点的机会。盖蒂研究所的所有同事、友人都为我提供了莫大帮助，尤其是肯·拉帕廷和克莱尔·莱昂斯。1996至2000年间，我在威尔士大学兰彼得分校任教，并于2000年入职南安普顿大学，两所高校都为我提供了继续本书研究的时间和空间，同事、学生会在听取我的部分观点后给予反馈。我还要特别感谢我所带博士生中从事相关研究的约安娜·安东尼亚杜、诺塔·潘曹、莉娜·斯蒂法努和尼古拉斯·佐尔津。位于希腊的许多机构也为这项研究提供了诸多便利，尤其是美国古典研究学院（雅典）（特别是其图书馆、档案馆及相关支持人员）、艮纳底乌斯图书馆和现代社会史档案馆。现代社会史档案馆的万杰利斯·卡拉马诺拉基斯总是热情解答我的各种疑问，经常在紧要关头为我提供帮助。我曾赴世界各地参加包括学术研讨会在内的各种会议，将本书的部分观点与与会者分享，他们的反馈帮助我完善了最终结论，这里要感谢的人不胜枚举。

一些同行看过本书出版前的全部或部分草稿（或是看过我在写作本书前的相关文稿），我对他们给予的宝贵评价感激不尽，这些同行包括：斯特拉蒂斯·布尔纳索斯、基思·布朗、菲利普·卡拉博特、杰克·戴维斯、迈克尔·赫兹菲尔德、安东尼·里雅阁、内尼·帕努尔吉亚、约翰·帕帕佐普洛斯、尼尔·阿舍尔·西尔贝曼、阿兰·施纳普、查尔斯·斯图尔特和戴维·萨顿。本书的几位审稿人也提供了建设性的评论及建议，"古典存在"丛书的各位编辑也为我提供了莫大支持，尤其是吉姆·波特。埃莱安娜·亚卢里是我另一研究项目的首位合作者，那个项目也是本书的撰写基础，多年来，她与我分享了许多想法与思考，我们经常探讨、经常争论。卡罗利妮·冯·奥彭总是不吝时间与我探讨，是我许多新想法的首位读者和听众。本书的标题也来自她，当然，我并不确定她是否希望我提到这一点……我在孕育本书的漫长过程中还得到过阿格拉娅·詹纳科普卢、克里·哈里斯、法尼·马卢胡–图法诺、阿里斯·楚克尼达斯、贡达·范·斯滕、安迪·沃尔斯等人不同形式的帮助，比如给我提供反馈、鼓励或技术协助，以及与我分享他们的研究成果等。同时，我非常感谢慷慨授权我使用书中插图的组织、出版商及个人。从始至终，牛津大学出版社的工作人员都一直特别理解我，热心帮助我，尤其是希拉里·奥谢和贝唐·李。

当然，我最感激的还是所有与我对话的人，有的是我在威尔士大学兰彼得分校和南安普顿大学的希腊学生，有的是我在考古学领域的希腊同事，有的是希腊内战集中营的幸存者，有的是与本书主题有关的普通人。我衷心希望，他们能从本书中感受到我对这片土地及其人民深沉的热爱，无论是它的过去，还是现在，无论是"土生土长的希腊人"，还是新"移民"，都是我的热爱。

我曾在《现代希腊研究杂志》（20，2002）上发表过一篇论文，第五章便是该论文的修订版，获约翰霍普金斯大学出版社许可再版于本书中；第六章源自我发表在《世界考古学》[31（2），1999]上的一篇论文，但经过了大幅扩充与修订。本书中的部分段落曾发表于其他出版物中，已注明引用。除非另有说明，书中所有希腊语翻译均为本人所译。

转写说明

希腊字母表到拉丁字母表的转写一直是学者们争论不休的话题；事实上，这完全不是一个技术问题，它直接关系到语言中的权势之争，包括文字语言和口语。许多人类学家支持使用音标系统，这一点很好理解，他们希望能利用文字尽可能多地传达语言的声音。语文学家和历史学家主张采用词源系统，以贴近文字语言的历史发展轨迹。其余人则支持二者结合。音标系统的支持者们还援引了一种赋权非精英阶层的立场，与往往热衷于宣传并展示纯洁性与语言连续性的官僚和民族知识分子对立。对语言连续性的追求往往也是部分词源系统支持者不曾言说的动机。考虑到本书论点，我虽愿意支持这一立场，但我主要处理的是文字资料，而非口头资料。除此之外，我赞同另一些人的观点，即在希腊，文字语言的"长相"很重要，正因如此，如今还有一些希腊人在使用拉丁语字母表进行网络交流时，会试图使用与希腊语长相相似的那些拉丁语字符（参阅帕帕伊利亚斯，2005：xi–xii）。音标系统往往会催生出令希腊语和非希腊语读者都完全陌生的书面文字。因此，我决定采取有望同时解决双方担忧的折中方案。当拉丁语拼写可能令人困惑时，我也会使用变音符号。标准的人名和地名要么保留了它们的英语化形式（例如雅典是 Athens，而非 Athina），要么保留了它们常用的、标准的转写形式。关于参考文献的作者名，书中保留了它们在（知名）英语出版物中的拼写形式。书中采用的转写体系更接近查尔斯·斯图尔特（1991）用过的那个，只是稍加修改。

Αα：a　　　　　　Ββ：v
Γγ：g　　　　　　Δδ：d
Εε：e　　　　　　Ζζ：z

Ηη：i　　　　　　Θθ：th
Ιι：i　　　　　　Κκ：k
Λλ：l　　　　　　Μμ：m
Νν：n　　　　　　Ξξ：x
Οο：o　　　　　　Ππ：p
Ρρ：r　　　　　　Σσ：s
Ττ：r　　　　　　Υυ：y
Φφ：ph　　　　　Χχ：h
Ψψ：ps　　　　　Ωω：o

αι：ai
αυ，ευ：af/av，ef/ev
ει：ei
οι：oi
ου：ou
γκ，γγ：g（单词词首），ng（单词词中）
μπ：b（单词词首），mb（单词词中）
ντ：d（单词词首），nd（单词词中）

目 录

序言 刻在大理石中的记忆

跨国资本时代的"希腊荣光……" 1
在民族的废墟中做梦 5
民族主题的生产 12
殖民化的现代性 17
超越"被发明的传统" 20
考古学的多点民族志研究 22
本书梗概 25

第一章 "战士""祭司"和"传染病医院":考古物质现实的生产者

"战士"与"祭司" 34
民族的神庙 44
"传染病医院":外国考古研究所 46
考古法与民族价值的创造 49

第二章 从西方希腊主义到本土希腊主义:古代、考古学和现代希腊的发明

引 言 56

希腊独立战争前后的古物及其生活史 64
想象出的民族 75
追忆民族记忆的碎片 80
净化民族景观，创造希腊主义的异托邦 87
"在我们眼前……"：民族考古学的悖论 95
过去是有争议的资源 99
本土的综合化：从西方希腊主义到本土希腊主义 108
梦境中的废墟 116

第三章　像萨满一样的考古学家：马诺利斯·安德罗尼科斯的感官民族考古学

来自"彼岸"的旅程 127
梦 133
"装有神圣遗骸的骨灰盒" 137
无休止的战争和不朽的死亡 140
以触摸视物者 141
决定命运的时刻 144
梦的纪念碑化 150
作为萨满的考古学家 158

第四章　对斯巴达的向往：古代与梅塔克萨斯独裁统治之间的关联

古代与梅塔克萨斯政权意识形态之间的关联 168
"他者"的话语 179
考古实践与梅塔克萨斯政权 184

结　论 191

第五章　另一座帕特农神庙：古代与集中营中的民族记忆

　　马克罗尼索斯岛："民族再教育学校" 196
　　马克罗尼索斯岛与古代的关联 203
　　从属者的话语：潜隐剧本和支配者叙事 212
　　马克罗尼索斯岛：景观、监视二合一的异托邦 219
　　结　论 223
　　后　记 224

第六章　对民族完整的怀旧：帕特农神庙（或埃尔金）大理石雕

　　大理石雕中的故事 229
　　该民族的孩子啊，被囚禁他乡 236
　　超越不可转让性：重新收集碎片 248
　　附　言 262

结论　废墟中的民族？ 264

注　释 279
参考文献 317
名词对照表 358
索　引 382

序言　刻在大理石中的记忆

> ……吾乃石塑之躯，定于此处。无法断言所见之纷争在未来，还是过去。环顾四周，吾之残躯旁，唯有截断的石柱，和无能为力只能彼此相望的面孔。
>
> 　　　　豪尔赫·路易斯·博尔赫斯《雅努斯胸像的独白》
> 　　　　　　　　　A. T. 特鲁布拉德　英译

> 那些带连字符的神，就像好莱坞制片人*。
>
> 　　　　　　　　　　德里克·沃尔科特《奥麦罗斯》

跨国资本时代的"希腊荣光……"

1896年的希腊雅典奥运会是国际公认的第一届现代奥运会，但直到2004年，希腊才再度举办奥运会。奥运会开幕前，希腊深陷国际争议、组织困难和世界媒体持续关注的漩涡；媒体最热衷的话题就是，希腊的筹备进度严重滞后，且无法保证奥运会的安全举行，尤其是在"9·11"事件后；媒体的这种"异口同声"令人想起了现代希腊人经常蒙受的指责，即他们不配继承希腊的

---

* 好莱坞制片人常身兼多职，在演职员名单上以连字符串起各项职务。——编者注

古典遗产。希腊申奥时设计的奥运会会徽是一艘古希腊战船，正式的会徽是古代运动员头戴的桂冠，由橄榄枝缠绕而成；官方吉祥物为一对简笔的卡通男女形象，设计者称自己的灵感来自公元前7世纪的赤陶玩偶，并以古希腊之神雅典娜和费沃斯的名字为它们命名，此举引起了巨大争议。争议的来源与其说是它们畸怪的形状（有人觉得像避孕套，也有人觉得像变异的外星人），不如说是它们与著名卡通《辛普森一家》的形象太过相似，某外国报纸甚至发文标题为"哎呀！希腊人以荷马*为原型设计奥运会吉祥物，但认错了荷马"（史密斯，2002）。

与此同时，成功举办一届奥运会需要长期且坚定的努力，这需要举国上下万众一心，也势必离不开资金、环境、公民自由方面的巨大牺牲。漫长的准备过程包括全国性的活动、节庆，主要是为了招募急需的志愿者，提升民众对筹备工作的支持；除雅典外，还有许多城市承办了部分奥运赛事，获得了奥运城市的称号。奥运圣火在传至雅典前，也历时许久在希腊各地进行传递，其中大部分为边境城市，从克里特岛到爱琴海东部岛屿，从希腊北部色雷斯到希腊南部。开幕式以古代主题为主：首先出现了一个代表基克拉迪文化的巨型人头塑像（可追溯到公元前3000年），后该塑像四分五裂，露出了其中的一座古希腊青年站姿雕像（公元前7至公元前6世纪），该雕像再次分裂，最终露出了一座古典雕像；不过最引人注目的还是紧随其后的花车游行，花车上的表演者重现了各式各样的古希腊雕塑和壁画场景，从"米诺斯"时

---

* 《辛普森一家》中的父亲名为荷马·辛普森（Homer Simpson），其中"荷马"与古希腊盲诗人荷马名字相同。

代（公元前3000至公元前2000年）开始，先后历经古典时期、拜占庭帝国时期和现代，并以一名孕妇和光效模拟的DNA结构为这一段历史年轮画上句点。

以左翼团体为主的抗议者反对为举办奥运会做出巨大牺牲，反对奥运会的过度商业化，反对对公民自由的损害，某无政府主义团体甚至建了个网站，名为"奥运会应该死在自己的发源地"，并在该网站的最显眼处，展示了一座熊熊燃烧的帕特农神庙。[1]尽管如此，大多数人似乎还是被奥林匹克理想及其可能带来的好处说服了。奥运设施的修建对生物的关键栖息地环境，对古代马拉松战役遗址等考古遗址均造成了不同程度的破坏。场馆设施承建方在赶工过程中发生了多起事故，造成了重大人员伤亡（至少18名工人丧生，其中有许多外来移民）。[2]这些确实招致了人们的反感和反对，但并不足以阻碍奥运会的筹备进程，甚至无损于奥运会的迷人形象。

不过，2004年雅典奥运会的故事早在许多年前就已拉开序幕：1992年，可口可乐公司在意大利《晚邮报》上刊登的一则广告激怒了希腊民众，怒火延烧了数周之久。希腊民众愤怒的原因在于，广告主图将帕特农神庙的立柱改成了可口可乐瓶。帕特农神庙是现代希腊民族身份最重要的象征，"亵渎"它本身已经够糟糕了，但更糟糕的是，罪魁祸首不是别人，正是作为西方美国消费主义代表的可口可乐公司。由于该公司总部正好位于佐治亚州的亚特兰大，因此，它也被视为亚特兰大击败有力对手雅典，拿下1996年奥运会主办权的重要助力。在2004年奥运会的主要赞助商名单中，可口可乐公司位列第一，其后还有麦当劳、维萨等许多跨国企业。这届奥运会的官网称，"赞助是一项可追溯到古希腊时

序言 刻在大理石中的记忆 3

期的传统……"³。后来，数名运动员陷入兴奋剂丑闻，包括肯特里斯、萨努等最杰出的希腊运动员，他们似乎曾因为国争光而受到高度保护。这些丑闻令希腊民众深感失望，尤其是在希腊奥林匹克委员会宣布雅典将举办迄今为止"最干净"的奥运会后。不过，纵有波折，这届奥运会还是在全民狂欢的氛围中顺利结束。在其结束的一个多月前，希腊男足刚刚斩获2004年欧洲杯冠军，为希腊民众开启了快乐之夏，奥运会则将这种快乐推向了高潮。希腊已向世界证明，他们有能力在成功主办顶级体育赛事、"理解全球"、代表世界精神的同时，坚守自己的民族身份与民族神话。希腊国旗首次成为时尚标志，出现在T恤和珠宝上。国际媒体和评论员对这届奥运会赞不绝口，但也不是没有嘲讽，他们虽惊喜于希腊组织工作的巨大成功，但赞美中仍透露着高人一等的态度。

本书并非以2004年雅典奥运会为重点，关于这届奥运会，已有若干书籍或直接或间接地探讨过了（如基特洛夫，2004；卢埃林 - 史密斯，2004），未来可能还会有更多相关著作。本书的重点更为广泛：古代、古物与民族想象之间的关联。不过，书中会探讨这届奥运会举办过程中显露出来的讽刺、紧张、矛盾及模棱两可，其中部分已能在前文的描述中窥见一二。更具体地说，本书探讨古希腊（主要是古典时期）遗产的关键地位，及其在希腊人民生活、想象、经历、焦虑和希望中的物质表现；这些物质遗产如何被用作象征资本、文化资本、象征性的防御武器以及理解和应对全球化资本主义现代性的工具。⁴ 这些物质遗产是民族团结（及不和）的物质表现，是当今审美成就的衡量标准，是面临威胁的神圣实体，是储存思想、主题、符号的宝库，可以促进、催生不同的政策和程序，观点和策略，金融交易和行动，以及更重要的，从饮食到欣赏艺术的日常生活、品味及偏好，并证明它们的正当性、合理性。这些物质遗产一直处于整个西方世界的凝视之下，西方世界已经构建了自己版本的古典遗产，并将其据为己有，用以解释自己的起源，但在与"曾闪耀古希腊荣光之地"的现代居民打交道时，又总会感觉底气不足、忽喜忽忧。要理解所有这些物质表现，我们至少要追溯到18世纪晚期（甚至可能更早），在历史的背景之中，批判性地审视现在。我们假定，历史发展的脉络并非总是显而易见且能得到证实的，因此，我们需要在过去与现在之间不断地来回审视；我们还需要在这些物质表现原本多变、"不安"的环境中去理解它们，在它们的"危险时刻"想起瓦尔特·本雅明的思想［1992（1970）：247］。本章作为序言，希望能够做到以下几点：详细阐述是什么性质的调查激励笔者写作本书；概述该调查用到的理论和方法；并在最后给出大纲。

在民族的废墟中做梦

读者很快就会发现本书的与众不同之处。本书主题及所用资料和方法都站在不同学科、不同成熟方法路径的交汇处。本书研究的不是作为一门学科的考古人类学，不属于科学社会学范畴，若对这类文献感兴趣，可参阅纳迪娅·阿布·埃尔－哈吉关于以色列考古学和社会的重要著作（阿布·埃尔－哈吉，1998，2001）。本书也不是一本关于遗产空间的民族志，若对这类书籍感兴趣，可参阅迈克尔·赫茨菲尔德的一本开创性著作，他去了现在的克里特岛雷西姆诺，在曾被威尼斯人统治的土地上，研究人们生活方式中的诗学与政治（赫茨菲尔德，1991）。虽然本书所做研究与这二人的著作有许多共同之处，但主要关注点不同。此外，尽管早该有人为希腊考古学撰写一本社会历史书，一如巴尔巴内拉（1998）为意大利古典考古学所做的那样，但本书并不是。本书虽和历史沾边，但考虑到历史分析所占比重，本书更像是一本有关希腊考古学特定方面的元史学著作（怀特，1973；参阅布朗和哈米拉基斯，2003a，b）。本书主要描述的是，古代物质文化和古物在希腊现代社会背景中的经历、角色和意义（参阅阿帕杜莱，1986a；科皮托夫，1986）。本书还描述了物质过去的感官生活、感觉生活和传记（参阅豪斯，2003；2006：166）：被古物感官和物质特性激活的行动能力与力量，主要是它们的可见性、可触性，及其生产和物质化时间、地点的能力。[5] 本书探究的是物质世界，这个世界不是预先设定好的，不是不言自明的，也不是静态的。因此，本书还需要调查这个世界是如何在学科实践和其他社会实践之中形成的，书中部分内容也会探索学科文化，以及学术领域的生产方式，尤其是考古学。此外，我对这个物质世界的社会生活很感兴趣，自然会探究社会生活的不同形式，这不仅包括它们"真实可靠"的遗存，即有形的手工艺品、古迹和遗址，还包括它们的各种"转世重生"，比如诸多媒体和舞台对物质过去的模仿、改编和讲述。当然，探究的方法有很多，我选择了自己认为重要的单一角度，即民族身份的诗学与政治。我探究的主线将是从古物、古代地点和遗址中具象化、物质化的民族和民族性；不过，这条主线并非我唯一的关注点，它更像是我探索其他问题和现象的中转站。

请容我先提醒一下：本书的主题并不是考古学在希腊的民族主义用途，至少不能按照我们的习惯，从当前学术成果出发来理解这一主题。在此我需要做进一步的解释。无论任何文献数据库，一旦以"民族""民族主义"为关键词进行检索，都会搜到来自不同学科的海量学术成果，任何一位研究人员都没有能力将它们尽数研究并消化。如今，这一领域几乎成了一个产业，有自己的期刊、教科书和书面规范，我甚至不敢妄想在这里对这些文献进行综述，只想试着将本研究与这一更广泛领域的某些关键趋势联系起来。任何学术潮流仅靠自给自足都不可能长久，民族主义书籍和文章的大量涌现，确实与学者想找到立足之地、获得终身教职、建立学术势力范围的企图有一定关系，但更重要的是，这一现象是对21世纪初真实且迫切的社会需求的回应：理解一种在不久前还被误认为是"历史"的社会现实（美国人对"历史"的普遍理解是，过去的、被遗忘的、无关紧要的东西）。这个社会现实宛如幽灵，西方[6]以为，随着第二次世界大战后各种条约的签署和联合国的成立，它已被永久驱逐。不过，在那之后，种族间的紧张关系仍未消除，冲突时有发生，有时会被冠以宗教或地区冲突之名，稍加掩饰，有时则更加直白。只是对西方来说，这些冲突太过遥远，或（被认为）缺乏政治重要性，不值得重点关注。在欧洲及其他西方现代民族国家的核心领域，无论是官方的**还是**民间的，民族神话始终存在，且影响广泛，但却几乎都未得到任何持续、重点的关注。有关民族性的学术研究成果纵然重要，却没能对西方学术话语体系产生决定性影响。

20世纪90年代初南斯拉夫的解体以及随之而来的血腥冲突

改变了这一局面。正当西方为"苏联帝国"的瓦解而欢庆之时，西方学者突然意识到，几年前刚被若干学者宣告死亡，甚至已然埋葬的民族主义冲突仍将继续存在。从那时起，许多学术领域才开始意识到，民族主义其实从未消失。当然，早在十年前，就有一些学者在尽力理解这一现象，并留下了一些影响深远的著作，其中最著名、最有影响力的要数本尼迪克特·安德森［1991（1983）］和欧内斯特·盖尔纳（1983）的著作。这些研究延续了一个悠久的传统，该传统至少可追溯到1882年3月11日，当时，欧内斯特·勒南在索邦大学发表演讲，提出了一个关键问题："民族（nation）是什么？"［勒南，1990（1882）］。近年来，有关民族主义的著作和争论爆炸式增长，而这可以相对确定地追溯到欧洲20世纪80年代末90年代初那些重大事件发生之后。在这之后的喜人发展是，部分研究试图打破仅着眼于冲突本身进行分析的局限，去理解那些作为冲突基础的意义框架。这些研究让人们意识到，如果一个话语体系太过僵化，不曾尝试将"民族"视为一个组织概念去研究它的社会逻辑，以及它与其他"现代性"工具之间的关联，那么这一体系就不太可能理解民族主义的相关现象，更别提抵消其负面影响了。

考古学这门学科早在1939年就表达了对民族主义的担忧［克拉克，1957（1939）］。当时正值欧洲历史上的黑暗时刻，一些考古学家警告称，不要将考古学概念与种族主义思想、民族主义思想关联起来，这种做法十分危险。这种关联所依据的框架是一种文化史方法，用最简单的方式概括这种方法就是，将人类历史视为一系列存在于不同时间和空间的文化，我们可以根据形式相似性和类型学分类对过去的物质遗存进行分类，从而区分不同的文化。而这一框架从20世纪60年代末开始，便受到了严厉批判。在物质痕迹、文化及其所代表的民族群体之间建立的同构性，在古斯塔夫·科辛纳的著作中得到了极端表达。德国学者科辛纳是语言学家转型的史前史学家，曾有人认为，他的著作从考古学角度，为德意志第三帝国的扩张主义运动提供了正当理由（可参阅诸多著作，包括阿诺德和哈斯曼，1995；维约拉，1996）。科辛纳的阴魂，以及考古学内部的学科发展，使北美、英国、斯堪的纳维亚等地的业内人士摈弃了文化史方法，更青睐客观主义、经验主义的范式，该范式立足于科学话语，以及一般性、普适性且可观察的规律与模式（参阅特里格，1989）。不过，到20世纪80年代中期，这一范式也遭到了严厉批评。到20世纪90年代，又出现了一种新的考古学流派——后过程考古学（与过程考古学，即"新考古学"对立），又名阐释考古学或批判/激进考古学，主要流行于英国，其次是斯堪的纳维亚半岛、其他一些欧洲国家以及美国的一些学术组织。该流派涵盖了各式各样的方法，代表了各式各样的观点，但这些观点都强调考古证据具有情境性，因此是视情境而定的；强调不能将考古学视为对客观真实的科学研究；强调考古是历史的（而非科学的）；强调考古数据和工作具有争议性（且有些人认为，它们天然具有政治性）（参阅康基和斯佩克特，1984；霍德，1986；莱昂内等，1987；尚克斯和蒂利，1987a，b；平斯基和怀利，1989；盖瑟科尔和洛温塔尔，1990；哈米拉基斯和杜克，2007；等等）。举例来说，该流派鼓励人们就土著群体和考古学问题各抒己见，鼓励修复并重新埋葬美国、澳大利亚、新西兰等国的土著群体遗骸，鼓励为对抗考古学中的欧洲中心论偏见而努力（参阅乌科，1987；莱顿，1988；沃特金斯，2000；史密斯和沃布斯特，2005；等等）。

考古学内部的这些发展反映出，本体论和认识论在许多学科内的确定性正在逐渐削弱。与此同时，人们意识到了民族主义在西方社会中的重要性和对西方社会的种种影响，考古学、考古材料、遗址与民族主义话语和实践之间的关联也开始清晰起来，对这些关联的记录和研究也就成了学术界的一大主题，推动学者出版了大量相关著作[7]，甚至推动大学开设了大量相关课程。该领域文献增加的另一动力来自一篇很有影响力的评论文章（霍布斯鲍姆和兰杰，1992），文中提出了一个重要概念——"被发明的传统"，这一概念将真实与发明彻底区分开来（当然这种区分方式也并非完美无瑕）。在这篇文章及其他因素的影响下，大多数关于民族主义和考古学的著作都将民族主义视为国家支持的邪恶势力，会让"考古记录"产生偏见，会滥用、扭曲"考古记录"；持这种观点的人认为，要解决这些问题，就得坚持客观、中立的标准。这就形成了泾渭分明的两方，一方以西方考古学家为主，另一方以非西方的"他者"为主，前者坚持以真实、客观、科学为标准，认为后者会受情感冲动驱使，为服务民族主义议题而扭曲考古记录，并对此表示谴责。

真实与发明的区分涉及一系列本体论、认识论、伦理及政治方面的问题。"被发明的传统"所基于的前提是，考古学就是一门对"考古记录"进行复原和解释的学科。这一前提同时得到了科学导向型考古学家和（大多数）后过程、阐释考古学家的认同，但他们对考古记录本质的理解存在分歧，前者认为考古记录是需要依靠科学规律才能破译的物理实体，后者通常将它们视为可从中"阅读"到过去的文本。[8]但"考古记录"并不是以这两类形式存在的：过去之人记录生活，并不是为了留给我们去发现、保存和破译（参阅帕特里克，1985）；更广义地来说，他们遗留下的只是代表过去生活的物质碎片，是考古学利用这些物质碎片，**生产出了被我们称为"考古记录"的实体**（巴雷特，1988；哈米拉基斯，1999a；参阅帕特里克，1985）；换言之，作为一门学科以及作为一个原则、手段、方法和实践集合的考古学，是从现存真实的过往物质痕迹中创造出了自己的研究对象。

说到这里，人们难免会拿民族主义来对比：民族主义的意义和目的都源自它自己创造的实体——民族，考古学也是如此，其渴望研究的对象及其自身**存在的理由**（raison d'être）也都源自它自己的创造——考古记录。这种一致性的存在并不完全是偶然。在欧洲考古学向一门有组织的学科发展的同时，新兴民族国家恰好需要物证来证明自己所认为的古代真实存在。这种对民族考古记录的需求推动了考古学的发展（参阅特里格，1984；迪亚－安德勒和钱皮恩，1996a）。因此，研究考古学与民族主义之间的关联，聚焦的并不是民族主义如何滥用考古学，而是将作为独立学科的考古学视为一种发展现代性的手段，同时将民族主义视为这种现代性中最具影响力的意识形态，研究考古学为满足民族主义的需求，经历了何种发展。与此同时，对民族主义和考古学的研究也是一种"透过镜子"的研究，如果不解决本体论、认识论假设、谱系学和相关考古手段的机制问题，就无法继续推进。从更广泛的意义上说，这也是对考古学产物（既包括考古故事和话语，也包括考古文物、遗址和古迹）的研究，研究它们与民族主义和国家公民的持续生产和再生产有何关联，换言之，它们与"社会的民族化"有何关联（巴利巴尔，1990）。众所周知，民族主义的关键悖论之一在于，它作为一个极其现代的研究课题，犹如双面神一样，前面展望未来，后面回顾过去［参阅安德森，1991（1983）；巴巴，1990：1；等等］；民族主义需要用历史和过去来证明自己确实足够古老甚或不朽，但问题仍然存在：被民族主义选中的为什么是考古学，为什么是考古古迹和遗址？在发掘、收集、保存、解释、展出考古文物及发现的过程中，到底有什么让考古学占据了民族主义的中心？

民族主题的生产

若要回答上述问题，必须先充分理解民族主义的矛盾性、复原力和影响力。客观主义方法认为，民族主义是一种机械的、自上而下的政治纲领，是一套被政治领导人及其追随者利用的指令。这种观点太过狭隘，无法解释民族主义的复杂性、持久性和影响力。正如一些作者所言，这里的关键问题在于：人们为什么愿意以民族的名义牺牲自己的生命？本研究所借鉴的著作是将民族主义视为一种文化体系、意识形态和本体论，是将民族主义视为一套思想，这些思想定义了人在世界上的存在，管理着他们肉体的社会存在、他们的想象，甚至他们的社会梦想［参阅卡普费雷尔，1988，1989；安德森，1991（1983）；赫茨菲尔德，1992；古尔古里斯，1996］。我认为民族主义是一个有组织的参考框架，且始终处于构建自身、对象（民族）及其社会代理人的过程中。它的历史根源有大量文件记载（参阅盖尔纳，1983；霍布斯鲍姆，1992），它与现代性技术（如印刷术、地图、人口普查、博物馆）之间的关联也都有详尽列举［参阅安德森，1991（1983）］。安德森有句名言——民族是一种想象的共同体*。如今，很多人都爱提这句话，却鲜少有人认真思考它意味着什么。这里的关键特征是想象的过程，是一个认为自己的主体性从属于一个成员间不进行面对面互动的群体过程。安德森一再强调，"想象的共同体"这一概念绝没有任何否定民族真实存在的意思，民族的现实，或更恰当地说，民族的物质现实是无处不在的。民族通过归化，通过将民族的真理变成客观、合理、真实、毫无疑问的真理，通过将偶发事件转变为命中注定，通过将历史事实转变为不受时间影响的存在，通过将暂时转变为永恒，来实现对社会的民族化，正是这种民族化让民族自身获得了巨大的影响力。民族化的过程是动态的，是持续变化的，每一代人都有自己独特的民族化方式，这也让民族和民族主义变得难以捉摸。这一民族化过程由于掩盖了民族化的运作方式，即掩盖了社会的民族化过程，还让民族意识形态化了。

民族主义作为民族意义的指导框架，作为一种通过想象建构社会的过程，也可以被视为一种宗教，一种世俗化的宗教，它有崇拜的对象（如国旗），有自己独特的习俗和仪式，也有礼拜的经文与颂歌（如国歌、民族叙事）。因此，民族的"礼拜仪式"指的是构成民族记忆实践（参阅康纳顿，1989）、生产并再现民族记忆的具体习俗，这一过程既包括记忆实践，也包括遗忘实践

---

* 关于安德森提出的"想象的共同体"（imagined community）这一概念，南京大学人类学研究所教授范可（2015）解释道："想象的共同体所指的是一种感觉，即人们无论相距多么遥远，所操的语言有多么不同，所处的阶层与文化有多大差异，但都在现代沟通工具（从印刷到屏幕）的作用下，而设想自己是一个社区或者家庭的一个部分。"参考：http://www.shehui.pku.edu.cn/upload/editor/file/20180829/201808291104179614.pdf

[参阅勒南，1990（1882）；洛温塔尔，1995；阿帕杜莱，2001：37］。民族的想象建构也可以被视为梦，或者更恰当地说，被视为梦的工作*，这是弗洛伊德学说中的一种思维模式（参阅古尔古里斯，1996）。这一比喻有助于我们构想民族的工作，它就像梦境一样，具有图像性质和地形特征（参阅利昂蒂斯，1995）：民族想象是通过图像来工作的，会构建出（文学**和**地理意义上的）空间，民族想象是由民族地形欲望塑造的。民族想象的图像性和地形性与本研究项目高度相关：正如后文将论证的，来自古代的某些废墟和手工艺品可以被视为定义该民族空间所必需的标志、图像和物质地标，我与利昂蒂斯（1995：40—66）、古尔古里斯（1996：46）均认为，这一空间应该属于异托邦（依据福柯的定义；参阅福柯，1986），而非乌托邦。福柯对"异托邦"的定义是"真实存在的地方……一种**被实现了的乌托邦**，在这种被实现了的乌托邦中，真实的位所，所有能在文化内被发现的其他真实的位所被同时表征出来，被抗议并且被颠倒"（1986：24；粗体为原作者所加）。"异托邦"这一术语之所以适用于定义民族空间，是因为它的两大特性：具备不同于乌托邦非现实性的物质性（"乌托邦本质上是非现实的空间"，福柯，1986：24），以及能够履行被实现了的乌托邦的职能（参阅哈米拉基斯，2000a）。这种异托邦的物质地标不仅仅是民族梦的图腾（无论

---

* 根据《大辞海》中的解释，"梦的工作"（dream-work）是"对梦的真实意义的歪曲机制"。参考：http://www.dacihai.com.cn/search_index.html?_st=1&keyWord=%E6%A2%A6%E7%9A%84%E5%B7%A5%E4%BD%9C，点击该网页上的"PDF 溯源"便能看到该精神分析理论用语在纸质版《大辞海》中的完整解释。

它们的这一角色有多重要），更是证明民族连续性所必不可少的、客观存在的、真实合理的并因而毋庸置疑的根本证据，是实现民族化的关键工具。

作为意识形态体系和现实的民族主义，其根基的社会及历史关联十分重要，但同样值得强调的是，民族主义是一个"半成品"，始终处于自我的创造与再造之中。与任何地区的空间一样，民族空间也并非给定的、静态的，而是需要持续**生产的**（参阅阿帕杜莱，1996：178—199）：我们需要利用各种习俗与实践将空间改造为民族场所，比如定期且频繁的民族纪念活动，从走路到进食的日常生活，以及古物发掘、博物馆展览等生产民族物质性的活动。这种动态性既赋予了民族强大的影响力与复原力，也提醒学者们，不要将其过分简单化。我认为，我们不能将民族事务完全视为国家事务，视为国家官员、知识分子强加给人民的自上而下的建构，它应该是自下而上、自上而下同时进行的。我并不是在营造一种奥威尔式的噩梦，仿佛民族主义的统治无处不在，人民毫无抵抗之机。正如后文将展示的，有若干例子可以证明，民族主义的意识形态可助长、赋权、煽动针对国家或其他权力机构的抵抗，历史上不止一次出现过社会代理人成功推翻统治当局的例子。民族主义的建构是一个可能涉及全体民族成员的过程，同样地，对其意识形态指涉和原则的管理也不只是一项存在持续竞争的事务，（依据定义）还是一项向所有成员都开放的事务。

然而，作为民族化过程的社会民族化概念还有另一层含义：在那些通常与民族主义无关的领域，民族的"半成品"仍然无处不在，民族主义这个词常常让人想到抗议游行、国家仪式、政客和外交官。我这里所说的现象通常被称为"日常民族主义"*，这个概念来自比利格（Billig, 1995）。日常民族主义指的是从进食、看报到看电视的种种日常生活与实践，它们定义了民族成员个体"在世界之中的存在"，但都在民族的领域内（参阅艾登索，2002；福斯特，2002）。本书所指的日常生活与实践包括行走在保留古希腊地名、能让人想起古代战斗与成就的街道上，去重建的古剧院观看古希腊戏剧或喜剧（参阅范·斯滕，2000；拉利奥蒂，2002），以及在上班路上连续途经考古遗址与古迹。换言之，这些日常生活中的普通习惯能够生产和再现感官上的民族记忆。

上述理论框架不仅有助于探究强大的现代性社会想象模式如何应对和协调与宗教、亲属关系等"前现代"理解模式之间的关系，还让我们有机会就前者与不久前仍看似与之无关的部分类别和现象的相互交织展开辩论，这些类别和现象包括性别和身体构造（尤其是考虑到民族习惯必然包括一些有仪式感的身体实践，从吃勾起回忆的家乡菜，到参观博物馆和参加民族游行庆典）、社会记忆、地方和地区的身份，还有旅游。其中，旅游与本书主题高度相关且非常重要，尤其是对希腊这样的国家来说，考古旅

---

* 高奇琦教授指出"比利格用日常民族主义（banal nationalism）一词来指称那些通常没有被注意到的、在每天生活中发生的、例行的实践"。参考：http://nisd.cssn.cn/zcyj/zcyj_xslw/201212/t20121224_1819980.shtml；但在张米兰助理教授的论文中，"everyday nationalism"为"日常民族主义"，"banal nationalism"为"平庸的民族主义"，她认为"日常民族主义的研究建立在美国社会学家迈克尔·比利格在1995年提出的'平庸的民族主义'概念之上"，但这两个概念存在理论差异，参考：https://mp.weixin.qq.com/s?__biz=MzAwMTA1NjE5OQ==&mid=2659790662&idx=1&sn=865e3178cd9e345c243c892683bfad9c&chksm=81a203eeb6d58af8d1b8830a2c3a820477a2d292ffab63a5513648b1775259220b06e5eadb88&scene=27

游是本土与全球互动的一种关键模式,影响力正在日益增大。我们已经不能再将旅游当作一种纯经济现象来对待了。正如部分学者近期意识到的那样(参阅卡斯塔涅达,1996;西尔弗曼,2002;厄里,2002:94—123),旅游与身份话语和权力谈判之间的关联使其成为一个非常适合研究的领域,关于过去的地方话语、民族话语和全球话语正好交汇于这一领域。旅游与民族主义有着不止一点相似之处。二者都是现代性的概念,也都认同新的社会生活模式,在这个模式中,景观和监视是交织在一起的:游客的凝视、作为观察空间和景观的博物馆、作为监视手段的地图,以及与本研究相关的更多内容,比如供审视(以证明民族真相)的古物发掘和展览,被游客凝视的视觉消费,这些都是这个新型真理制度的特征。卡斯塔涅达〔1996:3;在德·塞尔托(1984)之后〕认为,博物馆可以被视作"一幅复杂地图,一个可供参观的场所",在这里,地理上的旅行、穿越时间的旅行、空间、时间和身份都融合到了一起。

殖民化的现代性

民族主义文献与有关过去历史的文献常常忽视殖民主义的遗留,忽视民族主义与殖民主义之间的关联。布鲁斯·特里格(1984)发表过一篇对考古学领域影响深远的文章,文中将考古学分为三类:民族主义考古学、殖民主义考古学和帝国主义考古学。它们的原则及特征各不相同。这种区分对后世研究工作启发颇深,但现在是时候研究它们三者之间的关联了。尤其是殖民主义与民族主义,杜宁凯(1990)已证明它们之间存在诸多共性。尽管民族主义暗含反殖民色彩，该词也曾被反殖民的民族运动成功利用，但这二者的相同之处不容否认，比如都重视历史起源和追祖溯宗，都肩负着变革性的教化／民族化的使命，都秉持男权主义的性别观念和性观念，都在构建有边界的、自主的自我（参阅查特吉，1986）。此外，社会的民族化也是殖民化的一种形式：要人为制造出带有民族印记的空间，最主要的方式包括：为土地命名，赋予历史遗迹－地标特定的民族纪念意义，将民族神话与生产出的民族地形关联起来。而这些都与殖民主义的过程类似。查特吉（1986：11）认为，"能够支配、征服他人的不仅有军事和工业力量，还有思想本身"。他还有力证明了，大都市的民族性思想会影响外围次要社会对这些思想的借用，同时还强调了阶级问题：

……民族主义思想的问题成了更具一般性的资产阶级理性主义认知概念问题的特殊表现形式。这一认知概念问题确立于欧洲思想史上的后启蒙时期，被视为支撑殖民统治思维框架的道德和认知基础。这一框架使殖民统治得以超越概念，以真实的存在长久延续下去（？）（1986：11）

因此，查特吉认为，这里的问题不仅在于殖民主义和民族主义都认同部分本质主义身份观，还在于西方启蒙思想将自己刻画为普世观念，以及万事万物的**民族化**状态（西方启蒙思想被视为殖民主义"真理制度"和民族主义"真理制度"的基础；关于"真理制度"这一概念，可参阅福柯，1980：133）。希腊并没有被正式殖民过，但在它迈向现代民族国家的历程中，影响它的不仅有西方的现代性思想，还有塑造、传播新世界秩序的各种过程、工具和团体。这一历程与殖民化过程无异。近些年来，对殖民主义和民族主义关联的研究越来越多，乔瓦斯（1995）、古尔古里斯（1996）等研究者开始从后殖民视角分析希腊的民族主义，赫茨菲尔德（2002）则是在分析希腊等国的案例时，用到了"加密殖民主义"*一词（另可参阅帕努尔吉亚，2004）。本书也将用一定篇幅探究民族主义与殖民主义之间的交集。例如，第二章将展示，让古物成为希腊民族想象与欧洲意识中的神圣象征的主要过程，是由希腊知识分子**以及**欧洲执政者和学者发起的。希腊在刚刚独立建国后的首位考古学教授和首部考古法设计者都是巴伐利亚人，也都是首任希腊国王奥托的随从。殖民主义考古学过程与民族主义考古学过程之间的交织与关联并不只有一种死板的模式，即将殖民主义考古学视为对本土成就和遗产的诋毁，并认为民族主义考古学总是以本土历史为荣，且总是强调过去与现在之间的连续性。在19世纪的希腊，同时研究殖民主义与民族主义的项目采用过许多时而相互冲突的模式，也提出了一系列的叙事和神话；推进这一过程的某些代理人认为，现代希腊人与其古希腊祖先创造的历史毫无关联，后者已被西方文明据为己有，成为西方文明的过去；另一些代理人将现在的希腊人称为"堕落者"，认为他们完全无法与自己创造过无数辉煌成就的祖先相提并论；还有一些代理人经常自诩或被他人称为"亲希腊者"，显得高人一等一般，他们在现代希腊人中看到了古希腊遗产的残留，以典型的

---

* 此处的"加密殖民主义"（crypto-colonialism）与近些年因加密货币兴起而出现的"加密殖民主义"不同，取"crypto"一词的"秘密、隐蔽"之意，指某些国家只是名义上独立，这种独立可能是以牺牲大量经济利益等换来的。

异时论*视角,将现代希腊人置于时间和历史之外(费边,1983)。民族主义的叙事往往反对前两种观点,但又意识到了异时性的存在,因此对第三种观点的态度有些矛盾。[9]

试图展示民族主义观点与殖民主义观点的交集,还有一个至关重要的伦理原因:如前文所述,民族主义,尤其是西方考古学中的民族主义,经常被视为发生在他处的存在,因此民族主义总是他者的民族主义;当来自西方大都市的考古学家想要在受"民族主义者"控制的边缘地区开展调研,但却遭遇这些当地"他者"的阻碍时,无论阻碍原因为何,民族主义往往都会成为他们指控对方的理由。这种态度是在拒绝看到现实,即当地人所秉持的那些民族主义原则实际是他们对殖民主义思想的再加工与再利用。这种态度不仅让考古学家遗忘了自己本国的民族主义,还帮他们抹去了身上的殖民主义残留(以及新殖民主义的化身)。考古学中这种狭隘的民族主义观点其实源自对"他者"的恐惧,不仅缺乏理论支撑,也容易引发各种政治及伦理问题。

超越"被发明的传统"

正如前言所述,我在写作本书之前,就已独自或与他人合作

---

* 费边认为"人类学话语倾向将'他者'放在一个与我们自己不同的时间里",而"异时性话语是西方统治的手段,它再生产了全球性的不平等并使之合法化"。"费边以同生性抵赖的术语来界定人类学的'异时论'",认为这样的观念和描述手段会掩盖历史经验的共同性,拉开研究者与被研究"他者"的时间距离。详情可见费边著、马健雄、林珠云译的《时间与他者》(2018)一书。

发表过很多相关主题文章。那些研究成果获得的反馈鼓励我思考得更深入，探索得更投入，也让我逐渐找到了现在所用的研究方法：一些受众可能更乐意听到我批评希腊的民族主义项目，但对我试图将其与殖民主义项目联系起来的尝试不太欣赏；在希腊以外的客观主义研究人员中，"对民族主义者的抨击"广受赞扬，相较之下，对反民族主义话语政治内涵及模棱两可性的揭露却遭到了冷遇。包括我在内的一些人逐渐意识到，我们的分析目的"应该是了解文化中被发明出的不真实是如何变为真实的，而不是将其从文化中剥离出来"（汉森，1989：898）。我逐渐明白了一点，如果以非反身性的客观主义方式"摧毁"民族主义神话，不考虑此举在特定情况下可能产生的复杂的伦理及政治后果和影响，那么不仅会催生伦理问题，从政治角度看也很幼稚。正如汉德勒不久前所承认的：

> 如今看来，我在魁北克对"文化/传统的发明"这一主题的研究及写就的文献往往缺乏政治复杂性。在研究19、20世纪的"本地人"时，若能重点关注他们如何在不同场景中利用不同版本的"文化"概念来构建想象的共同体、生成社会政治的凝聚力，那就很容易"解构"他们对自己文化和历史的描述。无论是从分析角度，还是从实证角度来看，这种研究方法都非常合理。不过，我必须说，有些人之所以利用"文化"，只是苦于捍卫或维持某种生活方式、某种政体或某块领土，又或是只是想要反抗来自强大精英阶层的压迫，我并未发现他们此举有何不妥之处。（1997：80）

杰克逊在探讨哥伦比亚图卡诺人对文化及印第安概念的利用时也提出了类似观点：

> 在研究某一社会现实时，我们要如何利用作为其组成部分的传统范式来分析该社会的文化呢？诞生在高度政治化环境中的新"文化"形式要如何避免沦为人为伪造的不可靠之物呢？（1995：16）

虽然我的出发点是反对民族主义中的排外主义（通常是仇外和种族主义）和本质主义性质，但我也反对不加判断地否定他人的世界观，否定他人想象和组织个人及社会生活的方式，这种做法往往是麻木不仁的表现。我们有必要揭示出民族想象中的民族化，这于伦理和政治也有益；不过，本研究不同于"抨击民族主义者"的写作流派，而大多数考古学著作和部分人类学著作都属于后者。本书一直在谨慎地维持平衡，一方面试图揭开（和解构）希腊的民族化过程，另一方面也渴望探索民族化现象中的复杂性、细微差别和模棱两可性。本书关注作为民族项目生产与再生产过程产物及负责人的社会代理人，敏锐感知着他们的希望、志向和梦想。

考古学的多点民族志研究

综上所述，本书所用研究素材多种多样。如果必须为书中所用研究方法贴上单一标签，我会选"多点民族志"（马库斯，1995，1998），或者更确切地说，多地点的历史和考古民族志。

书中用的并不是传统意义上的民族志研究方法:我没有接受过专业的民族志训练,也不曾长驻农村或城市进行民族志研究。但自我成年后,我便一直是希腊考古学和希腊［国内及族裔散居（diaspora）*］社会的参与式观察者,因此,我认为本书可算作一本民族志。图书馆、档案馆、野外（发掘或研究考古材料的）和实验室、博物馆、教室、乡村咖啡馆、城市公共空间、军营（我服"役"过的）和网络空间,这些都是我探寻希腊人过往经历的地点。考古学家历来是在考古发掘与调查的现场工作,人类学家也需要常驻某地,开展沉浸式研究,但我不同,我的"工作地点"涵盖了诸多场所与非场所（参阅古普塔和弗格森,1997）,包括前文提到的空间,还有报纸文章、照片、政治漫画、在不同场景下与不同社会行为体的对话,以及我目睹、参与或杂志中提到（但又被人们遗忘已久）的短期事件。这些都是我开展各种正式与非正式研究的"地点",我将重拾与考古学家和非考古学家们的无数互动。我将听从马库斯（1995）的建议,着眼于论点、争论、争议和比喻开展研究。我将平等对待一切证据。没有哪种类型的证据是完美的,它们各有各的问题,也各有各的独特之处和解读难度。从认识论的角度来看,我并不认为社会习俗一定比报纸报道、诗歌、广告或自传更重要,它们都是对外的公开"表演",都是

---

* 《"杂合"概念考论》一文解释道:"Diaspora 一词来自希腊语 $διασπορά$,首次出现在公元前 3 世纪希腊语的《圣经》翻译。早先,'族裔散居'主要指迁徙到其他宗教族群居住地的犹太教／基督教群体,且多半不是自愿生活在异域,常常是流亡或被发配到他乡;这些人会出于共同的故土向往或精神寄托而组织起来。这个概念后来经历了诸多语义变迁。"参考:https://wxy.bnu.edu.cn/kxyj/fblw/wyx1/221551.html

个体和集体的自我展示，都融合了话语要素和具身化*要素；就可靠程度和研究价值而言，我也不认为它们有任何高低优劣之分。当然，我的多点民族志是历史性的，因为它试图穿透表象，深入理解历史，理解社会与权力在不同场景中的动态变化。我的多点民族志也是考古文献，因为它不仅具有历史性，也具有物质性：关注古今物质生活的具体性，以及它们的形式特点、感官特征和具身属性。

最后，我想简单介绍一下本书的写作风格。本书以传统的学术风格为主，但有一些（楷体）段落例外，它们旨在唤起某段记忆，这些记忆还原的可能是事件、遭遇或复杂难懂的社交表现。它们能够揭示出重要信息，对我阐述论点至关重要，不能用传统的学术风格来描述，否则会有损其中的信息浓度、情感重量以及唤醒记忆的能力。这些过往，有的是根据档案资料、历史记载再现的历史事件；有的刚发生不久，被报纸上的报道生动描绘出来；还有的是与我论点高度相关的自传情节。与前两类资料相比，自传式短文的重要之处在于，可以将我的主观性与书中转述的论点和争论联系起来，可以反驳那些假定中立、客观化的论述。本书在内容安排上刻意避开了严格的时间先后顺序，主要分不同主题进行案例研究。如果民族叙事总是将线性维度的比喻用作自己最

---

* 此处的英文原文为"embodied"，结合本书内容，译者认为此处 embodied 更适合翻译为"具身（的），具身化（的）"。李恒威、盛晓明（2008）在《认知的具身化》中指出："'embodied'是指：心智和认知是与具体的身体密切相关，它们之间存在内在的和本质的关联。"（西伦认为）认知是具身的，就是说认知源于身体和世界的相互作用。"参考：https://ptext.nju.edu.cn/c1/ad/c12247a246189/page.htm

有影响力的叙事方式之一，那么一切试图理解这个民族难懂之处的努力都将走上弯路。

本书梗概

本篇为序言，接下来第一章将以批判性视角，简要探讨希腊考古学的生产结构、负责这一生产的主要代理人以及约束该生产的制度和法律文化。这一章聚焦于国家考古局、雅典考古学会、各大高校、外国考古研究所、外国考古代表团、博物馆以及现行的法律框架（在必要时也会探讨过去的法律框架）。这一章并非中立、描述性的叙事，也不是广泛而详尽的陈述；而是一种批判性的分析、一种目标明确的探讨，始终围绕着本研究想要解释的主要目标，即考古学、古物和民族想象之间的关联。这一章得出的结论是，如果不将希腊民族想象的主要特征纳入考量，就无法理解考古生产在文化和结构上的关键特征：在一个认为古代是按世俗化宗教模式运作的文化中，民族考古学家不仅是"被选派"肩负民族使命之人，也是熟谙该宗教仪式的专家，负责解释神圣的经文，主持各种净化仪式，守卫相当于民族神殿的博物馆。外国考古代表团体现了殖民主义考古学和民族主义考古学的相互构成，法律框架则试图将物质古代的根本民族使命和作用与国际义务、旅游业和主要的财政和经济考量相协调。

第二章是对贯穿本书的各种关系与过程进行谱系研究。这一章着眼于一些偶发性的历史事件，它们将古物与19世纪希腊的民族想象紧密相连。为便于探讨，这里所说的19世纪截止于1922年，这一年，希腊在希土战争中战败，开疆拓土的梦想破灭。这一章的观点是,在19世纪,古物转变为关键的象征性资源,它们的物质性对民族想象的建立、生产和再生产至关重要。这一转变过程是殖民主义和民族主义交汇的结果:一方面,巴尔干半岛深受民族主义思想影响;另一方面,民族主义又深受西方现代性的影响。在有关民族的种种观念出现并确立之前,大多数人都主要将古物视为过去之人的伟大成就,认为与自己、与人民无关,是具备超自然属性的、令人敬仰的强大物体。新兴的希腊化中产阶级带来了新的利益和世界观,极大推动了社会的民族化,社会的民族化又改变了一切,让古物成为祖先遗产的神圣遗留,并最终成为民族考古记录的组成部分。这一转变其实并没有听上去那么巨大:对待古物的民族态度吸收了前民族主义时代的诸多特征,比如对手工艺品、物体的人格化;希腊东正教在民族想象中的关键地位也推动了古物神圣化的持续。不过,这些过程的形成受到了许多不同代理人和观念的影响,从民族主义知识分子到西欧的行政人员、学者和官僚,他们都在这一新民族国家各种架构的确立方面发挥了重要作用,这些架构包括考古局、高校和法律框架。这一章还提出了另外两个论点:第一,希腊古物一直是一种**有争议的资源**,存在许多不同的理解和解释,也曾被卷入大量谋求社会和政治正当性的尝试之中,而这些尝试经常相互冲突。第二,虽然是在西方希腊主义概念的推动下,古物才被应用于希腊民族想象的形成,但更新、改写这种叙事的主要力量是希腊知识分子,他们希望将西方希腊主义与本土相结合,形成新的希腊主义,我称之为"**本土希腊主义**";这涉及对拜占庭名誉的恢复,对希腊民族历史连续性的确立,以及民族主义与希腊东正教的融合。这里的西方希腊主义概念是指欧洲在光辉灿烂的古希腊文明与西方文明之间建立了血脉联系，将前者打造成了西方文明的根基。

如果说希腊扩大版图的梦想被埋葬在了1922年士麦那（今伊兹密尔）的灰烬之中，那么，那里也诞生了希腊民族故事的新梦想和新格局。第三章开篇讲述了一个3岁小男孩的故事，他是当时从小亚细亚逃难至希腊的数十万移民之一。这个小男孩就是马诺利斯·安德罗尼科斯，他可以说是当今希腊最典型的民族主义考古学家。这一章先从1992年他的葬礼开始讲起，追溯了他的生活与工作。他的人生高潮出现在一个决定他命运的时刻——他领导的考古队在希腊北部的韦尔吉纳村发现了一座不曾被盗掘过的马其顿古墓，安德罗尼科斯宣布这座墓属于亚历山大大帝之父，马其顿国王腓力二世。这一章认为，安德罗尼科斯是历史建构主义者，梦想重构希腊的民族故事，并用物质将其展现出来。这个民族故事将围绕迄今为止最令人惊叹的一些考古发现，通过彻底恢复它们的名誉，并借助它们的物质存在本身，来重新定义希腊文化的家园。这些出土文物不仅关乎古马其顿王国的过去（腓力二世曾被希腊民族叙事定义为死敌），也关乎整个希腊北部的过去。此外，安德罗尼科斯的生活与工作凝聚了构成希腊民族神话的基本元素，从古典时期到拜占庭帝国，到"伟大理想"的兴衰，再到攸关民族存亡的现代战争。再者，历史的偶发事件将安德罗尼科斯的考古发现与希腊和前南斯拉夫马其顿共和国之间的外交、政治冲突直接关联了起来。在上述种种因素的作用下，安德罗尼科斯成了希腊民族的大"萨满"：可以与其他世界沟通，解决祖先与后裔之间的分歧。他进入"腓力二世墓"的过程就像一趟由他主导并精心策划、编排的冥府之旅；这也是他通往民族萨满之位的开端，民族萨满是"能够通过触摸视物之人"。安德罗尼科斯提倡的考古实践是，强调与过去的情感关联，强调手工艺品和遗址的感官与助记属性。他的哲学将民族主义考古学叙事的现代性与过去的"前现代"观点结合了起来，过去，人们认为现代人与已故祖先有着直接的血脉联系，我们需要与他们产生具身的相遇。由此可见，安德罗尼科斯代表了本土希腊主义在考古学领域的表达，这种表达构建了一种有选择的现代性，这种现代性与西方现代性有着一些截然不同之处。以他为例，也是希望改变一种普遍存在的观点，即考古学作为一门学科，只能在西方现代性的范围内构思和理解。安德罗尼科斯在韦尔吉纳村的那个梦想是永垂不朽的，至今仍然是助力民族记忆的关键，依然有人在小心、大力地捍卫他留下的遗产，尽管其中不乏一些修正主义的企图。

正如序言前文所述，关于民族主义和过去的文献经常提到，民族主义对考古过去的"滥用"主要发生在专制和独裁政权之下，而且几乎总是自上而下的干预。本书试图反驳这一观点，证明民族主义是一种本体论。这种本体论涉及民族化主体的所有成员，与物质过去的关联也远比人们通常以为的更加不易察觉。第四章选择从截然相反的角度来反驳上述观点：研究古物在梅塔克萨斯独裁时期（1936—1941年）扮演的角色、具备的意义。这个平民主义*的独裁

---

* 译者在第四章的注释中解释了为何将 populism 译为"平民主义"而非"民粹主义"（见本书168页），但需注意的是，此处的"平民主义"是一个中性词，而非褒义词，译者的这一选择无意美化独裁政权："作为一种所谓代表社会大众意愿的理想和价值倾向，平民主义既有合理性，也有负面作用。一方面，许多当代西方国家的政党纷纷以平民化为标榜；另一方面，当很多人的诉求存在不合理因素时，这种纯粹以多数民意为追求的政治主张就容易演变成一种极端化的倾向。"参考：http://opinion.people.com.cn/n1/2016/1017/c1003-28782919.html

政权带有许多法西斯主义元素，试图提出并确立新版的民族叙事，有志于建立一个名为"第三希腊文明"的乌托邦社会（第一是古典古代文明，第二是拜占庭文明）；该政权尚武，因此对奉行严酷、禁欲制度的古希腊城邦斯巴达进行了理想化，也在一定程度上理想化了古马其顿王国。虽然在这种叙事的建构中，古老过去的物质性十分重要，但该政权鲜少尝试直接"滥用"物质过去，或者很少完全重写和重置民族叙事。该政权的叙事其实建立在"希腊民族拥有不曾中断的连续性"这一公认已久的观念之上。该叙事也从某种意义上巩固并加强了19世纪中后期的本土希腊主义叙事。这一时期的关键特征是，古物和遗址会被用于戏剧表演、集会和会议，及其间的典礼和演出，也会被记录在照片中得到传播。在该政权上台之前，希腊也出现过一些类似的尝试，其中最著名的要数1927年和1930年的德尔斐节，由广受欢迎的左翼诗人安耶洛斯·西凯里阿诺斯及其美国妻子伊娃·帕尔默·西凯里阿诺斯主办。当时，只要是与该政权意识形态和议程直接相关的考古发掘、文物和遗址，其处理的主动权就是在考古学家及其他学者手中，而非在该政权及其机器手中，当然，有人可能会辩称，身为国家公务员或官员的考古学家本身就是政权的一部分，至少高级别的国家考古学家如此。遭梅塔克萨斯政权囚禁、流放的左翼受害者们对该政权的做法、看法不一，但多数都与当时的主流叙事一致，认同古代是道德权威，并批评、谴责该政权不尊重这种权威。这一时期出现的许多新特征一直延续至今，比如将古代历史用作教育工具，纳入国家民族教育，尤其是教科书之中，为意识形态服务，以及通过典礼演出重现过去及其物质性。

在梅塔克萨斯政权结束的几年后，以及希腊内战中期，希腊政府在阿提卡东海岸外的无人岛马克罗尼索斯岛陆续修建了不少集中营，旨在"改造"左翼士兵和公民。这一戏剧性事件就是第五章的主题，它与本书主题的相关性显而易见——马克罗尼索斯岛过去且现在依然被称为"新帕特农神庙"。这是一个关于酷刑和死亡的故事，其中充斥着矛盾、冲突和鲜明对比。在马克罗尼索斯岛修建集中营的主要目的是进行意识形态的灌输，灌输的对象不单单是被关押者，更是希腊的所有异议者。古典古代被视为这种意识形态灌输的关键手段。政府试图让被关押者相信，他们身为古希腊人的后裔，注定与共产主义等"外国"意识形态相斥。政府鼓励"被救赎的"囚徒修建（以）古典时期建筑（为主）的复制品，包括帕特农神庙和一些古剧场。这些囚徒还举办过大量戏剧演出，创作过令人频频忆起古典古代的诗歌。这是一场由政府精心策划的社会实验，旨在以古典古代为基，构建出具身性的民族记忆。在此过程中，未"被救赎"的囚徒留下了"反记忆"*，暴露了这场"实验"的残酷；他们在产生反记忆的过程中，**也**会频繁想到和回忆古典古代。似乎无论是这个政权，还是其受害者（正如梅塔克萨斯政权的受害者一样），他们都依赖于同一民族宪章神话**，也都在选择性地从中汲

---

* 反记忆（counter-memory）是"福柯提出的概念，指那些挑战于主流记忆的记忆"，是"一种相对于主流文化记忆的它类记忆"。参录：http://nisd.cssn.cn/zcyj/zcyj_xslw/201212/t20121222_1820618.shtml；https://clajc.ouc.edu.cn/ctwhyjzx/2021/0420/c16711a319600/page.htm

** 宪章神话（charter myth）指被认为为真，用以证明或合理化习俗、社会现状或掌权者所推行制度的神话或传说。参录：https://pages.ucsd.edu/~dkjordan/cgi-bin/glossary.pl?tyimuh=myth#:~:text=The%20term%20%22charter%20myth%22%20or%20%22mythical%20charter%22%20refers,used%20to%20justify%20or%20rationalize%20a%20continuing%20custom；https://en.wikiversity.org/wiki/Classical_Mythology/Charter_myths

取资源，以推进自身的事业。根据福柯的观点，我认为马克罗尼索斯岛是个反乌托邦的世界，它被构建成了监视、景观二合一的反常态的异托邦：马克罗尼索斯岛就是一个面向全希腊人民及国际观众的橱窗，展品都经过美化，去掉了最令人厌恶的部分；与此同时，岛上数以千计的受害者仍处于持续的监视之下，这个监视不仅是字面上的，还有隐喻义上的：古典古代的道德权威（"帕特农神庙"）成了全景监狱的中央塔楼，严密监视着岛上的囚徒，以及全体国民，逐渐让他们形成对自我的监视，这种自我监视将确保他们全都能乖乖按照脚本演出古希腊后裔应有的命运。这一案例研究对理解本书的关键主题意义重大：它证明了，我们不仅需要研究古迹和古物本身，还需要研究对古代的多种物质再现和唤起，且后者十分重要；它还证明了，物质性（即古迹的复制品）和具身性的实践（即建造这些古迹、参与和体验戏剧等演出的行为，等等）对民族空间的构建十分重要；它证实了第四章提出的观点，即民族宪章神话一旦确立，就会成为一个公认的框架，具有至高的道德权威，所有民族成员，即便偶尔出现严重分歧，也都必须在这个框架内活动。

第六章重新审视了有关帕特农神庙，或说埃尔金大理石雕的文化传记，试图在探讨文化归还时，摆脱陈词滥调和往往无趣的学术探讨。这组文物为我们提供了重新审视、探讨本书关键主题的崭新视角：民族想象的持续生产和再生产；民族主义（包括各种相互矛盾的民族主义）与殖民主义之间的关联；地方、国家和全球之间的相互作用；古物的人格化；可转让性和不可转让性的概念。这一章提出，埃尔金大理石雕符合安妮特·维纳定义的**"高价值物品"**。埃尔金大理石雕原是帕特农神庙中的雕塑，现藏于大英博物馆。一边是全球超级大国之一的英国,另一边是自称超级文化大国的希腊,作为夹在英希两国之间的争议品,埃尔金大理石雕的高价值不仅源自具有庞大象征意义的帕特农神庙,也源自其本身的感官和物质性质、其诞生至今承载的漫长历史及其在今天拥有的附加价值。这一章证明,这组文物自诞生以来,大部分时间都在被独特化、商品化:它们的独特性和标志性地位也没能阻止它被用于象征性交易;曾经,它们代表着古代雅典帝国的强大,是对该帝国身份及独特性的美学表达;后来,它们作为英国和奥斯曼帝国地缘政治交易的一部分,被送往英国;在英国,它们成了大英帝国权力的象征,成了对英国独特的种族-民族身份的表达;与此同时,它们也成了希腊民族身份的最重要标志之一,而这部分源于它们本身的争议状态。这些大理石雕在希腊的民族想象中是独特且神圣的,这两大特质解释了为何在它们被公然用于象征性交换和交易时,民众会强烈反对,这两大特质也模糊了神圣与世俗的界限。希腊民族话语期望的是,既永远享有它们的不可转让性,又不失去可交换性的象征力量:用它们去交换其他古物,让它们既能永远享受雅典卫城脚下子民的崇敬,又能维持并增强它们在全球的象征价值。不过,这一章也展示了可转让性/不可转让性等概念的局限性,以及有关财产、物质性交换和象征性交换的一般性论述:如今,埃尔金大理石雕被视为该民族被流放、监禁的成员,体现了希腊民族想象的关键特征——**对民族完整的怀旧**。这组石雕是从帕特农神庙的结构中强拆下来的,是对其完整性的破坏,它们被迫背井离乡,被困于昏暗展厅内,再也无法像过去那样沐浴自然光。到 20 世纪 30 年代,它们又在"清洁"的名义下,被肢解、"剥皮"——它们的处境,通过令人感同身受的拟人化描述，凸显、强化了流亡之苦。从这个角度来看，这些石雕并不是希腊人祖先的代表，它们就是希腊人的祖先，它们就是这个民族流亡在外的成员，希腊人民无法接受它们被其他国家占有，只希望它们回归故土。它们不仅代表着生活在海外的希腊人，也是民族分裂、碎裂的物质体现，这些过程威胁着这个民族的界限和完整。希腊人民没有将自己民族碎片的全球散落视为联系和链接不同群体、不同民族的方式，这里的部分原因在于，他们意识到了，自己的民族之所以会散落全球，是殖民主义的遗留问题。

最后是结论，作为全书总结，篇幅不长，基于前文对古物和民族想象之间关系的阐述，概述并探讨了该关系的特点：紧张、暧昧和矛盾。这篇结论还展望了未来，指出（常被置于全球化语境中探讨的）全球旅行和人类互动交流领域的最新发展似乎并没有如一些人经常预测的那样削弱民族的意识形态和想象力，相反还可能增强它们。不过，这些新发展也制造了焦虑、不安，有财力体验这些新发展的中产阶级是深受这些焦虑、不安困扰的主要人群，他们需要民族共同体的安抚，民族共同体可以为人们提供永久存在的错觉和一种自己有根的安全感。因此，古代的物质性，及其唤起具身感、现实感和世俗感的能力，仍将是生产民族所在地的关键且日益重要的工具。无论是通过在网站上传古代雕像的照片；还是当纽约为庆祝国家节日，在第五大道举行花车游行时，希腊裔美国人出资，将复制的帕特农神庙加入花车之中（参阅哈米拉基斯，2000a）；抑或是雅典市中心的连锁餐馆"古老的味道"声称供应古希腊菜肴。

第一章 "战士""祭司"和"传染病医院"：考古物质现实的生产者

本章将简要介绍负责希腊考古生产的主要机构和代理人，不过只是选择性的批判性探讨，而非百科全书式的中立陈述。本章不会完整、全面地陈述这些机构和代理人的状况、问题和运作方式，只会根据本书的研究重点，重新审视它们，即重新审视它们与民族想象力之间的纠葛，同时一瞥它们内部的运作方式、基本原理和文化。在希腊，考古物质现实的主要生产机构和地点是国家考古局、雅典考古学会、各大高校、外国考古研究所、博物馆和私人收藏；而凌驾在这一切之上的，是针对古物的法律框架。

"战士"与"祭司"

关于历史遗产，最有影响力的机构可能要数中央考古委员会（Central Archaeological Council，希腊语名 *Kendriko Arhaiologiko Symvoulio*，因此缩写为 KAS）：它是该领域的最高级机构，负责就历史遗产相关的一切问题为文化部长提供咨询、提交提案，这些问题包括但不限于有关考古政策的重大规划决定、发掘许可的颁发、古物的转移，以及对考古遗址的任何重大（或被认为重大的）干预（参阅卢卡基，1995, 1997）。中央考古委员会历史悠久，可追溯到1834年成立的首个"中央委员会"（卢卡基，1995：177）。该委员会由文化部任命的国家官员、国家考古学家及其他学者组成。他们不仅是希腊建国后考古现实的塑造者，甚至是其审美文化的生产者。他们有权判定对考古遗址内外的一切建筑、绘画等的干预措施，以及对遗址本身的现代利用方式（如用于戏剧表演）是否适当，而这正是他们生产审美文化的方式。[1]它的决策经常引发争议，它的活动总能受到大众关注并被新闻媒体广泛报道，这些都表明公众对古物及其现代命运有着巨大的兴趣。

中央考古委员会的会议常邀希望就特定干预措施表态的希腊公民参与，但大多数普通人主要还是通过国家考古局了解官方考古信息，该局专门负责管理希腊考古遗产的发掘、保存和展出。当然，真正在一线开展发掘与研究工作的还是前文提到的高校、雅典考古学会、外国考古研究所等机构，但这些活动都必须先（通过各种考古委员会，如中央考古委员会）得到国家批准，并在国家考古局的严格监督下进行。希腊国家考古局是欧洲历史最悠久的民族国家考古局，成立于1833年，在此之前，对古物的保养和保存都不太系统（见第二章）。国家考古局目前隶属于文化部，各项活动都由文化部资助并监督。该局下设若干职责不同的中央服务机构（比如负责监督私人古物收藏的，以及负责水下古物保护的），不过大多数考古工作还是由地方考古单位进行。

国家考古局的考古学家属于公务员，由文化部公招任命。公招为笔试，考查候选人是否对不同历史时期均有广博了解（参阅潘多斯，1993，目前来看稍显过时）。不过，该局常设的考古学家岗位不足一千，人力难以遍布希腊各地，因此也与大量考古学家签订了临时雇佣合同。在过去的几十年中，许多大型的建筑工程和公共工程项目都需要在动工前,先进行大规模的考古调查,这就导致合同考古学家数量的急剧增加。大多数考古工作都包含"抢救性发掘"。这是一个值得系统研究的复杂问题;简言之,建筑、道路等工程项目都会急于在动工前完成考古调查。这些调查的目的并不是系统探索当地的物质过去,而是了解当地过去的人类活动,借此判断是否可以批准对该地区进行现代化"开发",若可以,又需要符合哪些条件。这类调查的结果往往汇总为简明扼要的实地调查报告,但整个调查活动都受烦琐、耗时的官僚程序束缚,这也让国家考古局的大多数考古学家都忙于应对例行公事和官僚程序,无暇从事其他工作。要对可能存在古物的地点或遗址进行"开发",必须先完成考古调查,这是法律的要求,但该要求经常引发争议,有时甚至会导致严重冲突。在许多地区,考古学家是与税务人员或难缠警官一样不受欢迎的存在,甚至比他们更加不受欢迎。考古学家一旦发现有保护价值的文物,就可能拒绝发放建筑许可,或是要求大幅推后工程进度,这便让他们成了当地人眼中阻碍地方"开发"和经济成功的国家代理人。希腊采用分区制度来保护特定考古遗址和景观,干预措施属于哪个分区取决于其与考古遗址或景观间的距离;在这些保护区域内,一切活动,从建筑到农业(如深耕、浅耕),都受严格监管。对于城区内的考古建筑与遗址,一切结构变化,哪怕再微小,例如油漆颜色、阳台栏杆的样式,都会受到同等严格的监管(参阅赫茨菲尔德,1991)。

冲突难以避免之地,不仅有城内的保护区,如克里特岛雷西姆诺内曾被威尼斯统治的地区(赫茨菲尔德,1991),也有重要考古遗址所在的沿海地区及旅游发达地区。此外,相较于就职外国考古研究所或希腊高校的考古学家,国家考古学家很少能有时间、有资金开展长期的系统性发掘;因此,在许多人看来,国家考古学家只关心法律法规是否得到遵循,并不关心大型考古遗址的复原和展出。在他们眼中,外国考古学家(以及希腊高校的考古学家)才是"真正的考古学家",国家考古学家只是看守历史遗产的"警察"。这些观点出自哈拉·勒纳卡基(2000)在克里特岛中南部美沙拉地区的采访。斐斯托斯、阿吉亚·特里亚达和科莫斯拥有重要的"米诺斯"遗址,哥提斯拥有希腊古典时期遗址,这些遗址均由外国(意大利、美国或加拿大)考古团队发掘,因此,附近村民往往对外国考古团队非常感激,对希腊考古局非常不屑。2000年时,安贝洛索斯村的一名30岁男子说:

> 在我看来,我们国家的考古学家完全不值得尊敬……迄今为止,所有考古发掘都是那些意大利考古学家做的。我们的考古学家在哪儿?只有在我们违法时,他们才会为了惩罚我们而出现。我们现在活得太难了。我没有办法继续在这里生活。我的大部分田地都在考古区内,考古学家不允许我按自己的意愿耕种。我会搬去伊拉克利翁,另寻一份更好的工作。我喜欢自己的村子,但若留下来,便活不下去。都怪他们,我才不得不背井离乡。

这位受访村民住在哥提斯附近。在罗马共和国统治时期,哥提斯是克里特岛首府,保留着重要的古罗马遗址,具有极其重要的考古意义,也因此受到了政府的严格监管。但此地接待的游客数量远少于附近的"米诺斯"遗址。游客们来克里特岛，为的是"米诺斯"遗址（号称首个欧洲文明的遗迹；参阅哈米拉基斯，2002b；帕帕佐普洛斯，2005；哈米拉基斯和莫米利亚诺，2006），而非古罗马遗址；更何况在希腊的国家优先事项中，对古罗马遗址的推广排名非常靠后（参阅帕帕佐普洛斯，1997：115及各处）。如此一来，古罗马遗址周边民众与附近"米诺斯"遗址周边民众受到的限制完全相同，获得的旅游收益却少得可怜（参阅哈米拉基斯，2006）。考古还限制了对土地和种植技术的使用，大大降低了土地的生产率，堵住了当地人转投农业的路。

尽管存在种种冲突，尽管许多人对国家考古局的考古学家持矛盾态度，但总的来说，这些考古学家在希腊享有很高的社会地位，远超其他公务员，而且该局的顶尖考古学家与学术界的顶尖考古学家也是地位相当。正因如此，考古学家当选国会议员、成为高级别委员会委员、成为《论坛报》等大发行量报纸专栏作家的情况并不少见（与安德罗尼科斯的例子一样，详见第三章）。人们普遍认为考古学家不是负责履行专业职责的，而是负责举行"宗教仪式"（*leitourgima*）的，该词源自古希腊语，原义是自费履行公共职责，现代内涵涉及"公共职能"（*leitourgia*），既可指任何有组织的活动，也可指教会的宗教仪式。"举行宗教仪式的人"可能更接近公众对考古学家的看法，即考古学家是促使古代与现代达成共识的人；正如后文将论证的，在希腊，如果古物已成为该民族世俗宗教的圣物（参阅哈米拉基斯和亚卢里，1999），历史建筑已成为该宗教的象征，那么那些有能力与圣物交流的人或许就有能力担任该世俗宗教的专家或"祭司"，当然，这也仅限于他们之中的魅力超凡者和万众敬仰者（参阅第三章）。

与传统宗教不同的是，对希腊的这一世俗宗教来说，所有民族代理人都被视为有能力与圣物沟通者、民族信条的奉行者与制定者，以及未来可能为民族而牺牲的殉道者。在希腊，考古学家与公众之间的部分紧张关系便源于此：公众承认且往往尊重考古学家的权威性，但有关考古学家能否完全掌控这个专业领域的争议之声从未平息。他们未能完全掌控这个专业的表现之一是，在《考古学》等发行量很大的考古学专业杂志上，除了他们的学术文献外，还大量刊登非考古学家（通常是其他学科领域的学者、专家）关于古代、考古遗址和考古发现的论述。希腊考古学的专业化尚未完成。

考古学家们除了宗教专家一角外，还肩负着另外两项更为重要的职责：一是担任"应征入伍"为民族服务的战士（"现役军人"，*stratevmenoi*）[2]，既负责管理整个民族最重要的象征资本（参阅哈米拉基斯和亚卢里，1996），也负责提供"弹药"，捍卫民族本身及其真理；二是在民族领土上生产出物质地标，这些地标将是捍卫民族真理，为其抵御一切攻击的物质"防御工事"。距今较近的案例将在第三章探讨，现在先与大家分享两个20世纪初的重要案例，当时，考古学与战争之间的关联可不仅仅是象征性的。案例一，希腊军队通过两次巴尔干战争（1912—1913年），成功占领阿尔巴尼亚南部，并于1914年在伊庇鲁斯北部建立自治政府。很快，此地便启动了一项国家赞助的考古活动，旨在发掘古代证据，证明该地区的希腊性（戴维斯，2000）。案例二，希腊政府在希腊军队入侵西安纳托利亚（1920—1922年）期间，成立了一个考古机构。该机构在希腊军队的积极支持下，针对古典时期和拜占庭时期的遗迹[3]开展了大量考古发掘工作（参阅库鲁尼奥蒂斯，1921—1922；戴维斯，2000）。[4]除了复原物质证据，证明某个地区具备希腊性外，考古学家还经常被要求执行"清洁"和"净化"的任务，即清除"暴行"在新占领地区留下的一切语言及物质痕迹。以两次巴尔干战争为例，在希腊军队占领马其顿和伊庇鲁斯的部分地区后，雅典考古学会理事会便成立了一个有国家考古局考古学家参与的委员会，旨在"为该国清除野蛮、残酷的恶名"，找出具体地点曾用过的古希腊语名，如果找不到，也要将这些地点的土耳其语名、斯拉夫语名或阿尔巴尼亚语名希腊化（匿名，1914：73）。[5]这种净化活动一直持续至今，尤其是在马其顿和色雷斯等地（约翰·帕帕佐普洛斯，个人通讯）。最后这个例子也许恰恰证明了考古学家肩负着双重职责，既要作为战士，捍卫自己的民族，也要作为仪式专家，清洁、净化新占领的民族领土。[6]

考古学家也是美学原则和观念的生产者、守护者。他们生产的是，符合希腊（尤其是古典）考古学盛行风格的，被视为艺术品的历史建筑、遗址和手工艺品。正如后文将探讨的，博物馆以艺术类为主（尽管近年来出现了许多非艺术类的小型博物馆），考古学家已经与现代艺术世界紧密相连。国家考古局还有一些生产美学价值的额外举措，例如为古代艺术品的复制品提供认证，这枚"真复制品"的官方印章证明了它们的复制之准确，有别于海量的其他复制品，后者在许多（精英及有抱负的精英）人士口中被批判为毫无品位的"庸俗"之物。耐人寻味的是，普通人若是使用这些"毫无品位"的复制品，往往会被精英阶层和上流人士嘲笑为品位低下：这便令他们陷入了两难境地，即便接受在当时占支配地位的意识形态，以古典古代的审美为道德权威，也只会招来中上层阶级的责难，成为他们口中配不上古典古代美学标准的人（这种意识形态最初正是由中上层阶级推广传播的，详见下一章）。

美学发挥文物保护作用的最直接方式之一是，在考古遗址周围修建建筑等干预措施中严格执行美学指导方针。中央考古委员会曾经批准将 D. 阿利西诺斯创作的艺术装置放于雅典卫城山脚下。这个艺术装置模仿的是古典雕塑，无头、黄色、有打光、可旋转。但在 2004 年夏，该委员会又以其阻碍人们欣赏雅典卫城和帕特农神庙的视线为由，要求将其搬走。最终，该装置留在了原地，但不能再打光和旋转。阿利西诺斯对此很不满，于是在该雕塑的底座上安装了一块抗议牌。此事的自相矛盾之处在于，该艺术装置带有明显的考古学含义：除主题外，其底座也有考古学设计，它是一个用希腊各地土层填满的玻璃展示柜，模仿了考古学上的地层剖面图（普尔纳拉，2004）。

考古学家的审美理想往往就是"高雅艺术"的理想，鼓励对过去进行挑选，选出的版本往往具有误导性，且经过高度美化。这种理想还会将古代物质世界的诸多方面审美化，从小型雕像到上菜及用餐的器皿，均不例外。因此，时至今日，官方考古仍主要是上层社会与中产阶级的追求（参阅梅里曼，1992）。不过，被视为一种审美文化的古代，也成为其他社会阶层结识上层人士的途径，具体做法包括参观博物馆，用"真复制品"进行室内装饰。此外，古物作为整个民族的象征资源，跨越了阶级界限，且往往掌控在与官方考古几乎毫无关联的各种团体手中。也许，除了古物身上承载的民族崇拜感外，物质本身的有形性和直观性也是人们能够与古物建立深入关联的原因所在，甚至对很少参观博物馆，或是反感官方考古的人来说也是如此。很多有形可见的考古遗址和历史建筑，或融入城市景观，或散布于乡野，无须依赖官方考古及其机构，人们便能在日常生活中与它们邂逅，并产生直接关联。

希腊的另一主要考古组织是雅典考古学会，该学会成立于19世纪，下一章将详细介绍它的创立过程及初始角色。总而言之，该学会的诞生源于一项倡议，倡议者包括族裔散居的希腊人、古典古代艺术的鉴赏家和考古学家（包括许多在希腊工作的外国考古学家）。该学会至今仍是希腊唯一一个大量开展实地考古活动的私营考古组织。它出了名地守旧，但也保留了许多创立之初的特点，比如成员构成不只有考古学家，还有大量艺术家、知识分子以及上流社会的艺术鉴赏家。该学会得益于自身在考古活动初期扮演的重要角色，对大量关键发掘现场的控制权，以及旗下的《考古学期刊》（希腊历史最悠久的考古学期刊）*，至今仍对考古界具有强大的影响力。

最后再说到高校，高校在考古学这门学科的构成中，在考古文化和现实的生产与再现过程中，都占据着核心地位。高校不仅开展考古学研究和教学，培养考古学家，在许多关键的国家委员会中拥有发言权，而且它本身及其人员还在考古学话语及更广泛的公众话语中拥有权威性。高校考古学家们的身影可见于一切影响考古学生产与再现的重要决策机构中，比如地方考古委员会、中央考古委员会、国家奖学金考试委员会、负责

---

* 《考古学期刊》是全球历史最悠久的考古学期刊之一，于1837年创刊，目前经历了五个发展阶段，后文还将提到它有过一次更名。该期刊现已出版153卷。参考：https://www.archetai.gr/index.php?p=content&section=1&id=21&lang=en

国家考古局考古学家招聘考试的部门，以及掌管重大考古会议和考古展览的委员会。不过，高校考古学家最重要的职责还是教书育人，教学是再现考古文化及其意识形态的主要方式之一，也是从考古学和历史角度叙述希腊过往的主要方式之一。高校还会开展大量研究性和实训性的重大发掘工作，从而产生重大的实质影响和新的考古现实。

有意思的是，希腊并没有独立的考古学系和独立的考古学学位。考古学专业的学位都是由历史和考古学系负责授予（有一所高校是由历史、人类学和考古学系授予），这也表明考古学最初只被视为古典语文学和古代史的辅助学科。后来，一些新建高校开始将考古学课程纳入许多其他院系的教学安排之中。关于教学主题和覆盖地区的选择，虽有一些例外，也有一些新的变化，但主要还是受民族中心主义影响，很少有课程论及希腊以外地区（参阅哈米拉基斯，1992—1998，2000c；科基尼杜，2005）。这些新高校已尝试引入专题教学，但教学大多还是分为三部分：史前、古典和"拜占庭帝国"。古典希腊在教学中占比最大，史前部分主要关注荷马史诗或神话中与古典古代相关的时期（"米诺斯"和"迈锡尼"）。这种分类并不是简单地以时间先后划分。对于考古来说，时间是最主要的研究维度，这就让专题课程的存在陷入尴尬处境，但专题所带有的标签会将过去雷同化，排除发展不同考古学的可能性。"拜占庭帝国"这个标签就是一个典型例子；它通常是指，从罗马帝国迁都君士坦丁堡到1453年奥斯曼帝国攻陷君士坦丁堡期间，巴尔干半岛的考古与历史，有时也包括被称为后拜占庭时期的那几百年。将这一阶段命名为"拜占庭帝国"，就是将与该标签无关的历史建筑和物质文化都排除在外，比如能证明这一地区曾有伊斯兰教或法兰克人活动的那些历史建筑。然而，即便是在这种框架内，教学的重点也依然是与教会相关的某些重要历史建筑和手工艺品。

以实训为目的的发掘工作有着同等重要的教学作用。高校的发掘现场经常被视为其他考古实践的典范。正如许多其他民族传统一样，发掘现场能让实习考古学家在考古文化中得到规训，适应考古界的做事方式；考古现场的亲身实践，能让他们将考古的等级制度规则融入考古学家作为专业人士、从业者和知识分子的习惯之中。例如，在希腊（和地中海地区）的大多数发掘现场，都有大量从事体力劳动的工人，实习学生通常只负责做记录、做笔记，并被要求"指导"、监督那些工人，这就将体力劳动与脑力劳动严格地区分开来，其中可能就暗含了二者间的等级差异。

民族的神庙

如果一如我在整本书中所暗示的那样，古物已经在现代希腊获得了圣物的地位，那么博物馆就是供奉它们的神庙，是收藏它们的神圣宝库，令人敬畏。曾有一些考古学家指出，希腊的博物馆更像教堂，而非传播知识的场所（如乌尔穆西亚迪斯，1980；加齐，1994：65）。这些博物馆拉开了参观者与展品间的距离；它们室内设计和空间结构的正式性、肃穆的氛围，甚至是安保人员的外表和态度，无一不要求参观者对展品表示臣服。博物馆业确实在经历巨变，考古学家及其他相关人士也确实在尝试用新的方式展示过去（尤其是在规模较小的地方博物馆中），但在过去的两个世纪中，博物馆的基本结构和组织逻辑几乎从未改变（相关历史记录可参阅科库，1977）：[7]在希腊，几乎所有国立博物馆都隶属于地方考古单位，并由地方考古单位负责人兼任馆长（希腊国家考古博物馆、塞萨洛尼基考古博物馆和伊拉克利翁考古博物馆例外）。虽然希腊也有很多专门陈列拜占庭时期文物的国立博物馆，但大多数国立博物馆都收藏有史前晚期和古典古代的文物，这表明，这两个时期也是希腊民族叙事中的关键阶段。许多西方国家的博物馆都面临着商业化压力或被纳入历史遗产行业的压力，但在希腊，博物馆不仅受国家严控[8]，也被视为古代神圣象征资本的保管者，这虽然阻碍了它们的重大变革，但也帮它们隔绝了上述压力。某些评论家（如乌尔穆西亚迪斯，1980）曾用教堂和学校来比喻博物馆，认为当时的博物馆更像教堂，但学校才是它们应该成为的样子，如今，该比喻中的愿景已部分实现：在希腊，博物馆确实发挥了关键的教学作用，也确实是开展民族教育的主要手段之一。博物馆在冬季的主要客户是学校，学校会组织参观活动。博物馆中的大多数展品都是按时间先后顺序陈列，这也成为一种强有力的教诲手段：通过古物的陈列方式，希腊民族历史的连续性有了实体，有了真实感，有了切实的影响力。正如序言所言，博物馆可以被视为地图（卡斯塔涅达，1996），既呈现了过去（民族历史的旅程），也规定了这段旅程的方向（民族历史的确立）。与参观重要考古遗址不同，游客在参观博物馆时，很少会预先规划参观路线，博物馆按时间先后顺序陈列展品，本就暗示且暗中强调了参观的方向性，即符合民族连续性的历史前进方向。参观者从一个玻璃展柜走向另一个玻璃展柜的过程，就是从一个历史时期走向另一个历史时期,他们的身体移动是在重演民族历史的漫长跋涉,让自己成为眼前这一希腊民族历史景观的一部分。这是一场穿越空间与时间的旅行,标有诞生日期与地点的文物,成为这片已测绘领土上的地标,向游客发出了穿行其中的邀请。这种"地图"教学法很像宗教朝圣,要求参观者具备教徒那样的虔诚与臣服。

"传染病医院":外国考古研究所[9]

> 希腊的外国考古研究所……就像是设在异国的传染病机构或医院。
>
> A. 佐伊斯(1990:48)

> 希腊这个遍地古建的国家,在十二家外国考古研究所面前,确实是个无力反抗的受害者。这些研究所就像外国的帝国主义(军事)基地,它们是真的在掠夺这个国家……它们对我们国家的最大"贡献"就是,理所当然地用自己的母语发表有关希腊古物的文献。年轻的希腊考古学家何其不幸,必须学习多门外语,才能研究自己国家的古物。当然,这些外国人并不单干。他们乐意与希腊国家考古局合作,享受该局大多数人的自愿服从……
>
> 匿名(1981)

上述两位希腊考古学家的观点反映了希腊人对外国考古研究所的部分主要态度。佐伊斯是已退休的大学教授,从不因循守旧,也因此在自己的职业生涯中，与当局不止一次地发生冲突。他的观点其实点出了许多考古学家及其他人士的矛盾心理：他们将这些研究所视为外国对希腊考古的殖民方式之一，但也看到了它们为希腊考古做出的宝贵贡献，尤其是在国家考古局等希腊本土机构无法为他们提供足够的考古设施时。

匿名考古学家的观点相当过时、带有平民主义色彩，且有个别不准确之处。要理解这番话，就必须结合它的写作背景：当时，右翼政府的支持率正在迅速下跌，右翼政党即将让位于泛希腊社会主义运动党，而此文刊登于克里特岛当地报纸，该报纸以平民主义闻名，带有强烈的极端反政府、反"外国"情绪（当时的这种情绪是将"外国"等同于美国设在该岛的多个军事基地）。这位匿名考古学家曾呼吁取缔外国考古研究所，将它们的设施国有化，供希腊考古学家使用。而他发表的这篇文章，不仅表达了自己的怨愤，也指出了一些严重的问题与后果：其一，原本已成过去的殖民时代，似乎还不时地散发着生机，并未彻底灭绝；其二，外国考古研究所对考古知识的占有迫使希腊对其产生了依赖，希腊考古学家若要研究希腊古物，就必须学习外国研究所用外语记载的知识，而这往往意味着出国学习，大大增加了他们内化外国考古学派思想体系与认识论的可能；其三，希腊不得不（通过国家考古局授权外国考古研究所开展实地研究）用古物这种文化资本换取外国的奖学金、出版物等学术资本。

从上述第三点可以看出，这位匿名考古学家的观点有误。与其说希腊考古学是帝国主义和殖民主义考古学的受害者，不如说双方是一种交流合作的伙伴关系（尽管并不平等）。殖民主义与民族主义在这种关系中发生了交汇：希腊考古学家为外国考古学家提供研究许可，后者则为前者提供考古设施，以及获取西方学术资本的途径。此外，许多希腊考古学家也是借助与外国考古队的合作，让自己的研究得以国际化，并为自己打开了通往国际学术论坛的大门。大多数考古学家都默默认可了这种古物政治经济学，但反对公开报道和讨论它。因此，类似这位匿名考古学家的观点并不受欢迎。那篇文章发表的两个月后，该报所在城镇就举办了克里特岛研究代表大会。这是一场大型国际会议，与会者都是研究克里特岛考古、历史和民俗的专家学者及业余爱好者。会议通过了一项动议，其中提到"这些（外国）研究所在克里特岛开展了数十年的科学研究工作，意义重大"，并表达了与会者"对这些工作的巨大敬意"（佩特拉科斯，1982：70）。

截至本书撰写时（2006年春），希腊活跃着17个外国考古研究所和代表团。它们非常独特，既是殖民时代的残留，艰难适应着后殖民环境；在应对希腊考古存在的现代民族主义框架时，又带有"殖民者的负罪感"和焦虑。它们大都由母国政府（美国古典研究学院例外）和机构赞助、支持，旨在促进自己国家高校及其他研究团体的考古活动。最早一批外国考古研究所设于19世纪，且往往享有特权。当时情况特殊，希腊古典遗产是不容置疑的西方遗产，所有"文明"国家都能理所当然地分一杯羹。其中历史最悠久的要数法国考古研究所，其次是美国、英国和德国的考古研究所。近年又有大量的其他研究所和机构涌现，原因之一便是法律限制了单个研究所每年可获得的野外考古许可数量，他们希望可以绕开这一限制。过去，在没有各自的民族研究所时,许多高校都是通过关系密切的研究所申请考古许可。随着高校、考古学家之间的竞争愈发激烈,中央考古委员会对考古活动的限制增加,考古许可成为稀缺资源。高校和考古学家不得不另寻他法,其中最简单的就是成立独立的考古研究所或协会,由它们向文化部提交申请。围绕考古许可的激烈竞争过程,以及考古机构整体工作的便利化,往往与希腊和外国之间的政治、经济关系密不可分,与可能发生的地缘政治事件和历史事件密不可分(例子见第二章);而这往往意味着,希腊政府得用古物这种象征资本来换取他国的外交、政治资本,甚至直接换取金钱,不过,他们会对这类行为加以美化或掩饰(哈米拉基斯和亚卢里,1996)。

在希腊,历史最悠久、财力最雄厚的外国考古研究所都拥有设备齐全的大型图书馆(美国和英国的研究所还修建了可以科学分析考古材料的实验室)。虽然它们的主要职责是为自己国家的考古学家和机构服务,但也会为希腊的官方考古学家、高校考古学家、考古学学生提供其他地方没有的,独特、罕见的学习及研究资源,正因如此,这些研究所才会被比作"医院"。

考古法与民族价值的创造

古物对希腊社会至关重要,相关法律问题自然也就受到了极大关注。自1970年以来,为取代1932年生效的"古物法",希腊至少编写并讨论过四版草案(武杜里,1992,2003;穆利乌,1998)。[10]前者的立法基础有两个,一是巴伐利亚人冯·毛雷尔(von Maurer)1834年编写的首部系统性的古物保护法(佩特拉科斯，1982：19—20），二是1899年的旧法。目前最新的版本是2002年夏正式获议会批准通过的考古法*。

古物是希腊的主要象征资本，希腊热切地想要保护它们，并保证它们是"有利可图的投资"。希腊在这一象征资本上下了重注，涉及众多不同的利益相关方。政府既要回应国民的关切，履行（欧盟条约和联合国条约所规定的）国际义务；也要调解民族身份认同与农业、建筑业、旅游业和人民日常生活之间的矛盾和冲突。考古法不仅能创造考古价值，还能规范对这些最重要的民族象征资源的管理。这就难怪希腊历时70年才终于推出并实施新法。文化部1998年4月7日下发了一份讨论文件，开篇概述的恰是2002年这版考古法的基本原则：

> 自1932年后颁布的首部系统性的、完整的文化遗产保护法，即新的考古法，将具有**特殊的象征意义**：希腊是国际公认的超级文化大国。该法的制定，不仅对我国内政具有象征和实际的双重意义，也能**向国际社会传达信息**，表示我们完全尊重并认可国际法中关于文物管理的原则和规定。考虑到在文化遗产的保护问题上，尤其是（但不只是）在帕特农神庙大理石雕的归还问题上，我国政策以尊重国际法为主轴，本次立法活动的意义才更不言自明，且内涵丰富，这一点是再怎么强调都不为过的。
>
> 文化部（1998；原文强调）

---

* 经查，该法为《古迹和文化遗产保护法》。

从上文可以明显看出几点：第一，2002年的考古法非常努力地想要调解历史遗产与国际惯例、国际条约之间的矛盾，但希腊古物的特殊作用仍然是人们的关注焦点，毕竟希腊是以"超级"文化"大国"自居的。第二，这些立法者明白西方世界正在"注视"着自己的国家。第三，该法应该覆盖所有文化遗产，但核心仍是古物；毕竟正如该文件小标题所示，它将是一部"新的考古法"。

该讨论文件在序言中单独提到帕特农神庙大理石雕的问题（整份文件也只单独点明了这一个问题），无疑表明，自20世纪80年代初以来，追回这一古物一直是希腊政府最关心的、意义最重大的考古问题（见第六章）。2002年版考古法的终稿中也体现了这一点："诞生于希腊主义主权领土（*epikrateia*）上的任何文物，无论是以何种方式离开故土，希腊均有权在不违反国际法规则的情况下关心它们的保护。"这种说法明显是将现代希腊建国前流失的文物也包括在内。同一条款（第1条）还指出："凡是与希腊有着历史关联的文物，无论现在身处何处，希腊都有权在不违反国际法规则的情况下关心它们的保护"（希腊议会，2002）。过去的法律并不存在这种广义的保护，这版考古法不仅从法律上认可了推动外国归还帕特农神庙大理石雕的运动，还为一项重要政策提供了法律依据，该政策主张，希腊主义的领土范围远远超过现代希腊这一民族国家的国界。从中，我们可以看到的是19世纪领土收复主义"伟大理想"的回响，该理想希望拓宽希腊国界，收复那些"尚未被解救的"希腊主义领土（比如在亚洲的部分领土；参阅第二章）。

最终出台的法律条文规定，公元1453年以前的所有古物都是希腊的国有财产，都是禁止流通物，即禁止在市场上流通或为他人所有。其实,早在现代希腊建国之前,这片土地的统治者们就已十分关切古物的所有权归属。1826年,官方颁布法令,规定古物为"国有",禁止民众出售(见第二章)。后续出台的考古法(包括1834年版)都将古物确定为国有财产,属于国家(佩特拉科斯,1982)。但是,"国有"这一身份也未能阻止政府机构捐赠、"交换"、"出售"古物。1831年,希腊第一共和国首任总统卡波季斯第亚斯提议向巴伐利亚国王捐赠古物(甚至包括国家博物馆收藏的重要文物),从而为这个刚独立的国家换取学校所需的教材、教学仪器和辅助设备(普罗托普萨尔蒂斯,1967:102—103)。1829年,卡波季斯第亚斯批准法国莫雷科考队将他们在奥林匹亚遗址发掘的古物出口到法国(佩特拉科斯,1982:89—90)。1854年,希腊将帕特农神庙的一块大理石牌匾送到美国,让它成为华盛顿纪念碑的一部分(佩特拉科斯,1982:90)。此外,1932年版考古法还专门新增了一条:"关于无用古物的出售"(第53条)。此条规定,博物馆可用"无用"古物换取有用古物,或可在特定方针的指导下出售"无用"古物(佩特拉科斯,1982)。不过,在当时的许多人看来,这种将神圣民族遗产商业化的法律条款简直令人发指(参阅佩特拉科斯,1982:30—35;相关例子和探讨可参阅哈米拉基斯和亚卢里,1996)。

在希腊,古物的所有权只属于国家,私人收藏家虽可以拥有文物,但正规来说,这些文物的所有权仍归国家,国家随时有权将它们收回。希腊有一个部门,专门负责监督私人收藏家,以及古物在希腊国内市场上的小规模合法流通。私人收藏家以富有的艺术鉴赏家为主;他们没有义务公开自己的藏品来源,但那些藏品大都来自对考古遗址的非法掠夺;[11]他们中的一些人还曾卷入相关丑闻；面对质疑，他们往往辩称，自己收藏古物是在阻止古物流向海外，流向国际市场，但却只字不提私人收藏行为对考古遗址的破坏。非法掠夺及贩卖古物者一旦被捕，会被控以重罪，艺术收藏家却往往备受尊重，被认为是在为民族服务。部分艺术收藏家成立了奢华、迷人的博物馆来存放自己的藏品，给这些藏品披上了现代主义、非历史、去语境化的艺术话语外衣。其中最著名的例子要数古兰德里斯博物馆，该博物馆存有大量史前的基克拉迪人像雕塑，均来自对考古遗址的大规模掠夺，此举基本抹去了考古学对青铜时代早期基克拉迪群岛历史的记忆（参阅伊莱亚，1993；吉尔和齐本德尔，1993）。大理石的基克拉迪人像雕塑也曾拥有色彩，如今只剩白色，经常以蓝色为背景展出，以唤起对民族色彩的记忆。现在的它们成了高雅艺术品位的体现，不断再现在珠宝等艺术表现形式中。它们还常被视为古典雕塑的先驱（一如2004年雅典奥运会开幕式所示），被牢牢镌刻在民族叙事中。

过去的考古法主要保护的是古典古物（默认为史前古物，以及"中世纪希腊主义"时期的手工艺品），2002年版考古法则旨在保护所有古迹；在它的定义中，古迹的时间范围为现代希腊建国之前，不过，建国之后留下的文化遗产，若被认定具有"历史、艺术或科学重要性"，便也受该法保护（第2条）。但在古迹的定义中，依然是将古代划分为史前、古典、拜占庭与后拜占庭三个时代。这不仅仅是一个语义学问题：2002年的新法虽有重要创新，但仍扎根在主要形成于19世纪和20世纪初的民族叙事之中。法律文本会生产和创造价值（参阅卡曼，1996）。法律文本中的命名可以构建时间，可以将包括与不包括的关系合法化。比如选择将古代分为三部分，选择用"拜占庭"来指代中世纪与后中世纪时期，这些都不仅仅是从法律意义上肯定某一种民族发展的先后顺序。与前文探讨的高校课程设置一样，法律文本中的命名也会产生广泛的不良影响：例如，对"拜占庭"的重视和优先化，可能会让保护法兰克物质遗迹或斯拉夫人定居点物质遗迹的工作面临法律难题。此外，"拜占庭"一词与基督教会的关联可能会妨碍对中世纪小村庄的保护（这类村庄大都被毁，现存不多），令人难以明确这类村庄的保护是否在法律支持的范围内。

总的来说，目前的法律框架重申了国家是象征性古代资本的唯一管理者，并采取了全面性的保护策略，该策略也保护非物质"文物"，并批准建立民族遗址和建筑物保护名录。与此同时，希腊秉持以国际为主导的市场经济精神，尝试按照文化遗产行业的商品化规则（如建立大型博物馆）来运营主要景点（其中部分尝试遭到了考古学家的反对）。不过，这一法律框架并不是一个中立、机械的程序那么简单。它的作用和意义取决于它所处的意识形态框架。在这方面，2002年版新法并未摆脱19世纪确立的民族框架；它只是用新的民族话语重塑了这一框架，试图调解民族身份认同与资本之间的矛盾；与此同时，它也是在法律上承认了国家对"更广泛希腊主义"遗留的关切，这些遗留包括一切"与希腊有着历史关联的"遗迹和文物，"无论它们现在身处何处"。人们一直在争论并考虑修改该框架的相关事宜，但就短期而言，前文提到的创造民族考古价值的根本原则不太可能有所改变。

本书难以全面阐述围绕希腊考古学架构的研究，光是这一问题，就需要用整本书的篇幅去探讨。不过，本章业已给出诸多重要观点，比如考古学家发挥着类似宗教专家的作用、外国考古研究所拥有殖民基础等，后文将更清晰地阐述、更有力地支撑这些观点。本章提供的背景探讨虽然简短，但已给出诸多重要观点，对理解后文至关重要。

事实证明，希腊考古生产的架构具有极强的复原力和抗变化能力。每当有修改建议提出，公众都会展开声势惊人的辩论，提供富有激情且有理有据的意见。这些都证明，考古学进程在民族想象中至关重要，考古学的架构也极具权威性。不过，更重要的是，正如前文所示，如果忽视民族想象的塑造力量，忽视殖民主义与民族主义之间的关联，忽视这些过程所带来的紧张与暧昧，我们就不可能真正探讨考古学的架构。

第二章 从西方希腊主义到本土希腊主义：古代、考古学和现代希腊的发明

引 言

1996年3月，一项和平条约在伯罗奔尼撒半岛的斯巴达签署，正式终结了公元前那场持续27年、双方均死伤惨重的战争。该条约的内容由（雅典科学院的）康斯坦丁诺斯·德斯波托普洛斯撰写，它的签署得到了媒体的广泛报道。签署人并不是国家或国际组织的领导人，而是雅典和斯巴达的市长，他们宣布，早在公元前404年就已结束的第二次伯罗奔尼撒战争正式终结（尼基蒂季斯，1996）。

这一事件有着诸多不同寻常之处，具备戏剧表演的所有要素（包括讽刺），但可以这么说，与许多其他社会相比，"过去"的痕迹在现代希腊无处不在。"过去"在世俗仪式中得到颂扬，在被普遍视为神庙的博物馆内外受到崇拜。它存在于日常生活中，在十分醒目的众多考古遗址中，在雅典新建的地铁站中（参阅哈米拉斯，2001a），在企业标志和产品广告中，在古代戏剧的演出中，在族裔散居希腊人的仪式中，在文学作品中。当然，古典希腊并不只属于希腊。在西方世界，从建筑到文学，从广告到企业标志，随处可见古典希腊的各种化身与表现形式。对全球学术界和大众而言，每每提到"希腊"，就会想到古典古代，"希腊"

和"希腊人"这两个词确实主要代表着古典古代。为做区分，在提到现在的希腊及其人民时，往往需要加上"现代"这个前缀。这种语言手段既充满了强烈情感，也揭示了某些内情。在西方的想象中，希腊既是一个国家，也是一个民族空间；既是现实，也是神话；既是民族的财产，也是（西方的）国际宣言。这一现象的关键悖论就在于此，它是紧张、模糊、矛盾、纠结和冲突的根源。本章将探究这一现象的起源及部分成因，重点关注19世纪的希腊（截至1922年），不过也会提及19世纪前后的其他时期。我重点探讨的主题如下：对待古物态度的变化和改观（以及显著的连续性）；古物在民族记忆与民族想象中的力量；民族纪念地形的构建；民族纪念地形生成过程中的紧张、暧昧、冲突与和解。我认为这些主题对于理解古代物质痕迹的作用，以及理解考古实践在民族想象中所扮演的角色至关重要。本章之所以篇幅较长，不仅因为相关资料的数量和种类众多，还因为需要解释的内容很多——从古至今塑造过古物在希腊社会中所扮演角色的种种过程。

雅典，1834年8月28日。这是一座尘土飞扬的小镇。对于生活在这里的8000人来说，这是不同寻常的一天，既有五花八门的庆祝活动，也有精心安排的古怪仪式。其实这一天并不是开始，而是高潮，庆祝活动早在三天前就已开始。为何庆祝？国王来了！希腊王国的国王正在访问雅典。这个小国的国王是巴伐利亚国王路德维希之子——奥托一世。他并非第一次来雅典，但此次意义非凡：给了雅典更多的庆祝理由——希腊已于去年2月决定迁都雅典！希腊去年刚刚将阿提卡和希腊中部的埃维亚岛、弗西奥蒂斯州纳入版图。但在领土扩大后,希腊却出人意料地选择迁都雅典,放弃了原来位于伯罗奔尼撒半岛的首都——面积更大、经济地位更重要的沿海城市纳夫普利翁!早在 1833 年 3 月 20 日和 31 日,雅典就已举办过庆祝仪式与活动,纪念巴伐利亚军进入雅典,从奥斯曼帝国手中夺回这座城市。当时,几乎所有居民都登上了卫城,见证了希腊国旗的升起。这一次,1834 年 2 月 11 日,雅典再次举办庆祝活动,但不是在卫城,而是在赫菲斯托斯神庙,即现在的圣乔治教堂*。他们用一场基督教弥撒来庆祝迁都雅典的决定。雅典人民仍然记得当日的演讲:

"今天,我们齐聚于此,在这座建于 2000 年前的最古老建筑前,共同纪念雅典城邦的缔造者、恩人忒修斯。我们将遵照宗教传统,庆祝这座城市复兴与觉醒的伟大时刻;这本就是一座纪念忒修斯的建筑,再没有比这儿更好的庆祝之地……"

但这次的庆祝活动与以往不同,国王的到访只是一个令人高兴的巧合。这次庆典不仅是为了欢迎国王再次光临即将成为首都的雅典,更重要的是与国王共同见证一件大事的开始:重建卫城上的帕特农神庙等古典建筑。工程其实已经启动,负责人是著名建筑师利奥·冯·克伦泽,慕尼黑的许多知名建筑便是出自他手。克伦泽应巴伐利亚国王路德维希的力邀,赴雅典监督重建(并将这座城市改造成路德维希想要的样子)。克伦泽坚称雅典卫城不应再被用作军队驻地,并要求恢复这座城市的往日荣光。他召集了 100 名工人,他们正忙得热火朝天,或搬运建材,或疏通道路,

---

* 据称,从 7 世纪到 1834 年,赫菲斯托斯神庙曾是希腊东正教的圣乔治教堂。赫菲斯托斯是古希腊神话中的十二主神之一,主宰火焰。

或在诸多建筑间来来往往，或试图穿过帕特农神庙内的小清真寺、房屋及其他建筑……然而，工程的进展并不如预想顺利：缺乏合适的施工设备，不少工人病倒……国王的到访之日本应是卫城清理、重建的竣工之日，但在重重困难之下，见证竣工仪式变成了见证动工仪式。克伦泽计划在卫城举行一场盛大的仪式，由奥托一世在指定位置放下重建立柱的第一块鼓形石材，象征这一宏伟工程的动工，并祈愿顺利完工。

庆典 3 天前就开始了。当王船停靠比雷埃夫斯港时，雅典人民的三位代表已在迎候，第一位带着只活猫头鹰，第二位手握橄榄枝（两者都是雅典娜女神的象征），第三位则是简短但热情洋溢地对国王说道：
"尊敬的国王陛下，

雅典城欢迎您的第三次莅临……您的父亲是世人敬仰的王，我们相信他的预言，相信在您的带领下，这座城市一定可以重新得到雅典娜、德墨忒尔和赫尔墨斯的庇佑。

哦，萨拉米斯的英雄们，你们为我们的受缚和衰落痛心了许多个世纪，此刻，请你们抬起头来，好好看看，你们的城活过来了，充满了智慧与秩序，你们一定会为此而喜悦。"

此刻已是傍晚，雅典的所有当权者都已登上卫城，大街小巷挂满了月桂装饰；从山门到帕特农神庙，是一排排身着白衣的雅典处女，手举雅典娜女神的旗帜与月桂花环。这一切都一丝不苟地遵照了利奥·冯·克伦泽的安排。清真寺对面是一把由月桂和桃金娘装点的宝座，奥托一世已落座，克伦泽的演讲即将开始：
"尊敬的国王陛下，

您不仅将诸多恩泽施予这个新生的希腊，还想向这个国家、向整个文明世界清楚证明，您将如父母之爱子般保护、关心这个国家的伟大历史，这个美丽国度最稳定的历史根基。

要证明这一点，最好且有尊严的方式莫过于展现您对这一伟大历史遗存的关心，即对凝聚希腊艺术的历史古迹的关心。

正是出于关心，您才特意命我指挥动工，让这些古迹免遭进一步破坏，让闻名遐迩的卫城古迹得以流传百载千年，保住三千年前雅典人的荣光所在，保住人类想象力的巅峰杰作……

陛下，您今日首次踏上光辉的雅典卫城，在它历经许多个世纪的野蛮踩踏后，走上了这里的文明与荣耀之路，穿越时空，与地米斯托克利、雅里斯底德、客蒙、伯里克利等伟人并肩。在人民眼中，此举象征着，也应该象征着您的辉煌统治……不仅是卫城，整个希腊曾被野蛮踩踏的痕迹都将消失殆尽，辉煌过往的遗迹将被新的光辉笼罩，成为希腊现在与未来发展的坚实基础。"

克伦泽如是说，但用的是德语，在场的雅典人听不懂（不过，许多人在会后拿到了该讲稿的希腊语译本）。随后，伴随英国"马达加斯加"号船上乐队的乐声，国王来到鼓形大理石块旁，连敲三下，正式宣告帕特农神庙重建工程的开始。这乐声，若在纳夫普利翁的报社笔下，将被称作"民族之歌"。[1]

> 在希腊的光辉岁月里，自由创造了所有这些美丽的艺术品，如今，它们的废墟散落在我们的土地上；外国的专制统治亵渎了它们，摧毁了它们，只有自由才能恢复它们的荣光，才能庇护它们。
>
> A.R.兰加维斯（1837: 5）

……雅典卫城是古代雅典基督徒们最神圣记忆之所在，但如今这里传出的，四周能听到的却是穆安津*的声音，这些声音标志着雅典人生活新阶段的开始。即便破败至此，这座卫城，这个伯里克利、德谟斯提尼、柏拉图、圣保罗等人宣扬过政治、爱国、道德原则的地方，也绝容不下伊玛目**发表否定这些原则的言论。——人类丰功伟绩的创造者们啊，请你们的影子不要悲伤；阿提卡的土壤不会允许《古兰经》的教义在此生根发芽。这片土地之下埋葬着善者的骨灰，它们会持续抵抗。即便野蛮统治汲取了一切力量，自由的呼吸也终会将其连根拔起……

坎布罗格卢（1893：27）

上面三则文字材料为本章的探讨奠定了基础。第一则回顾了1834年的庆典，庆典由著名的巴伐利亚建筑师利奥·冯·克伦泽精心设计并指导，他也是当时雅典现代化城市创建的实际负责人（参阅帕帕耶奥尔尤-韦内塔斯，2001）；庆典旨在在新王奥托一世的见证下，宣布帕特农神庙修复工程的开始。第二则由著名

---

* 原文为"mouesin"，根据历史资料和上下文，推测应是清真寺的宣礼员穆安津（muezzin），亦称"三掌教"或"赞礼"，每天按时念"邦克"（招祷词），召集大家来礼拜。参考：http://iwr.cass.cn/zjymz/201112/t20111216_3109692.shtml

** 对伊斯兰教逊尼派来说，伊玛目（imam）只有纯粹的宗教含义，即"引领礼拜的人"。但对什叶派来说，"伊玛目"不仅仅是引领信众礼拜的人，更是真正合法的政治领袖，只有具有先知穆罕默德血统的人才能担任伊玛目，他们因高贵的血统和由之而来的神圣知识，成为穆斯林团体真正的引领者。参考：https://m.thepaper.cn/baijiahao_4285962

考古学家、政治家亚历山德罗斯·兰加维斯所写，出自《考古学期刊》创刊号首篇文章的第一段。《考古学期刊》是这个新国家的官方考古刊物，庆典结束三年后才出版。第三则摘自坎布罗格卢，他是19世纪晚期编纂雅典及雅典人生活相关史料最杰出的历史学家。

　　这三则文字材料揭示了许多有趣的现象。第一则记录了一场意义非凡的公开庆典，标志着雅典卫城重建与改造的启动，旨在创建希腊民族梦想的"考古记录"。克伦泽是这项浩大工程的主导者，也是新古典主义建筑的杰出倡导者。他推动实施了希腊的首部考古法（由摄政成员巴伐利亚人冯·毛雷尔起草），推动建立了实现西方现代性的关键工具——一个保护古迹的考古机构。在他眼中，雅典卫城首先是一个不朽的考古遗址、希腊文明的纪念碑，在这里，他可以自由实现自己心中的乌托邦。他主张并预言卫城中"被野蛮蹂躏的痕迹"将被清除殆尽，后文将详细探讨他的计划。不过，他也正在将"列强"强加给希腊的君主统治与古典历史紧密联系起来。奥托一世以一国之君的身份踏上了伯里克利曾经统治过的土地，并和伯里克利一样，下令（重新）建造帕特农神庙。克伦泽还提到了古典古代的伟人与智者，声称他们坟墓中的灵魂若是听闻了奥托一世即将到来的消息，也能感到安心，相信自己能得到王的庇护。此外，重建计划之前面临的重重阻碍都不复存在了；庆典过程中，在迎接国王的颂歌之中，"这些巨大的大理石块几乎是自动按照石匠的指示，各就各位"（马利亚拉基斯，1884：466）。克伦泽的目的并不是赢得王室对该工程的认可，这是他早已得到的东西。他其实是想让帕特农神庙的重建（以及他在其中扮演的角色）成为他赞助人路德维希之子，即希腊新王统治的象征。新王奥托一世年轻，缺乏经验，甚至与自己的臣民语言不通，信仰不同。他需要借助古典古代的遗迹，证明自己的正统性。

对雅典人民来说，此次庆典及其前后的各种庆祝活动也极为重要。古典时期的古物及其承载的记忆和联想是他们建国的神话基础。一边是身为巴伐利亚人的希腊国王及其随从、学者，一边是雅典人民，他们都试图利用过去来实现各自不同的目的与期望；当然，更广泛的受众是"开明的欧洲"，无论这位新王还是这个新的国家，他们的生存都离不开"开明的欧洲"。请注意上述两篇演讲的语气差异。雅典地方当局更多表达的是一种期待、一种希望、一种叮嘱，即自己将如此重要的历史遗产交托到国王手上，他就应当担起重任，好好履行职责。克伦泽则是将新王描述为这片土地当之无愧的领袖。在两篇演讲中，古典时期的重要人物都扮演了关键角色：第一篇演讲召唤萨拉米斯战役的亡灵来参加民族复活的庆典，第二篇演讲则是请帕特农神庙的建造者们安息，请他们相信，新政权将会好好守护并继承他们的杰作。二者之间的紧张关系显而易见，古典物质遗产被要求扮演的多重角色也显而易见。而这一切都是在以赫菲斯托斯神庙、雅典卫城等古迹为背景的仪式之中，以纪念性的物质遗存为框架，构建人类活动，激发人们的敬畏、虔诚和尊重。古典时期的古迹不仅证明了自身作为新国物质基础的关键性，也证明了自身赋予新政权正统地位的强大影响力，以及作为竞争性资源的重要角色。

至于另外两则引文，是希腊知识分子试图由果及因，构建民族神话历史：神圣的古典时期古迹曾是东方野蛮政权践踏和亵渎的对象。但这只是短暂中断民族发展进程的小插曲。命运将胜：在这个民族复活与觉醒后，作为民族符号的古迹将由希腊人恢复其昔日荣光。兰加维斯的文字让人想起了古典希腊的荣光，坎布罗格卢写于19世纪末的那段文字表达的则是民族融合的精神，这种精神调和了古典希腊与基督教的过往。在这两则引文中，神圣化、净化和污染的概念占据了主导，但它们与克伦泽的演讲还有一个共同点：它们不仅都从颂扬过去的角度出发，还都提示众人野蛮与文明水火不容。但对他们双方而言，野蛮与文明的含义是否相同？正如下文将探讨的，这些社会行为体对野蛮的定义可能并不相同：尽管双方都认同奥斯曼帝国的统治是野蛮的，但希腊知识分子（尤其是在19世纪下半叶）对野蛮的定义可能更广，可能包括从罗马统治时代到希腊独立战争民族觉醒之间的"西方"占领在雅典和希腊留下的一切痕迹。古迹及其辩论性引用可用于不同层面，拥有多重含义。

希腊独立战争前后的古物及其生活史

为了了解古物如何在民族想象中占据如此核心的地位，并因此成为权力关系谈判的重要工具，我们需要厘清并追溯若干种相互重叠且往往相互冲突的动态，它们涉及希腊内外的众多社会行为体。我们首先要问，在希腊民族思想传播开来、希腊这一民族国家建立之前的几个世纪中，希腊半岛的普通人是如何看待古物的？民族史学费尽心思，试图从经验主义和历史的角度证明，在希腊作为民族国家建国之前的几个世纪中，希腊民众尽管缺乏教育，饱受"奥斯曼帝国的压迫""土耳其人的奴役"，但仍对古物兴趣浓厚，将它们视为祖先的杰作，并想方设法保护它们（参阅哈米拉基斯，2003b）。例如，在科库笔下，利用古建的构件、雕塑及石碑修建当代建筑的做法是在试图抢救古物（科库，1977：22），也是当时之人唯一可用的方法（参阅金纳迪奥斯，1930；卡洛格罗普卢，1994；及其他众多文献）。

然而，若仔细阅读当时可得的资料，就会发现事实并非如此。古典古代的许多建筑和手工艺品都是有形、可见的，多与民众的日常生活网紧密相连。此外，它们因规模之大、制作工艺之高超，成为人们钦佩的对象（这种钦佩往往是尊重，甚或是像教徒一般的崇拜），并被赋予了各种意义和联想（参阅卡克里季斯，1963：257）。但在当时，人们的宇宙观是由宗教构建的。基督教会的教义认为，所有这些手工艺品都是盲目崇拜的残余。因此，时间与宗教相关，对该地区的基督教徒来说，奥斯曼帝国的占领是对他们过去罪孽的惩罚。过去必定是以传记性的过去为主，与人们的日常生活习性，与个人和集体的生命周期息息相关。对基督教徒而言，自己家族及近亲的族谱并不是按祖先名字线性排列的漫长历史（如西方的家谱），它们具有周期性，祖辈的姓与名都在反复使用，维持着循环记忆的概念（参阅萨顿，1998：185）。这样的世系肯定与当前的任何长期历史延续概念相悖。历史性的记忆肯定存在，但似乎更有可能与中世纪及中世纪后的那段过去相关，而非与遥远的古典过去相关（波利蒂斯，1997：13）。毕竟历任拜占庭帝王只是神话中的王、神话中的信仰守护者、神话中的东方基督教国家守护者。因此，古典时期的物质碎片拥有独特的他者性（并因此与一种对立关系中的"自我"密切相关）。在宗教方面，它们代表着截然不同的世界，在时间方面，它们代表着截然不同的神话时代。

这种复杂关系有多种表达方式。许多古典建筑结构都曾被基督教当局和非基督教当局用作防御工事。[2] 此外，也许更有意思的是，许多古代神庙都曾被改建为基督教堂，最著名的例子帕特农神庙自然是少不了的，它先后充当过东正教教堂和天主教教堂（参阅科雷斯，1984；比尔德，2002）；还有雅典卫城上的伊瑞克提翁神庙，它也曾被用作教堂（兰加维斯，1837：6；费拉德尔菲夫斯，1902：171—172）；赫菲斯托斯神庙也是如此。它们被选作教堂，当然有实用、便利的原因在，但肯定不止于此，这些场所本身的意义及其与超自然属性和力量之间的关联才是它们被选中的最重要原因。

奥斯曼旅行家艾弗里雅·切莱比曾于17世纪60年代游历希腊，他也提供了一些相关证据。从他的著作中可以看出雅典当地基督教徒和穆斯林对古典遗迹的崇拜，以及遗迹与神话、传说之间的纠葛，其中某些神话、传说是在重复古典时期的希腊神话。据艾弗里雅称，基督教徒相信马其顿国王腓力的陵墓就在"风之塔"（公元前2世纪的建筑，被称为"安德罗尼库斯钟楼"）中，他们过去常常在基督教庆典期间前去祭拜（比里斯，1959：49）。奥斯曼人还将奥林匹亚宙斯神庙的立柱用作祭拜场所，这也表现了他们内心的崇拜和尊重（比里斯，1959：47）。同样，一些人也曾将雅典卫城山坡上的洞穴视为古代智者的居所（比里斯，1959：51）。

关于这一论点，我们还能在18世纪末19世纪初找到更有趣的证据，在这一时期（正如后文所述），希腊民族的许多概念得到了越来越多学者、政治领导人、军方领导人等的认可。卡克里季斯（1989）收集了极其有趣的传说和民间故事，它们虽只能追溯至19世纪和20世纪初，但却反映了更早期的观念，能够帮助我们更好地了解，在希腊启蒙思想和民族觉醒观念传播开来之前，希腊半岛普通人对古物的态度。当然，这类证据构成了一种独特的叙事，要理解它，就需要解码分析，理解难度并不亚于理解其他任何官方或非官方的话语（赫茨菲尔德，1982a）。这些故事清楚反映了，人们不仅关注古代遗址和文物，还赋予了它们各种意义和联想，有时还表达出了钦佩和敬畏。但他们也很清楚，这些都是"希腊人"*的作品，在他们眼中，"希腊人"生活在另一个时代，一个神话的时代，是不同于当代希腊人的存在。[3] 他们往往具有超自然属性，被视为伟人，而这，正如卡克里季斯所言（1989：46），可能源于古代遗址、建筑遗迹和巨大人像雕塑给当代人留下的印象。

至于民族史学中的常规主题——古物保护，仔细阅读现有证据就会发现，情况远比人们以为的要复杂。有大量证据表明，人们曾将古代文物用作建筑材料和石灰来源。人们之所以这么做，最早可能是因为加工过的优质材料和建筑砌块易于取得，后来再用这种材

---

* 原文中有很多处"Greeks"（希腊人）和"ancient Greeks"（古希腊人），而"Hellene"在中文文献中也多译为"希腊人"，但主要是对"古希腊人"的称呼。根据《不列颠百科全书》等英文资料，"Hellene"一词来自"Hellen"（赫楞）。在希腊神话中，赫楞是佛提亚（Phthia）的王，普罗米修斯（Prometheus）之孙，是所有真正希腊人的祖先。为表示对他的敬意，这些希腊人都自称或被称为"Hellene"。因此，"Hellene"或可译为"赫楞人"或"赫楞的子孙"，但这种译法在中文中非常罕见，为免误导读者，也为了与文中的"Greeks"和"ancient Greeks"相区分，本书将"Hellene"翻译为"希腊人"（保留双引号）。参考：https://www.britannica.com/topic/Hellen

料（及其与神秘力量和强度之间的关联）修建新建筑，很可能是为了古今融合，让新建筑具备古代材料的超自然属性。到这一阶段，人们再利用古代建筑和文物的碎片来修建现代房屋（主要是放置于前门上方；金纳迪奥斯，1930：139），并不是为了抢救古物（与科库，1977：22 的观点相反），而是因为相信这些碎片具有辟邪、保护的属性。从人种志中可知，人们普遍认为通道是危险场所，入户通道可能算是通道中最重要的。路德维希·罗斯在新希腊建国之初的考古活动中发挥了关键作用，后来还成为该国古物保护部门的主管兼首位考古学教授。他会定期寻找古物，并经常在拜占庭教堂的废墟中发现古物。他特别指出，他在寻找古物的过程中发现，许多人仍在使用古代石碑装饰楼梯，甚至将石棺用作洗脸盆（相关探讨见帕帕耶奥尔尤 – 韦内塔斯，2001：25）。

考古遗址内部或附近存在石灰窑一事也是有充分记载的。某位匿名人士曾发表文章，严厉谴责外国旅行家四处掠夺古物，此文引来另一位匿名人士的回击。后者的文章发表于《雅典报》，提供了大量基督教徒/"罗马人"[*]和非基督教徒将古物当作原材料

---

[*] 这里的"罗马人"（Romioi）并不是指意大利首都罗马的人，伦敦国王学院现代希腊及拜占庭历史、语言和文学荣休教授罗德里克·比顿解释道："如果以希腊语进行字母转换，'Romans' 就可以写成 Romaioi，后来演变为 Romioi，读作 Romyí。拜占庭帝国的希腊人之所以称自己为罗马人，是因为从政治上说，他们所属的帝国是罗马帝国在东方的延续。即便在 1453 年罗马帝国灭亡以及君士坦丁堡成为奥斯曼土耳其帝国的都城以后，他们依然使用'罗马人'这个称谓。正是这个原因，直到 19 世纪初期，现代希腊语都被称为'罗马语'（Romaic），而不是'希腊语'（Greek）。在 1500 年的时间里，被西方人称为'希腊人'（Greeks）的那些人，一直把自己定义为'罗马人'（Romans）。"参考：https://www.guancha.cn/roderickbeaton/2021_06_15_594452_s.shtml

使用的信息；文中称，过去，蒂诺斯岛和米科诺斯岛的雕刻师常常将古代大理石雕塑用作自己雕刻的原材料，包括将古典时期的祭台改造成穆斯林墓碑；文中还提到，埃皮扎夫罗斯剧场内有一个巨大的石灰窑，该剧场本身及其附近的其他建筑都曾被取走构件，用作石灰生产的原料（匿名，1826；哈齐扎基斯，1931：12；参阅兰加维斯，1837：7）。[4]还有一些人以为古物中藏有宝藏，会以寻宝为目的破坏古物（欧洲旅行家很喜欢用这一理由解释自己对古物的兴趣）（兰加维斯，1837：6）。[5]至少有部分当局和／或富人有过此类行为；但也有一些人对此表示抵制，不过究其原因，并不是因为他们将这些古物视为古代遗产的重要组成部分，而是因为他们相信这些古物具有超自然属性，破坏它们会招致厄运和灾难，危及他们本身和他们的生计。1759年，奥斯曼帝国的雅典总督穆斯塔法·阿迦·齐斯达拉基就曾为建造卡托·帕扎里（或齐斯达拉基）清真寺，摧毁了奥林匹亚宙斯神庙的一根立柱，以生产石灰（该清真寺留存至今，位于蒙纳斯提拉奇广场，现在是一座民俗博物馆）。雅典居民将随后暴发的流行病归咎于此次事件，他们认为此前该病一直被这根立柱镇压着，埋于立柱之下（坎布罗格卢，1896：119）；此事激起了民众的强烈抗议。

部分古物，尤其是雕塑，往往具备人的特征，包括人类的属性和情绪（坎布罗格卢，1893；金纳迪奥斯，1930；卡克里季斯，1989）。有些传说称这些雕塑是遭巫师重伤并石化的人；雕塑中经常传出灵魂［通常被称为"阿拉伯人"（Arab）］的悲鸣声。[6]在关于雅典古物的社会传记中，还有另一段耐人寻味的民间记忆：在1801至1802年间，时任英国驻奥斯曼帝国大使的埃尔金下令暴力拆除了雅典卫城的大量雕塑。在这个故事（记录者为霍布豪斯，1813：348）[7]中，一个满载帕特农神庙雕塑的箱子被雅典当地人扔在了运往比雷埃夫斯的途中，他们坚称箱子中传出了大理石雕塑的哭泣、抗议声。在另一个故事中，埃尔金下令拆除了伊瑞克提翁神庙中的一根女像柱，其余女像柱（被称为"女孩"）因自己的姐妹被绑走而悲鸣（道格拉斯，1813：85；参阅卡克里季斯，1989：39）。时至今日，许多受欢迎的著作，甚至是考古学家的著作，仍在反复引用这个故事（如安德罗尼科斯，1985）。

19世纪初，埃莱夫西纳的居民虔诚供奉着一尊古典时期的大理石雕塑，如同东正教徒供奉圣人像一般。当时的古物学家认为，这是一尊德墨忒耳像。下面是这一故事的两个版本，第一个版本来自见过该雕塑的英国学者、古物学家克拉克，第二个版本来自近一个世纪后的民俗学者N.波利蒂斯。考虑到它们的重要性，我引用的篇幅较长：

> 我们一抵达**埃琉西斯**[*]城，便发现这片平原遍布遗址。率先映入我们眼帘的是一条**高架引水渠**，它有部分仍然完整……但真正让我们对**埃琉西斯人圣地**遗迹更感兴趣，让我们的乐观预期得以满足的是，一尊巨型雕像的残躯。许多作者将其称为**女神像**，它雄伟庄严地矗立在自己的圣殿中，只是这里辉煌不再，只剩日渐腐朽的残垣断壁。我们发现，它……的周围堆满了粪肥，一直埋到了它的脖子处……这座小村庄坐落在众多**埃琉西斯**遗址之间，当地居民仍然十分迷信，极其崇拜这尊雕像。他们把土地的肥沃归功于它的存在，

---

* 埃琉西斯（Eleusis）就是现在的埃莱夫西纳（Eleusina）。

因此才在它周围堆满农田要用的粪肥。他们相信，若失去这尊雕像，就将招致与全年颗粒无收同等严重的灾难。这尊雕像头上雕刻有不同装饰，他们认为其**双耳上的麦穗**象征着土壤永不枯竭的生产力。自（1676年，）英国旅行家（乔治·惠勒爵士）首次看中该雕像后，这么多年过去了，不同的觊觎者做了各种尝试，但都未能带走该雕像，主要的阻力或许就来自当地人的上述观念……我们数次向村里的神父提议购买并运走这一残损的**克瑞斯**[*]**像**，并希望借助他对当地人的影响力来实现这一目的。神父却说，要想这么做，必须先取得**雅典总督**的官方许可；作为该地区的行政长官，我们提到的这类财产都属于他……雅典总督在深思熟虑后同意了我们的请求，但提出了明确的交换条件，那就是必须从**卢西耶里**[**]**先生**那里给他弄来一架小型的英国望远镜。他的要求给我们制造了一个重大障碍；为了从卢西耶里那里得到望远镜，我们必须向他袒露望远镜的用途，这原本不是什么大事，但卢西耶里此时正受雇于我们的大使（他指的是埃尔金勋爵），为其收集各种古代的希腊雕塑；埃尔金勋爵正在以大英帝国的名义和权力大肆扩充自己的收藏，他禁止自己的同胞带走任何古代雕塑，除非是送进他的仓库。（他接着描述了自己如何

---

[*] 克瑞斯是古罗马神话中掌管农业、谷物和丰收的女神，德墨忒耳则是古希腊神话中掌管农业、谷物和丰收的女神。

[**] 原文"Signor Lusieri"中的Signor是对意大利男士的称呼，结合姓氏、国籍、引文年代和下文提到的埃尔金勋爵推测，这里的卢西耶里先生可能是意大利画家乔瓦尼·巴蒂斯塔·卢西耶里（Giovanni Battista Lusieri，1755—1821），此人曾受雇于埃尔金勋爵，协助其劫掠希腊古物。但并未查到此人与望远镜有任何关联。

说服卢西耶里交出望远镜，如何取得必不可少的许可，以及如何继续为带走该雕像做着万全的准备。他继续说道：）但**埃琉西斯**人都将这尊神像视为自己农田的守护神，要克服这种迷信的观念绝非易事。傍晚时分，我们带着**许可**刚抵达不久，意外便发生了，差点儿让我们此前的努力付诸东流。当时，村民们正在与**雕像搬运主持者**商讨具体做法，突然，一头公牛挣脱了缰绳，跑到神像前，站定片刻后开始用牛角撞击神像，撞了一段时间后，便怒吼着，快速奔入了**埃琉西斯**平原。现场一片哗然，若干女性也加入了热议。在这种情况下，任何人都很难给出对策。"**这里一直**，"村民们说，"**以盛产谷物闻名；一旦搬走雕像，这片土地将不再肥沃。**"……直至深夜，人们的顾虑都未能消除……他们聚在雕像周围，却无一人敢率先动工。他们认为，任何胆敢触碰或移动它的人，都会断掉胳膊。过去，他们习惯每逢节日便在这尊雕像前点燃一盏灯。而此刻，**埃琉西斯**的神父在**雕像搬运主持者**的半恳求、半恐吓下，按照教规穿上祭服，仿佛要主持一场大弥撒。他走下粪肥被清运走后留下的土坑，来到仍然直立的雕像前，用镐敲下了第一击，敲掉了雕像上的泥土，此举或许能说服在场的工人，灾难不会降临到他们身上。

克拉克（1814：772—788）

莱普西纳村的打谷场上有一尊大理石雕像，在它的保佑下，村里的收成一直不错。过去，每逢庆祝活动，村民们都会像供奉圣人像一样，在雕像前点燃一支蜡烛。没人可以带走它，胆敢尝试的人，都会被砍掉手。法兰克人曾试图带走它。他们将它拖到海岸边，试图装船，但在夜里，它又自己回到了原处。人人都知道，他们若是将它装船运走了，船就会沉没。但英格兰人还是在向土耳其人支付了大笔金钱后，将它带走了。就在它被带走的前一天，一头母牛挣脱了缰绳，猛冲向它，用牛角撞击后，吼叫着奔向了山谷。村民们明白，他们一旦失去该雕像，就会大祸临头；因此，他们以农作物会被毁为由，拒绝英格兰人带走它。但英国人设法向他们证明了，厄运不会降临。第二天一早，英格兰人让村里的神父身着礼袍去挖雕像周围的泥土。他们将雕像从土中拖出，装上船，运到了英格兰的博物馆。但事实是，这艘船半路就失踪了。

第二年，地里的收成原本很好，村民们都以为雕像会自己回来。但不久后，厄运降临，他们都明白，这就是他们任由雕像被带走的报应。

波利蒂斯（1904：74）

那艘船的确沉没了，但雕像幸存下来，最终收藏于剑桥大学的菲茨威廉博物馆，至今仍在那里展出。正如波利蒂斯在脚注和参考书目中所承认的，他也援引了克拉克的记载，只不过是用民俗学家的写作风格转写了这个故事，让它从语言到内涵都更为"通俗化"。克拉克的版本反映了18世纪和19世纪初浪漫主义旅行家的态度，以及他们在希腊的考古活动，当然还有他本人对不识字的"迷信"农民的傲慢与蔑视。[8] 波利蒂斯是最著名的"民俗写作"践行者之一，这种写作方式通过收集民间的"文字古迹"，与考古学一道，助力实现了与古代之间的语言修辞连贯性（基里亚基杜-内斯托罗斯，1978；赫茨菲尔德，1982a，1987；丹福思，1984；佩卡姆，2001：62—75）。建筑师兼考古学家A.奥兰多斯曾指出，民俗写作的关键功能就是收集文字古迹，履行它的"爱国"使命或"考古"使命（奥兰多斯，1969：6；相关探讨见赫茨菲尔德，1987：21）。他会提出这一观点绝非巧合，这清楚表明了考古学和民俗学在希腊这一民族项目中的密不可分、相辅相成。民俗写作还试图证明，真正的老百姓（其实比学者更）接近古代传统，以及民族觉醒不仅仅是知识分子的工作。因此，民俗写作协助解决了民族现象本身的矛盾之处：一方面，民族是族裔散居知识分子的研究项目（正如许多希腊民族主义的关键倡导者所为）；另一方面，民族是老百姓的想象，它将本土的空间与时间融入民族的空间与时间之中。但就本章的探讨目的而言，这些故事的重要性更多体现在揭示普通人对古物的态度上。正如上述段落所示，某些古物（例如雕塑）拥有特别强大的影响力，是人们敬仰、崇拜的对象。耐人寻味的是，正是该村庄的基督教神父帮助英国古物收藏家得到了该雕像，这或许表达了教会对埃琉西斯人偶像崇拜观念的不赞同。

因此，回到前文提出的那个问题——普通人对古物是何态度。情况要比我们想象中复杂得多，也有趣得多。古代的物质痕迹当然不会被忽视。虽有若干例子表明，它们曾被用作建筑材料的来源，但还有更多例子证明，它们曾被人格化，曾享受人们的钦佩和敬畏，人们也曾赋予它们有意义的联想，并将它们与神话、传说关联起来。此外，人们对它们油然而生的钦佩，对它们超自然属性的笃信，让它们收获了敬仰与崇拜。将一些古典遗迹改建成教堂，无疑助力了对它们的保护和保存。当时的希腊人主要是基督教徒和穆斯林，从某些方面来看，他们创造了自己的"本土考古学"（哈曼，2002），这并不是说他们创建了一个系统学科，有一整套文物保护措施，而是说他们会根据当下的担忧和目的，对古物进行有意义的再改造和再利用。虽然这种再利用确实保护了一些古物，但没有证据表明当时的希腊人将这些物质痕迹视为祖先的作品，认为自己与这些遗迹之间存在世代传承的血脉关联。不过，从18世纪开始，人们看待古物的态度开始悄然改变，只是这种影响在很多年后才为人们所察觉。

想象出的民族

我曾拥有两尊完好无损的精美雕塑，一个女人和一个王子——它们是那么完美，连静脉都能看到。它们是在波罗斯岛被洗劫期间，落入了某些士兵之手。这些士兵计划将它们卖给阿尔戈斯*的某些欧洲人。他们要价1000塔拉拉**。我碰巧路过，便把他们叫到一边，对他们说："就算他们愿意给1万塔拉拉，你们也不能卖，不能让这些古物流失海外，毕竟我们曾经为它们而战过。"（我打开钱包，付了他们350塔拉拉。）"等我与总督重归于好（我们当时正在争斗），我会

---

* 阿尔戈斯（Argos）是希腊地名。
** 原文为"talara"，译者未能在中英文资料中找到该货币单位，推测"talara"是希腊语对该货币单位的称呼，但译者无法阅读希腊语资料，只能对其进行音译。结合词形和历史背景，"talara"有可能指"奥斯曼里拉"（Ottoman Lira）。

将它们交给他,让它们留在国内。到时候,作为回报,无论你们要什么,他都会答应。"我将这两尊雕塑藏了起来,随后连同我的报告一起献给了国王,让它们为祖国所用。

扬尼斯·马克里扬尼斯[*],转引自弗拉霍扬尼斯(1947: 63)

上述著名段落写于希腊独立战争后的二三十年间,作者扬尼斯·马克里扬尼斯(1797—1864)既是独立战争中的战士、神秘作家,也是新希腊建国之初的核心人物、现代希腊民族主义塑造的偶像(参阅古尔古里斯,1996: 175—200;扬努洛普洛斯,2004)。这里反映了关于古物的新话语,正如后文所示,该话语既体现了许多现代性的特征,同时又在"传统"的思维和想象模式中汲取营养。

不过,先让我们从头说起。早在马克里扬尼斯试图让那些士兵相信古代雕塑具有民族价值之前,巨变就已经开始。最初作为想象的民族共同体,以及最终作为独立民族国家的现代希腊,其体制的形成就源自这场巨变中的许多变化,不过已有历史等领域的专家学者详尽记录并研究过这些变化了,在此无须赘述。[9]

这些变化既包括世界经济体系在地理意义上的欧洲、巴尔干半岛及东地中海地区发生的变化,也包括新兴社会阶层的知识视野变化及文化视野变化。当时,希腊的经济、意识形态和文化心态都已融入西方的世界体系之中。但这种融入并不是某些人所说

---

[*] 扬尼斯·马克里扬尼斯(原文为 Giannis Makrygiannis,但也常写作 Yannis Makriyannis)是富有传奇色彩的希腊军事领袖,曾参与希腊独立战争。

的被动、简单的采纳与模仿，而是对西方理想的再加工和再塑造，是将这些思想编织到前现代社会的文化矩阵之中。

自15世纪以来，希腊半岛一直处于奥斯曼帝国的统治之下。奥斯曼帝国实行"米勒特"制度（*millets*）*，根据当地人宗教信仰的不同，将他们分成不同的半自治米勒特。所有东正教徒都属于罗姆米勒特（*millet-i Rum*），该米勒特的人口规模仅次于穆斯林米勒特，既包括说希腊语的（"罗马人"）群体，也包括不说希腊语的群体。东正教会的管理权掌握在"罗马人"手中，因此，希腊语成为所有东正教徒的主要用语及关键文化符号。但从17世纪开始，另一重要的社会经济发展开始对该地区人民的命运产生决定性影响：新的社会阶层出现了，他们的根基在商业与航海，而非土地等传统的财富形式（如斯托亚诺维奇，1960；季亚曼祖罗斯，1972；莫斯科夫，1979：99—118）。这个新的社会阶层信奉东正教，但由多民族组成，希腊语是他们的通用语，也是他们社会地位高的标志；此外，他们相较于其他语言使用者的又一优势是，他们所用的希腊语恰好是东正教及其福音书所用的语言。这个新兴阶层已经被希腊化了，他们已经是自己及他人眼中的希腊人了（斯托亚诺维奇，1960：310—311；鲁多梅托夫，1998a：

---

* 上海外国语大学中东研究所的刘中民教授解释道："奥斯曼帝国是政教合一的君主专制国家……'米勒特'制度是奥斯曼帝国内的非穆斯林的宗教和族群自治制度，其内容是非穆斯林宗教团体或氏族（即'米勒特'）在不损害帝国利益并承担捐税的基础上，拥有专门的宗教文化和教育机构，可以保持本民族语言文字，充分享受内部自治权。米勒特制度的实行，有助于奥斯曼帝国内多民族、多宗教的稳定，也有利于缓和宗教和民族阶级矛盾，促进社会经济发展。"参考：https://www.thepaper.cn/newsDetail_forward_25084149

13）。他们迅速与西欧中产阶级建立了联系，效仿了他们的某些生活方式（楚卡拉斯，1977：39—44），并开始接触古典主义和西方希腊主义，这些是西欧中上层阶级的主流意识形态之一，也是欧洲启蒙运动的基石。得益于此，他们"重新发现"了自己的古典遗产，并自称是这些遗产的继承者。在这一"重新发现"的过程中，他们看到了新的未来：这一未来拥有更接近西欧模式而非奥斯曼帝国的新政治秩序，以及新的社会、经济管理体系，这些能为他们发展自己赖以生存的新财富形式保驾护航，相对地，传统的奥斯曼帝国体系只会阻碍他们（参阅季亚曼祖罗斯，1972；楚卡拉斯，1977：44；莫斯科夫，1979：85；基特罗米利迪斯，1992）。以18世纪的最后25年为分水岭，在此之前，大部分希腊半岛的和族裔散居的学者、作家都受限于视基督教宇宙观为权威的框架，在这个框架内进行与拜占庭时期遗产有关的研究和写作（波利蒂斯，1997），在此之后，随着欧洲启蒙思想的引入，新秩序的重要性愈发凸显：这是一种人的秩序，而非神的秩序。这一世俗化也得到了法国大革命等新发展的推动，依赖于西方对古典历史的建构（古典主义和西方希腊主义）来获取社会合法性，以及建立新的政治、社会组织模式。这也为欧洲的干预提供了保证，欧洲的干预推动了希腊独立战争的成功，也帮助从事海运的中产阶级在独立战争期间以及在新国家建立之初的内部斗争中战胜了（以土地为基础，与教会关系密切的）传统贵族（楚卡拉斯，1977；克雷米达斯，1992；希法拉斯，1993：60）。

由此可见，推动希腊人民重新发现希腊遗产的是与经济、政治发展相关的种种进程，这些进程也与欧洲中产阶级美化希腊古典古代等意识形态的趋势相关（希腊古典古代基本取代了古罗马在他们心中的地位）。古典古代之所以被确立为新生希腊的象征资本，是因为采纳了西方的希腊主义理想。这个过程一点儿都不简单：对于自诩"希腊人"的人来说，他们不是要效仿西方趋势，而是要重新取回对希腊遗产的所有权。他们认为现代希腊人是古典欧洲文明的直系后裔及合法所有人，因此试图以高人一等的姿态参与欧洲的现代性进程。自那时起，他们就将欧洲列强视为希腊的债务人（至今也大体如此）。欧洲社会的大众话语则往往将现代希腊贬低为静态的、石化般的古典古代残留（将现代希腊人视为他们伟大祖先的不肖子孙）。无论过去还是现在，欧洲社会往往都是透过过去来看待希腊人，希腊人则往往试图用过去遗留的象征资本，在欧洲的现在及未来争取一席之地。

上述种种发展解释了为什么参与希腊独立战争的战士开始自称"希腊人"，而不再使用自己的祖籍或过去通用的"罗马人"（如卡克里季斯，1963：259—260；波利蒂斯，1993：33—35），[10] 以及为什么一些希腊人从更早之前便开始使用古典古代的人名（和船名），这种趋势往往深受外国旅行家的支持（克洛格，2003：36—37），也成了19世纪头几十年里的一种时髦［迪马拉，1989（1977）］。由于太过流行，奥斯曼帝国的伊庇鲁斯总督阿里·帕夏还曾在1819年专门评论过："你们正在脑子里谋划大事：你们不再用扬尼斯、彼得罗斯、科斯塔斯来给孩子起名，而是改用列奥尼达、塞米斯托克利斯、雅里斯底德！你们肯定在谋划些什么。"[11] 当希腊独立战争爆发（1821年）时，许多人，尤其是已经为此做好一切必要准备的知识分子，都将其视为一场文明对抗野蛮的战争[12]（当时，西方正在如火如荼地构建和巩固对东方文明*的刻板印象），一场从奥斯曼人手中解救古典大地，避免其被进一步污染的战争。西方将奥斯曼人塑造成了东方的他者，因此，这场战争从某种意义上来说就是古代希波战争的延续。当时的媒体清晰体现了这一关联。他们利用古典时期的地名来唤起人们对古希腊地形的记忆，将现代战役与古典战役联系起来。例如，在《雅典报》的创刊号（1824年7月6日）中，一篇题为《马拉松战役》的文章写道："数日前，古拉斯将军带着约300士兵在马拉松扎营，这里非常靠近潘**的洞穴，即现在的内诺伊……（并）实施了打击敌军的作战计划。"值得注意的是，这里不仅提到了古希腊地名马拉松和希腊神明潘，还强调了数字300，让人联想到希腊民族神话中的另一重要里程碑——列奥尼达一世指挥的温泉关战役（参阅劳卡斯，1996：20及各处）。

追忆民族记忆的碎片

当这个想象的民族共同体逐步建立起存在感，并试图建立属于自己的民族国家时，古物作为古典希腊与这一新民族（即将成为国家）之间一脉相承的物质标记物，就变得极为显眼、极为重要了。虽然在构想中，这一想象的民族共同体是一个理想化的领土实体（参阅佩卡姆，2001）[13]，希腊语及西方希腊主义创造的历史叙事为其提供了贯通古典古代的可靠要素，但它还是缺失了某样重要的东西：如果民族主义是一个地形学和图像学的项目，那么古代的

---

* 在欧洲人眼中，奥斯曼帝国的问题是"东方问题"。参考：https://www.thepaper.cn/newsDetail_forward_3151182
** 潘（Pan）是希腊神话中的牧神，曾在马拉松战役中帮助雅典人对抗波斯人。

建筑及手工艺品就是定义领土、提供地标的关键。神话和古代作家当然为构建这一新的民族地形提供了莫大帮助，但真正能够提供客观的（非主观且基于现实的）实际情况的，是具有物质性的古代遗址、建筑、遗迹、手工艺品，是它们的实体性、可见性、有形性和具象性。正是它们身上的历史厚重感与真实感，赋予了它们巨大的象征力量。

甚至早在希腊独立战争之前，一些知识分子就在试图保护古建筑和手工艺品，阻止当时已经泛滥的古物劫掠。最早呼吁古物保护的文件之一来自族裔散居商人兼学者阿扎曼蒂奥斯·科莱斯[14]（于1807年），科莱斯是现代希腊启蒙运动中最著名的知识分子，该运动充满了多样性，但又常常自相矛盾（如科库，1977：27—31；杰弗里斯，1985；克洛格，2003）。[15]然而，最早落到实处的尝试之一是1813年"艺术之友协会"的成立（韦利亚尼蒂斯，1993；阿萨纳索普卢，2002）。该协会有两大目标，一是教育青年人，发现并收集古物，二是建立专门的机构（博物馆）来收藏、展出这些古物（普罗托普萨尔蒂斯，1967：22；韦利亚尼蒂斯，1993）。它成立于雅典，卡波季斯第亚斯还在维也纳成立了它的姐妹组织（后来，卡波季斯第亚斯成为希腊第一共和国的首位总统）。该协会以雅典娜女神的头像为会徽，并在宣言中指出，它由仰慕艺术及"希腊民族之美"的人们创立，旨在"见证各科学学科重归吕克昂学园，重归阿卡德米学园*"（韦利亚尼蒂斯，1993：47）。该协会的章程规定，它的"神圣"目标之一就是照顾、

---

* 吕克昂学园（Lyceum）由亚里士多德创立，阿卡德米学园（Academy）由柏拉图创立。

保护雅典及整个希腊的古物。更具体地说,该协会收取的会员费将用于促进教育、出版书籍和帮扶贫困学生,从而让青年人得到"希腊精神"的教育和启迪,[16] 以及用于:

> ……发现古物,收集石碑和碑文、雕塑和器皿,以及其他一切值得关注的东西……收集到的有考古价值的物品应存放于专门的地点,该地点将被称为博物馆,并向仰慕古物者开放参观。
>
> 韦利亚尼蒂斯(1993:49)

在这里,你能看到新的现代性世界观的基本要素:将古物从日常生活网中剥离出来,将它们视为需要保护的独特物品;建立专门的机构来保管并展出它们,供理解、欣赏它们价值的人进行视觉消费和鉴赏。该协会的会员组成特别有意思:初始会员中有半数是雅典社会的显赫人物,主要是与欧洲强国,尤其是与英国往来密切的商人和外交官,另外半数为非希腊人,主要是英国的"亲希腊者";其中许多人还积极参与了侵吞古典古物的活动,比如科克雷尔和格罗皮厄斯。由此已能看出该协会令人不适的怪异之处,它的职责包括引导外国旅行家找到希腊古物的准确位置,不仅体现了西方现代性思想在希腊的融入,还展示了不同的希腊及非希腊"艺术爱好者"团体是如何实现这种融入的。当时以及后来出现过许多声明,敦促采取措施保护古代遗址及手工艺品,理由是古物不仅是祖先留下的重要物质遗产,还备受有文化、有教养的欧洲人的推崇。换言之,古物是备受尊重、仰慕的对象,是文明欧洲追捧的对象,这赋予了它们新的价值。

多年来，由于资金短缺，建立博物馆的目标只是空谈。1824年，该协会决定提出明确的申请：它于希腊独立战争期间请求当局在雅典卫城上"建立雅典娜神庙博物馆"[17]。他们还就当时被用作军械库的伊瑞克提翁神庙提出了更具体的需求（科库，1977：38）。尽管得到了当局的同意，但该计划从未得到落实。不过，总的说来，作为第一个非官方的考古服务机构，该协会仍然在临时政府的许可下，开展了大量活动：清理考古遗址；拆除建在古迹上的新建筑；以及游说政府赔偿这些建筑的所有者（韦利亚尼蒂斯，1993：331—332）。它因此参与了复杂、有趣的净化过程（详见后文）。但更重要的是，立法机构之所以能在1826年2月8日颁布首个官方法令，将所有古物纳归国有，并下令保护它们，该协会功不可没：

> 立法机构决定命令行政机构……将雕塑等所有古物……以及房屋拆除过程中发现的一切古物纳归国有，并命令艺术之友协会接收它们，将它们存放于安全地点……
>
> 《希腊复兴档案》（1974：415）

宣布古物为"国有"，标志着该国以各种方式创建民族考古记录的开端。早在做出这一决定的前一年，临时政府就已建议公务员收集、保存古物，以便未来在每所学校建立博物馆；他们认为此举对保护历史、找回城市及场所的古代名称，以及了解祖先的能力和美德都极为重要；正如前文所述，他们之所以认为这些保护举措重要且必要，是因为"智慧的欧洲国家"尊重古物，且经常抱怨这些古物缺乏保护（科库，1977：41；哈米拉基斯和亚卢里，1999：125）。用古典名称重新命名这片土地，以及西欧人对此表现出的兴趣，都是激励他们保护古物的重要举措及力量；此外，人们认为，现代"希腊人"应履行他们作为古典遗产管理者的义务和责任，尤其是在"注视"着他们的西欧人眼中，这也将现代"希腊人"置于持续的审视与监视之中。从很早之前开始，现代"希腊人"与古典遗产之间的关系就被套上了双重责任感：第一重是向古典时期的希腊人证明，他们这些现代后裔配得上这些古典遗产；第二重是向西欧人证明，他们有资格、有能力成为这些遗产的管理者。后者在其他文献中也有体现，比如伯罗奔尼撒半岛伊利达地区专员P.阿纳戈斯托普洛斯1829年发布的指示，他还宣称祖先的"世代相传之物"具有"神圣"属性，因此对现代"希腊人"具有特殊价值，理应得到尊重（参阅佩特拉科斯，1982：113；哈米拉基斯和亚卢里，1999：116）。

自那时起，希腊便在总统卡波季斯第亚斯（1828—1831年）和国王奥托一世（1833—1862年）的领导下，不断加快建立新考古机构的行动速度（见科库，1977）。1829年，希腊在埃伊纳岛建成了首个国家考古博物馆，并于1833年成立了国家考古局，次年，巴伐利亚人冯·毛雷尔起草的首部系统性考古法生效（佩特拉科斯，1982），1837年，国家考古局的官方期刊《考古学期刊》开始发行。同年，雅典考古学会成立，该机构注定要在这个国家的考古构成中发挥关键作用。这个新国家的政治家及知识分子一再强调古物对国家的重要性，比如，1838年，雅典考古学会首任会长I.里佐斯-内鲁洛斯曾在雅典卫城举行的一次学会会议上表示，正是"这些石头……对我们的政治复兴厥功至伟"（转引自科库，1977：16）；1844年，刚成为希腊总理的政治家约安尼斯·科莱提斯在一份官方报告中宣称,"希腊注定要通过作家、记忆和物质遗存来独自开展政治活动"(普罗托普萨尔蒂斯,1967:200)。[18]古典古代正在迅速成为这个新国家民族想象的核心参照点,对此,有两点可以证明:一是1834年,希腊从纳夫普利翁迁都到了缺乏地缘政治重要性的小城雅典;二是希腊决定在古斯巴达所在地重建斯巴达,有一些人认为,这座城市将成为该王国的第二个中心(波利蒂斯,1993:6)。

在18世纪末到19世纪初的几十年中,我们目睹了人们对古物态度的重大转变。在西方希腊主义思想的影响下,被希腊化的学者和知识分子,连同驱动新国际海运资本的力量,一并转向了古典过去,转向了更开明的新世界观,这种世界观提倡建立想象的、世俗的民族共同体,而非基督教共同体。在法国大革命的关键影响下,神学观受到了世俗观的强大冲击,后者主张实现民族解放,建立新的政治秩序。新希腊刚建国就欣然接受了西方的现代性思想,包括转变古物的身份,不再将它们视为具有超自然力量及意义的日常用品,而是将它们视为历史遗迹,视为民族记忆的物质标志物,视为西方黄金时代的产物。这种新类别的物品(考古遗迹)必须脱离日常生活网,得到专门的保护,积攒、收藏于专门的机构(博物馆)内,并允许公众用眼睛(而非充分接触地)去鉴赏。

然而,这种转变并不像看起来那么彻底。对于绝大多数普通人来说,基督教仍然是这个世界的组织典范,这种观念必然会影响他们看待古物的方式。[19]即便是受过教育的群体看来,新的现代主义民族意义框架也已通过文化融合过程(参阅斯图尔特,1994),吸收了过去的宗教观念,即前现代的意识形态基础:带有仪式要素的东正教力量和特征、对基督教圣像的崇拜以及对古物的畏惧和尊重等。创建新国家的斗争在希腊独立战争时达到顶峰，该斗争在希腊语中被称为"*Paliggenesia*"（复活、重生、复兴），这个词既传达了复兴古典希腊"过去辉煌"的概念（斯科佩特亚，1988：207），也让人联想到了基督教中"堕落后复生"的概念（参阅希奥托卡斯，1992：365）。基督教传统中常见的"堕落、死亡和复活"概念贯穿了希腊的民族叙事，并在其中占据着重要位置：该民族将在堕落之后，复兴昔日辉煌。现代希腊纪念"国家重生"的最重要节日（3月25日）也是东正教教历中最重要的日子之一*，这一点绝非巧合。他们对古物的仰慕、畏惧和尊重得到了部分保留，另一部分转化成了对祖先的崇拜。

　　这一现象似乎证实了安德森的结论［1991（1983）：12］，即民族主义不应被理解为一种政治意识形态，而应被理解为一种文化体系［参阅格尔茨，1993（1973）］，这一点与被它取代者也非常相似，其中最著名的或许要数宗教。安德森认为，民族主义出现于18世纪的欧洲，正值宗教思想体系衰落之时。他认为"……对西欧来说，18世纪不仅标志着民族主义时代的黎明，也标志着宗教思想体系的黄昏"（1991：11）。许多研究民族主义的作者也曾特别指出，宗教与民族主义之间关系密切，民族的仪式与民族主义的政治仪式之间存在诸多相似之处（莫斯，1976：40），后者就是该民族宪章神话的具象化（参阅科泽，1988；康纳顿，1989：60–71）。[20] 但就希腊的情况来看，安德森提出的文化体系之间相互取代的观点可能有待修改，他当时可

---

* 3月25日是希腊的国庆节（也称独立日），也是希腊东正教的圣母领报节。

能主要考虑的是西欧。在希腊，与其说是民族主义的世俗宗教取代了宗教，不如说是宗教元素与民族元素发生了融合（参阅马塔拉斯，2002）。[21]

净化民族景观，创造希腊主义的异托邦

转变对待古物的态度，以及形成新的意义框架，强调与古典过去之间的直接关联，这些仍不足以生产出新的民族空间。目前还缺少的是，有序、有组织地、**物质性地**将古物转化为民族纪念物，转化为民族地点的物质地标和标志物；换言之，缺少对不朽民族景观的创造。考古学的巨大价值就在于此，它拥有一整套做法与程序，能够以物质、物理、有形的形式，为这个民族生产出新的物质现实，这也让它成了一个极其强大的工具。正因如此，对于民族主义而言，考古学比民俗研究或民俗史更重要：民俗研究或可证明纯粹的民俗天生就与古代祖先之间存在直接且"真实"的关联，民俗史或可提供线性的叙事框架；但只有考古学才能将不同的民族线索汇聚起来，产出客观事实，让该民族客观化，让其拥有真实、不朽、可靠之物才能拥有的影响力。

正如前文所述，这种对客观事实的生产始于希腊独立战争期间，由艺术之友协会开头，至今仍在继续。这一过程用到了三种独特又相关的策略：①**净化**景观，清除一切污染古希腊黄金时代物质痕迹的残余；②重建和**再造**具有重要象征意义的古迹；③将有古代遗迹的地点**划定**为考古遗址，并将其作为古迹**展出**。在新希腊建国之初的那些年里，考古发掘的目标似乎并非全新、未知

的遗址，一是因为它们并不在可见的古典古代遗迹范围内，二是因为考古学当时的地位不高，仍被视为古典语文学和古代史的辅助学科。但在那之后，希腊开始了大规模的古迹清理、修复、重建和遗址划定工作，这在很大程度上构建起了该国的民族考古记录，即对这一新生民族国家"黄金时代"物质表现的记录：对古典古代的记录。[22]

净化策略要求将古建筑与新建筑分离开来，有时是以安全和防火为理由，但更多时候是以外观和美学（philokalia）为理由，正如所用术语所示，这是一个具有爱国主义内涵的改造过程：1826年，艺术之友协会要求将古建筑从近年修建的新建筑中"解放"出来；[23]渐渐地，净化的方式开始以仪式为主，旨在"清除祖先辉煌功绩上的野蛮残余"。雅典卫城自然是净化活动的焦点，至少在最初的几十年里是如此。早年的关键人物是利奥·冯·克伦泽，他对雅典卫城纪念性景观的形成起到了重要作用（参阅帕帕耶奥尔尤-韦内塔斯，2001）。他的构想是将卫城去军事化，改造成具有历史价值的古迹，拆除后来修建的大部分建筑，重建帕特农神庙、伊瑞克提翁神庙和雅典卫城的山门，并在卫城上建造一座博物馆。正如本章开头所述，1834年他在雅典卫城上组织了一场盛大庆典，巧妙地将希腊的古典过去与身为巴伐利亚人的新王联系起来，试图证明其取得希腊王位的合法性，也是在这次庆典上，他公开了清除"野蛮残余"的计划。这项工作在巴伐利亚人路德维希·罗斯的指导下正式开始，罗斯是这个新政权下最著名的考古学家，他的工作还得到了建筑师索贝尔和克莱安西斯的技术支持，他们是雅典首个城市规划的设计者（马卢胡-图法诺，1998：18）。除了净化和重建策略外，划定遗址的策略也立刻得到了落实：雅典卫城不再是军事要塞，而是历史古迹，其实早在1835年，它就已经是有人管理的考古遗址了，会对外收取入场费（佩特拉科斯，1997）。该遗址得到了妥善看守，且严禁带走任何古物，正如一位旅行家吉法德所言：

> 看守们非常严格且精心地守护着这些作品，陌生人倘若弯腰拾起一块大理石，哪怕只是粗略检查，也会成为所有看守的目光焦点；我怀疑他在这块神圣的土地上，是连一块鹅卵石都休想带走的。我们当然无意强抢，恰恰相反，看到这里的每个碎片都得到了悉心照看，我们无比欣慰。
>
> 吉法德（1837：141）

在吉法德参观时（1836年），雅典卫城早已有了惊人的改变。若让现在的人来看，希腊独立前的雅典卫城一定是全然陌生但又令人惊叹的。当时的部分景观留在了同时代的绘画和版画中。雅典卫城像是一卷被覆写多次的羊皮卷，上面记录过不同时期的人类活动，是不朽的历史遗产，对不同团体、不同人群都有着巨大的吸引力和多重意义；除帕特农神庙、伊瑞克提翁神庙等古典建筑外，后古典时期的人类活动也在此留下了令人惊叹的痕迹，最著名的有建于帕特农神庙内的奥斯曼清真寺（它的宣礼塔一直保存到1843年），供卫城驻军使用的房屋及其他建筑，以及西方列强占领雅典时留下的其他遗迹，其中令人印象最深刻的是，在山门处一眼就能看到的中世纪塔楼[24]。

这些建筑大都毁于新希腊建国后的数十年中，不过，那座中世纪塔楼一直幸存到了19世纪70年代中期[25]。率先开始拆除和清理工作的是克伦泽组建的考古队，后续由雅典考古学会接手，当时的大部分考古活动都是由该学会和国家考古局负责（科库，1977；佩特拉科斯，1987a）。雅典卫城上的后古典时期建筑几乎无一幸存，它们都被视为"野蛮"残余，是希腊曾被外国侵略者占领的物质表现形式，拆除它们是对该遗址的净化仪式。在当时之人看来，古典时期就是这个新生民族国家的"黄金时代"，也是整个西方文明的"黄金时代"，因此，从某种意义上来说，国家考古局等为西方现代性服务的新机构及其从业者都是在创造这个黄金时代的可见的、物质的考古记录。与许多其他例子一样，无论过去还是现在，希腊的民族言论都主要是基于纯洁与污染的话语（道格拉斯，1966；参阅哈米拉基斯和亚卢里，1999及以下），因此，后古典时期的建筑被视为污染源，是对古典建筑纯洁性的挑战，必须加以清除。[26]

有趣的是，克伦泽在雅典卫城上宣称"野蛮蹂躏的痕迹都将消失殆尽"时，并没有将部分后古典建筑纳入野蛮痕迹的定义之中，比如山门处的那座中世纪塔楼（及威尼斯人修建的防御工事）。他其实赞成保留某些"古色古香"的中世纪建筑，还专门提到了山门处的中世纪塔楼（帕帕耶奥尔尤-韦内塔斯，2001：164）。这一观点得到了官方法令的认可，1834年9月，摄政委员会[*]颁布法令（可能是在克伦泽的建议下），鼓励保护虽是后来修建，但具有历史意义或古色古香的建筑（包括教堂和清真寺）（帕帕耶奥尔尤-韦内塔斯，2001：330）。该法令中虽然提到了清

---

[*] 根据资料，奥托一世即位时尚未成年，由三位德国人辅佐，号称"三个摄政王"。参考：http://szb.gdzjdaily.com.cn/zjwb/html/2015-07/12/content_1909382.htm

真寺（也明显考虑到了教堂作为绝大多数人礼拜场所的特殊性），但对包括克伦泽在内的许多人来说，奥斯曼帝国时期的遗迹就是典型的"野蛮残余"。他对野蛮的定义主要包括奥斯曼帝国时期的建筑，但并不包括一些最显眼的西方建筑，这或许并非巧合。继他之后执行净化任务的希腊考古学家也许内化了他的现代主义言论，但他们对野蛮的定义更广，将西方的中世纪建筑也纳入其中，在他们看来，这些建筑也是外国占领的残留痕迹。因此，他们并未过多犹豫，就拆除了这些建筑，拆除活动主要集中在后续的数十年中。西方的学者和考古学家或许牢记着东方/野蛮和西方/文明之间的水火不容，但到19世纪中晚期，希腊考古学家对这一观念稍作修改：希腊/文明是一极（或许还包括开明的西方人，即将自身文明归功于希腊的西方人），东方**和**西方的外国侵略者是另一极，都等同于野蛮。时间节点至关重要：此时的希腊正在为被视为东方中世纪的拜占庭时期恢复名誉，并将其纳入了民族叙事之中，这就让纯粹的东/西两极分化更加复杂了。

山门塔楼被拆除后，大多数的负面反应都来自国外，这绝非巧合。英国历史学家爱德华·弗里曼是阿瑟·埃文斯爵士[*]的岳父，以反古典学者的观点闻名，后来成为牛津大学的钦定讲座教授。他曾在1877年7月21日的《星期六评论》上匿名发文，强烈抨击拆除这一著名地标性建筑的行为（参阅比尔德，2002：109）。后来，总部位于的里雅斯特的希腊语报纸《荣耀》（1877年8月13—15日）再次发表了该文的希腊语版，并附上了他的署名。文中写道：

---

[*] 阿瑟·埃文斯爵士也是一位著名的英国考古学家。

> 在雅典卫城及其建筑之上，清楚书写着雅典从古至今的全部历史，要是迂腐的古典学者没有野蛮抹去那些记录，人们就仍有可能清楚读到它们……
>
> 昨日，雅典公爵们的塔楼明明还在……但它建得太晚了；是野蛮的……我们再也想象不出，还有什么能比这些企图抹杀任一时代历史的行为更卑鄙、更狭隘，更违背真正学者精神的了……无论如何，请那些自称学者的人不要再肆意摧毁历史了……
>
> （《星期六评论》第 1134 期：72—73）[27]

这番抨击势必在雅典社会引发轩然大波（文中甚至主张，奥斯曼帝国时期的建筑也是那个时代的古迹，应当予以保留），当时最著名的一些知识分子认为有必要予以回击。L. 卡普坦佐格卢是拆除行动的倡导者之一，他还曾试图证明这座塔楼是土耳其人修建的。他的回击如下（1878：303）：

> 帕特农神庙内那座粗制滥造的土耳其宣礼塔，以及突兀矗立在山门处的野蛮塔楼，它们就像猛禽掠过时排出的粪便，根本没有保留的必要，任由这些耻辱印记留在庄严的杰作之上，只能证明它们曾经是多么凄惨可怜……
>
> 我们认为，让野蛮浪潮逝去后的黑暗遗迹留在这样的神圣之地，既不恰当，也是对它的不敬。[28]

至于生成民族空间的第二项策略"再造"，也是利奥·冯·克伦泽（马卢胡–图法诺，1998：17—19）很早就启动的，本章开头探讨的庆典就是该策略启动的象征。"再造"的过程十分漫长，而在1835年至1836年间最引人注目、最令人印象深刻的可能要数路德维希·罗斯对雅典娜胜利神庙（无翼胜利女神庙）*的重建（马卢胡-图法诺，1998：20—22）。人们在拆除卫城山门处的某防御工事时发现了该神庙的建筑构件，并将它们拼凑到了一起。[29]这是新希腊建国后首次完整修复一座古典时期的建筑，受到了民众的热烈欢迎与高度称颂。其象征意义显而易见：这个新生的国家刚刚从奥斯曼帝国的废墟之中复活过来，对它而言，这座神庙虽小，但声名显赫，古典优雅，加上也是从奥斯曼防御工事被拆毁后的瓦砾中"复活"过来的，它的重建恰好适合庆贺国家的新开始。此外，人们最初认为，该神庙是为庆祝战胜波斯人而建（这一主题可见于其楣饰浮雕中），这也加重了重建该神庙的象征意义，从某种意义上来说，此次重建也是为了庆祝战胜后来的东方敌人，即奥斯曼人（马卢胡-图法诺，1998：43）。该神庙曾是众多旅行家的赞美对象，他们不仅在回忆录中夸赞建筑本身的美，还夸赞该国重建它的壮举。

重建后的雅典娜胜利神庙也成了摄影师行程中最上镜的景点之一。这些摄影师不仅记录下了该国对这一最神圣之所的净化，还记录下该国再造策略的实施过程，以及让古代遗迹脱离日常生活网，将它们划定为国家考古遗迹，并进行展出的过程（参阅哈米拉基斯，2001b；塞盖迪-马沙克，2001；莱昂斯等，2005）。摄影与本章提及的众多过程和观点有着微妙关联，需要稍作解释。

---

* 雅典娜胜利神庙（Temple of Athena Nike）中的 Nike（Νίκη）是希腊语中"胜利"的意思，也有部分中文材料将其音译为雅典娜尼基神庙。

19世纪的商业摄影师为迎合西方观众只想看纯古典古物照片的特定需求，会在拍摄时进行视觉净化，避免一切当代雅典的痕迹入镜，这便创造出了与当代社会毫无互动的历史景观，此举也是一种众所周知的殖民手段。在这些照片中还可以看到用于划定已重建古建范围的标志（如围栏）。从19世纪中叶开始，我们在希腊见证了考古与摄影的协调配合，它们是现代性的两大表现手段。容我解释一下：正如我们所见，古典古代物质性的生产过程始于希腊成为民族国家的头几年，最初的发起者是跟随国王奥托一世来到希腊的巴伐利亚建筑师及考古学家们（但希腊的考古学家很快就热情接纳了这项计划）。该过程包含净化、再造、划定界限和展出。民族主义作为现代性的主导意识形态被引入希腊，催生了对欧洲主义物质表现的创造，当时，欧洲主义正在庆祝自己战胜东方他者。欧洲人想象中的希腊圣地，不仅深受西方旅行家的喜爱，后来也成为希腊民族想象中的圣地。这些圣地必须重建成欧洲人理想中的样子，塑造出从未存在过的"过去"。这些做法最终创造出了一个净化过的古典物质过去。对于新兴的视觉商品行业，即摄影行业来说，净化轻而易举。摄影术发明于19世纪30年代末，几乎一经发明就在希腊得到了有效利用。摄影利用的是考古实践创造出的主题，即完美、整洁、纯净且符合人们的刻板印象，这些主题注定以展出和观赏为主要目的。[30] 从某种意义上来说，考古学家负责设计主题，摄影师负责将这些主题视觉再现，并广为传播。因此，摄影和考古不过是同一过程的两种手段，在同一框架内运作。西方对古典古代的理想化认知构建了现代希腊社会的"纪念"观。这种观念成为这个新民族国家通往现代性的道路。这种纪念碑化包括但不限于根据理想化的、净化过的历史观和古代观构建有纪念性的古典物质现实。这些纪念碑化的物质存在会变成模式化视觉再现的理想主题，而这些再现正是西方观众（包括旅行家和普通游客）梦想看到且要求看到的。到这一步，这个涉及西方希腊主义、民族想象、考古学和摄影的过程就完成了。

虽然民族考古学做出了种种努力，努力从拥有多种特征、多种含义的遗址中生产出净化景观，但真实过去的物质存在似乎在与之对抗。例如，不同社会在雅典卫城上留下的痕迹并未被完全抹去。即使是在21世纪初，细心的观察者仍能发现真实过去的碎片。比如一门大炮，它代表着该遗址被用作防御工事的那个时代。还有更令人心酸的例子，一个来自古典建筑的构件（最初来自伊瑞克提翁神庙），上面留有奥斯曼土耳其人1805年刻下的文字，歌颂时任奥斯曼帝国雅典总督加固了雅典卫城，将其建成了一座令人叹为观止的防御堡垒，该构件原本被嵌在雅典卫城主入口之一的拱顶上方。[31]

"在我们眼前……"：民族考古学的悖论

考虑到这些考古过程与实践，考古学是如何定义它在自己及他人眼中的角色的呢？又是如何描述自己的活动的呢？

> 过去，睿智的考古学家们都是在图书馆、博物馆及各种设施内开展研究，他们常常依靠旅行家等人获知碑文内容，然后通过在该内容旁添加评论性的注释……来解释古人的历史和地理。我们则不同，我们尽量避免给出解释性的观察结

果和评论性的解释，而是将讨论的空间留给更有能力的人；我们相信自己的工作将会具备其他工种都不具备的优势，即最为准确的誊写，过去，因为誊写得不准确，给考古学家制造了很多麻烦和困难，也让他们屡屡得出无效结论。我们会将原件摆在眼前，进行誊写，并反复核对，我们的工作只有一个目的，那就是誊写，并在誊写的内容旁，增加对该古物大小、材料、发现地点及发现时情况的描述，我们只会在必要时补充学术推测，且这种情况非常罕见，一切都以保证准确为首要目标……

这段文字来自1837年《考古学期刊》创刊号的序言，《考古学期刊》是新希腊的官方考古刊物。这篇序言既阐述了19世纪希腊考古学的认识论原则，也说明了在其创刊时，希腊考古学领域内部存在的一些紧张关系。1862年，《考古学期刊》进入第二阶段，由雅典考古学会出版（名称略有调整，从"*Ephimeris Arhaiologiki*"变更为"*Arhaiologiki Ephimeris*"）。在新版的序言中，时任主编的大学教授阿萨·鲁索普洛斯特别指出："现阶段，本刊的主要目的不是（收录）充满智慧的长篇论文，而是通过对古迹的准确再现来挽救它们。"

这些纲领性的陈述道出了希腊考古学在整个19和20世纪所遵循的主要认识论原则：经验主义原则，或后世所说的实证主义原则。时至今日，该原则虽历经变迁，但仍极具影响力。根据这些作者的观点，考古学著作提供的不应该是推测、观点、解读，而应该是准确和精确，这些才是最重要的。在再现过去的物质痕迹时，我们应拿出近乎宗教信徒的那种虔诚。只要能做到这一点，那些物质痕迹就能发出自己的声音，它们的存在本身就可以讲述过去的故事。作为民族责任的考古实践，只需准确再现并传播有纪念性的历史遗迹，就能生产出物质事实。这种观点认为，古迹本身就具有权威性，并不需要考古学家替它们发声。当然，这些考古从业者的工作范围来自古典时期作家，尤其是帕夫萨尼亚斯*等学者撰写的经典地形学著作。过去已经为人们所知，无须考古学家重新找回。过去已经讲出了它们自己的故事。但是，忙于处理古迹的考古学家及其他学者仍然扮演着关键角色：他们可以利用手工艺品、古建等来证实过去故事的存在；可以通过新文本的发现，填补历史的空白；但更重要的是，可以将过去客观化，也就是为过去提供客观存在的物质现实，这些是文字无法提供的，但可以来自有形、真实的手工艺品和古建，以及它们与土地和领土之间的关联。[32]

在新希腊建国后的头几十年里，官方考古学期刊上发表的绝大多数文章都在研究石头上的碑文，这一点绝非巧合（参阅沃萨基，2003：249—250）。事实上，搜寻古希腊碑文不仅是人们为拆除后古典时期建筑及开展众多考古活动找的正当理由之一，在考古法中也有专门提及。碑文受到重视的原因不能简单解释为希腊语是证明民族连续性的重要证据，也不能简单解释为发表相关论文的学者接受过文献学培训。我认为，这是因为对于受过教育的现代"希腊人"来说，他们能够看懂刻在石头上的信息，即用希腊语字母写成的、字迹清晰可辨的文字，因此，碑文不仅具备介

---

* 帕夫萨尼亚斯（Pausanias），另译帕萨尼亚斯或保萨尼阿斯，是一位活跃于公元 2 世纪的古希腊作家、旅行家、历史学家和地理学家。参考：https://www.worldhistory.org/Pausanias_（Geographer）/

质（石头）本身独特的物质性、持久性和物理性，还能发挥传达意义、唤起民族记忆的作用。它们不单单是有纪念性的物质古迹，更是真正刻在石头上的新宗教圣典。它们具有权威性，而这不仅因为它们是文字记录，更重要的是，这些文字是祖先留下的、可长久流传、客观存在的话语，因此也是祖先的自然话语。通过这些碑文，现代"希腊人"不仅可以与创造过光辉历史的祖先直接对话，还可以找到民族叙事的线索，并将它继续书写下去。最初，人们只是对这些碑文进行简单的誊写、抄录（其他古迹则是通过绘画复制出来，后来也会利用照片），这表明在当时的考古从业者看来，他们与中世纪修道院中的修道士很像，职责就是将神圣的文字与图像忠实地转移到纸上，以便广泛传播〔参阅安德森，1991（1983）：13〕。

这一立场完全自相矛盾，正如前文所述，当时的外国考古学家及本土考古学家不只是在准确记录过去这么简单，他们是在生产新的过去——选出想要保留的过去，拆除并抹去不想要的、会污染历史的古迹，精挑细选出他们认为值得重建的古迹，并按自己的想象进行重建。民族考古学的核心悖论之一就在于此：一方面，它常常提到客观性、中立性、准确性和精确性，并将经验主义的观察结果置于解释与解读之上；但另一方面，它又会公然或暗中地创造民族历史及其考古记录，这种创造包括有意识的挑选、去背景化、净化以及根据想象对过去的再创造。它会利用民族的物质真相来证明关联性和连续性，但却掩盖了这样一个事实，即它**自己**也在重新创造、重新上演该民族黄金时代的物质"现实"，它自己就在按需**生产**事实。转念一想，这种看似悖论的现象其实并非悖论：它只是考古学生产民族物质现实的必要条件。生产是否成功，取决于是否成功掩盖了考古学在民族空间物质现实的"**生产**"过程，而非单纯誊写、展示过程中所扮演的关键角色。只有强调客观性，才能让人们将"生产"误认为是对物质现实的单纯誊写与展示（参阅布尔迪厄，1977、1990），才能为该国的考古项目及整个国家提供可信性和合法性。

与此同时，对复制和誊写（而非"解释性的观察结果和评论性的解释"）的坚持也展示出了两类人之间的紧张关系。一方是有机会直接接触考古材料的本土考古学家，其中有的是业余考古学家，比如该国首个本土考古学家基里亚科斯·皮塔基斯；另一方是受过高等教育的海归"希腊人"或常驻希腊的外国学者，他们缺乏直接接触考古材料的渠道，但有获取"解释性观察结果"的资源和手段。在能直接接触考古材料却没有研究资源的学者与无法直接接触考古材料却有更佳研究手段的学者之间，竞争的战场与对立的观念业已形成。这种紧张关系一直持续至今，且正如第一章所述，希腊本土考古学家与活跃在希腊的外国考古研究所之间也存在着这样的紧张关系。

过去是有争议的资源

考古学的物质生产过程错综复杂、充满争议；它们从一开始就被卷入了权力谈判之中，牵涉不同阶级、不同利益以及其他的欧洲国家。正如前文所示，希腊半岛已经融入西欧建立的全球体系之中，希腊也以古典古代为基础，创造出了作为想象共同体的希腊民族，而推动这一过程的主要力量是一个新兴的商人阶层，他们无论经济还是意识形态，都与欧洲中产阶级有关。他们是该过程的主要受益者。

然而，该过程还带来了另一结果：古典古代被美化，新希腊被塑造成了古典古代荣耀的继承者，从而导致了希腊的纪念碑化。古典古代将19世纪的希腊与其历史、社会背景（即欧洲民族主义运动的背景）剥离开来，将其置于去历史化的神话空间之中。[33] 希腊独立战争被描绘成了独一无二的战争，因为它是希腊民族反抗东方他者这一永恒斗争的延续。强调希腊案例与希腊独立战争的独特性或许能让欧洲国家认可这一新民族国家的合法性，但也会**划清希腊与**巴尔干半岛及欧洲其他民族解放运动之间**的界限**（参阅斯科佩特亚，1988：36，209—211）。当时，巴尔干半岛及欧洲东南部正在经历有点类似于希腊独立战争的社会运动（乔瓦斯，2003）。但这些运动被认为是发生在与古典古代无关的时空中，后者是将（古代或现代的）"希腊人"与东方蛮族（波斯人或土耳其人）分为对立的两边。例如，希腊中产阶级通过拉开希腊独立战争与当代社会运动（比如烧炭党推动的民族独立运动）之间的距离，赢得了与欧洲上层社会及中产阶级的合作。这里提到的烧炭党是一个秘密社会团体，主要活跃于18世纪末19世纪初的意大利，激发了人们对激进政治、社会变革的渴望。希腊曾在独立战争期间广泛讨论过国徽图案的选择，是选复活的凤凰，还是雅典娜雕像，最终后者胜出。[34] 凤凰之所以被淘汰，不仅因为法国大革命用过它，还因为它是友谊社的标志，友谊社是一个与烧炭党有关的秘密组织。新希腊若是选了凤凰，可能就难以获得大国的认可（兹鲁利亚，1995，2002）。[35] 希腊向外界传达的信息是，这场战争建立在古希腊美德的基础之上，没有任何激进的社会内涵，不会威胁到现有的社会秩序［斯科佩特亚，1988：36；迪马拉，

1989（1977）：359］。能够留存至今的过往物质痕迹往往携带着多个时代的记忆，能够让多个时代同时展现在我们眼前（参阅伯格森，1991），但这些时代无法摆脱权力的话语与实践。物质古物具备多重、鲜活、动态的时间性，它们可能会在特定的话语和政治条件下被"纪念碑化"：它们的动态特征和多重性被静态概念所取代，这种概念渴望将重要的历史时刻理想化、"木乃伊化"，从而赋予它们至高无上的道德权威和影响力。事实证明，古代及其物质表现作为庞大的象征资源（象征资本或有权威性的资源；参阅吉登斯，1984；布尔迪厄，1990），往往具备难以估计的战略价值，正如希腊案例所示，不过，若是将它们置于静态、纪念碑化的时间话语中，则会产生一种独特的时间性，构建起一个异时空间（参阅费边，1983）。否定动态、多重的历史性、偶然性和社会进程，这明显带有权力和政治上的内涵。作为民族国家的现代希腊虚构了新的形象，这个形象也得到了西欧人的承认，但这种对时间和空间的纪念碑化，抹除了一切激进的社会内涵。[36]

1833年，希腊决定从纳夫普利翁迁都雅典，这一决定引发了诸多争论，从中可以看出希腊在部署、管理、协商古典古代象征资源时面临的部分困境与紧张关系（参阅比里斯，1933，1966；帕帕多普洛-西梅奥尼杜，1996；巴斯泰亚，2000）。当时，在一众候选城市中，奥托一世之父、巴伐利亚国王路德维希一世强烈支持迁都雅典（比里斯，1933，1966），至于奥托一世本人，正如某位作家所言，他"……无疑幻想成为米太亚德那样伟大的一军统帅，地米斯托克利那样伟大的海军将领，以及伯里克利那样渊博高深的政治家"（阿布，1857：158）。当然，雅典之所以获选，还是因为它的古典历史，毕竟相较于其他候选城市，雅典不仅优势很少，还有一个重大劣势——没有港口。商业及海上力量对希腊至关重要，没有港口自然是极其不利的。但支持雅典的报告一再强调：

> 像雅典这样的古城，过去能很好地养活成千上万人，现在自然也能为人们提供生活所必需的诸多有利条件……这座城市的大多数古迹都保存得非常好。这些优势都是世界其他地方所不具备或无法具备的。仿建这些古迹既是在回应许多人想一睹它们风采的渴望，也是在回应国家领导人想要装点首都的意图。
>
> 转引自帕帕多普洛-西梅奥尼杜（1996：13）

当时（1833年），时任航运业部长的约安尼斯·科莱提斯是迁都雅典的主要反对者之一。他坚称，新国无论选择哪座城市为首都，都是暂时的，只有君士坦丁堡才是希腊的永恒首都。此外，他认为，恰恰是因为雅典拥有众多古迹，才完全不适合成为首都：

> 雅典既是一座人人敬仰的城市，也是一座举世敬仰的城市，受到敬仰的与其说是它的现状，不如说是它过往的辉煌，尤其是埋藏在这片土壤之下的杰作。
>
> 长久以来，野蛮人都在用丑陋的建筑掩盖雅典过往辉煌的遗迹，旨在削弱后代对它们的记忆，难道这还不够吗？难道我们还要亲手将它们再次埋葬，剥夺我们、我国人民和外国人将它们树立为后代理想，从而发扬民族精神荣光的任何希望吗？与其支持选雅典为首都，不如签署法令，立即禁止

在那些被历史证明有古迹埋藏的城镇、地方开展建筑活动，这难道不是更爱国的做法吗？然后再通过一项法令，要求在那些地方进行发掘，找回古代的艺术杰作。这些作品本应在专门的博物馆展出，让这个博物馆成为人们瞻仰艺术的主要去处，在这里，宗教的虔诚将引来文明世界的兴趣。先生们，在审慎考虑王国定都的问题时，我们眼中不应只有希腊古代的样子，也不应受花言巧语的影响。我们应该着眼于希腊现在的事实，以及它未来应该成为的样子。

转引自帕帕多普洛 - 西梅奥尼杜（1996：51—52）

《雅典娜报》也评论过同一主题：

这些无视民族期望与希冀的人啊，他们不想给我们一个富饶、辉煌、商业化的首都，只想让我们定都无足轻重且贫瘠的阿提卡*，整个希腊世界一致拒绝这一选择，而这得益于长期革命的经验教训，而非考古幽灵的教导。

转引自福蒂亚季斯（1988：207）

这里能看到众多重要的紧张关系。首先是规模庞大的古典古代象征资本与这个小王国财政担忧、经济顾虑之间的冲突。其次，希腊人想象中的民族空间疆域远大于这个新国家的领土范围（大多数自称"希腊人"的人都生活在希腊境外），[37]因此，他们梦想着国家能够统一所有被认为属于希腊的领土，这个梦想在该世纪

---

* 阿提卡是雅典所在地。

的下半叶被称为"伟大理想";这一说法由约安尼斯·科莱提斯于1844年率先提出,正是因为秉持这一理想,他才会断言君士坦丁堡才是王国的永恒首都。[38] 最后是梦想与担忧之间的紧张关系,梦想来自外国的领导人和学者,他们希望希腊能成为新的异托邦式国度,将现代与古典融合,担忧则来自不得不与希腊共同发展的许多希腊领导人和学者。前文摘自《雅典娜报》的那段话最能体现这种紧张关系:该报的名称是在致敬女神雅典娜,表现了现代"希腊人"对古希腊梦想的坚持,但文章内容却表达了难以实现该梦想的挫败。最终还是雅典被选为希腊首都,这是一个充满纪念性的核心城市,选择它是为了唤醒古典时期的希腊精神,它无须面对港口城市才会面对的现实和担忧,但也无法开展与港口相关的商业和货币活动(帕潘托尼乌,1934:216)。

正如本章开头所示,巴伐利亚王子奥托一世是欧洲列强为近代希腊王国选派的首位国王,古代的象征资源也曾被用作证明其王位合法性的工具。从前文可知,巴伐利亚宫廷建筑师利奥·冯·克伦泽在构建希腊民族异托邦的过程中发挥了关键作用,他在雅典卫城发表演讲时,面对看似质疑奥托一世王位合法性的雅典人民,将奥托一世塑造成了当之无愧的古典荣耀继承者。不过,在此之前,希腊王国的首个首都纳夫普利翁就已用一座凯旋门迎接了奥托一世的到来,对他即位表示庆贺,这座凯旋门以荷马等古代作家的诗句为装饰,诗句中都提到了强大且公正的统治者[罗斯,1976(1863):219;哈米拉基斯和亚卢里,1996]。1834年(雅典成为首都的那一年),卡尔·弗里德里希·申克尔提交了在雅典卫城上修建宫殿-堡垒的规划,规划中要求建造一尊超大型的雅典娜战士像(在前线作战的雅典娜)[罗斯，1976（1863）：95，101；齐加库，1981；科贝特，1987；麦克尼尔，1991；威勒，1995］，这些规划也可以被视为让奥托一世王位合法化的一种策略。在雅典卫城巍峨且醒目的岩石上修建王宫，其内涵不言而喻，这将把现在的这个王室与古典遗产直接关联起来（参阅哈米拉基斯和亚卢里，1996）。

  商人、知识分子和学者都在希腊民族叙事的形成过程中发挥着重要作用，他们将古典过去视为引导自己的力量，并在某种程度上将自己的梦想与拜占庭等具有神权和君主统治内涵的近代历史对立起来，但希腊王国的首位国王及其圈子并不这么认为。古典过去为他提供了王位合法化的重要力量，但拜占庭帝国的那段过去也能为他提供同等重要的象征武器。有一些历史证据表明，尽管古典主义占据主导风向，但国王及其圈子还是表现出了对拜占庭物质过去的支持（帕潘托尼乌，1934：20—24；科库，1977：112；斯科佩特亚，1988）。这方面的例子包括：前文提到，1834年，摄政委员会颁布法令，要求保护教堂（以及其他近代建筑；佩特拉科斯，1982）；1837年，国王颁布法令，要求停止破坏拜占庭时期的古物；每当有拜占庭时期的古物遭到破坏，就会有奥托一世圈子里的若干巴伐利亚官员表示抗议（科库，1977；佩特拉科斯，1982）。卡普尼卡雷亚教堂是后拜占庭时期的建筑，位于埃尔穆大街的中间位置，按照利奥·冯·克伦泽的城市规划，是要拆除的（巴斯泰亚，2000：86），但有趣的是，身为古典学者、非东正教徒的巴伐利亚国王路德维希（奥托一世之父）出面挽救了它（兴戈普洛斯，1929，转引自科库，1977：114）。希腊王室在拜占庭帝国身上清楚看到了一种专制的政治体制，这种体制更接近奥托王朝的王权统治，而非古希腊时期的城邦制（斯科佩特亚，

1988：178）。奥托一世虽不信仰东正教，但却统治着以东正教为主要信仰的子民，对他来说，拜占庭帝国的君权神授和东正教内涵为他提供了另一个重要优势［塞德尔，1984（1965）：165—166］。他身上的这种矛盾同时标志着一项新转变的开端。从该世纪的中叶开始，这一转变将变得愈发明显：希腊民族主义正在逐渐转变为一种本土融合体，即希腊-基督教民族主义，具体将在下一节中探讨。

不过，围绕古代的竞争并不仅仅存在于希腊国内。欧洲列强之间关于重要遗址发掘权的竞争早已拉开序幕，且贯穿了整个19和20世纪，就某种程度上来说是持续至今。尽管这一问题仍需广泛研究，但我还是基于最近的重要研究，为大家提供几个例子。第一个例子发生于19世纪末，当时，法国、美国等国家，以及雅典考古学会都在竞争德尔斐考古遗址的发掘权。最终法国胜出（法国援引了德国成功获得奥林匹亚遗址发掘权的例子），但获得发掘许可证并没有那么简单，希腊政府向其提出了更多与宗教无关的需求和关切：不仅要求法国签署商业条约，对当时希腊出口法国的主要产品（科林斯无籽葡萄干）收取低进口税，还要求法国保证在国际地缘政治的权力博弈中支持希腊（达西奥斯，1992）。第二个例子是1911年对科孚岛阿尔忒弥斯神庙的发掘。此次发掘由希腊国家考古局进行，但引起了德皇威廉二世的兴趣，他要求希腊批准德国在德国考古学家德普费尔德的指导下参与发掘；随后，在希腊国王的亲自干预下，德国取得了发掘许可；两天后，希腊政府就提出了令希腊发掘者们心寒的交换条件，希腊政府要求包括德国在内的欧洲列强介入希土关系，说服土耳其停止对其境内希腊人的经济封锁。此前一直在这一问题上保持中立的德国支持了希腊的要求，对土耳其提出了强烈抗议（卡尔帕克西斯，1993：56—57）。[39]

另一个有趣的案例发生于20世纪20年代，美国古典研究学院（雅典）为获得雅典卫城山脚下雅典古市集遗址的发掘权，与希腊方面进行了多次谈判。该学院遭遇了反对，尤其是该地区约5000位居民的反对，因为此次发掘工作要开展，就必须先拆除他们的房屋。尽管如此，该学院还是为取得许可证做出了巨大努力，开出了非常优惠的条件，他们不仅利用了学院官员与时任希腊总理埃莱夫塞里奥斯·韦尼泽洛斯的密切关系（参阅萨卡，2002：229—230），还利用美国财政贷款来对希腊软硬兼施。1922年希土战争的战败给希腊造成了灾难性后果，也制造了大批难民，对苦于战后恢复和难民安置的希腊来说，外部的财政援助将关系到它的生死存亡。1928年1月26日，美国古典研究学院（雅典）管理委员会主席爱德华·卡普斯给学院院长里斯·卡彭特写了一封信，信中提到了他在华盛顿特区与希腊大使西莫普洛斯和美国副国务卿罗伯特·奥尔兹的一次会晤。会上，西莫普洛斯指出："……希腊得到了债务委员会如此慷慨的对待，给希腊的贷款也即将发放，此时此刻，我们若再不做出让步，反而坚持在任何公正之人看来都无法容忍，在所有人看来都不配赞助者慷慨解囊的条件，那必将严重影响希腊在美国的声誉。"[40]最终，希腊政府不顾媒体上铺天盖地的反对之声，满足了美国古典研究学院（雅典）及此次发掘活动主要赞助人约翰·D.洛克菲勒的所有要求，通过了一项对当地居民非常不利的法案（参阅萨卡，2002：223），导致366栋民房被毁。

古典古代的物质表现在19世纪具有巨大价值。不过，真正提升它们在国内外象征交换中的价值的,是它们在象征较量、有争议的解读和评价,以及相对立的主张与反主张中可能发挥的作用。这类交易涉及的利益越大,参与者就越会努力掩盖它们是交易的事实(布尔迪厄,1990)。以雅典古市集遗址的发掘为例,希腊政府接受了美国古典研究学院(雅典)开出的所有条件,拆除了一整片住宅区。为证明此举合理,希腊政府特意强调了该遗址对希腊民族的重要性,以及该学院承接此次发掘工作的能力,但对自己在外交和财政上的担忧与考量只字不提。[41] 虽然古物在民族的梦想/想象和创造过程中居于核心地位,但它们同时也是权力谈判的竞技场,是充满争议的对象,是对立主张和社会、政治议题的核心所在。它们从一开始便是为中产阶级所用的合法化工具,也是极其强大的象征资源。自新希腊建国之初开始,政治家、行政官员和知识分子就一直在有意识地挑选最能传达他们政治及意识形态纲领的那些古代象征物,而这些选择往往伴随着争议。自这一希腊民族项目开始以来,古代就被赋予了多样化的社会意义,这些意义往往相互矛盾。这提醒我们,民族话语很少是单一、无争议的。接下来,我将要探讨对这一民族项目的大幅重塑与修改。

本土的综合化:从西方希腊主义到本土希腊主义

……腓力二世取得了喀罗尼亚战役的胜利,摧毁了希腊的自由。但他还做了一件对希腊来说更具灾难性的事情,他生下了亚历山大大帝!……

拜占庭帝国史……记录了这个罗马国度的一长串愚蠢行

为和可耻暴行，它们都被移植到了拜占庭这座城市。这段历史表现了希腊人的极端悲惨与衰落，令希腊人蒙羞。[42]

1841年5月25日，雅典考古学会在雅典卫城召开了一场会议，会上，知识分子、政治家兼时任学会会长的I.里佐斯-内鲁洛斯发表演讲，概述了希腊民族从古典时期诞生到1821年"死而复生"的这段历史，上面援引的便是他此次演讲中的内容。部分读者可能记得，希腊曾在20世纪90年代初、中期与前南斯拉夫马其顿共和国发生争端，并在争端期间美化过腓力二世和亚历山大大帝，对这些读者来说，里佐斯-内鲁洛斯的这番表态，可能令他们十分诧异（见第三章）。[43] 此外，考虑到拜占庭遗产在当今希腊民族意识中占据的重要地位，这种对拜占庭遗产全盘否定的态度也同样令人费解。

本章前文的探讨为我们理解最后这个悖论降低了难度。自8世纪末以来，随着西方启蒙运动的影响不断扩大，孟德斯鸠、伏尔泰，当然还有吉本等思想家对拜占庭的负面看法也融入了希腊新兴的民族叙事之中（波利蒂斯，1997）。西方民族理想的倡导者与教会之间的冲突进一步加深了他们对拜占庭遗产的否定，以及对古典历史的支持（该教会的领导层位于君士坦丁堡，与拜占庭及其基督教遗产有着明显的联系）。此外，正如前文所述，相较于拜占庭帝国君权神授的专制模式，古典城邦的民主政体为这个新兴的民族国家提供了更可取的政府组织模式（见汤因比，1981：215；克雷米达斯，1992：42；波利蒂斯，1993：66）。[44]

当然，希腊的东正教及其教会结构缓和过现代"希腊人"与拜占庭之间的关系。这种关系极其复杂、动荡多变。[45] 在18世纪和19世纪初，希腊民族主义的主要知识分子及倡导者呼吁为说希腊语的基督教徒构建一个新的想象的共同体，但这个共同体的构建不再如过去那样基于信仰，而是基于个体内心的种族认同及共同拥有的古典遗产，这让东正教的领袖及知识分子预见到了危险。他们的反对必然与这样一个事实有关：这些接受西方教育的学者是以法国大革命等现象以及古希腊为灵感来源的，前者带有世俗主义特征，且对现状构成了威胁，后者代表着曾被拜占庭帝国摧毁并被基督教取代的异教过去。1798年，牧首区出版了《牧首训词》，这本小册子为奥斯曼帝国的统治辩护，声称这是君权神授的结果，是为了保护基督教的信仰（波利蒂斯，1998：10）。在希腊独立战争的最初几年，只有一些"开明"的神职人员站在"新宗教"的一边，尤其是在马其顿等地区，那里存在着相互冲突的民族主义。基督教的领导层反对独立战争，君士坦丁堡牧首区也对该战争表示谴责。独立战争的胜利及新国家的建立促使希腊的东正教会于1833年单方面宣布自治，这意味着该教会将脱离牧首区的管辖，换言之，该教会将服从于希腊的民族项目（基特罗米利迪斯，1989：166）。但这并不意味着希腊的东正教与基督教东正教决裂，而是如马塔拉斯所言，希腊东正教只是在更广阔的背景下探讨自己该何去何从：这与希腊当时面临的两难处境有关，作为新生国家的希腊不知道自己是该追随东方（尤其是对说希腊语的东正教徒颇具吸引力的东正教俄国），还是追随西方强国。因此，希腊东正教宣布自治是一种策略，意在向西方表忠心（参阅马塔拉斯，2002：50—51及各处）。

事实上，后来的发展表明，民族主义并没有与东正教发生冲突，也没有取代东正教，相反，**东正教成了**希腊及其他巴尔干地区国家**表达和发展民族主义的工具**。毕竟这个新生国家最终成了一个（非常专制的）王国，而不是启蒙运动倡导者所希望看到的共和国。至少在普通民众层面，影响力强大的东正教思想从一开始便嫁接到了希腊的民族项目之中。自19世纪30年代以来，希腊经历了宗教复兴（基特罗米利迪斯，1983：54），牧首区与希腊教会重新建立了联系，浪漫民族主义的思想变得更有影响力了，但却是以公民民族主义影响力的下降为代价。正如前文所述，奥托一世传达并进一步推广了这些思想，且对拜占庭遗产持积极态度。1844年"伟大理想"的提出，就意味着必须恢复拜占庭的名誉，毕竟"伟大理想"倡导者所梦想建立的（以君士坦丁堡为首都的）大希腊效仿的就是拜占庭模式（基特罗米利迪斯，1983：54）。

因此，本节开头内鲁洛斯1841年所表达的那些观点，其实已经在被逐渐抛弃了。到该世纪中叶，在民族叙事中恢复拜占庭名誉的条件已经成熟。除上述因素外，还有另一重要原因推动了拜占庭名誉的恢复：民族叙事中时间线不连贯的问题亟待解决。断裂出现于公元前338年喀罗尼亚战役到1821年之间，前者标志着该民族"被奴役"和"死亡"的开始，后者标志着该民族的"死而复生"。到该世纪的下半叶，得益于**杰出**民族历史学家康斯坦丁诺斯·帕帕里戈普洛斯的研究工作，这一空白得以填补（参阅迪马拉，1986）。奥地利学者雅各布·菲利普·法尔默赖厄（于1830年首次）提出的观点成为这一发展的催化剂，他认为，斯拉夫人在希腊的存在，斩断了古希腊人与现代希腊居民之间的种族关联和文化关联（法尔默赖厄，1830）。[46]你们或许已经料到，此言必定会引发轩然大波。反对者试图驳倒他的部分动机在于，他们希望在更广泛的东正教世界中厘清希腊人与斯拉夫人之间的关系，这再次呼应了有关俄罗斯在其中扮演何种角色的争论（参阅马塔拉斯，2002：143—144）；可能出乎这些学者意料的是，他们试图推翻法尔默赖厄主张的努力反而助力拜占庭融入希腊的民族叙事之中。帕帕里戈普洛斯在自己的第一部学术著作（1843）中反驳了法尔默赖厄有关伯罗奔尼撒半岛斯拉夫人的部分关键观点，[47]但真正为统一民族叙事提供了强有力综合论述的是他1860年至1874年间出版的五卷本巨著《希腊民族史》。他按照时间顺序，将希腊史划分为"古代、中世纪和现代"三部分，[48]但也宣称拜占庭是希腊文明不可分割的一部分。尽管他没有欣然接受当代欧洲关于种族和生物进化的观点，但他认为希腊民族存在文化和精神上的进化与连续。他的著作也标志着，他改变了与法尔默赖厄较量的策略。这一变化早在1846年他在雅典大学的首次讲座中就有所体现，在《希腊民族史》中表现得尤为明显，他不强调任何线性的、直接的或种族的连续性，而是强调文化和精神的连续性，更重要的是，强调希腊主义精神有能力吸收较弱、较低级的文化，如斯拉夫人的文化。这一黑格尔主义思想将在他及其他民族历史学家的思想体系中占据中心位置（西加拉斯，2001：21）。

在接下来的一个世纪中，甚至可以说时至今日，希腊民族叙事都以这一综合论述为基础，该论述中包含了关于民族命运和目的论（teleology）的强烈政治信息，但这只有在民族统一的基础上才能实现（基特罗米利迪斯，1998；亦可参阅里雅阁，2002）。该论述亦可见于1852年民俗学者、历史学家斯皮里宗·赞贝利奥斯提出的"希腊-基督教"（ellinohristianikos）一词，他是填补民族叙事中时间线缺口的另一关键人物。该词指的是古典希腊主义与东正教融合后产生的实体。这个实体具有庞大力量，足以同化外来影响，也足以将其他人希腊化；赞贝利奥斯（1852，转引自马塔拉斯，2002：150）指出，"基督教成了希腊的新祖国，希腊成了基督教的首都"。这一目的论、宇宙论的愿景也体现在了帕帕里戈普洛斯三分法的神学象征意义中，该三分法可以暂时代替对基督教三位一体的集体想象（里雅阁，1993：27）。帕帕里戈普洛斯还发明了"马其顿希腊主义"一词，将其定义为另一种版本的古典希腊主义，借此恢复腓力二世和亚历山大大帝治下马其顿王国的名誉；在希腊主义的漫长发展历程中，马其顿希腊主义取代了不断衰落的古代希腊主义（里雅阁，1993：26）。

1836年至1843年间，约翰·古斯塔夫·德罗伊森出版了《希腊化史》，正如书中所言，在这一修正主义的历史兼民族过程中，对"希腊主义"概念的挪用、再加工和修改是一大关键（西加拉斯，2001）。德罗伊森当然提到了马其顿王国，提到了亚历山大大帝的遗产。但希腊人在理解他恢复亚历山大大帝遗产名誉的意图时，想到的是现代版马其顿的领土野心，是有越来越多人意识到希腊的国界再也装不下整个希腊民族（因此出现了"伟大理想"），是一种与首批希腊知识分子梦想相悖的政治体制，即放弃模仿古代的民主制和城邦制，采用君主制、集权制，并带有帝国主义的傲慢，换言之，一种更像古马其顿而非古雅典的政治体制。对19世纪中后期的希腊民族历史学家和政治家，以及对整个希腊民族来说，德罗伊森的贡献不仅仅是恢复了马其顿的名誉，更重要的是，他从术语和思想体系上，提供了开展诸多修正主义项目的正当理由，比如：将扩张主义帝国政治模式理想化；恢复拜占庭及整个中世纪的名誉；以及如前所述，采用黑格尔主义的精神连续概念（而非种族连续概念），这种连续不一定是线性的，而是基于希腊精神对其他较弱势要素的同化能力。不过，在这一过程中，希腊历史学家所做的并不仅仅是被动挪用：德罗伊森针对特定文化和时序的单一希腊主义衍生出了多种多样的希腊主义（古代的、马其顿的、拜占庭/中世纪的、现代的，等等），[49]但其根本的精神内核并未改变。不过，对德罗伊森希腊主义的新式挪用似乎保留了一个关键特征，即希腊文化（*ellinismos*）与希腊化（*exellinismos*）之间的紧密关联：这里隐含的假设是，希腊主义始终且将继续肩负着通过传播希腊语言与文化来教化他人的使命。在19世纪末的历史偶然性*中，考虑到希腊政府向文化、种族和语言多样性地区扩张领土的野心，这一假设尤为恰当、适宜（孔布利，1998；西加拉斯，2001）。

对拜占庭名誉的恢复，以及对拜占庭与民族叙事和想象的融合始于19世纪中叶，而要实现这些目标，就必须消除一些严重且关键的紧张关系，其一就是古希腊宗教（古希腊遗产的重要组成部分）与东正教之间的紧张关系。民俗学者通过推动宗教之间的结合与融合，设法将其消除（斯图尔特，1994）：他们收集了古希腊宗教在东正教传统中的"残存物"，不过，在收集过程中，他们更重视礼拜场所、建在古代礼拜场所上的教堂等物质遗存，而非精神遗存，精神遗存可能会与东正教教义出现分歧，引发摩擦（斯图尔特，1994：138）。后来的基础民族教育一定会讲到使徒保罗的故事，他发现，古代雅典人除崇拜古希腊神话中的奥林

---

* 根据《中国大百科全书》第三版网络版的定义，历史偶然性（historical contingency）是人类历史发展过程中的历史现象与历史事件具有的不稳定性与不重复性特征以及由此塑造的客观历史存在模式。参考：https://www.zgbk.com/ecph/words?SiteID=1&ID=529904

匹斯众神外，还崇拜着另一个"未识之神"。这种叙事，在以基督教为中心的公共教育中，将古希腊人刻画成了原始基督教徒的形象。恢复拜占庭名誉的想法推动了对拜占庭时期古物的系统性维护和保护，但主要的重点必然是落在具有基督教会性质的古物上。1884年，在私人发起下，一个专门保护和研究拜占庭古迹的学会成立（有趣的是，该学会名为"基督教考古学会"），并于1890年拥有了自己的博物馆，但直到1914年，希腊才通过了建立国立拜占庭博物馆的法令（科库，1977：283—285）。

基督教在拜占庭体制中占据着突出的核心地位，因此，将拜占庭融入民族叙事的主体，进一步促进了东正教与希腊民族认同的融合。对民族叙事的这一关键性改造创造了一种古今贯通的连续感，满足了希腊民族对统一性和完整性的渴望（我将这种现象称为**对整体的怀旧**；参阅第六章）；（尽管受恢复中世纪名誉的欧洲浪漫主义运动和史学传统影响，但还是）创造了一种更**本土**而非更欧洲的民族历史版本（乔瓦斯，1995）。因此，这种改造在某种程度上标志着民族叙事的"解放"。被创造出的本土希腊主义（在知识形式和意识形态形式上都）与西方希腊主义截然不同，与19世纪初欧洲和希腊启蒙运动创造的新希腊主义也截然不同，后者不仅体现了以欧洲为中心的东方主义，还体现了世俗主义及民主理想。自那时起，本土希腊主义就主导了希腊的民族想象，它是一种半宗教的、神圣的、弥赛亚式的信条，一边庆贺自己脱离了西欧的控制，一边却掩盖不住自身的守旧（参阅里雅阁，1987）。它严厉斥责一切异议者是反希腊的（*anthellinikes*），这也是该术语的首次出现，在随后的数十年乃至上百年中，这一术语也越发流行起来（参阅基特罗米利迪斯，1983：55）。

梦境中的废墟

1922年3月，希土战争期间，土耳其西北部伊尔梅-奇夫特利克（Ilme-Çiftlik）的某希腊军营中，一名士兵要求面见指挥官：

"我昨晚做了一个梦，"他说，"梦见了身边围着一群古希腊士兵的圣母玛利亚。她命我守住附近的一处山洞，不允许别人用它来圈养牲畜。她说那里曾是供奉她的圣地……那些古希腊士兵告诉我，他们的尸体就埋在附近，让我去将他们挖出来。"

指挥官没有理会他，但过了几天，他又来了，说他一直做着同一个梦……

随后，指挥官下令去他提到的地点挖掘，果然发现了古希腊文物。[50]

梦境是潜意识历史化的一种形式（斯图尔特，2003）；神明显灵在现代希腊的大众想象中非常常见（斯图尔特，1989：77），它提供了在个人和集体的大众记忆中挪用遥远过去的手段。这个梦境浓缩了希腊民族想象与古代物质性表现之间的多重联系；它表现了重纪念性的希腊史实性，是民族与考古的融合。

古希腊过去的宗教经历与其他经历变得不可分割。对于这位出国作战的士兵来说，民族叙事告诉他（尤其是自"伟大理想"提出以来），他脚下的领土也是希腊化空间的一部分，被赋予了特殊意义，而这不仅仅是因为有古希腊的存在。在这样一个关键的历史时刻，在希腊的扩张主义梦想即将迎来灾难性结局的几个月前，站在这片领土上的他已经分不清现实与梦境，过去与现在，圣母玛利亚与古希腊战士。如果一个世纪以来，受过教育的希腊精英所言为真，古希腊的这段过去真是神圣的，那么这位没有受过教育的士兵（更"纯粹"，是真正的**普通百姓**）自然能够通过神明而非知识，**直接**与这段过去交流。

这个故事也浓缩了本章所探讨的主要现象。在18世纪向19世纪的过渡过程中，古物从会令人感到恐惧、敬畏、敬仰的"他者"，转变成与其正相反的"自我"（参阅安德烈亚季斯，1989）。不过，它们早前的象征意义并未消失，只是融入了新的角色之中：在"基督教复活"这种神学话语转变为"民族复活"这种准神学话语后，古物仍然是人们崇拜的对象，只是在崇拜者眼中，它们不再是陌生古人令人畏惧的伟大功绩，而是标志着一个伴随希腊民族想象共同体而生的新宗教。西方旅行家一直在说，古典古物是神圣的，因此他们才会做出朝圣之举。希腊的许多知识分子和学者（尤其是在西方学习的），以及国家管理者，也都将这些古物称为圣物。基督教徒（在希腊主义成为希腊-基督教精神之后）也开始称它们为圣物，并乐于参加敬奉它们的民族礼拜仪式。毕竟，古希腊语无论来自古典作家笔下（即已被复原并收藏的碑文），还是来自基督教的礼拜仪式，都是东正教的语言，是福音书的语言，是神圣经文的语言。古物的神圣化是由多种因素促成的：对西方希腊主义的崇拜、该民族及其仪式自带的宗教属性以及有自己象征物及仪式的东正教。殖民、民族和宗教交汇于这段物质过去之中。

古物来自大地，那里埋葬着祖先的骸骨；古物就是骸骨，是民族之躯的大理石骸骨。这些大理石雕塑会说话，会哭泣，会哀伤。古物来自大地，祖先的鲜血曾经滋养并浇灌过那里。它们就是同一片大地。石碑和大理石雕塑也一直在这里，往往埋于地下，往往不屈地直立着，它们将过去与现在相连，与未来相连，它们定义了这个民族的疆界。该民族必须通过想象构建出自己的空间。民族的记忆需要有实物的支撑，需要在有纪念性的地点收集（参阅凯西，1996），这个民族空间需要地标，这个民族的梦想需要用图像、遗址和文物来阐述。古物有能力创造空间性，有能力将无时间性的、同质性的、空荡荡的民族空间转变为具体的场所（阿帕杜莱，1995：213）。有形、真实的古迹提供了一种连续感和永恒感，是在构想该民族的异托邦时所必不可少的要素（古尔古里斯，1996；参阅福柯，1986）。它们有助于构建一个同时存在于历史内外的空间（古尔古里斯，1993）。如果说大多数考古遗存都具备上述属性，那么古典古物的独特优势在于，它们在西方的想象和宇宙观中也占据着同等核心的地位。

然而，与此同时，希腊又期望古物成为这个新国家象征资本中最重要的货币；一旦成为资本，就注定要参与无数具有象征意义且明显亵渎它们神圣属性的交易。你要如何出售民族的象征物、民族不可分割的财产呢？（参阅维纳，1992）你要如何将它们与同样声称拥有它们所有权的西方想象分享呢？你要如何调和古物本身的古代性与其作为资本的现代性之间的矛盾呢？你要如何一边崇拜那段辉煌历史的遗迹，一边将希腊建成现代化的欧洲国家呢？这种紧张关系出现于19世纪，随后越发凸显。后文有多个案例研究都将涉及它。

过去，对于领导人和追随者来说，对于不同的群体和社会阶层来说，对于国内知识分子和国际代理人来说，古物及其象征力量一直是个有争议的领域。它们不仅激活了多重时间，也曾在某些时刻，借助殖民主义与民族主义的话语和物质力量，帮助构建了一个纪念碑化的时空领域；但它们的纪念性往往与历史和社会环境的偶然性相冲突（或被其削弱）。希腊政府用该民族生产古物的方式来塑造和生产民族，他们生产的不是过去的碎片，而是考古记录。他们必须对由古物构建、定义的民族空间进行净化、清洗、再造、划定界限，并展出其物质真相。古物因此而脱离了日常生活网，变成了考古记录，被凝视、被欣赏、被无休止地复制。正如现代希腊诗人、文学家乔治·塞菲里斯所言，那些"雕塑"现在都"在博物馆里"。[51]这个民族生产了自己的考古记录，也创造了专业的考古结构，这个结构将会继续生产并复制这个民族。

在为希腊民族构建纪念性空间的过程中，非希腊人的考古学家、其他学者以及族裔散居的"希腊人"发挥了至关重要的作用，但这往往会制造出严重的紧张关系和冲突。现代希腊是由殖民进程和民族进程共同创造的。殖民主义的欧洲可能通过西方希腊主义的手段发明了现代希腊，并用殖民叙事讲述了它的线性连续性、有界性、种族等级制度和文化等级制度（这些特征将成为许多民族叙事的基础），但在19世纪末，希腊的民族叙事获得了解放。西方希腊主义可能塑造过它，但仍将在该世纪末被本土希腊主义超越。本土希腊主义提出了精神和文化连续的概念，恢复了拜占庭的名誉，正式确立了与基督教神学之间的关联，并构建了一个新的古典古代，这个古典古代更适应信奉东正教的东方而非信奉天主教和新教的西方。此刻，人们与古物的关系绕了一圈，又回到了原点：曾梦见圣母玛利亚站在一群古希腊士兵中间的士兵再度将古典古代与希腊独立之前的基督教徒联系了起来，无论教会是否承认，这些基督教徒确实常常敬奉古典古代的雕塑。遗憾的是，本土希腊主义虽然获得了解放，但其建立之基仍然是西方希腊主义秉持的本质主义、浪漫民族主义秉持的保守主义以及希腊-基督教精神秉持的弥赛亚式目的论和神学。我们看到了梦境中的废墟。在那个士兵梦境结束的几个月后，希腊军队将经历惨败，并于惨败后撤出小亚细亚，只留下一个满目火海、灰烬和废墟的士麦那。

第三章　像萨满一样的考古学家：马诺利斯·安德罗尼科斯的感官民族考古学

> ……超越，再回归……叙述意味着此时此地讲出的故事要有权威性，这份权威性来自你在字面上或比喻意义上的亲身经历。我们在参与生者与死者的世界时，在可见与不可见的领域里，认识到了人类的独特。
>
> 卡洛·金兹伯格（1991：307）

前一章结尾的那个故事始于1922年小亚细亚士麦那的灰烬之中。在逃难的数千人中，有一名3岁幼童跟随父母最终定居塞萨洛尼基。但我的讲述将从70年后的一座教堂开始。

1992年4月1日，塞萨洛尼基的圣索菲亚教堂正在举行葬礼。这不是一场普通的葬礼，希腊总理及四名高级部长特地从雅典乘飞机赶来参加，塞萨洛尼基全城降半旗哀悼。自上午11点开始，数千人涌向教堂。这位备受尊敬的死者并非杰出政治家，也不是著名文人。他是考古学家马诺利斯·安德罗尼科斯。报纸以《今天，马其顿的土地迎来了它最热情的爱人》为题报道了他的葬礼。为纪念他，数十项动议得到采纳，市议会决定以他的名字命名一条街道和一个文化中心，多家银行及其他组织决定以他的名义设立奖项。塞萨洛尼基的一名国会议员在访问华盛顿特区时，发电报向负责马其顿地区及色雷斯地区事务的政府部长建议,"既然大家都认为马诺利斯·安德罗尼科斯与马其顿及其历史、荣耀和对侵略者的抗击紧密相关",不如就将今日,他的葬礼日,宣布为整个希腊北部的公共哀悼日。国家考古局雇佣的考古学家协会宣布:

(他们)向马诺利斯·安德罗尼科斯老师的灵柩致以无限敬意和感激,相较于他意义无比重大的功绩,这些致敬微不足道。他的贡献超越了科学发现的狭隘界限,赢得了社会及国家的重视……马诺利斯·安德罗尼科斯的逝世是整个考古界的损失,也是所有希腊人民的损失。他的考古成果传递给了我们的人民,唤醒了我们的历史记忆。他的民主思想、他对希腊语的深刻理解、他对一切来自人民之物的敏锐,以及他与人民的持续互动,帮助公众理解并吸收了他的考古成果。如今,他的考古成果已经成为所有希腊人的共同财产,尤其是在当前这一时刻,有人企图歪曲我们的历史,这将我们的民族问题逼到了紧要关头。马诺利斯·安德罗尼科斯的逝世对我们的文化和希腊主义来说,都是无法承受的损失。今天,马其顿的土壤将迎来它值得众人敬仰的孩子,让所有心存疑虑的人都清楚意识到,这片土地就是证明马其顿连续性的铁证;让安德罗尼科斯的考古成果成为所有人面前光辉的例证吧。

摘自《自由新闻报》,1992年4月1日

纵观希腊历史,面向公众的葬礼总是充满戏剧性的重要事件。有人情绪高昂地公开表演,有人举办集体的哀悼仪式,有人重申民族共同体的理念,有人举行政治的示威游行,也有人举行表达反抗的礼拜仪式。虽然考古学家在希腊社会中的地位相对较高，但鲜少有考古学家的葬礼能够引发如此强烈的反响。归根结底，安德罗尼科斯不同于其他考古学家，过去如此，现在仍然如此。他是站在希腊考古学界万神殿顶峰的存在，地位远高于其他考古学家。他是**非常出色的**民族考古学家，不只受万众敬仰，还被印在邮票上，在多处公共场所拥有纪念雕塑[1]，得到媒体广泛宣传并获得了官方及非官方的认可，能集齐这一切的希腊考古学家仅他一人。说到官方认可，他于1992年荣获希腊国家最高荣誉——大十字凤凰勋章，官方颁奖声明称，"马诺利斯·安德罗尼科斯教授的考古成果具有难以估量的历史意义和民族意义，国家对此表示钦佩、认可和感激"[2]。

安德罗尼科斯逝世引发的反响非同寻常，这既与他逝世的时机有关，也与他的公众形象和考古成果有关：20世纪90年代初，南斯拉夫解体，前南斯拉夫马其顿共和国（前南马其顿）独立，自此，该国与希腊之间的国名争端达到高潮。自冷战结束以来，位于希腊北部边界的这个小国一直以马其顿共和国自称，令希腊深感不安［这令人想到了长期存在的"马其顿问题"，该问题与欧洲东南部多国有关；近年来的相关探讨，参阅丹福思（1995）、麦克里奇和扬纳卡基斯（1997）、鲁多梅托夫（1998b）和考恩（2000）］。在南斯拉夫解体前，希腊并未将马其顿共和国视为近在眼前的威胁，尤其考虑到在国际舞台上，该国代表的仅是南联邦而非马其顿共和国。但自南斯拉夫解体后，国际社会承认了这一以马其顿为名的国家，希腊政府将国际社会的这一认可视为严重威胁，尤其是对其境内同样以马其顿为名的行政区来说。一个尚未得到希腊承认的少数民族，居然在自己国境内自称马其顿人，这被视为可能促使前南马其顿开展扩张主义运动的潜在导火索。围绕"马其顿之名"的争端由此开始，并间接牵涉该地区的民族性、历史和身份认同（参阅西尔贝曼，1989：12—29）。希腊的民族叙事坚称，马其顿一直属于希腊，该南斯拉夫成员国以马其顿自称，是对希腊民族"财产"、遗产和身份的盗窃。安德罗尼科斯的作用就在于此：根据希腊的民族叙事，"出自这片马其顿土壤的"考古发现就是"铁证"，是该地区希腊性的最有力证明。安德罗尼科斯在塞萨洛尼基西南40英里处的韦尔吉纳村找到了所有证据，并将它们公之于众。早在19世纪和20世纪初，迈锡尼和克诺索斯地区就已有过不少重大的考古发掘，而安德罗尼科斯的考古发掘可能是自它们后得到最广泛报道的。1977年，安德罗尼科斯向希腊公众和全世界宣布，他在韦尔吉纳发现了一座王室陵墓，他相信这里埋葬的是亚历山大大帝之父、马其顿国王腓力二世［他认为韦尔吉纳就是古马其顿的神圣首都艾加伊城*，见法克拉里斯（1994）和下文］。这是迄今为止最轰动的考古故事之一，而故事的核心正是他在此发现的人类骸骨和保存惊人完好的金器，它们也成为希腊民族的标志，被无休止地复制。

安德罗尼科斯在这座他认为的"腓力二世墓"中发现了一个黄金骨灰盒**，他相信盒中遗骸属于腓力二世。他还发现了骨灰盒上的图案，拥有十六道光芒的"韦尔吉纳太阳，或称韦尔吉纳之星"，这个图案注定成为最关键也最具争议的元素。在如今的艺术圈中，这是个众所周知的装饰图案，但在安德罗尼科斯公开自

---

* 艾加伊城（Aegae 或 Aigai）是古马其顿王国的第一个首都。
** 该文物的照片可参阅：https://www.thegreekvibe.com/vergina-a-royal-tomb-a-golden-crown-a-travel-must/

己的发现前，认识该图案的还只有考古学家等专业人士。自20世纪70年代末开始，围绕马其顿的争端不断加剧，这个图案也开始在希腊和前南马其顿风靡起来，几乎成了民间认定的民族纹章和象征。它开始频频出现在各种商业广告、标识、店面、T恤、别针、奖章和海报上。政府还推出了以它为图案的100德拉克马硬币，硬币另一面为亚历山大大帝的头像。它还出现在希腊的官方邮票上，以及希腊分发到全国各地及国外的官方竞选海报上。这些无疑都是希腊官方对该图案的认可。"韦尔吉纳太阳"还是希腊民间旗帜上的常见图案。在有成千上万人参与的希腊游行和前南马其顿游行中，在多伦多、墨尔本等希腊人和前南马其顿人移居的中心城市中，这些旗帜都是格外显眼的存在（参阅丹福思，1995，2003）。在两国最盛大的示威游行中，人们都会手举"韦尔吉纳太阳"旗，但希腊的旗帜是蓝底，南马其顿的旗帜是红底，这是二者唯一的不同。1992年8月，前南马其顿正式将"韦尔吉纳太阳"用到国旗上，导致两国争端加剧，作为应对，希腊方面对前南马其顿施加了毁灭性的经济封锁。

恰逢此时，安德罗尼科斯的葬礼正在进行，距离两国争端的最后一次升级仅剩数月。希腊的一些政治家和组织声称，希腊的北方邻国正在歪曲历史，盗窃希腊的灵魂（当时流行"我们的名字就是我们的灵魂"这一口号），盗用希腊的民族象征，面对这一威胁，安德罗尼科斯为希腊提供了反击的"弹药"。希腊的民族叙事认为，安德罗尼科斯在马其顿地区的考古发现证明，马其顿属于希腊，该地区也与古希腊其他领土一脉相连，且位于希腊主义的中心。至此，希腊的民族叙事出现重大转变，与兰加维斯等民族知识分子过去的主张大相径庭。在兰加维斯等人眼中，腓力二世是希腊的征服者，是希腊最大的敌人之一（在众多侵略者中排名第一），且其最大的罪行就是生下了亚历山大大帝，因此，他们对腓力二世本人及马其顿王国的遗产均持否定态度（见第二章）。如今，腓力二世和亚历山大大帝却成了希腊民族想象的中心。当然，对他们名誉的恢复早在19世纪末就已开始，是本土希腊主义和帕帕里戈普洛斯综合观形成过程的一部分。1913年，希腊北部成为希腊民族领土的一部分，这里的马其顿古典遗产成了代表该地区身份的标志物，也成为整个希腊遗产的一部分。不过，直到安德罗尼科斯在韦尔吉纳村取得重大考古发现，这些遗产才真正走到了希腊民族话语和想象的中心。

不过，仅凭这些政治偶然性并不足以解释安德罗尼科斯对希腊社会的强大吸引力，及其在希腊社会中扮演的角色。对于这位考古界乃至整个公共领域的关键人物，我们需要进一步研究他的生平和考古成果，这不仅能帮助我们了解他，更重要的是，能为我们提供新视角，让我们重新审视民族想象的运作机制及其与考古实践、考古话语的关联。此外，这一研究还能帮助我们重新思考他的考古成果与上述民族争端的纠葛。安德罗尼科斯并非"典型的"考古学家，本章无意将他塑造为希腊考古学家的代表。笔者也不赞同"历史是伟人的传记"这一观点。之所以重点介绍他的生平及考古成果，是因为他曾是民族考古学的化身，通过他，我们可以为民族-考古学想象描绘出一幅肖像（参阅赫茨菲尔德，1997）。笔者将努力证明，安德罗尼科斯推动了民族考古叙事的进一步修改，而这可能是自19世纪中后期本土希腊主义发明以来最重要的一次修改：将希腊北部**实质性地**纳入希腊主义想象的空间中。不过，无论是在希腊境内，还是在其他地方，他的案例不仅仅能阐明考古学与民族想象之间的关联；更重要的是，有助于我们重新思考考古学与现代性之间的关系，或许还能帮助我们重新考虑当前的假设，即一直将考古学视为以现代主义为主的事业。虽然该假设部分正确，但仔细观察考古学，尤其是与希腊民族项目密切相关的考古学，便能发现它与前现代思维方式及实践的许多共同特征，这一点在第二章已有透露，本章将进一步论证。安德罗尼科斯的发现在考古学界引发了诸多争议，比如围绕墓主身份的争议，但本章无意研究这些争议的合理性及其对认识论的影响。本章对它们的探讨仅限于与本章主题高度相关，以及有助于阐明学术现象与社会现象间交集的部分。

来自"彼岸"的旅程

1919年，马诺利斯·安德罗尼科斯出生于小亚细亚（今土耳其境内）的布鲁萨（今布尔萨），他的父亲来自萨摩斯岛，母亲来自因布罗斯。3岁时，他跟随数千难民逃离了战火遍地的士麦那，最终举家定居塞萨洛尼基。在民族想象中，希腊将塞萨洛尼基视为希腊主义领土的一部分（1922年以前），安德罗尼科斯也频频在自己的著作中提到这个地方，喜爱之情展露无遗；他经常援引乔治·塞菲里斯的说法，将这座城市称为"彼岸"（*I alli akrogialiá*）（参阅安德罗尼科斯，1974a，b）。因布罗斯是他母亲的故乡，也是某些民族叙述中又一"未被赎回"的希腊故土。他在19岁时出版了第一本学术著作（安德罗尼科斯，1938），研究的正是这座岛上的民歌。

他在塞萨洛尼基居住的第一个街区位于市中心，对面就是大学，附近还有一些非常重要的地标和古迹，比如罗通达（原为古罗马建筑，后被基督教徒和穆斯林使用过）和卡马拉（建于4世纪的伽列里乌斯拱门）。他曾就读于当地的亚里士多德大学人文学院，修读古希腊语、现代希腊语、拉丁语、民俗研究、考古学等广泛课程。很快，他便当上了考古学教授康斯坦丁诺斯·罗马约斯的助手，当时，罗马约斯已着手开展韦尔吉纳遗址的发掘工作。1937年，安德罗尼科斯首次前往韦尔吉纳，当时的掌权者是独裁者扬尼斯·梅塔克萨斯（见第四章）。1941年毕业后，他被派往色雷斯的一所中学任教，这是他自己的选择，他早就计划好，要经土耳其，从埃夫罗斯边境逃离被占领的希腊领土。他加入了总部位于中东地区的希腊抵抗力量，返回了战后*（且即将爆发内战）的希腊；短暂的中学教师生涯结束后，他于1947年成功通过考古局考试，被派往韦里亚，担任古物馆馆长。当时，韦尔吉纳的考古遗址正好归该地区管辖。1952年，他首次尝试调查被称为"大坟冢"的庞大人造土堆，但他的搜寻未能取得重大发现，最终被迫放弃。但这次尝试对他至关重要，让他对"大坟冢的秘密"深信不疑；他曾在多年后特别提到"自1952年第一次尝试后，我便一直对它魂牵梦萦"（安德罗尼科斯，1997：7）。在此期间，他提交了关于柏拉图艺术思想的博士论文（安德罗尼科斯，1952），同时，一边继续在韦尔吉纳（其铁器时代墓地和希腊化时期"宫殿"中）开展考古发掘，一边跟随牛津大学的J.比兹利进行了两年研究。1958年，他获选为塞萨洛尼基大学助理教授，

---

* 根据时间节点和安德罗尼科斯的背景推测，这里的战后指的是第二次希土战争（1919—1922年）之后。

并于1961年成为正教授。在1962和1963年,他重启了对"大坟冢"的调查,但仍未取得进一步的成功。在接下来的10年中,他的主要工作是写作,完成了大量著作,包括参与撰写雅典科学院的多卷本巨著《希腊民族史》,负责其中关于古希腊艺术的章节,该书旨在提供最新版本的民族叙事;他还完成了一本关于希腊考古博物馆的大部头著作。在上校独裁政权(1967—1974年)倒台后的第一年,他加入了众多国家委员会,这些委员会旨在对国家机构进行重组和民主化。最后,1976年,他重新回到"大坟冢",并于1977年取得激动人心的发现。他发现了两座古墓(1978年又发现了一座),其中不曾被盗掘过那座就是他后来认定的腓力二世墓。这一发现得到了国际媒体的广泛报道,从那一刻起,原本就是知名考古学家的安德罗尼科斯真正成了希腊的大名人及民族考古学家。时任希腊总理的康斯坦丁·卡拉曼利斯正是土生土长的希腊马其顿人,得益于他的干预,安德罗尼科斯的发掘工作获得了前所未有的巨额资助。

不过,安德罗尼科斯的身份远不只考古学家这么简单,他早在取得上述考古发现前,就已成为公共知识分子,以众多不同方式参与了希腊民族自我的生产与复制。《论坛报》是希腊最受人尊敬且发行量很高的报纸之一,他在该报拥有固定专栏,用于发表他对考古等各种问题的看法;他也会定期在各种大众杂志上发表文章。[3]他是许多文化机构委员会的成员,经常应邀就语言及其作用、艺术及文学、教育等问题发表评论和演讲。他通过自己的著作及考古成果,以多种方式将自己与希腊民族的历史和命运联系到了一起。虽然他的主要身份是古典考古学家,但他对从史前到现代的所有希腊历史时期都有研究,且都撰写过相关文章。

前文提到，他曾出版过有关因布罗斯民歌的著作，在此之后，他又出版了一本研究某拜占庭教堂内碑文的著作（1940）。他在康斯坦丁诺斯·罗马约斯门下做助手时就开始接触民俗写作（安德罗尼科斯，1997：32），这是罗马约斯的主要研究课题。在接触民俗写作的过程中，安德罗尼科斯一直遵循着19世纪的传统，该传统认为考古学与民俗写作在履行爱国责任方面关系密切，都需要通过研究古迹（无论是文字古迹还是物质古迹）来证明民族的连续性（参阅赫茨菲尔德，1982a；第二章）。与此同时，从安德罗尼科斯的著作中也能明显看出他对拜占庭的深深敬意，以及与拜占庭观念的一致性（如第二章所述，在19世纪的很长时间里，拜占庭都是一个充满争议的时期，很少有古典考古学家将其视为值得研究的对象）。他在赴伊斯坦布尔参加第十届国际古典考古学大会期间，参观了拜占庭遗产中的标志性建筑——圣索菲亚教堂：

当我第一次走进它，站在穹顶之下的我如遭雷击，灵魂受到震撼，碎成了千万片；不，它不是帕特农神庙，不是圣彼得大教堂，也不是哥特式大教堂，它超越了我这一生的所见和所想。它是你一生仅得见一次的奇迹，它是无声的，只有那些亲眼看见它的人才能体验它难以解释的转变。除此之外，只剩寂静。我只知道，此刻，在我心里，拜占庭的名誉已经彻底恢复；我不敢擅自拿它进行比较，也不敢擅自对它进行解读。

1974年1月，安德罗尼科斯在《论坛报》上发表了上述文字（安德罗尼科斯，1974b）。对他来说，希腊主义，过去和现在、史前、古典和拜占庭，民歌和古代文物，希腊本土和古希腊人在安纳托利亚和塞浦路斯的定居点*，它们通通是一体的；希腊精神的连续性毋庸置疑。安德罗尼科斯参与过希腊民族重要的历史时刻——从小亚细亚的战火到第二次世界大战和抵抗运动，其中发生于小亚细亚的第一次希土战争是他与19世纪和"伟大理想"的关联所在；在上校军事政变期间及之后，他一直是民主的支持者[4]；他接受过全面、广泛的希腊文化教育，熟悉希腊文化的各个时期；他有能力调研民歌、古典古迹、拜占庭古迹、现代诗歌和艺术等滋养民族想象的神圣主题；他既是学者（和魅力超凡的教师），也是公众传播者和公共知识分子；再加上他的出生地和成长经历，所有这些都使他成为本土希腊主义无可争议的倡导者。似乎在他自己及其他许多人眼中，他就是全方位代表希腊主义的天选之人。许多活动都将他视为第一演讲人选，比如1977年，塞萨洛尼基大学举行希腊独立战争的纪念仪式，特邀他发表正式演讲。在那场题为《历史与诗歌》（安德罗尼科斯，1982a）的演讲中，他试图通过诗歌与民族历史之间的关联，概括出希腊民族在波斯战争到1974年土耳其军队入侵塞浦路斯期间经历的命运。他在提到民族团结的概念时称，纵观历史，希腊首次表现出民族团结是在萨拉米斯海战**之后。他接着说道：

> "希腊人"背负若干个世纪的沉重历史，他们曾一度深入波斯，并将自己的语言和种子传播到遥远的印度。希腊的

---

* 相关历史背景可参阅 https://news.gmw.cn/2022-03/07/content_35567164.htm
** 萨拉米斯海战发生于公元前480年，是希波战争中希腊以少胜多的一场战役。

王国曾统治整个东方。但在人类命运的推动下，"希腊人"再次丧失自由，被迫臣服于罗马人之下……（拜占庭时期后）亚洲的大草原再次向地中海沿岸送来新的族群。其中之一征服了拜占庭帝国，将所有人置于可耻、残暴的专制统治之中。（接着，他还提到了希腊独立战争、第二次世界大战和土耳其入侵塞浦路斯。）

安德罗尼科斯（1982a: 19—20）

自 1977 年取得重大考古发现后，安德罗尼科斯作为本土希腊主义发言人的角色便愈加凸显，且出现了新的特点。很多不寻常的场合也会邀他担任主要发言人。1941 年 5 月，在纳粹占领下的雅典，两名抵抗运动战士马诺利斯·格列索斯和拉基斯·桑塔斯*溜进雅典卫城，取下了飘扬的纳粹万字旗。雅典卫城是希腊民族想象中的圣地，他们此举具有高度的象征意义，是对此地的仪式性净化（参阅哈米拉基斯和亚卢里，1999）。这一事件引发了国际媒体的广泛报道，被视为希腊积极抵抗占领军的开端。1982 年，多个抵抗组织决定共同在雅典卫城装一块匾，来纪念这一事件。在该纪念仪式上，身为考古学家的安德罗尼科斯受邀担任主要发言人，他既代表着考古遗址与希腊民族及其古今历史之间的关联，也代表着考古遗址与抵抗运动之间的关联。这里的抵抗对象既包括 20 世纪 40 年代的纳粹，也包括让他们感觉到威胁的前南马其顿。他在演讲中指出：

---

* 拉基斯·桑塔斯（Lakis Santas），此人在国内外报道中更常见的名字是阿波斯托洛斯·桑塔斯（Apostolos Santas）。

这些既坚硬又温柔的石头，留下了不计其数的记忆；从神话中的厄瑞克透斯*，到马克里扬尼斯和古拉斯，这些石头上曾走过勇敢、自由之人，也走过专制者和征服者……[5]

这段话，或者更确切地说，是安德罗尼科斯在雅典卫城的纪念牌匾和国旗前，当着幸存的抵抗运动战士发表的这段声明，将被纪念的这一事件与民族叙事联系了起来，使其成为漫长的征服与抵抗史中的又一插曲；但它的意义远不止于此：在处理地点、记忆和物质性时，它利用了最近的现象学方法（如塞雷梅塔基斯，1994a；凯西，1996；费尔德和巴索，1996；哈米拉基斯，1998），提醒人们古代的石头既能帮助记忆，也具备保存接触者记忆的力量。正如后文将探讨的，感官对过去的感知是安德罗尼科斯生活与工作中的主题之一；构成他民族-考古学联结的关键主题还有梦、神圣性，以及死亡和战争。下面将探讨这些主题。

梦

前文提到，"大坟冢的秘密"让安德罗尼科斯魂牵梦萦了20多年。梦这一概念似乎一直在他的生活、工作和想象中占据着中心地位。安德罗尼科斯关于该考古发现的回忆录于他死后出版，他在书中透露，他曾梦想取得独一无二的考古发现——"既有大量物件，又有大量信息"（1997：83）。他曾在发现那座未被盗掘的古墓后特别提道："我这一生的伟大梦想，我过去25年梦寐以

---

* 古希腊神话中的雅典国王。

求的，就是在'大坟冢'找到一座完好无损的墓，而这个梦正在变为现实。"（1997：111）在这里，梦不仅仅是一种修辞手法，一种比喻，更是一个切实存在的过程，在他的回忆录中占据着关键位置。当他在"大坟冢"发现第一座有盗掘痕迹的墓后，失望之情溢于言表，尽管这座墓中仍留有令人瞩目的画作，但由于被盗，他无法证明这是一座王室陵墓：

> ……我记得我那时很少做梦，这一点与我的同事们不同，他们每天都会梦见王室陵墓，里面满是令人难以置信的物件和装饰品。某天，此次发掘工作的业主兼工头半夜醒来，拿起纸笔，画出了他的梦中陵墓；他说，那座陵墓非常大，有一个主墓室和一个前厅，在它的正面，是像道路一样的结构；至于墓室里的东西，在纸上根本画不出来，仿佛只存在于童话中。不仅仅是我的同事们日有所思夜有所梦，就连发掘现场请来的工人也常常给我描述类似的梦境，我多年来梦寐以求的也是这里每一个人渴望的，如果这种渴望能被称为病的话，那么我们连同当地其他村民无一幸免，都染上了同一种病。可惜的是，唯有我不曾见过那般美丽的梦境。我似乎正等着与它在天光下相见。
>
> 安德罗尼科斯（1997：96）

安德罗尼科斯在发现第一座墓后收到了一封陌生女士的来信，当时他仍在现场工作，那位女士远在美国。他说，这封信令他大为震惊。信中写道：

亲爱的教授：

11月17至18日的那天夜里，午夜12点到凌晨3点之间，我做了一个梦。梦里的男人告诉我："有人在希腊北部发现了马其顿国王、亚历山大大帝之父腓力二世的墓；那是多么珍贵的宝藏啊！"等我早上醒来，便在当地报纸上读到了来自雅典的简短电报，上面写着"希腊北部发现了一座可能属于马其顿国王腓力二世的陵墓"。我的梦与这则电报有两处不同。电报中说的是"可能"，而我梦中的那个人非常肯定……

顺便一提：有件事我虽未梦到，但有预感，就在那座墓中，还有第二具较小的骸骨，可能属于孩子或女人。这是我的直觉，不是梦境的一部分。

安德罗尼科斯（1997：185—186）

安德罗尼科斯非常重视这封信，在他编写的编年史中，用了两页篇幅来记述此事。令他尤为吃惊的是，这封信寄出时，他还没有发表有关第二座墓的官方声明，也还没有走进存有第二具骸骨的前厅。但对他来说，更重要的似乎是（来信人的梦）明确证实了他发现的就是腓力二世墓（截至安德罗尼科斯写下这些文字之时，考古学家们对该墓墓主是谁仍存巨大争议）。如果这位美国女士有预见第二具骸骨的能力，那么她或许也有确认第一具骸骨身份的能力？安德罗尼科斯很快补充道，他不"相信迷信一类的东西"，但他无法解释这封信及其引出的问题（1997：186）。

安德罗尼科斯称自己过去不常做梦，但在1977年刚返回"大坟冢"的头儿天，焦虑不安的他做了个噩梦：

夜里，我常常会躺在自己的临时小屋里闭目休息，设法睡上一会儿。有时，噩梦会在半梦半醒间降临，令我痛苦不已。梦中，我刚将胳膊伸向墙壁，下一瞬间就已身处壕沟底部，壕沟壁紧贴着我，随时准备向我扑来。这会令我在心烦意乱中醒来。再次做噩梦时，我刚朝相反的方向伸出手臂，眼前的景象便倒转了过来，令我恐惧不已：我仿佛站在壕沟边缘，而那个壕沟仿佛深渊巨口，随时要将我吸入其中。

安德罗尼科斯（1997：70）

梦见宝藏是希腊流行文化中的常见主题（参阅斯图尔特，2003），原因之一可能在于媒体总爱广泛报道令人瞩目的考古发现，尤其是黄金文物。正如斯图尔特（2003）所言，这类梦境可被视为无意识历史化的形式：试图与过去产生关联，从而产生个体与集体的身份认同，将物质历史可视化，并让其在意识中浮现（亦可参阅第二章）。梦境，或者更确切地说是对梦境的叙述，将个体的时间与历史的时间连接起来，个体的经历也就成了民族集体经历的一部分。梦到民族考古宝藏的人并不只是将自己置身于民族历史的主体之中，也不只是将个人的生活和经历与民族的生活和经历关联起来，从而缩短时间，最大限度地缩短千年的距离。更重要的是，他们通过揭露梦境中获知的藏宝地，化身成了民族历史生产过程的主动参与者。安德罗尼科斯关于自己掉入考古壕沟或将被吸入其中的噩梦，或许反映了他面对命运悲剧时刻的焦虑和自我解读，而他描述工人及其他同事梦境的语言同样耐人寻味，甚至更值得深究。这些关于宝藏的梦可能符合无意识历史化的模式，是做梦者在努力将自己与日常看到的考古过去相关联，在努力为当前的考古发掘做贡献。安德罗尼科斯将这些梦解析为当地人对发现宝藏的渴望；这似乎不仅仅是现场工人和当地村民的渴望，有人认为，这也是那些宝藏本身对重见天日、重新复活的渴望。一位当地作家曾在当地报纸上发文谈论该遗址（此文也成为其后续著作中的一个章节）。当时，发掘工作尚未完成，只发掘了陵墓和"宫殿"的一部分。该作家写道：（艾加伊城）"数十年来一直苦苦挣扎，试图突破周遭尘世的封印，重获新生。"（马尔托斯，1993：139）

安德罗尼科斯将用自己的考古发现实现人们的这一渴望，从而履行他自己的使命，履行他对历史和人民的义务。正如他对那位美国女士梦境的描述所示，他还相信"普通"人拥有了解真相的能力，拥有与逝者更直接交流的能力，在他看来，做梦或许就是他们获知真相的一种方式。随后，在他苦于无法辨认"大坟冢"墓主身份时，这种对"纯粹大众"可靠性的信任还会再度发挥作用。

"装有神圣遗骸的骨灰盒"

正如前一章所述，自19世纪古物开始在希腊民族想象中占据极其重要的地位以来，它们便被赋予了神圣的属性。"神圣"这一概念似乎是安德罗尼科斯思维与工作中的重要元素。在提到未被盗掘的第二座墓时，他特意加入了一个关键主题：那座墓开启于11月8日（事实证明，这个日期是他定的；见注释7），是希腊东正教会纪念冥府守门人圣米迦勒和圣加百列的日子：[6]

> 今天，11月8日，正是东正教会纪念冥府之主*、天使长米迦勒和加百列的日子。十年前的今天，我们在韦尔吉纳发掘了一座不曾被盗掘的墓，现在，我们可以肯定地说，这座墓属于世界闻名的马其顿国王腓力二世……
>
> 安德罗尼科斯（1987）

他不仅在通俗文本中反复提到此事，在他的半学术出版物中也是如此，比如他唯一一本关于该"王室陵墓"的综合性著作。[7] 这里隐含的意思显而易见。将墓的开启日定在11月8日，并在通俗文本和半学术出版物中反复提及，恰恰表明他有意将这一发现与基督教历法和基督教信仰关联起来：安德罗尼科斯的冥府"旅程"将民族叙事与宗教叙事融合到了一起。在古典过去中，有大量关于冥府之旅的传说，其中最著名的可能要数荷马《奥德赛》（第十一卷）中奥德修斯的冥府之行。随着基督教与古代的融合，过去被神圣化了，这一神圣化计划始于19世纪，此刻又在韦尔吉纳的舞台上再次上演。[8]

而这种与"神圣"的刻意关联还出现在了许多其他场合，且并不总与基督教明确相关；比如关于帕特农神庙大理石雕的归还问题，安德罗尼科斯如是写道：

> 我们之所以要求英国归还帕特农神庙雕塑，理由很简单且无可争议：这些雕塑出自雅典娜神庙，该神庙是希腊最神

---

* 前文及此处称天使长米迦勒和加百利是"冥府守门人""冥府之主"，是作者直接援引安德罗尼科斯的说法，而安德罗尼科斯的说法可能有误，译者暂未查到资料支持这两种称呼，请读者谨慎看待。

138　国家及其废墟：希腊的古代、考古学与民族想象

圣的古迹，表达了希腊精神的精髓，包含了雅典民主最深层的本质。

安德罗尼科斯（1983）

他对自己在韦尔吉纳发现的文物表现出了宗教信徒般的敬意和虔诚。他在那座不曾被盗掘过的墓中发现了一个金骨灰盒，并相信盒中装着腓力二世被火化后的遗骸。下面是他对开盒那一刻的描述：

> 我们站在那具神圣的遗骸前，充满宗教信徒般的虔诚与敬意，就像基督教徒站在圣人遗骸前一样。
> 安德罗尼科斯（1997：142）

塞萨洛尼基大学曾派一队考古学家前来参观，他描述了其中一位考古学家看到该骨灰盒与遗骸时的状态：

> ……不由自主地想要在身前画十字架，只是在最后一刻忍住了。这就是当时我们所有人的感受；仿佛我们面前的骨灰盒中装着神圣的遗骸。
> 安德罗尼科斯（1997：146）

他还回应了一位评论家对他"打扰逝者"的批评：

> 我可以向大家保证，总有一天，腓力二世的遗骸将会盛于与他相称的骨灰盒中，置于他的墓前，甚至可能置于他的

墓中，供人们虔诚参拜。我相信那一天已不遥远。

安德罗尼科斯（1988a）[9]

凯瑟琳·维德里（1999）在关于前南斯拉夫"尸体政治"（dead-body politic）的研究中指出："墓地、祖先和民族国家的形成是相互关联的。"她的这一观察结果与本书探讨的诸多例子类似。由前文可知，韦尔吉纳古墓中的那具遗骸，那具被认定属于马其顿国王腓力二世的遗骸，能够激发人们宗教信徒般的虔诚与敬意；事实上，它被上升到了圣人遗骸的高度，但是是民族圣人，而非严格意义上的宗教圣人。[10] 那位评论家的批评令人想到了最近争议颇大的一个问题：考古学家和人类学家的尸体处理方式是否符合伦理。这一争论在美国、澳大利亚和新西兰尤为激烈，在欧洲也正越来越甚。作为对批评者的回应，安德罗尼科斯给出了一个能够化解其怒意的观点：科学家并没有只顾追求科学真理而"无情"打扰这位逝者；他们只是将他与他的民族重新联结起来，让他重新获得应得的敬仰和崇拜。自他的遗体被发现开始，他便拥有了新的政治生命。

无休止的战争和不朽的死亡

安德罗尼科斯考古生涯的大部分时间都在与死亡打交道，调查丧葬习俗并撰写相关文章。在发现韦尔吉纳古墓之前，他闻名国际的主要研究成果是一本关于铁器时代丧葬习俗的书，此书将荷马史诗与他的考古发现联系到了一起（安德罗尼科斯，1968），当然也与他取得丧葬发现的重大时刻联系到了一起。不过，除了死亡，冲突和战争也是他的主要研究对象：毕竟，他3岁时就因希土战争而沦为难民，移居希腊的马其顿地区。后来，他又经历了第二次世界大战，并与他那一代的大多数人一样，亲身经历了希腊内战（1946—1949年）带来的创伤。

对现代人来说，听到腓力二世，尤其是听到亚历山大大帝，首先联想到的往往是战争。他在"腓力二世墓"中的一些重大发现，以及一些最著名且被广泛复制的文物，也都会令人联想到战争：铁头盔、护胸铁甲、护胫甲和剑等各种护具与武器。但其中最显著的战争意味却与真刀真枪无关：民族叙事中称，面对他人对马其顿地区希腊性的质疑，安德罗尼科斯为希腊提供了反击的"武器"。正如本章开头所示：用塞萨洛尼基国会议员的话来说，安德罗尼科斯及其考古发现与"马其顿对侵略者的抗击"密不可分。[11] 在此后的大型国际巡展中，[12] 韦尔吉纳的出土文物不仅占据着显眼位置，还引领了一场文化攻势，旨在反击外界对马其顿地区希腊性的质疑。这些巡展包括：20世纪80年代初的"寻找亚历山大"（参阅亚卢里斯等，1980）、20世纪80年代末的"马其顿：从迈锡尼时代到亚历山大大帝之死"，以及20世纪90年代初的"希腊文明、马其顿、亚历山大大帝的王国"（沃科托普卢，1993）。希腊媒体以"亚历山大大帝，也是加拿大的征服者"为题报道了最后那场国际巡展的成功。[13]

以触摸视物者

安德罗尼科斯是专业的考古学家，他的职业轨迹与许多同辈考古学家一样，都是从国家考古局走到大学。他经常呼吁建立客观、专业的考古标准。不过，在其取得韦尔吉纳考古发现前，他主张的是另一套截然不同的考古标准，强调通过体验获知过去，通过感官和躯体感知过去的物质性（参阅塞雷梅塔基斯，1994b）。相关例证在他的通俗及学术著作中并不罕见：

> 考古学研究的时间是"有人居住"的时间，那个时间不以天文学的精度来记录，而是以文化的结束来记录……可触且可见的历史时间由人类创造的无数遗迹构成……换言之，考古学家能够看到并触摸到历史的内容；这意味着他是以感官的方式在感知历史时间中形而上学的真相……
>
> 安德罗尼科斯（1972）

> 对艺术作品的理解不仅需要从文学作品中获得知识，还需要长期、深入地熟悉这些作品，并具备德国人和盎格鲁-撒克逊人所说的"共情能力"（德语为"Einfühlung"，英语为"Empathy"）。
>
> 安德罗尼科斯（1980b：359）

> 考古学家并不是用头脑，或者说不仅仅是用头脑来接近古代世界的。我可以这么说，她/他与古代之间建立的是身体上的连接……
>
> 安德罗尼科斯（1982b）

（我们考古学家）几乎总在用自己的手指触摸历史的痕

迹，那个痕迹并不是未知的或不存在的阿西尼王，[14] 而是真实存在的有欢乐、有悲伤、有希望、有痛苦的人……我们相信，面对我们所服务的科学真相，我们有义务担任客观、理性的仲裁者，决不能因个人情感而有所延误，那是不专业的。

不过，若我们能暂时摆脱这些——学术上的？——义务，以更人性化，且在我看来是更诗意的方式处理那些历史遗迹；若我们不把它们框定在概念建构的冰冷图式中，而是把它们看作时光深处能亲眼所见、能与之对话的人类影像和声音，或许，我们还能有远比现在更多的收获，并以此帮助到现在的人，帮助到我们自己，避免我们在历经多个世纪的混乱后，孤寂、迷失于无数人类从不停歇的流动更迭中。

安德罗尼科斯（1988c）

许多纪念安德罗尼科斯的文章和演讲都会提到他与物质过去之间这种具身关系。例如，在某大学主办的安德罗尼科斯纪念研讨会上，他的学生、该大学考古学教授发表了以"与历史对话的人"为题的演讲，[15] 还有一位著名作家兼公共评论员（在某文学杂志的安德罗尼科斯纪念特刊上）专门撰文提到了他的双手，认为他能通过触摸与物质过去交流。[16]

在安德罗尼科斯看来，对当下具有明确目的和意义的考古学过程来说，共情能力、情感依恋以及通过躯体与过去之人及其物质文化建立联系，这些要素都很重要。这种考古学能够让当代人免于疏离感的困扰，在混乱世界中建立起具体的集体身份认同。对安德罗尼科斯来说，与过去之间的具身、情感关系远比对过去的智力投入更重要，这种关系让考古学对当代人有了价值。这不仅仅是因为考古学能为当代人呈现一个鲜活生动、与他们关系密切且能引发他们情感共鸣的过去，更重要的是，考古学能让他们（包括考古学家）产生一种与祖先直接、具身、亲密相关之感，这是一种个人和集体的身份认同感，具体到这个例子，就是一种具身的民族身份认同感；在一个没有秩序、没有时间的宇宙中，考古学将他们从孤独中拯救出来，让他们感受到了存在的意义，让他们感受到了**命运**。如前所述，考古学对民族的重要性远超历史对民族的重要性，因为考古学能够通过物质性，让人们与过去产生躯体和感官的接触。在希腊考古学界的重要人物中，安德罗尼科斯或许是首位既充分认识到考古学这一潜力，还将其作为关键要素，融入自己考古工作之中的考古学家，不过，他分享考古成果的主要对象是大众，而非考古学界。

正如无数公众表达出的崇敬之情所示，他的考古成果深受大众欢迎。1993年11月22日，我参加了雅典一所私立学校主办的安德罗尼科斯纪念仪式。这场名为"马其顿——安德罗尼科斯"的纪念仪式以拜占庭赞美诗《万福，上帝之母》开场。在希腊，这首诗具有民族内涵，但更重要的是，具有军事内涵。吟诵完毕后，各位考古学家及其他嘉宾便开始发表关于安德罗尼科斯及其发现的演讲：在这些以歌颂他为目的的演讲中，有一个关键观念贯穿始终，即安德罗尼科斯"将国王们的事迹生动展现在了我们眼前"，"让你们产生了目睹"过去之人各种活动之感。[17]

决定命运的时刻

决定安德罗尼科斯命运的时刻是1977年11月8日。他曾承认，对于这一刻的到来，他梦寐以求了25年之久。他说，他有次日间做梦，梦到了那些令人叹为观止的马其顿考古发现，"我希望我们的发现能够比它们更丰富、更美丽"（安德罗尼科斯，1997：116）。那是一个他决心经历的时刻。他取得了非常重要的考古发现，这是一座独一无二的陵墓，不曾被盗掘且拥有海量藏品，这也是一次意义极其重大的考古事件。他将毕生精力都投入了韦尔吉纳遗址，尤其是他极其熟悉且全身心感受过的"大坟冢"。皇天不负有心人，他在此地的发现成就了他这一生的巅峰。不过，这一命定时刻也是他自导自演的，从开启陵墓的日期（有意选在冥府圣人的纪念日），到开启的"仪式"（参阅安德罗尼科斯，1997：120），再到几日后对外公布文物发现，这些都源自他的精心安排。

哈蒙德（1972）认为，古马其顿王国的首都艾加伊城并不在人们之前认为的埃泽萨，而是在韦尔吉纳。起初，安德罗尼科斯也对这一观点表示过怀疑，但到1976年（发掘"大坟冢"时），他已接纳这一观点（安德罗尼科斯，1997：60—65）。自那时起，安德罗尼科斯就一直期望能在"大坟冢"（直径110米，高12米）下发现王室墓葬。他在自己的报纸专栏（以及一本学术期刊）上公开了这一假设，称"我们现在可以对此次发掘抱有超乎寻常的期待。这座巨型土堆下埋藏着马其顿国王的可能性微乎其微，但我们发现的理论依据让这样看似不切实际的希望也有了实现的可能"（安德罗尼科斯，1976b），他的这番话拉高了公众的期待。自那时起，一场盛大的公演便拉开了序幕：整个民族都在关注安德罗尼科斯，他也知道这一点。1977年的发掘工作开始得并不顺利，一直找不到要找的东西，他走到了放弃的边缘。虽然发现了一些破损的大理石墓碑，也很快将它们与公元前272年洗劫马其顿王室陵墓的高卢军队（伊庇鲁斯国王皮洛士的雇佣兵）联系了起来，但他的发现也仅止于此了。一些同事开始嘲笑他，其中一人调侃道："马诺利斯，等你找到古墓，务必告诉我们。"（安德罗尼科斯，1997：72）但他最终还是顽强地坚持到了第一座古墓的发现，这座古墓虽被盗掘过，但仍留下了一幅精美绝伦的壁画，画中描绘的是冥王哈迪斯劫持珀耳塞福涅的场景。安德罗尼科斯很失望，"从这些壁画可知，它不是一座普通的墓，但也没有证据证明它是王室陵墓"（安德罗尼科斯，1997：95）。然而，不久之后，命运的齿轮开始转动。他在这座墓旁发现了一座"英雄祠"，并找到了它是用于敬奉逝者的证据。他由此推断，附近一定还有墓，且墓主必定身份尊贵，才会被当作神明敬奉。正当整个韦尔吉纳村都在梦想发现装满宝藏的墓室时，安德罗尼科斯发现了第二座墓，该墓正面也是一幅令人难忘的精美壁画，画中描绘着古人狩猎的场景。这座墓的发现，尤其是安德罗尼科斯对该壁画中心人物就是亚历山大大帝的推断，进一步拉高了人们的期待。安德罗尼科斯基于自己对壁画中心人物的推断和其他证据，断定自己发现了亚历山大大帝和腓力二世时代的王室陵墓。腓力二世是亚历山大大帝之父，也是名气仅次于他的马其顿国王。但亚历山大大帝的安息之所在埃及的亚历山大城，除他之外，在推定时间段内逝世的就只有腓力二世和腓力三世阿里达乌斯，阿里达乌斯是亚历山大大帝的继位者，但并不英勇，也不受重视。在得知该墓未曾遭到破坏时，安德罗尼科斯"非常开心"（安德罗尼科斯，1997：112）。在那一刻，对他来说最重要的是，这是一座完好无损的墓，他终于有机会触摸并感受自下葬后便再无人惊动过的墓中逝者，他终于可以用自己的身体来感知不曾被破坏过的历史：

> 那一刻，我对其他的一切都不感兴趣，也不关心这座墓是否属于王室……我只是满足于自己发现了一座不曾被盗掘过的马其顿古墓，以及自己有机会看到自下葬后便再无人动过的逝者及其陪葬品。这座马其顿古墓长达十米！这真是太不真实了，但又确实是真的！
>
> 安德罗尼科斯（1997：113）

该墓计划于 11 月 8 日开启，众多贵宾受邀见证：县议会领袖、安德罗尼科斯所在大学的副校长及其同系的同事、该地区考古局负责人、警察和许多游客（安德罗尼科斯，1997：115—116）。彻夜无眠后，安德罗尼科斯下令搬开一块墓顶石（使用了盗墓贼惯用的招数）。接下来的场景与霍华德·卡特发现图坦卡蒙墓时很像，电影感十足。安德罗尼科斯将手电筒的光照进墓室内，起初，他还因墓中部分空间空无一物而失望，但很快，他便看到了令他深受震撼的画面，那是不计其数的珍贵文物，包括大量的金器、银器、武器，以及一口雕花的大理石棺。他站起身来，将手电筒递给助手，然后他们按照严格的等级顺序，将手电筒依次递给其他人，让所有人都得见墓中景象（安德罗尼科斯，1997：119）。随后，他下到墓中，开始了第一次检查，并拍照记录。记录完成后，他带着助手们再次返回墓中，开始搬运文物。当他打开石棺，又迎来一个激动人心的时刻：棺中装着一个黄金骨灰盒，盒中是一堆被火化过的遗骸。安德罗尼科斯站在骨灰盒前，"就像基督教徒站在圣人遗骸之前"(安德罗尼科斯，1997：142)，满腔都是宗教信徒般的虔诚与激动。在接下来的日子里，他常常彻夜不眠地观察墓中发现的一些小型象牙头像；他从一开始便认定其中两个分别雕刻的是腓力二世及其儿子亚历山大大帝。他在墓中只看了它们一眼，就"失控了"，"我赶紧将它们放下，用双手稳住身体后，再次看向它们。我不再是一个会尖叫的孩子，但在我内心深处，仿佛有许多小号同时奏响……"(1997：151)。某天夜里，他正看着它们，他的房东和房东妻子醒了。他们煮了咖啡：

> 科斯塔斯一看到这个象牙雕的头像，便不假思索地问道："这是腓力二世，对吗？"我问他是怎么知道的，他说在百科全书上看过腓力二世的脸……在我看来，一个头脑清醒、没有任何先入之见的普通人能够认出腓力二世，这是对我鉴定正确的最佳证明。
>
> 安德罗尼科斯（1997：158）

如前所述，安德罗尼科斯经常求助于"普通"人的判断和智慧，这些人会用简单的方式与祖先交流，因此比受过教育的学者更"可靠"。然而，在约20年后，房东在回忆这段插曲时，却给出了不同的版本。他在接受某报纸采访时说：

> 那天晚上，我们上床睡了。但他心绪不宁，毫无睡意。凌晨两点半，他把我叫醒，对我说："醒醒，科斯塔斯，我给你看点东西。"……我们走进厨房，桌上摆放着他发现的部分文物。他把它们展示给我看，犹豫片刻后对我说道，这个

墓一定是腓力二世墓。他已经拿着这些文物研究五六天了，对自己的判断确信无疑。[18]

几日后，也就是在距离新一届议会全国选举只剩3天的11月17日，文化部发布新闻简讯，公开了此次发现的文物，一时间，民众浮想联翩。当时，关于安德罗尼科斯已找到马其顿国王腓力二世墓的流言满天飞。已确信自己判断的安德罗尼科斯取消了一场报纸采访：他决定不偏袒请他担任专栏作家的那家报纸，而是直接发表全国讲话。11月24日，他在塞萨洛尼基大学组织的新闻发布会上公开了自己的发现。当天上午，他先面见了希腊共和国的总统和总理，将自己的发言内容告知了对方，两人均对此表示支持，此外，他个人虽还有所保留，但他们鼓励他向公众暗示这就是腓力二世墓（安德罗尼科斯，1997：172—173）。这一轰动性的考古发现立即吸引了大量观众，消息传遍全球。报纸、杂志广泛报道了他发现的文物，世界其他地方第一次听说了韦尔吉纳这个村庄，听说了现代希腊的马其顿地区，听说了这些马其顿古墓。演讲、出版和采访邀约接踵而至。第二年，在总理的亲自干预下，安德罗尼科斯得到了巨额的财政拨款，并于同年发现了一座规模较小的墓；1980年，他又发现了一座墓，只是已遭毁坏（安德罗尼科斯，1984：83）。1982年，安德罗尼科斯宣布，他发现的一座剧场就是"腓力二世遇刺的地方，也是亚历山大大帝被宣布为马其顿国王的地方，这个地方开启了他带领希腊主义走到东方最远端的帝王生涯"（安德罗尼科斯，1991）。

安德罗尼科斯的梦已经实现，他让古代长出了血肉，一如它们在古典作家笔下的样子。他还让希腊北部人民乃至全体希腊人民拥有了自己的梦,数年后的事实将证明,这个梦正是他们迫切需要的。光是找到希腊有史以来藏品最丰富的墓,光是找到历史名人的遗骸,这对希腊来说还远远不够。问题的关键在于命名。在希腊,名字很重要。在马其顿,名字更重要。命名就是了解,命名就是建立熟悉感,命名就是承认被命名者是自己民族大家庭的一员。这正是安德罗尼科斯当时在做之事。尽管他仍有疑虑、有担忧,尽管他在学者本能的驱使下强调该墓的年代推定比墓主身份的确认更加重要,但他还是始终坚称墓主的身份已确认,墓主已命名,他就是腓力二世。命名就是复活。

在欢迎被命名的逝者加入民族大家庭方面,安德罗尼科斯延续了对个人的命名就是复活这一悠久传统,该传统也得到了民族志学者的广泛研究。[19] 在卡利姆诺斯,人们有用祖父母(或已故兄弟姐妹之名)为后代命名的传统,萨顿(1997;1998)探讨过这一传统如何成为人们与过去保持肉体联系的工具。呼唤熟悉名字的声音能够建立听觉、感官上的关联。此外,后代的命名也与土地的继承密切相关(孙辈可以凭借继承祖父母之名来继承祖父母的土地),这种复杂的关系将连续性和历史感根植到了土地、领地和领土之中。这一传统与民族考古学进程之间的关联,尤其是与此例的关联一目了然。这位被命名的逝者与现今定居于该地区的大多数人一样,都拥有希腊名,而发现他的这片土地,正是他留给自己民族大家庭的遗产。

梦的纪念碑化

2002年9月29日,我第一次来到韦尔吉纳。我首先参观了位于该现代村庄数百米外的"宫殿",然后才是"王室陵墓"。二者之间有着天壤之别。"宫殿"处只设置了一两块相对简单的信息板和一个保安亭。"大坟冢"欢迎游客的标识牌令人印象深刻,它宣称自己是联合国教科文组织认证的世界遗产,是希腊为数不多的十几个世界遗产之一[*](被列为世界遗产的是整个韦尔吉纳考古遗址,而不单单是这些"王室陵墓",但就我当时所见,此处是唯一设有该标识的地方;更多分析参阅潘曹即将发表的著作[**])。一扇巨大的铁门后,是一个非常宽敞的院子,院子左侧是保安亭,对面就是那个令人过目难忘的掩体式博物馆。当然,这个博物馆并不符合韦尔吉纳村民的期望。1984年,韦尔吉纳村民的态度开始变得强势,且比之前强势得多。当地工人开始罢工,拉起横幅与安德罗尼科斯对峙,要求在当地建立博物馆,将(仍放在塞萨洛尼基博物馆的)文物都转移过来(安德罗尼科斯,1997:226)。1988年8月,他们占领了韦尔吉纳遗址,中断了安德罗尼科斯的工作。几日后,中央考古委员会决定在韦尔吉纳建立博物馆,但并未明确该博物馆的性质及所能存放的文物数量。当地人态度坚决,要求建立一座足以放下**所有**韦尔吉纳文物的大型博物馆。[20]当地社区看到了该考古发现吸引来的国际关注和轰动,要求从中分得自己应得的那一杯羹。村民们说,既然韦尔吉纳这个名字已经享誉全球,当地社区自然应该从中获益,这才公平。最终,1997年,现在的这个掩体式博物馆正式开放,它虽与当地人的期望不符,但似乎阻止了他们的进一步抗议。

---

[*] 希腊的世界遗产见联合国教科文组织官网:https://whc.unesco.org/zh/list/
[**] 本书参考文献中改为已发表信息。——编者注

该掩体式博物馆是按地窖的风格修建的（参阅季马科普洛斯，1997），无疑会给游客营造出走入地下墓穴之感。对于参观过众多希腊考古遗址的人来说，这里的与众不同显而易见。这是一个长得像掩体的博物馆，水泥砌成，顶部长满青草，且隆起如土丘。当你走近它，便会看到一条多孔石铺就、安装有氛围灯的下坡路，一直往下便是博物馆的出入口。入口处的保安身着正装，更像是豪华酒店的看门人。他的装扮更凸显了该遗址在希腊考古遗址中的他者性。入口处挂着一块匾额，纪念时任总理基里亚科斯·米佐塔基斯为该博物馆的动工揭幕。保安非常自豪能在这里工作，他说，该遗址每年有约30万人参观（但根据文化部的数据，实际参观人数远低于30万）。他还说，每到冬天，就会有很多希腊人到这里参观，其中大多是学校组织的。"你们想要的博物馆呢？"于是我问道。他说："你真的相信他们会在韦尔吉纳建博物馆？你真的相信他们会将所有文物都归还回来？"他接着回忆了自己在发掘现场工作时了解的安德罗尼科斯：他与村里人关系非常好，但在发掘过程中非常严厉，威严十足，几乎不允许他人与他意见不一。

博物馆内有四个六边形展厅，存放着该遗址出土的部分文物，包括被认为属于腓力二世的火化遗骸。游客可以通过两处楼梯下到"腓力二世墓"和1978年发现的"王子墓"。整个空间光线昏暗（有些游客甚至抱怨"太过昏暗"）。据负责该展览的一位考古学家说，这是"博物馆式陵墓，专门用于纪念特定人物"（科塔里迪，2003：47）。展览的设计者似乎想要激发游客内心宗教信徒般的虔诚和敬畏（*déos*），以及民族情感。就游客的留言簿来看，他们至少取得了部分的成功：

> 我深受震撼，内心充满激动与敬畏；腓力二世的精神与安德罗尼科斯的精神交相辉映，催生了这座构思独特的博物馆。（S.T.K.，2002年9月28日）
>
> 站在这里，站在马其顿古墓前，站在腓力二世墓前，我深受震撼，内心充满激动与敬畏。（D.K.）
>
> 这些都是"希腊人"的功绩啊。（2002年9月27日）
>
> 历史令我们自豪，上帝保佑我们成为"希腊人"的真正后裔。（P.，2002年9月27日）
>
> 光明、文明、希腊性。
>
> 创意不错，但可能会有反效果。太暗了，多一点灯光会更方便游客参观。

科塔里迪（2000）引用了一些游客评论，从中可以看出部分受众对这些文物的接受度：

> 感谢上帝帮助那些爱做梦的人。对我们这些新世代来说，马诺利斯·安德罗尼科斯的存在就是我们创建自己历史性未来的希望。（女学生，无日期）
>
> 我感觉自己是在为亲人扫墓；我没有留下鲜花，只留下了自己的碎片。（1998年6月30日）
>
> 如果生命是短暂的，那我在这里找到了不朽。（2000年8月23日）
>
> 如果存在死亡，那它曾在这里被打败过。（2000年8月16日）

参观该遗址的游客不仅认可了"做梦",还欣然接受了安德罗尼科斯倡导的与逝者的体验式接触,并由此产生了传记时间、历史时间与民族时间融为一体的感觉:"大坟冢"中的逝者并不是数千年前死去的人,而是希腊民族大家庭中的亲人,他们有名字、有面孔,在那里,他们的遗骸可以被触摸、被装饰、被敬仰。游客们、受人尊重的古人(腓力二世)和刚刚逝世的人(安德罗尼科斯)都是民族永恒生命的参与者。

安德罗尼科斯的形象在该地下博物馆中无处不在。入口附近挂着他的巨幅肖像,肖像两侧是他书中文字的摘录;馆中许多文物旁标注的也不是文物介绍,而是他最能引人共鸣的一些段落,这些段落都与他发现此墓的那个命定时刻有关。馆内还设有单独的视频播放空间,这段时长24分钟的视频名为《由于记忆》,展现了腓力二世的死亡、葬礼、死后、记忆和分离之苦(参阅科塔里迪,2002:527—538)。与该展览中的其他展品一样,这段视频令人感动、引人共鸣,但却几乎没有提供与当时社会、历史背景相关的任何信息。信息板上、导游口中和宣传册内说的当然都是,游客可以亲自体验腓力二世的"王陵"。

如此一来,他们便将始于半个世纪前的那个梦纪念碑化了。它不是一个单一、具体的物质现实,而是一座融合了若干要素的民族纪念碑,这些要素包括:安德罗尼科斯的记忆和遗产,希腊民族对腓力二世和亚历山大大帝的纪念,还有希腊北部马其顿地区以及希腊整个想象共同体对再度确认自己民族身份的需求。虽然塞萨洛尼基由腓力二世的后继者建立,与他本人毫无关系,但为了完成这一纪念碑化,该市将一尊腓力二世铜像立在了最靠近市中心的某处(参阅法克拉里斯,2000)。此刻,腓力二世作为新的民族英雄，被追封为圣徒。这种认知有多深入人心呢？举个例子，2002年秋，某位学者在学术会议上提出，刺杀腓力二世的可能是他的某位男性情人。媒体刚刚报道了这一"亵圣"说法，便有一小批愤怒民众直接闯进会场抗议。[21] 纪念碑化要求对过去进行美化和大幅重塑。[22]

当然，也不是没人抵制纪念碑化；[23] 甚至早在1977年11月安德罗尼科斯公开相关文物的那一刻，就有某些当地著名考古学家质疑了他的部分主张，尤其是与墓主身份相关的主张（参阅安德罗尼科斯，1997：178）。与此同时，部分专家也在国际期刊上发文表示，他们对这些古墓的年代推定以及墓中逝者的身份推定都持严重的怀疑态度（参阅法克拉里斯，1994）。安德罗尼科斯回应了部分质疑（1980a，1980b，1984），但并未彻底解决这一问题。早期的争论主要停留在学术层面，当时，安德罗尼科斯本人、希腊考古界的大多数人、世界各地的许多考古学家、希腊政府以及大多数希腊民众似乎都已被说服，接受了安德罗尼科斯的主张。不过，时至今日，仍没有详细介绍"大坟冢"出土文物的权威著作出版。前些年，相关争论似乎被希腊考古学家们重新点燃，他们纷纷提出反对和质疑。在详细介绍另一类似古墓出土文物的权威书籍中（塞梅利斯和图拉特索格卢，1997），专家对那些文物年代的推定晚于安德罗尼科斯对"大坟冢"文物年代的推定，书中暗示安德罗尼科斯发现的并不是腓力二世墓，而是其某位后继者的墓。[24] 此外，雅典大学教授帕拉贾（2000）在对该墓正面壁画进行研究后也得出了类似结论：壁画主题（狩猎场景）是受东方影响的产物，是在亚历山大东征后传入马其顿，因此该壁画应是在腓力二世去世后所绘。她还进一步指出，此墓中的壁画更有可能是为政治宣传服务，通过描绘腓力二世、亚历山大大帝等祖先的光荣事迹，唤起人们对历史辉煌的记忆。帕拉贾在《论坛报》（每周日发行）的采访中解释了自己的立场，并因此激怒了当时韦尔吉纳遗址的发掘者和安德罗尼科斯遗产的捍卫者，他们拒绝接受帕拉贾的观点，并声称无论报纸怎么报道，公众仍然可以"坚持自己的梦"。[25] 不过，更巨大的挑战其实来自"内部"：1994 年，身为韦尔吉纳考古队成员、安德罗尼科斯前助手之一的 P. 法克拉里斯发表学术文章，称古马其顿的神圣首都艾加伊城并不在韦尔吉纳，而是在其西北 20 多公里处。这篇文章经希腊媒体报道，[26] 震惊了整个韦尔吉纳考古队，但他们似乎很快便恢复了镇定：

> 当人们开始争论韦尔吉纳是否为马其顿王国的旧都时，韦尔吉纳考古遗址的重要性似乎从内部被暂时削弱了。我们多年考古研究取得的惊人发现，以及这些古墓、古市集所揭示的密集的王室存在，只有在人们承认这座古城是艾加伊城后才能拥有历史意义……因此，我们有必要在拓展、加强对该区域的了解后，尤其是在法克拉里斯的观点遭到严厉批评后，重新考虑对该重要建筑的年代推定……
>
> 萨特索格卢－帕利亚德利（2001：547）

关于古马其顿首都位置和"大坟冢"墓主身份的争论仍在继续，[27] 但这些学术质疑似乎未能阻止韦尔吉纳的纪念碑化进程，更不用说改变公众对韦尔吉纳的看法了。当然，还有一个问题比首都位置或墓主身份更加严肃，那就是（广义的）古马其顿人的民族身份，即相较于南方人，他们对自我身份有着怎样的认知。在腓力二世墓被发现后，围绕这个问题的争论远少于围绕墓主身份的争论，但后来，这个问题的重要性开始日益增加，尤其是在20世纪的80年代末到90年代初，当时，希腊与前南马其顿的国名争端日益加剧，并达到顶峰。在这场争端中，安德罗尼科斯和韦尔吉纳发挥了关键作用。由于韦尔吉纳出土碑文中出现了希腊语名，安德罗尼科斯和绝大多数的考古学家都理所当然地认为，古马其顿人就是希腊人。尽管有大量文学证据与他们的观点相悖，但在他们看来，有共用的文字和（间接推测为共用的）语言，就意味着相同的自我身份认同和民族身份。[28]韦尔吉纳将再次成为焦点，安德罗尼科斯也将在这场"战斗"中发挥关键作用。这是一场关乎传统和文化的重要"战斗"，其中发生了诸多插曲，比如，1988年，希腊在澳大利亚举办"马其顿：从迈锡尼时代到亚历山大大帝之死"巡展，斯拉夫马其顿人要求给巡展的各种文字说明加上马其顿语译文（多里斯，1988）。[29]安德罗尼科斯在他的报纸专栏中做出了回应（1988b）：

> 他们在完成对马其顿王国及其子民的"洗礼"之后，自以为能非常简单、便宜地盗用2500年前希腊北部人民的历史，但在当时，作为他们祖先的斯拉夫人还生活在亚洲最远端的大草原上。

那个黄金骨灰盒上发现的"韦尔吉纳之星或韦尔吉纳太阳"原本是古希腊艺术品上的常见图案，但自该骨灰盒被发现后，它便成为马其顿王朝的徽章、两国争议的焦点，以及希腊非官方的国徽（和前南马其顿的官方国徽）。[30] 也是自那以后，安德罗尼科斯、韦尔吉纳和马其顿地区的希腊性在公众意识中得到了统一，许多媒体在报道希腊与前南马其顿的争端时，都会配上安德罗尼科斯和部分韦尔吉纳文物的照片。1992年，希腊专门出版了一本介绍马其顿的小册子，其封面印有腓力二世肖像，书中醒目处还配有韦尔吉纳文物插图。此书被分发到了全国所有学校的每一位学生手中，[31] 同年，希腊官方还发行了绘有安德罗尼科斯与韦尔吉纳文物的邮票。1991年，塞萨洛尼基大学主办了一场关于马其顿古墓的会议，安德罗尼科斯受邀担任主旨演讲者。该校副校长在向报纸公开会议消息时称，他们邀请学校教师参会，好让他们"看到深埋大地中的历史重新浮现"。[32] 媒体在报道此次会议时用到的标题将它与两国的国名争端联系起来，比如《这片大地……对造假者的回应》[33]。

作为萨满的考古学家

米尔恰·伊利亚德（1972：51及各处）曾特别指出，在萨满教的传统中，冥府之行是关键的入教仪式。萨满有能力调和不同世界之间的问题，也有能力进入大多数人无法进入的领域。若将古希腊视为一种世俗的民族宗教，那么安德罗尼科斯就是该宗教的伟大萨满。他在东正教纪念冥府圣人的那天去往了"冥府"。他进入陵墓的过程是精心策划过的，充满了仪式性，不仅参考了各种神话和史诗中的冥府之行（从珀耳塞福涅到奥德修斯），还参考了霍华德·卡特发现图坦卡蒙墓的经历。安德罗尼科斯的"冥府之行"就是他的入教之旅，也是他晋升为该民族伟大萨满的过程。当时，安德罗尼科斯是担任这一角色的最合适人选，他能够代表现代希腊历史及其宪章神话：从令人敬仰的古典过去，到拜占庭（和基督教），到"伟大理想"（及与其相关的战争、战斗和民族牺牲），到战争的惨败和在小亚细亚经历的"连根拔起"，最后到在希腊北部重新扎根。一个真正的萨满，不仅能与祖先建立直接的、肉体的、亲密的、具身的、个人的联系，能够"用他的触觉视物"，还能在返回上层世界后，将自己获取的详尽、全面的知识传达给全民族，即他真正的受众，而不只考古学家或学者。

安德罗尼科斯曾被"连根拔起"，被迫离开家园，但在希腊的马其顿地区，在他与众多小亚细亚移民的新故乡，他决心扎下新的根，这不仅仅是为他自己，也是为所有与他经历相同的小亚细亚移民。他一直在为此努力：他走进那座墓不是为了寻根，而是为了扎根。他在提到韦尔吉纳时说："这个村庄没有历史。"（1997：21）他用这八个字抹去了库特勒斯村和巴尔贝斯村村民们的存在（与过去），从这些小村庄的名字来看，当地人可能有自己的语言，并不说希腊语；[34] 这些地名早就被当地主教从地图上抹去，1922年，该主教在包括安德罗尼科斯在内的安纳托利亚移民抵达当地时，将这两座村庄重新命名为韦尔吉纳。[35] 安德罗尼科斯不仅要为这座村庄生产历史，还要为1913年才被希腊吞并的整个希腊北部地区生产历史。他做到了。雅典的统治、南部的统治、五世纪的统治已经提得够多了，迈锡尼的金黄、帕特农神庙的洁白[*]、

---

[*] 帕特农神庙是由白色大理石砌成的。参考：https://www.britishmuseum.org/blog/introduction-parthenon-and-its-sculptures

奥林匹亚考古遗址和德尔斐考古遗址的名声也已经提得够多了：如今，希腊北部拥有了一座国内迄今为止出土文物最丰富的古墓，一个举世闻名的考古遗址和发现，以及一幅远比南部考古发现更令人印象深刻的古代图景。安德罗尼科斯认为，希腊北部可以与南部比肩，塞萨洛尼基可以与雅典比肩，韦尔吉纳可以与雅典卫城比肩，公元前4世纪的马其顿王朝可以与公元前5世纪的古典时期比肩。希腊北部不会再被忽视。在此之前，虽也有其他政权强调过腓力二世和亚历山大大帝统治的古马其顿有多重要，包括20世纪30年代末的梅塔克萨斯独裁政权（见第四章），但它仍然无法在民族话语和民族想象中与古雅典、帕特农神庙和古典时期相提并论。多亏安德罗尼科斯，也多亏后来的历史偶然事件，马其顿才从希腊民族的他者转变成了希腊民族的自我，从边缘地带走到了中心位置。[36] 也是多亏安德罗尼科斯，希腊北部才能在未来数年享受前所未有的考古复兴（科特萨基斯，1998）。[37] 安德罗尼科斯是一位历史建构主义者（参阅福比恩，1993）。他为这一地区、这个国家构建了一个想象的崭新过去，并将其物质化了。这就像是一出由他一手包办的戏剧，剧本、制作、舞台监督、男主角全都是他。通过这出戏剧，它将象征性、**物质性**的马其顿和希腊北部融入了希腊民族的想象与精神之中。与此同时，他还改写了民族叙事的脚本，自此，民族想象不再是简单复制，而是重新生产。如今，本土希腊主义正在根据20和21世纪的全新版本重新上演。大多数人都将对此感激不尽，不仅仅是那些谋求权宜之计的政客，而是绝大多数人（安德罗尼科斯，1997）。在政府、考古学家、媒体以及其他许许多多人的保驾护航下，安德罗尼科斯的梦想成了一座纪念碑，供现在和未来之人景仰。偶然的社会和政治事件，特别是围绕马其顿之名的两国冲突，进一步推动了他梦想的纪念碑化，也进一步延续了人们对它的敬仰。

这种做法也招来了一些人的讽刺：古马其顿人从希腊主义之敌，摇身一变，成了英雄，成了伟大的偶像；一个历来以民主制度发源地自居且自豪的国度居然开始推崇国王和王室；原本以精神和理想为优先的意识形态，却在欣赏和炫耀奢华的工艺品和物质文化；（如果那些学者对该墓建于亚历山大东征之后的判断是正确的，那么）这些财富很可能是从"蛮荒的东方"劫掠而来，那里可是与古希腊主义相对立的存在啊。不过这些讽刺基本无人注意，也无人问津，至少在更广阔的公共舆论场上是如此。最后，（如果该墓确实建于亚历山大东征之后，那么）墓中的许多装饰和图腾都很可能是为政治宣传服务的，或者更恰当地说，很可能是腓力二世后裔出于政治上的权宜考虑而建构的集体记忆和家世：这一现象与现在根据文物生产民族记忆的现象并无二致。讽刺和民族想象似乎无法相伴存在。

这个故事描述的不仅仅是 20 世纪希腊民族神话重塑的关键时刻。我们从中学到的经验教训也不只适用于希腊。毕竟，它不是一个找回民族考古学记录的案例，而是一个生产民族考古学记录的案例；它是一则寓言，讲述了在这一生产过程中，考古学家在民族话语的物质化和客观化方面扮演的关键角色。该过程的重点并不在于国家故意歪曲过去，也不在于考古学家精心谋划，为特定议程服务。安德罗尼科斯是在政府领导人的鼓励下克服迟疑，最终宣布该墓属于腓力二世的（他的发掘工作也得到了丰厚的国家财政奖励），但他深信自己身为民族萨满的神圣使命和命运。他的考古项目是在具象化成千上万人的梦想，而这实际也是该民族绝大多数人的梦想。正是通过他,希腊的民族神话才得以重塑,并以重塑的形式得到表达;在他身上,民族历史的方方面面得以交汇,并拥有了自己的声音;正是通过他,该民族的梦想才得以同时自上而下和自下而上地具身化、物质化。

此外,该案例还有助于阐明另一个关键点,即考古学被用作了实现西方现代性的关键手段(参阅托马斯,2004a)。虽然近些年的探讨有助于阐明考古学与现代性之间的关联,但安德罗尼科斯的故事和本书中的其他许多案例均表明,"考古学完全是为西方现代性服务的"这种说法仅在特定条件下成立。在这个案例中,考古学家参与的都是前现代而非现代的话语与实践过程,比如:对过去的神圣化;萨满教;将做梦变成连接过去的方式;消除时间上的距离;与逝者产生具身性接触。正如前一章所述,民族想象吸收并改造了前现代的世界观和思想;类似地,民族考古学似乎也同时参与了现代与前现代的活动,将客观、证据、线性思维、有界线的民族社群等概念与循环往复的时间、宗教情感和与过去的多感官身体接触融合到了一起。近来,受现象学著作影响,有不少人开始探讨对过去的具身性接纳,以及物质性对记忆的辅助作用,这有时也被认为是理论领域的后现代转向之一。但安德罗尼科斯不同,他是通过与过去的亲身接触来获取见解的,他所采用的这种方式消除了时间上的距离,直接构建了与古人之间的谱系关联;换言之,他的这种方式更接近人们在现代性出现之前所用的方式,一种线性的、客观的方法。有趣的是,塞雷梅塔基斯(1994b)将安德罗尼科斯的韦尔吉纳考古类比为当今玛尼半岛的二次葬习俗。在玛尼半岛,人们会触摸死去亲人的遗骸,并开展哀悼、净化和重组的具身性仪式,从而让自己的躯体与死去亲人的短暂人生产生关联。从某种意义上说，安德罗尼科斯的发掘是为了进行二次葬，这场葬礼由他（在回应"打扰逝者安宁"的批评时）宣布，由他的后继者们在这座更像墓穴而非博物馆的"掩体"中进行。由玛尼半岛女性进行的二次葬与安德罗尼科斯在韦尔吉纳进行的二次葬都是兼具具身性和感官性的**认证仪式**（塞雷梅塔基斯，1994b：143；原作者强调），前者认证的是死者人生与家族之间的关联，后者认证的是民族想象的家族关联。

这并不是说安德罗尼科斯或其他希腊考古学家生活在现代性之外，这不仅与事实不符（如前所述，安德罗尼科斯在工作中采用了许多现代主义惯例），从伦理和政治的角度来看也说不通，毕竟现代性是一种众所周知的殖民主义想象策略（参阅费边，1983）。这仅仅意味着考古学领域的谱系比我们想象的要复杂。关于西方现代性历史的著作需要承认现代与前现代甚至后现代现象之间存在多种不同的交织方式，在这些交织方式中，现代可能居于中心，也可能身处边缘。

第四章　对斯巴达的向往：古代与梅塔克萨斯独裁统治之间的关联

1939年5月中，时任希腊古物局局长[*]的斯皮利东·马里那托斯来到希腊中部的温泉关遗址，主持这场不同寻常的发掘工作，该项目旨在确定波斯入侵者与古希腊士兵的交战地。国内外媒体对该项目进行了广泛报道。[1] 希罗多德（VII.213–217）详细叙述过这场著名战役。现代希腊的民族叙事和想象认为，斯巴达国王列奥尼达率领残存的300勇士奋勇抗敌，原本可以取胜，最终因埃菲阿尔特斯叛国而落败，将士们英勇就义，自此，埃菲阿尔特斯之名便与可耻的叛国行为永远画上了等号。

马里那托斯从美国人伊丽莎白·哈姆林 – 亨特那里争取到赞助后，才决定开启此次发掘。（马里那托斯，1955：3）多年后，他在一本旅行指南中讲述了这段经历：

---

[*] 英文原文为 "General Director of Greek Antiquities"，因此翻译为 "希腊古物局局长"，但根据布莱恩·费根（Brian Fagan）主编的 *The Great Archaeologists*（《伟大的考古学家》）一书，斯皮利东·马里那托斯在1937至1939年间担任的是古物和历史遗迹局局长（Director General of Antiquities and Historic Monuments），并于1955至1958年间和1967至1973年间再度担任古物局局长（Director General of Antiquities）。另，希腊目前负责古物工作的是文化部下属的希腊古物和文化遗产总局（General Directorate of Antiquities and Cultural Heritage）。

尽管工作繁重，亨特夫人还是亲自协助了整个发掘工作。发掘点位于沼泽地区，蚊虫肆虐，调查工作一直持续到最炎热的7月，这与公元前480年那场无望之战的发生时间大致吻合……一些工作人员患上了眼炎，就像列奥尼达麾下重装步兵曾经经历的那样。

马里那托斯（1951: 3—4）

发掘工作结束仅一个月后，马里那托斯就发表了自己的考古发现，但并不是在学术期刊上，而是在梅塔克萨斯"八月四日"独裁政权（1936—1941年）主办的官方理论期刊《新国家》上。马里那托斯在文中特别指出：

公元前480年，波斯动员了他们当时全球最庞大的军队，企图奴役希腊。希罗多德说，整个亚洲都因这场战争的战备而战栗了整整三年。这次东征很有可能令当今文明无法诞生。如果当时的亚洲成功奴役希腊，那今天的欧洲文明都将不复存在。

马里那托斯（1939a: 557）

他在根据希罗多德的记录介绍完战役情况后，便描述了自己的地形调查和考古调查结果，称自己根据发掘出的箭镞，确定了此次战役的确切地点。他还在文中附图展示了部分箭镞。此文虽是刊登在理论期刊上，但马里那托斯有意增加了特定的细节描述，试图给读者营造身临其境之感：

科洛诺斯山上遍布箭镞,既有薛西斯*麾下"不死军"**精致、锋利的青铜箭镞,也有其麾下野蛮部队粗糙的铁箭镞……斯巴达和塞斯皮亚的雄狮们手无寸铁、疲惫不堪、伤痕累累,藏身科洛诺斯山中,但即便在这种状态下,他们仍然令波斯人胆寒。波斯人不敢与他们正面交锋,只敢从远处发射箭雨,直至将他们埋于箭镞之下。我们发现部分箭镞因射中士兵胸甲而变钝,并向后弯曲,与荷马的描述相符。[2] 还有一些箭镞在发射时应该是裹着燃烧的布。狂怒的波斯人似乎想要活活烧死这些为捍卫希腊自由而誓死不屈的英雄们。

马里那托斯(1939a: 560)

他继续写道:

这场可怕的战役成就了人类历史上的一段传奇,今天的我们能够从这些小物件身上看到当时的诸多细节。多亏希罗多德无比清晰的描述,我们才能如亲眼所见一般,如此准确地重现温泉关战役的各个阶段……尊敬的政府领袖、这个新国家的缔造者扬尼斯·梅塔克萨斯先生不辞辛劳地参观了发

---

* 当时率领波斯军队的波斯帝国皇帝。
** "不死军"(Immortals 或 Ten Thousand Immortals)是波斯的精锐部队,得名原因在于,该部队人数一直保持在 1 万人,一旦有人战死,或因伤丧失战斗能力,就会有人立刻补上,给人一种该部队杀不死、打不败的感觉。参考:https://www.britannica.com/topic/Ten-Thousand-Immortals; https://www.worldhistory.org/Persian_Immortals/

掘现场，并在温泉关战役的战场细心观察了数个小时。这场战役是这个民族[3]（历史上）最光辉的一页，被当今希腊寄予厚望的新一代人理应对它怀抱同等的兴趣。逝者的声音是生者学习的对象，过去的历史应成为未来的符号。

马里那托斯（1939a: 560）[4]

他之所以援引那场近乎神话的古老战役，讲述300勇士顽强对抗波斯军队的故事，主要是为了通过类比，让希腊人民回忆起自己的民族命运，提醒他们不能愧对祖先。当然，他的目的也不止于此。这里有太多耐人寻味、令人浮想联翩之处，如：他对温泉关遗址的发掘本身、这一行为在那个特殊历史时刻的深意、独裁者梅塔克萨斯的参观、他作为该政权最重要考古学家的身份、这篇文章在该政权官方刊物上的发表以及文中的口吻和风格。理解这些要素，将有助于我们理解以物质和话语形式存在的古代，究竟对梅塔克萨斯政权的意识形态和行为实践有何影响、有何意义。扬尼斯·梅塔克萨斯独裁统治希腊的那五年（1936—1941年）是现代希腊历史中浓墨重彩的一笔，本章将阐明古代在这一时期的作用和意义。[5]

似乎，大多数关于民族主义的考古学著作都聚焦于法西斯主义政权或独裁政权对考古学和过去的"滥用"（参阅加拉蒂和沃特金森，2004），这些政权包括德意志第三帝国（如阿诺德和哈斯曼，1995）、意大利墨索里尼政权（如吉迪，1996）、西班牙佛朗哥政权（如迪亚-安德勒，1993）和葡萄牙萨拉查政权（如利利奥斯，1995）。这些研究很重要，也很有价值，但往往给人一种错误的印象，即民族主义是一种罕见、特殊的现象，是独裁者和法西斯政权的杰作，他们为一己之私，公然将考古学用于政治目的。本书序言已论证过该论点为谬误，也附上了相关案例。前几章重点探讨了历史的长期发展轨迹，以及"正常"的政治条件，展示民族想象和民族意识形态如何成为考古过程的内在特征，如何成为被用作西方现代性关键工具的考古学的内在特征。本章，我将换个角度，着眼于一个"特殊"的历史时期——具有法西斯主义特征的独裁、专制统治时期。

古代与梅塔克萨斯政权意识形态之间的关联

1936年8月4日，扬尼斯·梅塔克萨斯借口希腊共产党企图利用8月5日的大罢工发动革命，拉开了自己独裁统治的序幕（参阅卡洛纳斯，1938：175）。该政权带有明显的极端民族主义色彩，专制程度不断加剧，尤其是在1938年以后（科法斯，1983）。该政权虽不是典型的法西斯政权，但却拥有诸多法西斯主义元素：美化领袖、美化"被选中的少数"（奇怪的是，此举明显背离了他们提倡的平民主义*）、美化国家的最高权威，这些都是20世纪20—30年代希腊乃至整个欧洲政治发展的产物。梅塔克萨斯政权自然与同处欧洲"独裁时代"的其他欧洲法西斯主义政权有相

---

* 平民主义（populism）也常被译为"民粹主义"，但有学者认为，"民粹主义"是特殊历史时期、特殊语境下的翻译产物，因其带有明显的贬义色彩，并不具有普适性，更建议使用"平民主义"这一中性译法。"平民主义的核心主张仅是反对精英践踏平民利益和蔑视平民智慧"（参考：https://www.guancha.cn/PanWei/2019_12_13_528281.shtml），更看重平民利益这一点与推崇"被选中的少数"有明显的矛盾之处。

同之处，与葡萄牙萨拉查政权尤其相像（卡洛纳斯，1938：192）；但该政权想做的是，尝试将其他欧洲国家的独裁本土化。当时，希土战争战败的余波仍未消散，希腊仍在品尝战败的苦果，包括对难民的接收和安置，这绝非易事。20世纪20年代，曾任将军的梅塔克萨斯（1871—1941）尝试推行过议会民主制，但1928年埃莱夫塞里奥斯·韦尼泽洛斯的再度上台，预示了他对议会民主制的放弃。他反对在小亚细亚开展军事行动，他认为这种企图通过战争速战速决、夺取领土的做法根本行不通，他更喜欢"坚持不懈、全面细致地创造文明"（克洛斯，1992：142）。1941年，某匿名人士发表文章，阐述了梅塔克萨斯政权的观点。文中（匿名，1941？）解释，梅塔克萨斯的愿景与"伟大理想"相近，后者希望向东扩张，收复曾经属于希腊的领土，让君士坦丁堡重新成为希腊首都（该理想已因希腊在小亚细亚的战败而遭受重创），前者只是赋予了它不同的含义：不追求领土扩张，而是追求意识形态、文化和精神上的扩张。该匿名文章认为，这种扩张是没有止境的：

> （原伟大理想的信徒们）错在，他们受其他民族的做法影响，误以为希腊主义也可以被框在领土边界之内，事实上，我们民族的独特之处恰恰在于它没有边界。
>
> 匿名（1941？：18）

梅塔克萨斯政权吸收了20世纪30年代时在希腊广泛流传的意识形态和文化态度，并重点关注希腊民族的精神维度：作家和知识分子通过强调希腊主义在精神而非领土扩张维度的特性，重新定义了希腊主义（参阅乔瓦斯，1989）。与此同时，该政权的极端民族主义鼓励人们进一步探讨并强调了（20世纪30年代时的）希腊性概念及其抽象的精神特质，佩里克利斯·扬诺普洛斯等人的著作就是这方面的先驱。

与其他法西斯主义意识形态相同的是，该政权也屡屡提到土地，这表明土地概念在其意识形态和思维体系中仍然占据着中心地位。例如，1939年，梅塔克萨斯向国家青年组织全体成员下令，敦促他们，尤其是农村青年，确保每一块土地都有人耕种："无论你们身处何处，是在家、在教堂、在街上、在学校，还是在田野，我要求你们时刻谨记……我们要在不久的将来，在希腊的每一寸土地上都看到收成，哪怕只是一个土豆、一公斤小麦……"（梅塔克萨斯，1969b：140）。这一呼吁显然不只是强调粮食生产和自力更生的必要性，也是在强调土地本身以及照料土地的必要性。他们对土地的重视还表现在，该政权及其青年开展了有组织的植树造林运动（马海拉，1987：85），以及梅塔克萨斯本人有"第一农夫"之称，还被拍下了耕地时的照片。此外，梅塔克萨斯政权还在刚刚收复的希腊北部领土上有组织地推进希腊化，具体举措包括修改地名（参阅克洛斯，1990：10），强迫斯拉夫马其顿人等少数族裔说希腊语且不再提及自己的民族身份（参阅卡拉博特，1997，2005；科斯托普洛斯，2002）。[6] 事实上，这种希腊化更像是在严格执行自20世纪20年代初中期开始的内部殖民化，该政权的辩护者将此举比作宗教传教士（*ierapostoloi*）的使命（参阅马海拉，1987：43），体现了民族主义意识形态和实践与殖民主义意识形态和实践之间的密切关联。不过，在传统的殖民主义意识形态中，对土地和领土的强调都与领土扩张有关，领土扩张是获取资源、实现光辉伟业、完成帝国文明化使命的手段；而在民族想象中，土地和领土是承载祖先神圣遗骸之所，是与不朽的逝者联系在一起的（参阅维德里，1999）。梅塔克萨斯版本的民族殖民化旨在净化被该政权视为希腊家园和领土的地方，更重要的是，旨在推动文化/精神复兴。该政权的基本意识形态原则是"第三希腊文明"，这一概念或许影射了德意志第三帝国（克洛格，1992：118）。对该政权来说，古典希腊是第一希腊文明，拜占庭帝国是第二希腊文明，而他们计划创造的是第三希腊文明：结合前两者之精华的乌托邦式文明。梅塔克萨斯的愿景不是再现古典文明，也不是再现拜占庭文明。因此，他不再像前人那样呼吁复兴辉煌的古典过去，而是梦想创造新的文明——第三希腊文明。1937年，他在对学生的演讲中说，"一个民族只有创造出自己的文明才有存在下去的可能"（梅塔克萨斯，1969a：285）。此外，他拒绝理想化前两种文明，不仅指出了它们的缺点，更重要的是阐明了自己的观点：虽然它们各有缺陷，但将它们相结合，便能为第三文明提供最佳范式。他在这场演讲中特别指出：

> 希腊人民完全有能力创造第三希腊文明。不要害怕过去的文明。它们一点都不可怕。它们并不完美，而你们会创造出更完美的希腊文明。古代文明虽取得了伟大的艺术和科学成就，但在宗教方面却有缺陷，并不奉行宗教哲学。古代文明在政治发展方面的问题更大。我相信，你们只要研究过历史，就不可能欣赏那些将希腊引向伯罗奔尼撒战争的政治思想。我也相信，你们不可能钦佩那些反对马其顿霸权的古希腊政治家……

若论艺术和科学成就，中世纪的希腊主义确实远不及古希腊的希腊主义，但在宗教方面，前者却要出色得多……再说政治方面，前者还成功建立了国家，鼎盛时的这个希腊主义国家，纵有缺陷，也仍然是当时最好、最强大的国家之一。

年轻的"希腊人"啊，你们难道不想在前两种文明的基础上，创造出属于自己的文明吗？

梅塔克萨斯（1969a: 285—286）

在帕帕里戈普洛斯等历史学家的努力下，19世纪中后期形成了综合"本土希腊主义"，梅塔克萨斯的计划令人想到了这一综合概念。梅塔克萨斯虽然使用了与民族历史学家相同的术语（如"中世纪希腊主义"），但他的计划有其独特之处：他没有不加批判地美化古代希腊主义和中世纪希腊主义的成就，而是批判性地接纳过去，他的愿景是前瞻性的，而非回顾性的。此外，他试图有选择地美化过去，仅美化他认为更适合融入他乌托邦愿景的那些方面。1938年，他在演讲中对斯巴达地区人民说道：

> 无论过去还是现在，我始终认为并相信，在所有的古代范式和理想中，你们祖先古斯巴达人的才是最好的，我也曾多次公开表达这一观点。我并不认为其他古代理想逊色一筹，只是始终坚信，在当前这个危机四伏的时代，我们应该强大起来，随时做好为国牺牲的准备……而最能帮助我们实现理想的，是古斯巴达范式。

梅塔克萨斯（1969a: 382）

同日，他来到玛尼半岛，在对伊西翁（古斯巴达港口）人民的演讲中再次重申：

> 我曾要求，强大的国家纪律应尽可能与个人自由相结合，始终引领并注定造福整个国家。这是斯巴达的古老理想，也是流淌在你们玛尼半岛人灵魂与血液之中的理想。
>
> 梅塔克萨斯（1969a: 385）

在所有古希腊遗产中，该政权主要美化和宣传的是古斯巴达[7]，其次是古马其顿[8]。这是一种历史建构主义的尝试，是在对民族记忆进行选择，旨在证明梅塔克萨斯政权的合理性：一个强调纪律、军事美德和为国献身的反议会、专制政权。此外，对古斯巴达简朴、尚武社会的美化与该政权的平民主义性质相符，后者强调"普通"人的努力和集体的牺牲奉献，而非少数人的个人成就，无论是艺术家、哲学家还是政治家。美化拜占庭，可能是想合理化中央集权和君主制：毕竟，在梅塔克萨斯统治时期，希腊国王为其政权提供了主要的政治支持和制度支持，忠于王权自然是该政权最看重的事情之一。不过，最重要的是，在希腊的民族话语中，拜占庭被视为神权国家，能将希腊与基督教关联起来，而基督教正是该政权的另一主要意识形态基石。

该政权试图重构古典过去，并推广自己的版本，为此甚至加强了对部分颠覆性古典著作的审查。利纳尔达托斯（1975: 75）称，梅塔克萨斯政府曾试图阻止国家剧院按原定计划上演索福克勒斯的《安提戈涅》；该剧在民众的抗议声下得以继续演出，但政府下令删减了某些他们认为"不妥"的诗句。更臭名昭著的案例是，政府禁止学校讲授修昔底德著作中的伯里克利《阵亡将士国葬礼上的演说》（利纳尔达托斯，1966：509；1975：75）。某学校监察长在下达的指示中提道：

> ……在中学六年级的古希腊语教学中，应用柏拉图式的对话取代伯里克利的《阵亡将士国葬礼上的演说》，后者对民主思想的赞美可能会被学生视为对政府强势政策的间接批判……伟人伯利克里对不受控的雅典人民做出的这份演说，给伯罗奔尼撒战争时代带去了破坏性的不良后果，（建议将其纳入大学授课内容，）否则同样的恶果很可能再次上演。
>
> 转引自加夫里利迪斯（1997：215—216）[9]

这类举措不仅揭示了该政权对青年的家长式统治，还揭示了它的焦虑，它担心古典过去的某些内容会助长青年们的反对情绪。后文将说明，这种焦虑并非空穴来风。

梅塔克萨斯政权并没有通过建立政党来宣传自己的思想，而是利用了官方的理论刊物《新国家》（参阅科基诺斯，日期不详），该刊物吸引了大量知识分子和作家投稿；该政权还出版有其他期刊，比如《新政治》，用以表达与该政权理念类似且对该政权有利的观点，即便某些观点也具备一定批判性。但其最主要的集体意识形态力量还是国家青年组织。起初，该组织大规模招募成员的努力举步维艰，但到1940年，因学生必须加入该组织（利纳尔达托斯，1975：164），再加上其仪式性、庆典性活动（更别提免费发放电影票）的额外吸引力（科罗纳基斯，1950：122），该组织的成员规模突破了100万，其中60%是在校学生（利纳尔达托斯，1975：177）。该组织最重要的武器之一是《青年》，这是一本1938至1941年间出版的周刊，图文并茂。该组织的黑色制服与当时欧洲法西斯主义组织的制服相似，而这并非巧合。该组织以"米诺斯"双刃斧为标志，采用军事化的等级制度，行动严格听从A.卡内洛普洛斯领导的政府指挥。有一些人曾为卡内洛普洛斯写过一些蹩脚的诗歌，比如：

> 就像成就伟业的斯巴达人
> 战士、领袖、太阳之神
> 希腊母亲呼唤他的靠近
> 胜利和竞技场向你招手
> ……
> 你，领袖的美好预言
> 虔诚的机构呼唤你
> 新奥林匹亚的第一人
> 你将会来，预兆将证明真相[10]

国家青年组织不是一个政治青年组织这么简单，它会干预一切国家事务，尤其是为向学生灌输该政权理想而开展的事务。以1939年颁布的一项指令为例，其中要求教科书应包含的主题便是来自该组织的推荐。[11]该指令代表了该政权希望传播的古代版本，其中的要求包括：在讲述特洛伊战争时，应突显"所有'希腊人'团结的重大胜利和分裂的灾难后果"（该指令第48页）；应将斯多葛派哲学家描述为第一批基督教徒（该指令第49页），将马其顿国王腓力二世描述为"所有'希腊人'的伟大国王"（该指令第

48页);应将亚历山大大帝描述为"希腊这一不朽帝国的缔造者,在已知人类世界(Oikoumeni)传播希腊文明之光"(该指令第48页)。该指令在提到希腊主义与基督教的关联时称,"由过去可知,希腊主义在东方的盛行是基督教得以传播的前提,而东正教的存在又拯救了希腊主义"(该指令第49页)。该指令建议将与古代神话相似的民间传统和神话编入教科书(该指令第51页),并在民间艺术中强调"古代和拜占庭时期的历史遗存"(该指令第51页)。[12]

国家青年组织非常积极地主办了一系列仪式、庆典、游行、古迹和考古遗址参观活动、体育赛事、竞赛以及包括戏剧在内的演出等(参阅马海拉,1987;阿克西奥蒂,1974:20)。为此,该组织仿照古希腊剧场修建了众多露天剧场,其中两座分别位于雅典卫城对面的菲力波普山上[13]和吕卡维多斯山上。后者至今仍是雅典举办露天活动的主要场所之一,它最初是为上演《彭忒西勒亚》而建,这是海因里希·冯·克莱斯特1808年创作的悲剧。有300名国家青年组织的女性成员身着古典服装参与了演出;该政权下属多家杂志广泛报道了此次演出。[14]该剧改编自古代神话传说,讲述了特洛伊战争期间亚马逊*女王彭忒西勒亚与阿喀琉斯的爱情故事。在克莱斯特的版本中,彭忒西勒亚杀死并吃掉了阿喀琉斯,随后自尽身亡。考虑到该政权的家长式意识形态以及对女性是民族之母的刻画,该剧本被选中确实反常。[15]为避免人们对该政权及其麾下知识分子想要传达的信息有任何疑问,著名女演员玛丽卡·果多布丽在《新国家》上写道:

---

* 在希腊的神话传说中,亚马逊是女人国,国民崇尚武艺、骁勇善战。参考:https://www.thepaper.cn/newsDetail_forward_1567609

我不知道他们选择克莱斯特创作的悲剧是否有意为之，但在我们内心深处，自然就将这些女孩类比为她们所扮演的古亚马逊人……如今，她们不再从属于战场上的那些男人，她们将成为母亲，诞下明天的"希腊人"（此处所用"希腊人"为阳性名词）。希腊青年中的这些花朵注定要迎接这美好的命运。她们对此应是自豪的，且这份自豪应完全不逊色于古亚马逊人内心的自豪感。[16]

《彭忒西勒亚》的军事内涵似乎是创作者们决定将其搬上戏剧舞台的原因，但其中的颠覆性色彩似乎也令该政权感到担忧。《青年》就在称赞该演出的整体效果时特别指出：

……我国古代作家创作了不计其数的不朽剧作，非常全面地展现了泛人类美德的道德观念和崇高教诲，但我们并未在《彭忒西勒亚》中看到这些，因此当务之急是在那些剧作中挑选剧目。[17]

这出戏剧似乎是个例外，相较之下，其他的大多数演出都受到了该政权的严格管控，被要求必须与其意识形态相符。[18]

该政权用于传播自己意识形态的两大纸媒是《新国家》和《青年》，但以后者为主，它们刊登了一系列专题文章，推广该政权重构的古代和过去。其中最常见的主题是：古斯巴达；[19] 马其顿；[20] 以军国主义、纪律和牺牲为重点的古典文化；[21] 考古（包括试图证明国家青年组织以"米诺斯"双刃斧为象征的正当性）；[22] 古代的体育理想；拜占庭帝国的军事成就；以及宗教和基督教。《新国家》刊登过大量谈论希腊性和艺术的理论文章，还刊登过斯皮利东·马里那托斯和D.扎基西诺斯在雅典大学的就职演讲；扎基西诺斯以"拜占庭和希腊主义"为题，从学术上论证了该政权意识形态中与过去相关部分的合理性。他说：

> 公元前5世纪为人类留下了独一无二的艺术遗产和精神遗产，也留下了最完美的政治体制。但希腊主义在政治上的真正成熟来自公元前4世纪和3世纪的希腊（即被该政权理想化的马其顿巅峰时代）……拜占庭以基督教的形式，在罗马的行政和政治框架内，继续着希腊化运动的伟大事业。
>
> 扎基西诺斯（1939：251）

马海拉（1987）曾指出，摄影是该政权传播斯巴达教育方式的重要手段。《青年》尤其爱用摄影来重现历史，所选照片都是彻底改色后的黑白照片，且古代主题居多：多为国家青年组织分支机构成员身着古希腊服装参观考古遗址及其他古迹，或是参与各种历史重现活动（如戏剧表演、田径比赛等）。这些照片中不会出现便服，入镜的男女青年要么身着组织制服，要么身着传统民间服饰，要么模仿古希腊人（尤其是军人）的装扮。照片背景中最常出现的考古遗址是帕特农神庙、伊瑞克提翁神庙、奥林匹亚宙斯神庙、整个雅典卫城以及古希腊剧场，但只拍考古遗址的照片很少见，其中两张分别是雅典卫城和克诺索斯王宫。《青年》常常将这些照片选作封面，其中有些是群像，国家青年组织成员会以半正式的姿势面向镜头，不过最常出现的场景还是他们望向古迹安静沉思，在古迹前参与严肃活动，以及扮演某个角色（有些拍照姿势很像古希腊雕塑）。

这些照片将梅塔克萨斯政权与古典物质过去联系到了一起；但它们的意义远不止于此。这些表现形式不仅让人想到了巴特的观点，即摄影是"原始剧场"（巴特，1981：32），还呈现了一个有序、干净、受管制且被净化过的世界，这个幻象便是该政权向往的乌托邦。但在这个乌托邦中，或者更确切地说是在这个异托邦中，古代的地位十分矛盾：有时只是国家青年组织成员们的陪衬，有时又凌驾在他们之上。不过，这些照片旁往往会附加文字说明，或是图注，或是封面标题，以明确区分"第一"和"第三"文明。这种矛盾体现了该政权意识形态的矛盾，它虽将古典古代吹捧为艺术理想的源泉，但也谴责其孕育了不好的政治和宗教理想；它只将其视为一种可选择性借鉴的资源池，而非效仿的原型；最重要的是，它虽将其视为典范，但却要求国家青年组织成员努力超越它。照片会将对象物化（巴特，1981：13），这个物化有两层含义。一是将某个净化后的瞬间物化呈现出来，让这场仪式或事件成为固定记忆，在符号经济中传播。二是将人物"纪念碑化"：通过不同的服装（国家青年组织制服、古希腊服装或"传统"民间服装）抹去他们的个人特征；通过他们对古希腊雕塑的模仿，冻结时间和社会空间。这些人物"就像被麻痹后做成标本的蝴蝶"（巴特，1981：57）。这种摄影手法不仅能唤醒早已死去的、静态的古典过去，还会抹去现代模仿者本身所处的时间和社会环境，将他们重塑成现代的纪念碑。

"他者"的话语

梅塔克萨斯政权的特点是极端反共，它还会不择手段地迫害自己眼中的敌人，包括共产党员、少数族裔（尤其是斯拉夫马其顿人）以及一切质疑该政权正当性和意识形态的人。这些受迫害的"他者"又是如何看待该政权所宣扬的历史、古代和过去的呢？由于缺乏系统性研究，加上这些"他者"本身身份和观点的多样化，我们很难回答这个问题，但仍能根据蛛丝马迹形成初步假设。这些蛛丝马迹主要来自受迫害者的回忆录，其次是政治机构的官方文件。1939年6月，共产党领导人尼科斯·扎哈里亚迪斯在科孚岛监狱内撰文，试图以过去为依据，全面驳斥梅塔克萨斯政权的意识形态（该文并非写在纸上，而是写在布片上，藏于枕头内，后被其他囚犯抢救出来）：

> 第一文明，即古希腊文明，建立在奴隶制和剥削的基础之上，这就是它被马其顿人和罗马人征服的原因。"希腊的"第二文明，即拜占庭帝国文明，是一种亚洲专制主义的（文明），建立在对人民的奴役之上，最终因内部的分裂与腐朽而土崩瓦解。"八月四日"政权"创造"的第三文明以古斯巴达为理想，但古斯巴达依赖的是对埃夫罗塔斯奴隶的剥削压迫，以及对外掠夺；古斯巴达始终排斥一切优越的精神/文化生活，排斥一切文明化生活，最终沦为波斯人攻击"希腊人"的雇佣军。
>
> 扎哈里亚迪斯［1945（1939）: 15］

与一切历史、科学数据相悖的"伟大理想"，宣称现代希腊继承自奴隶主统治的古希腊和奉行亚洲专制主义的拜占庭帝国，并宣称"上天授予"它的历史使命就是再现曾经的

"希腊帝国",然而,那个"帝国"根本不曾存在过。

扎哈里亚迪斯 [1945（1939）: 20]

这可能是现代希腊社会对这一基于古代的民族意识形态最激进的批判之一。虽然扎哈里亚迪斯经常援引古希腊神话来打比方,[23] 但他不仅一直否定梅塔克萨斯政权的意识形态基础,还一直否定支撑现代希腊是古典希腊继承者和拜占庭文明继承者的所有依据。不过,像他这么彻底的否定态度,即便是在共产党人之中也并不常见,在所有左翼人士之中就更罕见了。当时,该党重要领袖瓦索斯·乔治乌被流放到了希腊最南端的加夫佐斯岛。他在前些年出版的回忆录中提到了这段经历,称是荷马激励着他继续战斗:

就我个人而言,我从不朽的荷马史诗中感受到了前所未有的诗歌魔力、人类英勇和爱国激情,并深深为之吸引。荷马史诗中赫克托耳与安德洛玛刻诀别的场景令我着迷:她怀抱婴儿,试图阻止丈夫履行最初也是最终的职责,但赫克托耳并未动摇,只是冷静地告诉妻子,对身为战士、父亲、公民和人类的他来说,再没有比为解放祖国而战更荣耀、更有尊严的道路了……深受感动的我……于1940年春,写信给(妻子):我们的孩子若是男孩,就叫赫克托耳,若是女孩,就叫安德洛玛刻。

乔治乌(1992: 211)

从这段话中可以看出,乔治乌想要从历史和意识形态的角度论证自己人生选择的合理性,并在论证过程中发现古代和荷马才是道德权威的来源,这便很能说明他的观点和态度;他所感受到的"爱国激情"必然也对他有所影响。不过,这段回忆是事后所写,不一定反映了他当时对古代的看法。乔治乌曾在1943年,也就是梅塔克萨斯政权结束的几年后,撰文批判古典希腊和拜占庭帝国,不过并未批判古典过去与现代希腊之间的连续性;他既不全盘否定扎哈里亚迪斯的观点,也不全盘接受古代与现代之间的连续性,这或许表明,当时的左翼人士在这一问题上本就存在分歧。[24]不过,梅塔克萨斯政权时期的其他左翼流亡者似乎更乐意接受连续的民族叙事。以曾流亡于阿纳菲岛的科斯塔斯·比尔卡斯为例(参阅肯纳,2003),他于多年后在回忆录(出版于1975年)中写道:

> 每个国家、每个被奴役的民族……一直在为自由和独立而战,今天也仍旧如此……希腊人(*Ellina*)的祖先是温泉关战役中的列奥尼达,是阿拉马纳战役[25]中的迪亚科斯,你们凭何觉得继承了他们灵魂的希腊人会是例外?……这个声音来自时光深处,来自这片土地深处。无论现在还是将来,这片土地都叫希腊——(18)21年和(19)40年*的希腊,拥有三千年历史和文明的"不朽希腊"。
>
> 比尔卡斯(1975:32—33)

他的态度很明确,但我们并不知道这是他在梅塔克萨斯时代

---

* 1821年希腊独立战争爆发,1940年意大利入侵希腊,将希腊拖入"二战"战场,两场战争都是希腊历史上的重大事件。

的观点，还是在经历"二战"，尤其是经历希腊内战后的观点，毕竟希腊内战对希腊意识形态产生过决定性影响。相较之下，下一段写于1937年的引文就格外有参考价值。希腊农民党书记、著名左翼领袖K.加夫里利迪斯是从高加索逃难到希腊的，他于1937年流亡阿纳菲岛期间写下了自己初抵希腊时的感受：

> 我们终于抵达了永恒、不朽的希腊。许多个世纪以来，古希腊的荣光一直滋养着希腊人的灵魂，尤其是那些被奴役者。在这一刻，这份荣光也涌入了我们的胸膛。我们在这片土地上与古希腊的精神重逢，它不但受众生赞誉，也是希腊民族（*genos*）的骄傲。
>
> 十七年过去了。我们发现，这个希腊与我们的想象大相径庭！与古希腊人相比，现代的希腊人真是无比渺小，完全不值一提！
>
> 加夫里利迪斯（1997：197）

> 那些倒退的政府在高度崇拜古代精神的同时，非常畏惧、憎恨和对抗新精神，他们决心要维持一种半野蛮的状态，希腊作为曾经的哲学及所有现代进步思想汇聚的中心，会有放弃劝阻他们的一天吗？这些政府从未想过，自己崇拜的古代精神也曾是某个时代的新精神，不仅具有进步性，甚至可以说具有变革性。
>
> 加夫里利迪斯（1997：198—199）

由此可见，加夫里利迪斯和扎哈里亚迪斯对古希腊和古今连续性的看法截然不同。在加夫里利迪斯看来，现代希腊人就是古希腊辉煌的继承者，这点毫无疑问，但某些政府和政权（如梅塔克萨斯政权）不配成为这些辉煌遗产的管理者，他们徒有虚华辞藻，但却无法理解和欣赏古希腊精神。正因秉持这一观点，加夫里利迪斯还在此文中谴责了梅塔克萨斯政权加强审查古希腊作品的做法，比如对修昔底德《阵亡将士国葬礼上的演说》的审查（加夫里利迪斯，1997：215—216）。

对于梅塔克萨斯政权对古代和拜占庭的利用，20世纪30年代的希腊左翼人士（至少其中部分有影响力的知名人物）反应不一：有的全盘否定，并连同否定了古今希腊之间的连续性，有的则由衷认可希腊的光辉过去和古今连续，只是否定当时的政权，认为这些政权作为古希腊遗产的管理者，不仅未能理解并妥善管理古代精神，还试图审查部分最重要的古文献，此举无异于亵渎古代精神。我们将在下一章看到的是，在后续多年中占据主导的是后一种观点，它得到了大多数左翼人士的支持，究其原因，最主要是为了消除右翼人士攻击他们的把柄，即指责他们秉持反希腊的意识形态，摈弃古希腊继承者的身份，背离希腊主义精神。因此，虽有扎哈里亚迪斯等人的观点存在，但在民族叙事和话语中，他们只是抵制梅塔克萨斯政权的愿景（及其后来的翻版），对于民族起源的基本神话、希腊的文化霸主地位和古今连续性，都是或公开或隐晦的认可。[26]

考古实践与梅塔克萨斯政权

本章开篇提到，温泉关遗址的发掘工作对梅塔克萨斯政权具有极大的象征意义，我相信本书至此应已将个中原因解释清楚：温泉关是希腊民族记忆中最重要的地标之一，温泉关战役可能也是希腊自古以来最值得纪念的战役之一，因此，从意识形态层面来看，这个地方不仅能歌颂军事美德和为国牺牲的精神，也能美化与古雅典相反的古斯巴达，这便让温泉关遗址成了该政权主推的标志性发掘项目。

在梅塔克萨斯政权时期，考古政策并未发生根本改变（参阅萨卡，2002），但除温泉关发掘项目外，还有许多计划被纳入了该政权的主流意识形态框架内。当时，主要的实质性法律干预举措是1947年颁布的第39项法律，要求对拜占庭/基督教、中世纪和威尼斯/土耳其古迹采取一系列保护措施；该法虽然也是根据"女性是民族之母"的意识形态制定的，但却禁止女性进入考古行业，对当时业已进入该行业的两名女性，则是禁止她们成为管理者（萨卡，2002：28—30）。考古学家需要接受检查和监视，尤其是在试图加入工会等组织时（萨卡，2002：40）。考古活动更是受国家严控，随着考古委员会等集体机构权限被削减，考古活动受到的管控也愈发集中化（萨卡，2002：31）；教育部为此新成立了古物、文学和美术局（希腊新闻和旅游部*，1938：95）。虽然政府对考古活动的拨款不足，且从1938年中期开始越来越少（萨卡，2002：14—15），但有一个项目却获得了巨额资助：政府批准拨款3000万德拉克马给雅典科学院（每年250万，为期12年），资助其发掘工作，该项目自1932年启动，旨在确定柏拉图学园

---

* 缩写为YTT，本书作者在参考文献中补充：YTT，相当于Ministry of Press and Tourism（新闻和旅游部）。

在雅典市中心的确切位置（希腊新闻和旅游部，1938：95；萨卡，2002：36）。从事该遗址发掘工作的是业余考古学家 P. 阿里斯托弗龙及其妻子（阿里斯托弗龙，1933）。阿里斯托弗龙梦想建立一个国际文化机构，吸引各国来此设立分支，从而让雅典成为全球的文化和精神首都（萨卡，2002：36）。由此不难看出政府为何愿意为其慷慨解囊。该项目令人想到诗人安耶洛斯·西凯里阿诺斯在20世纪20年代末30年代初提出的构想——建立德尔斐大学/学院[27]。

当时由外国研究所进行的发掘项目也值得关注。1937年4月，德国正式重启奥林匹亚遗址发掘工作，考虑到希特勒本人对古希腊的浓厚兴趣（从他自掏腰包赞助该项目可知，马尔尚，1996：352），以及德意志第三帝国对1936年柏林奥运会的操控（马尔尚，1996：351—352），此举绝非偶然，必有深意。德意志第三帝国教育部长等官员亲赴该遗址，出席了盛大的重启仪式（希腊新闻和旅游部，1938：96）。正如某著名演讲者在该仪式上所指出的（马尔尚，1996：351），促使德国重启该项目的理想建立在"身体与灵魂的和谐发展"之上，这与梅塔克萨斯政权对体育运动的推崇十分契合。当时，美国古典研究学院（雅典）与梅塔克萨斯政权维持着非常好的关系（萨卡，2002：178）[28]。该研究学院最著名的考古项目之一位于皮洛斯，始于1939年，由卡尔·布利根领导，因发现一座迈锡尼宫殿和一批隐藏的线形文字 B 泥板而引发世界媒体的关注。梅塔克萨斯政府称赞此次发掘取得了"最重要的"考古发现，并在自己的三年活动报告中强调了政府对该项目的帮助（希腊新闻和旅游部，1939：218）。[29]

当时的考古活动有一个十分有趣的特征：非常注重对大量较

后期建筑的保护和重建，尤其是中世纪建筑（以拜占庭时期的教堂和城堡为重点），也包括奥斯曼帝国时期修建的清真寺。部分清真寺后来成了博物馆，比如位于罗马市集的清真寺成了现代雅典博物馆（希腊新闻和旅游部，1938：96）。对拜占庭古迹的保护，尤其是对拜占庭教堂的保护，与该政权美化拜占庭历史的意图相符。此外，该政权还吹嘘自己保护了奥斯曼帝国时期的古迹，尤其是清真寺（希腊新闻和旅游部，1938：96）。这种做法其实部分背离了希腊强势推行的希腊化，尤其是对希腊北部的希腊化，它反映出众人矛盾的态度：当时的希腊政权试图与土耳其保持良好关系，并向国际机构证明，该政府尊重所有古迹，也由衷尊重所有宗教遗产。毕竟宗教是该政权意识形态的根基，该政权虽不承认且残酷镇压少数族裔，但对一些少数宗教却宽容得多。[30]

当时，对于开放参观的考古遗址，政府和媒体的主要关注点之一是它们是否干净、体面。为此，新闻部副部长尼古卢季斯经常亲自视察考古遗址，某报纸特别指出，此举至关重要，毕竟身处这些遗址中的游客难免会"拿现代希腊文明与古希腊文明进行比较"（萨卡，2002：35）。旅游业必然是官员们的担忧对象之一，但正如前文所示，他们的这种焦虑不仅揭示了自19世纪以来，在整个民族话语中占据中心的净化、纯化思想，尤其是在与古物相关的民族话语中，还反映了另一同样由来已久的担忧：考古遗址是古今希腊相遇的舞台，在这里，比较在所难免，因此，现代希腊人需要向外界证明，自己有资格担任这些古典荣耀的管理者，尤其是在外国人的持续注视之下。

温泉关遗址的发掘者斯皮利东·马里那托斯可能是对梅塔克萨斯政权最忠诚的考古学家。1938年，他接替G.奥伊科诺莫斯（任期始于1933年）成为新任古物局局长。1939年，他当选雅典大学考古学正教授，并发表了题为《克里特岛和迈锡尼》的就职演讲，旨在证明"自最远古以来，希腊土地上发生的种种事件就都彼此相连，不曾中断。我过去想要证明的是，在我们祖国的领土上，从史前至今的历史构成了一个连续的事件链……考虑到这个民族的统一性和守旧性，能够在这片土地上发展出这样的灵魂和语言真是不可思议"（马里那托斯，1939b：368）。完整演讲稿见《新国家》（马里那托斯，1939b）。当时，马里那托斯提议建立一个统一的"民族博物馆"，以展示希腊主义的连续性（迪帕斯塔，1990：24），但该计划未能得到落实；直到许多年后的1997年，他的理念才经由教科书得到了实现（参阅哈米拉基斯，2003a）。

不过，马里那托斯的研究重点并不只有民族的连续性和国家的领土问题：1937年，他以《在克里特岛发现一尊米诺斯人造圣母玛利亚像》为题，在报纸上刊文介绍了自己的发现——一尊青铜时代雕像，[31]这推动了基督教宗教情感与古代（甚至是与青铜时代）的融合。

1938年，雅典考古学会在帕特农神庙举行盛大的百年（1837—1937年）庆典，时任学会主席的国王和梅塔克萨斯都亲自出席并发表了演讲。学会秘书长G.奥伊科诺莫斯在国王面前发表主要演讲，称赞古典希腊和拜占庭帝国都是希腊的光辉遗产，强调它们对创建具有"希腊和基督教特征"的现代国家做出了巨大贡献，并称这种特征源自"流淌在人民血液中的希腊精神"（奥伊科诺莫斯，1938：2）。他的这种观点与该政权的意识形态完全一致。不过，他演讲中的大部分内容都是在吹嘘该学会享有的高额赞助和身份显赫的成员，包括政治领袖和历任总理。有趣的是，虽有一些人认为梅塔克萨斯憎恨知识分子（参阅乔瓦斯，1989：151），但他在演讲中却表现得十分友好：试图充分论证"大众"与古物之间的关联；他说，"大众"虽缺乏教育，但却对"我们文明"的古迹怀抱着"最真挚动人的深情和关爱"（梅塔克萨斯，1969a：27）。他甚至援引民间关于伊瑞克提翁神庙女像柱的传说，称她们的姐妹于19世纪初被埃尔金绑走，她们也为此悲鸣至今。[32] 平民主义是梅塔克萨斯政权意识形态的基石之一。雅典考古学会代表的是本土精英和欧洲精英的利益，传达的是他们的古物观，梅塔克萨斯认为，在这种机构的庆典上，自己有必要成为"大众"的代表。

当然，古物仍然是希腊的"民族大使"，并在1939年的纽约世界博览会上大放异彩。在经历了非公开的商讨和分歧后（萨卡，2002：39），[33] 希腊政府决定送五件古典雕塑真品去纽约世博会展出，以展示希腊艺术从古代到希腊化时代的演变。一并送出国的还有大量复制品，包括两件"米诺斯"古物，以及大量现代艺术品和手工艺品，其中部分是以古代为主题创作的（希腊新闻和旅游部，1939：218）。希腊的展品目录（匿名，1939？）尤其引人注目：封面"希腊"字样上方是一幅版画，画中三名古希腊士兵并肩而立。目录共三大部分，第一部分介绍展出的文物真品和复制品。第二部分介绍希腊的现代艺术品和手工艺品，附有女性身着"传统服装"进行编织的图片。第三部分介绍"农民生活"，附有文字说明，如："在这片从古典时期流传下来的希腊土地上，农民的生活一如往昔"；关于现代陶器风格（如从安纳托利亚引进的屈塔希亚陶器），"这个新产业幸运地在新家园找到了艺术灵感，这可是曾让古希腊花瓶闻名于世的艺术灵感"。梅塔克萨斯政权

第四章　对斯巴达的向往：古代与梅塔克萨斯独裁统治之间的关联　　189

对民间艺术的重视反映了他们对"传统"概念、对民俗写作和民间精神的重视。这一点在制度上的体现是，教育部成立了独立的民俗写作局（乔瓦斯，1989：149），政府建立了许多民俗博物馆。这种对真实"大众"的美化令人想起了民俗写作在19世纪发挥的作用（见第二章），同时也体现了该政权的平民主义性质，及其与欧洲法西斯主义意识形态的密切关联，尤其是在他们对外在/物质元素与内在/精神文化的区分上，前者与欧洲的进步相关，后者则存在于纯粹、真实的大众之中，存在于朴实的土地中（乔瓦斯，1989：150）。当时，大多数知识分子都不同程度地接纳了这些思想，并在民间表达中寻找希腊性元素，这些表达可能是希腊独立战争英雄马克里扬尼斯的著作，也可能是天真派画家塞奥菲洛斯的画作（乔瓦斯，1989：152）。

因此，此次展览具有双重目的，一方面向世界展示希腊民族，另一方面试图吸引各国游客。虽然希腊的展品目录封面体现了梅塔克萨斯政权的军国主义性质，但其内容更多反映了整个希腊社会自19世纪开始的"纪念碑化"。殖民主义的观点认为，古典希腊的土地已经冻结，不再具有活力，这是希腊自被西方"重新发现"以来不得不背负的包袱，也是希腊为被认可为欧洲国家而必须付出的代价，讽刺的是，此刻再现该观点的不是殖民主义者，而是希腊自己的极端民族主义政权。战略思维似乎在此次事件中占据了上风：希腊利用已经存在的刻板印象，向世界展示它知道会受欢迎的东西。在此次展览及其目录中，我们能看到殖民主义思想与民族主义思想的相互交织，它们将在全球目光的注视下，被想起、被记住、被再造。

结　论

对民族想象的生产和复制并不专属于极端民族主义政权，也不专属于国家机器，这与它们的专制程度无关。梅塔克萨斯并没有创造新的叙事来阐述古今连续，他只是进一步发展了本土希腊主义意识形态，这种意识形态早在19世纪中后期便已确立。他的政权无须说服任何人相信该民族的宪章神话及其黄金般辉煌的古典时期，也无须说服任何人相信作为基督教帝国以及古今希腊主义之间桥梁的拜占庭帝国是一艘为现代希腊保存古典遗产的挪亚方舟。他及其政权只需修改民族叙事，对古典过去和拜占庭过去进行部分美化，从而让他（及其政权）的做法、政策和愿景正当化即可。需要美化的有：斯巴达和腓力二世治下马其顿王国的军国主义、斯巴达的平民主义和严格禁欲，以及拜占庭的专制和基督教性质。出人意料的是，该政权甚至因批判、质疑古典古代，尤其是古雅典在道德上的至高权威，遭到了一些受其迫害者（比如流亡的共产党人）的谴责。

梅塔克萨斯政权未曾明目张胆地"滥用"考古过去；该政权虽专制独裁，但未曾强令考古学家接受它的考古叙事。这一时期的考古政策与以前大致相同（萨卡，2002：47），就连古物局局长都是在梅塔克萨斯掌权2年后才被换掉的。在这一时期的发掘项目中，更契合梅塔克萨斯意识形态的那些反而不是该政权自己发起的，比如温泉关遗址发掘和雅典的柏拉图学园发掘，究其原因：后者开始于梅塔克萨斯掌权之前，前者若是没有一位美国慈善家的资助，或许根本不会开始。不过，该政权为它们提供了各式各样的支持，并通过以它们为中心的叙事，为自己的意识形态提供了显而易见的正当性。至于希腊主义的精神本质、民间传统的重要性、基督教与古典希腊主义的融合等要素，早在该政权上台之前，就已在知识分子间流传（这也解释了为什么一些重要知识分子愿意为该政权的期刊、杂志撰稿）；甚至在该政权倒台后，它们仍是希腊民族话语的显著特征。

然而，具有讽刺意味的是，尽管梅塔克萨斯政权宣称自己的意识形态具有精神属性，但有关物质过去的话语、古物的物质性以及考古实践，这些都是梅塔克萨斯政权用于构造假象的重要工具。例如，给一尊青铜时代的雕像冠以"米诺斯的圣母玛利亚"之名，有助于引导公众将古代希腊与基督教联想到一起，从而进一步神圣化物质过去；温泉关遗址出土的箭镞比任何历史描述都更能唤起人们对那场著名战役和为国牺牲精神的记忆；在疟蚊成群的沼泽地里挖掘这些箭镞，让"她"，即这片土地，得以"孕育"出证明古人英勇与牺牲所需的物质痕迹，这一过程与发掘民族真相的过程类似，后者是通过发掘有形的物质文物来证明这片土地的希腊性。古代和考古学确实深深扎根在重塑民族叙事、体现民族话语的过程之中，但其作用方式确实比人们通常认为的更加微妙。

在该政权关于古代的意识形态中，有许多元素已随着它的倒台而消失，比如对斯巴达的美化（极右翼团体的言论除外，他们仍然声称梅塔克萨斯是他们最伟大的祖先之一），但也有一些长久幸存了下来。对拜占庭的重视进一步推动现代希腊意识形态对拜占庭名誉的恢复，更重要的是，推动了基督教与幸存至今的古典过去相融合。对民间传统和大众纯洁性的重视可以追溯到19

世纪，但在20世纪30年代得到了进一步增强，且在后续的许多年中一直保持着强劲的势头（有人认为，民间的舞蹈、歌曲、耕作方式和手工艺品中都带有大众对古典过去最纯粹的记忆）；落实到更实际的层面，到21世纪初，政府仍在持续建立各种组织，以推动民族教育的传播，比如建立负责教科书编制和发行的政府机构（哈米拉基斯，2003a）。有些涉及古物的仪式、庆典、游行和戏剧表演等，可能并非该政权发明，但却在这一时期变得更加常见和重要，比如比该政权早几年设立的德尔斐节就是一个意义重大的例子。更重要的是，这些活动注定会经历多变且漫长的未来：从20世纪40年代末，流亡者在马克罗尼索斯岛上重演帕特农神庙的建造过程（第五章）；到20世纪90年代初，人们在大英博物馆的帕特农神庙大理石雕前，为梅丽娜·梅尔库里*举行纪念活动（第六章）；再到2004年雅典奥运会的开幕式，在一眼望不到头的花车游行队伍中，演员们惟妙惟肖地模仿着古希腊雕塑和壁画，演绎了从"米诺斯"时代至今的希腊历史；更别提在参观博物馆等看似世俗且日常的时刻，无数次举行的不那么引人注目但仍庄严虔诚的表演。这些仪式体现了民族想象的礼拜和礼仪特征，以及其类宗教的性质；这些活动和表演离不开古代的神圣遗迹（或真品，或仿制品），这些遗迹既是物质道具和地形标记，也是象征连续和永恒的计时器。

---

* 梅丽娜·梅尔库里是希腊前文化部长、著名女演员。参考：http://www.icomoschina.org.cn/content/details90_2479.html

第五章　另一座帕特农神庙：
古代与集中营中的民族记忆

> 过去在我胸中跳动，仿佛我的第二心脏。
>
> 约翰·班维尔《海》

> 如今，西方的根本生命政治范式不是城市，而是集中营。
>
> 阿甘本［Agamben，1998（1995）：181］

> 咖啡馆和办公室里的这些人，全都曾从这里经过。这个地方不是过去的，而是现在的，它会掘开我们的坟墓；除非得到偿还，否则不会停止。
>
> 狄奥尼西斯·萨沃普洛斯（1976年9月5日）[1]

2000年4月，我正在希腊的某个图书馆中搜集本章相关资料；我提出想翻拍一些插图，但图书管理员拒绝了我，他告诉我，他们的摄影师要几天后才能回来，届时我已返回英国。但他在翻看我的翻拍申请表时，停顿了片刻：

"我看你是在调查马克罗尼索斯岛……"

"是的……"我了解这个词的隐含意义，因此回答时有些犹豫。

"明早带着你的相机过来吧，我在，我允许你翻拍……有个叫 P. 卡内洛普洛斯（已故著名政治家）的曾说，马克罗尼索斯岛是'新帕特农神庙'，你还应该去雅典，把他的家拍下来。"事后，他向我透露，他的父亲也曾被关押在马克罗尼索斯岛。他甚至给我推荐了一些其他的研究资料。

这个小插曲再次提醒我，在大多数情况下，研究者都几乎不可能维持客观、疏离的伪装，假装自己的研究不受研究者及其"对话者"的社会经历和情绪感受影响，不受始终存在且有时痛苦的社会记忆影响，这也是如今人们广为认可的一个观点。毕竟，我之所以决定研究这个，不仅是因为它与我的研究项目（本书主题）明显相关，还因为它对我有很重的情感分量：我仍然记得，在20世纪70年代中后期和80年代初，克里特岛东部某个村子的村民在谈论"被送到马克罗尼索斯岛"的人时，语气中既有轻蔑，也有恐惧，总之，社会污名始终笼罩着那些人，对此，当时还是孩子的我，常常感到不解。后来，当我在以文学和政治为主的领域再次发现这一现象时，我的困惑更深了，还伴随着许多痛苦回忆和故事所引发的情绪感受，而那些回忆和故事大都未对人言。对我这个从事考古学研究和教学的人来说，这个现象最吸引我的一点是，现代社会记忆中的马克罗尼索斯岛与古典古代，尤其是与其最著名代表帕特农神庙之间的关联。当然，正如前一章所示，古代为希腊专制政权所用并不是什么新鲜事。但马克罗尼索斯岛不同：它不仅与一段明显属于议会民主制的时期有关，还令后世之人不愿讨论，更别提调查了，至于原因为何，我将在后文解释（参阅索梅里蒂斯，2001）。

第五章　另一座帕特农神庙：古代与集中营中的民族记忆

马克罗尼索斯岛:"民族再教育学校"

在希腊内战（1946—1949年）[2]正式结束之后，它的影响和后果仍然持续了数十年，这场战争中有许多戏剧性的时刻，马克罗尼索斯岛恰与其中之一有关（参阅楚卡拉斯，1981）。1944年，希腊终于通过广泛的人民抵抗运动，从纳粹占领下解放出来，该解放运动的主要组织者是希腊共产党及其他左翼政党和中立偏左政党建立的希腊民族解放阵线及其武装部队希腊人民解放军。解放后，帕潘德里欧领导的战后政府想要解散抵抗力量（该政权最终也是因此而垮台），对此，该政府中的左翼部长们纷纷辞职，以示抗议，双方的冲突最后升级成了1944年12月的雅典"十二月事件"[*]。最终，希腊民族解放阵线和政府于1945年签署《瓦尔基扎协定》[**]。此举非但没有带来和解，还给勾结英军的叛国通敌分子创造了可乘之机，让他们渗透到政府职位和国家官僚机构之中，对左翼人士发动了大规模清洗，建立了"白色恐怖"政权，又称"右翼恐怖"政权（参阅马佐尔，2000b）。他们主要以19世纪的早期法律为基础，引入了新的

---

[*] 又称"雅典大屠杀"，是英军伙同反动势力对希腊爱国军民的血腥镇压。参考：https://www.termonline.cn/wordDetail?termName=%E9%9B%85%E5%85%B8%E5%A4%A7%E5%B1%A0%E6%9D%80&subject=e4e1d5c426a611ee9a13b068e6519520&base=1

[**] 1945年2月12日，希共领导的人民解放军与英军缔结的妥协性的停战协定。参考：https://www.termonline.cn/wordDetail?termName=%E7%93%A6%E5%B0%94%E5%9F%BA%E6%89%8E%E5%8D%8F%E5%AE%9A&subject=e5dee98e26a611eeba2cb068e6519520&base=1

"紧急状态"法，将左翼政治观点定为刑事犯罪；此外，以阶级或政治信仰为依据的划分方式被新的划分方式取代，后者区分了"有民族意识的人"（*ethnikophrones*）和"土匪"或"希腊民族解放阵线的保加利亚成员"，后者是该政权对左翼人士的首选称呼（沃格利斯，2002：66）。谋杀、处决、拘禁和国内流放成为常态。

最终，在冷战的国际背景下，希腊被拖入内战，政府军在英、美两国的支持下（马佐尔，2000b：7），对抗希腊民主军的左翼力量（马佐尔，2000b：8），希腊民主军是希腊民族解放阵线/希腊人民解放军的继承者。这就给政府出了一道难题，他们必须与有群众基础且经验丰富的游击队开展武装斗争。这便要求政府大量征兵，但他们深知，许多应征入伍者是支持左翼事业的，甚至曾在纳粹占领期间与左翼并肩作战（伊利乌，1994）。

马克罗尼索斯岛为他们提供了一个宏大的解决方案：一个由国家管理的大型计划，旨在"改造"和"再教育"共产主义者和左翼公民（以及那些被他们视为共产主义者和左翼公民的人，即与左翼支持者有某种联系的人），然后将他们送去与希腊民主军作战。这一计划及其落实需要广泛研究，在这方面，近期虽有一些进展[3]，但仍不足。马克罗尼索斯岛计划似乎得到了当时大多数政治机构和知识分子机构或主动或被动的支持，而且直到不久前，当时的许多关键倡导者、支持者还仍然在希腊政坛和知识界身居要职。这些因素很可能阻碍了对这一现象的严肃分析和研究。

这个计划是如何落实的？马克罗尼索斯岛是一座光秃秃的无人小岛，位于阿提卡海岸外，拉夫里奥镇对面；它只有13.5千米长、1.5千米宽。长期以来，马克罗尼索斯岛一直被视为监禁和流放之地，究其原因，它离首都很近，而且与世隔绝、土地贫瘠，另外也可能因为西方知识分子和政客认为孤岛适合用作"实验室"，开展进化和文化改革、惩罚或"改造"实验（当时，伊亚罗斯岛和艾斯特拉蒂斯岛已被用作流放地，一如它们过去的用途）。在1912至1913年的巴尔干战争期间，希腊政府在马克罗尼索斯岛上关押了大量土耳其战俘，其中大部分死于传染病，并被葬于岛上。在1919至1922年的希土战争结束后，希腊与土耳其进行了人口交换，大量难民在前往长久定居点途中，被暂时安置到了马克罗尼索斯岛上（参阅奥马达·埃尔加西亚斯，1994：16；沃格利斯，2002：101）。希腊内战期间，时任政权想要修建大规模的国营军事集中营，用于左翼应征入伍者及其他公民的暂时安置，待他们完成"再教育"后，再派驻到希腊北部山区。此时，马克罗尼索斯岛再次成为理想选择。

这些集中营于1947年投入使用，开始接收越来越多的应征入伍者。1948年年中到年末，大量非应征入伍的政治犯陆续抵达；他们的转移从1948年一直持续到1949年中后期，流放到其他岛屿的大部分或全部男性政治犯都转移到了马克罗尼索斯岛。到1950年1月，女性流放者也被转移到该岛的另一独立集中营（沃格利斯，2002：104）。许多囚犯都是少数族裔（如斯拉夫马其顿人）或少数派宗教信徒（如大量耶和华见证人的信徒）。[4] 马克罗尼索斯岛起初受军队严格管控，后于1949年9月交由马克罗尼索斯岛惩教机构组织管控，该组织受军务部、司法部、教育部、新闻部和公共秩序部监督，但仍具备部队架构，指挥官由军队任命（萨克拉罗普洛斯，2000：147）。设计马克罗尼索斯岛集中营的初衷是向左翼应征入伍者灌输统治者的意识形态，但后来（甚至是在右翼政府取得希腊内战胜利后），这里似乎成了希腊主要的惩罚和意识形态中心，职权范围和使用目的大大拓宽（马加里蒂斯，2000）。

1950年7至8月，马克罗尼索斯岛惩教机构组织解散，一方面是因为1950年3月的选举及随后上台的中间派–温和派政府，另一方面是因为国内[5]和国际压力。随后，最后一批"未被救赎"[6]的政治犯被转移到其他小岛，男性转移到艾斯特拉蒂斯岛，女性转移到帕加西蒂科斯湾特里凯里岛的集中营（沃格利斯，2002：108）；马克罗尼索斯岛的应征入伍者集中营一直运营到1957年（军事监狱一直运营到1960年），但暴力活动已经停止，整个"再教育"行动也已停止（迪亚福尼迪斯等，1994：16）。

要了解"再教育"行动在成熟阶段的规模有多大，仅看几个数字足矣：据官方统计，1949年9月，该岛共收容了1万名男性政治流放者，9000名在军队"预防性"行动中被捕的平民，以及7500名士兵和军官（沃格利斯，2002：104）。关于该机构历年关押的总人数，说法不一，但有一项估计称，该数字可能在4万到5万之间，甚至更多（布尔纳索斯，2000，注3）。作曲家米基斯·塞奥佐拉基斯也曾被关押在马克罗尼索斯岛，他在自传中评价过这一"再教育"行动的规模："我现在就是个优质的工业产品，马克罗尼索斯岛产的工业产品。"（塞奥佐拉基斯，1986：246—247）马克罗尼索斯岛的规划和建设极其复杂：该岛西海岸建有几个集中营，由一条主干道连接，有若干小港口可用。岛上还建有许多建筑（主要由被关押者所建），包括军事指挥官们的舒适住宅、教堂、露天剧场、各种仿古建筑，甚至还有一家软饮料厂。监禁区的建筑结构和管理策略都是精心设计过的,且有等级之分(取决于被关押者的背景和配合程度)。监禁区内有一个臭名昭著的隔离区(syrma),围满铁丝网,像笼子一样,专门关押"无法救赎"的囚犯。众所周知,马克罗尼索斯岛兼具军事和政治镇压双重作用,一方面为内战战场输送"已被救赎"的士兵,另一方面压制、羞辱左翼。但它的主要功能之一是开展意识形态宣传。这里的士兵,必须在政府确信他们已"改造"成功后,才能接受武器使用训练(沃格利斯,2002:101)。岛上的意识形态训练工具包括一个广播电台,以及不同军营主办,但在希腊各地均有较大发行量的机关报刊,此外,岛上还会定期组织以重要访客和"被救赎"的关押者为主角的纪念仪式、宗教仪式和表演。[7]

但正如囚犯们留下的大量回忆录所示,[8] 岛上的经历是痛苦的,这里充斥着无情压迫、强迫劳动和酷刑折磨,且至少发生过一次(1948年2至3月;参阅马尔加里斯,1966)大规模屠杀。正如伊利乌所言:"马克罗尼索斯岛成了有组织的酷刑场所,是第二次世界大战后在西欧建立的首个大规模酷刑集中营。"(伊利乌,1994:77)大多数"被说服"的囚犯都是在恐惧、武力、心理和身体折磨之下,被迫放弃自己的政治信仰,签下"悔过书"(大多数囚犯都签了),宣布与共产主义彻底断绝关系。[9] 被关押者频频强调马克罗尼索斯岛的镇压和酷刑,尤其是在回忆录中,要理解这一现象,首先要研究该岛的宣传性和意识形态性。

由于马克罗尼索斯岛的主要功能是宣传,其"受众"不只有被关押者,还有整个希腊,甚至国际舆论。当局试图将自己的意识形态传递到更远方,因此对马克罗尼索斯岛的整个"实验"进行了广泛宣传:将马克罗尼索斯岛上发行的杂志分发到希腊各地的个人和组织手中(发行量达 1.5 万至 2.5 万份),[10] 制作并发行日历,分发英语明信片和宣传册,邀请许多当权者和知识分子上岛参观,以及在雅典举行各种宣传活动,比如 1949 年 4 月由军方赞助、在雅典扎皮翁宫举行的大型马克罗尼索斯岛摄影展,还有"被救赎"士兵和市民在雅典举行的游行。此外,他们还会通过媒体公开被关押者被迫签署的"悔过书",并将"悔过书"寄往被关押者原籍地,由当地牧师在举行周日弥撒时向全体会众宣读。然而,"获得救赎"并不是当局对"被救赎者"的唯一要求:他们还必须在马克罗尼索斯岛及自己的原籍地写信、写诗、发表演讲,"说服"其他被关押者和所有"被污染"的希腊人。通常,他们还不得不成为昔日同志的施刑者。

这一现象及其在社会记忆中留下的遗产有许多极其耐人寻味之处,需要从许多不同角度进行研究。本章只简要探讨马克罗尼索斯岛经历的一个方面:古代话语在马克罗尼索斯岛的应用。我选择从两方视角进行研究,一方是设计并执行该计划的希腊政权,另一方是囚徒和流放者。由此可知,本章与本书核心主题直接相关;但前文许多案例都是以有考古意义的古迹为核心,本章却并不强调古迹本身。本章重点探讨话语对古代物质性的利用和唤起,以及通过复制古迹对这些话语的物质化。此外,本章将承接前文,继续探讨受迫害的被关押者,即"再教育"实验的受害者,如何应对当局利用话语和物质对古代的重现。如果一如本书论证的那样,民族主义既是一种自下而上的现象，也是一种自上而下的现象，那么我们就需要以成千上万的马克罗尼索斯岛囚徒为研究对象（如今，他们经常自称为"马克罗尼索斯岛岛民"），研究他们如何看待官方的古代话语，以及如何构建自己的反话语*，这将是我们的头等大事。我的分析既依赖于该政权在马克罗尼索斯岛制作的官方文献，也依赖于囚徒们的反话语。这些资料既有为动员国际民主舆论而偷运出国的信件和报告，也有囚徒在被关押期间及之后创作的大量回忆录和小说。我还研究了马克罗尼索斯岛囚徒在当今印刷媒体上发表的文章、在会议上发表的言论，以及其他二手文献。近期，为了研究，我还特地参观了马克罗尼索斯岛（和另一个臭名昭著的监狱岛伊亚罗斯岛），采访了一些幸存者，本章也将我与他们的非正式探讨纳入了考量。

上述证据都给我们制造了大量的解释性难题，在此难以一一详述。可以这么说，所有这些资料来源都无法直接提供客观真相，但对本研究价值巨大，因为话语（通常是文字和图像的表达）呈现的是多层次、多维度的现象，由各种事件、经历、情绪和记忆共同构成，它们会创造出一个权力领域，而这个领域往往是有争议的。仅举一例，众所周知，自传体著作并非中性话语，而是作

---

* 关于"反话语"（counter-discourse），段永杰（2018: 26）解释道："当个体在主导性话语所构建的意义网络中认知环境时，便会被悄无声息地卷入一场微观的话语权争夺之中。一部分个体会在主导性话语的规训下，自然而然地成为维系其陈述系统和意义表达的支点，而另外一部分个体会在质疑当中对主导性话语提出反抗，向主导性话体系发起挑战，并重新赋予另外一套话语表征的方式和社会秩序的解读。在此过程中，反话语应运而生。"参考：https://wenku.baidu.com/view/c8f198cedc36a32d7375a417866fb84ae55cc36c.html?_wkts_=1712287236715

者构建自己身份和主观性的物质化尝试，这一点从古至今皆是如此；援引格雷迪（1993：490）的话来说，它们是"对事件进行选择、排序、戏剧化、简化和默默忽略后"形成的叙事（参阅扬，1987；希腊内战案例见帕帕萨纳修，1996；兰布罗普卢，1999）。通过与马克罗尼索斯岛的一些幸存者交谈，我很快意识到，他们对那段经历的回忆依赖于大量帮助记忆的要素，个人经历就是其一，另外还包括其他人对个人经历的叙述、报纸报道、回忆录、党派内部文件以及后续纪念仪式上流传的演讲与故事。他们向我叙述的个人经历其实是所有这些记忆脉络交织的产物。这种个人和集体记忆的产生过程本身就很重要。此外，在一些幸存者回忆、转述酷刑经历时，这些经历是否直接发生在他们本人身上，即他们是否亲身遭受酷刑，也就没那么重要了。在人们的认知和感受中，马克罗尼索斯岛发生的整个流放、监禁史就是一段集体经历，它们也是作为集体经历出现在人们的叙述与纪念中的。流放者在听到自己同志遭受酷刑的惨叫时，甚至更令人痛心——听到附近之人遭受酷刑的惨叫时，其实也是在与这些人一同经历酷刑；因此，他们的叙述都是真诚的。在这座囚牢中，个人的身体变成了集体的身体，流放、监禁、酷刑、孤独、苦役或干渴，如此种种带来的身心剧痛，不仅施加在个体身上，也施加在这个集体中的每一个人身上（参阅乔尔达斯，1990）。下面我将设法追踪这类多层次的发展过程。

马克罗尼索斯岛与古代的关联

有人提出（布尔纳索斯，1998，2000；参阅扬纳斯，1994），有关马克罗尼索斯岛的官方说辞大量使用众所周知的隐喻：将该岛同时比作医疗机构和民族学校（甚至是民族大学），前者旨在治疗和净化"受污染"者（与之相关的还有出自《圣经》的宗教隐喻——"西罗亚池"和救赎）；后者试图将"真正"的命运和历史教给囚犯，从而"改造"他们。这些话语在冷战时期的西方十分普遍。不过，这些官方说辞除了大量使用隐喻外，还有另一特征：利用话语，让马克罗尼索斯岛计划与古典古代产生密切关联。

正如本章标题所示，当时的希腊政权及其知识分子从一开始就将马克罗尼索斯岛与古希腊联系在一起。近些年，马克罗尼索斯岛的受害者还曾用"新帕特农神庙"一词来嘲讽此事（如，瓦莱塔斯，1975：38；康佐斯，1982；其他参考资料见布尔纳索斯，2000：28—30），人们最初认为，这一说法源自马克罗尼索斯岛的主要负责人，也就是当时的军务部部长帕纳约蒂斯·卡内洛普洛斯，不过他本人已否认这一说法（布尔纳索斯，2000，注25）。不过，他的否认对本章主题影响不大，毕竟他和其他许多政客、知识分子、记者都经常强调马克罗尼索斯岛与古希腊之间的关联，经常将马克罗尼索斯岛的"奇迹"与古典"奇迹"（公元前5世纪的雅典"黄金时代"）相提并论，这些人包括康斯坦丁诺斯·察佐斯、斯皮罗斯·梅拉斯、斯特拉蒂斯·米里维利斯、安德烈亚斯·卡兰多尼斯、利诺斯·波利蒂斯、史蒂文·朗西曼爵士、考古学家斯皮利东·马里那托斯等。曾经，马克罗尼索斯岛的报刊每天都会刊登他们的言论和文章。例如：

> 在古代传说中，赫拉常常将自己浸泡在卡纳索斯的泉水

中，以重获处女时的力量和美貌，马克罗尼索斯岛民族学校的新生们也会用相同的方式，洗净自己灵魂上的一切污染和锈迹，获得新的力量。

> V.法维斯，大学教授，转引自马尔加里斯
> （1966，第1卷：102）

我们（希腊人）有3000年历史，我们不会沦为斯拉夫人的奴隶。

> 康斯坦丁诺斯·察佐斯，时任教育部长，后任希腊
> 共和国总统，曾频繁访问马克罗尼索斯岛，这是他
> 在其中一次访问中的演讲内容（《挖掘者》，4，1949）

在专为马克罗尼索斯岛计划出版的杂志中，随处可见与古典希腊相关的文章和图像，他们的作者有访客、著名知识分子和"被救赎"的囚徒。[11]时任政府在马克罗尼索斯岛上最重要的出版物是《挖掘者》，该杂志的标志/封面中绘有帕特农神庙：第二期[12]封面的杂志名就是以帕特农神庙为背景，神庙后方是冉冉升起的太阳，而在整幅图的前景中，有一名身着古典服饰的女性（象征"历史"或"祖国"？），她一手拿枪，正要递给高举双手的"被救赎"的士兵，另一只手引导对方看向帕特农神庙。在该士兵身后，是被丢弃的锤子和镰刀，以及铁锹和另一种挖掘工具，象征着他已经通过艰苦劳动获得"救赎"和"改造"（见马尔加里斯，1966：301，第2卷）。马克罗尼索斯岛与古典希腊之间的关联，尤其是与帕特农神庙之间的关联，成为广受欢迎的主题，甚至在该集中营关闭几年后，我们仍能在法国《世界报》上看到这一主

第五章　另一座帕特农神庙：古代与集中营中的民族记忆　　205

题的文章：

> 途经希腊的游客，总会因这里的景观之壮美而沉醉，他们往往会参观帕特农神庙，但希腊其实有两座帕特农神庙，另一座位于可怕的马克罗尼索斯岛集中营，在那里，受刑者的哭喊声已经消失在无边的蓝天之中。
>
> 《世界报》，1965 年 9 月 10 日；
> 转引自马尔加里斯（1966: 98，第 1 卷）

相较于时任政权在演讲和出版物中描绘的古典古代，更重要的可能还是马克罗尼索斯岛囚徒们对自身经历的描述，毕竟他们曾经直接生活在"古典古代"遗迹遍布的地方（尤其是第二营所在地）：这些并不是公元前 5 世纪留下来的古迹，而是囚犯们自己复制的古建筑。因此，讽刺的是，马克罗尼索斯岛这样一个没什么重要古迹的地方，却在 20 世纪 40 年代末成为充满古典时期回忆的地方。两名"被救赎"的囚徒制作了一本宣传册《马克罗尼索斯岛的真相》（佐安诺斯和萨里斯，1950），详细描述了第二营的古典景观：一尊雅典娜女神像；一些古希腊战士的浮雕和雕像；一座仿古希腊剧场的露天剧场（岛上共有四座这样的剧场）；一座仿伊瑞克提翁神庙和一座仿雅典娜胜利神庙（真品位于雅典卫城上）；以及一座按 1:20 比例复制的帕特农神庙。[13] 岛上至今仍留有这些建筑的部分遗迹。在这些集中营的照片记录中，我们能够看到他们用山坡上的白色石头仿造帕特农神庙的过程。后来，在扎皮翁宫举行的大型摄影展中，有些照片拍下了当时的宣传海报，在海报中可以看到士兵们正在自行建造这一"民族纪念碑"的复制品(希腊国防部,1949)。[14] 在这里,铭文和短诗曾随处可见,充满了古代色彩。这种古代景观的修建,让部分"被救赎"者不由自主地将该岛比作古典时期的提洛岛,这一对比,唤醒了他们对古典辉煌及其纪念性和神圣性的记忆(参阅佐安诺斯和萨里斯,1950:45;另见本章注释8)。下面是一位"被救赎"者第一次见到这些仿古典时期建筑及其他相关建筑物时的感受:

> 在我抵达马克罗尼索斯岛时,我惊呆了;我意识到自己是希腊人,并亲眼看到了同志们对我说的谎言。我不仅看到了"帕特农神庙",还看到了岩石上书写的大字:"现在,我们要为所有人而奋斗"(Νυν υπέρ πάντων ο αγών),"祖先的丰功伟绩引领着我们","希腊是理想,这也是希腊不会消亡的原因","在许多个世纪的薄雾中,帕特农神庙将一直是伟大的象征,永远照亮他们的荣耀,也永远提醒我们铭记他们的荣耀"。看到这些,我的血液沸腾了,这也让我立即清醒了过来。
>
> L.K.,《我在马克罗尼索斯岛度过的时光》
> (《挖掘者》,11,1948:20)[15]

《挖掘者》(3,1949:24)刊登的一篇文章中提到了这一帕特农神庙的复制品,文中写道:

> 第二营所在地的这座小帕特农神庙在仿帕特农神庙建筑中,是令人钦佩的杰作。无数的努力和不懈的劳作保证了它的精确性,有人甚至敢说,如果将其照片放大二十倍,我们

就能以假乱真，我们唯一缺的只有菲迪亚斯*独一无二的巧手，因此无法完整表现出真帕特农神庙浮雕的艺术感。

位于第一连所在地的这座小帕特农神庙是白色的，仿佛是用彭特利库斯山的大理石**砌成。它表现了一种乐观、喜悦、美丽以及崇拜祖国的精神，这位在马克罗尼索斯岛获得重生的囚徒，感受到了这种精神，这种精神也撼动了他的灵魂。

所有士兵都崇拜着这座帕特农神庙。来访者们认为，一个能让士兵创造出如此杰作的地方，势必也在进行最先进的士气建设和人格重塑。

当时的主导话语试图将马克罗尼索斯岛纳入想象中的希腊民族空间和祖先神圣地形之中。前文提到，曾有人将该岛比作提洛岛。时任政权的出版物经常提到[16]帕夫萨尼亚斯（I, xxxv, 1）讲过的一个神话，据说，马克罗尼索斯岛与特洛伊的海伦有关，她应该是与帕里斯***在此岛停留过。此外，该政权还经常强调该岛邻近与古典希腊关系密切的阿提卡。有一次，塞萨洛尼基大学语言学教授利诺斯·波利蒂斯在对岛上囚徒的演讲中说：

在你们前方的是阿提卡，古希腊的荣耀之地。你们身处的就是这样一个地方。请用古代祖先的光芒照亮你们自己，

---

*　菲迪亚斯是古希腊雕塑家、建筑师，是帕特农神庙浮雕的创作者。
**　彭特利库斯山位于阿提卡地区，自古就以大理石闻名，其大理石质量非常高，被用于建造雅典卫城的大部分建筑。——编者注
***　在古希腊的神话中，海伦是斯巴达王后，帕里斯是特洛伊王子。

让你们的思想远离一切虚假的外来之光。

《挖掘者》（4，1949）

天晴时，从马克罗尼索斯岛望出去，可以看到位于苏尼奥角的波塞冬神庙遗迹，那是一座著名的古典时期神庙。这种可以亲身体验的视觉关联成了该岛与古典希腊之间的又一纽带；相关话语不仅见于官方说辞中，也可见于《挖掘者》刊登的"被救赎"囚徒的诗歌中。如下面这两个例子：[17]

致苏尼奥神庙

黄昏中，士兵们的灵魂
从马克罗尼索斯岛的灰色岩石间向你飞去，
辉煌的神庙啊，渡海的船只
用船帆承载着你
……
哦，神庙啊，你把祖先精神的光辉
投射到我们可怜的灵魂上，身披玫瑰色大理石的你
像夜空中飞舞的蝴蝶，
你复活了辉煌、纯洁、完整的希腊。

E.L.（《挖掘者》，1，1947：20）

致马克罗尼索斯岛

……
阿提卡的天空环绕着她，从远处

苏尼奥神庙的立柱送来了她的问候

在这里，在这片光秃秃的被遗忘的荒原上

帕特农神庙再次从废墟中拔地而起

……

海伦和帕里斯曾经在它的洞穴中

相会、相爱、相拥，在他们周围

大自然用朴素的美掩盖他们的行踪

野花及其芬芳将他们环绕

如今，这里将再次出现令人心潮澎湃的新天地

传说与梦想、欲望与希望将同时降临

奇迹呀，将在远离人群的地方悄然发生

在这里，我们将迎来新的列奥尼达

E. N.（《挖掘者》，2，1949）

时任政权的目的不仅是告诉被关押者，更是告诉全希腊所有的不同政见者，幸存至今的古希腊"精神"与现代激进的意识形态并不相容。他们将共产党员及其他左翼公民与希腊民族的"他者"联系到一起，这个"他者"，在希腊内战和冷战的背景下是指"斯拉夫共产主义"。他们让马克罗尼索斯岛的囚徒修建古代建筑的复制品，让他们生活在古典古代的景观之中，让他们从马克罗尼索斯岛上眺望苏尼奥神庙，并思考该神庙的意义和重要性，让他们聆听演讲，铭记自己作为古希腊人后裔的职责，从而帮助他们重新发现古希腊的精神（罗多卡纳基，1949：6），并重新加入希腊主义的大家庭。罗多卡纳基是时任政权的顾问之一，他在一本面向国际读者的宣传册中写道：

> 作为这所神学院创立之基的理念是，以个人主义为本质的希腊种族心理与以集体主义为本质的共产主义是完全对立的：这一理念必然得出的结论是，希腊的每个共产主义者都是违背希腊种族精神的自我放逐者。
>
> 罗多卡纳基（1949：6）

该政权试图让被关押者相信，他们正在用自己的双手"重建"古希腊；他们正在履行自己命中注定的使命；K是一名"被救赎"的囚徒，也是一名土木工程师，他参与建造了一些古典时期建筑的复制品，他会说：

> 我试图建造一座帕特农神庙，建造一个希腊。我曾经的党内导师们一直要求我摧毁的正是这个帕特农神庙和这个希腊。
>
> 佐安诺斯和萨里斯（1950：42）

与此同时，他们亲手建造"古希腊"的过程，也是他们建立身体记忆的过程：不仅希腊性与共产主义等意识形态相悖，希腊内战也只是千年前希腊民族对抗"他者"之战的再次上演：

> 时至今日，我们仍然与过去一样。波斯人又来奴役我们了。只是这一次，他们从北方而来（这里指的是希腊以北的那些社会主义共和国）。普拉提亚战役、马拉松战役和温泉关战役再次上演。米太亚德、地米斯托克利、列奥尼达再次出现。名字不同并不重要……他们与过去的那些将领一样。

我们祖国的历史一脉相承。这是同一个希腊及其儿女。

M. 东加斯，一名"被救赎"的囚徒（沃格利斯，2002：80），后来成为《挖掘者》杂志主编；发表于《挖掘者》（8，1948：3），转引自布尔纳索斯（1997：110）

马克罗尼索斯岛和整场希腊内战成了希腊民族历史及其民族命运的一部分，是希腊不容忽视的连续性的一部分。著名知识分子安德烈亚斯·卡兰多尼斯在《挖掘者》（3，1948：5）上发表了一篇题为《我们历史的意义》的文章：

> 你们一定和我一样确信，如果我们每一个人都学过历史，我们的国家就不可能重蹈覆辙，经历过去的那些悲剧……然而，曾参与那场史诗级战役（这里指20世纪40年代希腊对抗意大利法西斯侵略者的战争）的英勇儿女和军事领袖惨遭蒙骗，调转枪头，与自己的民族（*phyli*）和盟友开战。为什么会这样？因为他们大都是普通人，没有建立起希腊历史意识。他们从未读过《希腊民族史》，即使学过一些，也不理解。他们以为自己有能力改变希腊的历史命运，续写我们的历史，仿佛他们不是在希腊的土地上战斗，而是在为阿尔巴尼亚人、保加利亚人和俄罗斯人的历史理想而战！

从属者的话语：潜隐剧本和支配者叙事

但是，对于拒绝签署"悔过书"的囚徒，对于这场"实验"的反对者，他们又是如何看待官方建立在古代之上的民族话语的呢？这个问题很难调研，因为其中涉及尚未有人完成研究的希腊左翼意识形态和文化中的古代话语问题。这个问题在马克罗尼索斯岛的背景下就更复杂了，因为"被救赎"者与"未被救赎"者并不总是泾渭分明的：例如，许多"被救赎"者后来翻供，声称自己是迫于非人的压迫或恶意的欺骗才会签署"悔过书"的（沃格利斯，2002）。此外，"未被救赎"者的社会、经济、政治和教育背景不一，我们不能误将他们视为一个统一的群体。不过，从总体来看，我们还是能得出一些显而易见的结论。

在1950年3月5日的选举中（政府批准马克罗尼索斯岛的被关押者参与投票；参阅尼科拉科普洛斯，2000），中立偏左政党赢得了多数席位，马尔加里斯（1966：638，第2卷）称，女囚们跳舞庆祝，高呼："帕特农神庙完蛋了！"马尔加里斯本人在这段叙述的最后写道："'帕特农神庙'裂开了，很快就将倒塌。"这种用"帕特农神庙"来讽刺马克罗尼索斯岛计划的做法并不罕见。对"新帕特农神庙"的嘲讽在马克罗尼索斯岛囚徒的回忆录中十分常见，此举显然是在嘲笑将时任政权与古雅典"辉煌"相提并论的假设。这种做法也从侧面反映出，当时之人普遍认可对古代祖先的崇拜和对古代价值的美化。

岛上的著名囚徒之一马诺利斯·普里马基斯[18]写过一本小册子，总部位于伦敦的"希腊民主联盟"为了吸引国际社会对马克罗尼索斯岛问题的关注，将其翻译成英文。普里马基斯首先描述了岛上的酷刑，然后便是：

> 我们呼吁所有文明人了解我们的苦难，投身到拯救我们的斗争中来，请相信，拯救我们，就是在帮忙拯救希腊的荣

第五章　另一座帕特农神庙：古代与集中营中的民族记忆

誉，我们的国家虽小，但是个英雄的国度，曾经孕育了民主和文明——希腊的荣誉。

普里马基斯（1950？：12）

当然，这种说法是一种战术策略，利用的是古典古代在西方想象和文化中的地位。这与一些国际组织的做法相同，那些组织也曾利用古希腊这张"牌"，吸引人们对现代希腊问题的关注。在这个特殊案例中，作者面向的是西方的知识分子和受过教育的公民，他了解古典古代在他们的想象和思想中的地位，因此，可以利用古典古代的影响力让他们了解并关注马克罗尼索斯岛囚徒经受的苦难。

不过，这种对古典古代的借用似乎并不只是策略本质主义*的公开表现。前文提到，位于苏尼奥角的波塞冬神庙在时任政权的修辞手法中扮演了关键角色，他们试图利用话语，将马克罗尼索斯岛置于对该民族意义重大的古典时期和希腊主义空间之中。下面是该岛囚徒所写的诗（拉夫托普洛斯，1995：40），波塞冬神庙是其中非常重要的意象：

信息

（如果可能，我天天都在）

尽己所能地

---

* 学者认为，策略本质主义实际上是反本质主义的，只是把"本质主义"当成在具体情境下为达到某种斗争目的而采用的策略。这种作为策略的本质主义不能被视为永恒的真理。这种策略可以表现为政治斗争的口号或斗争群体的标签。参考：http://xuebao.ruc.edu.cn/CN/PDF/8910

用纸笔将自己与对面的存在牢牢捆绑到一起
……
尤其是
我必须将自己与位于远处苏尼奥角的
古神庙牢牢捆绑到一起，它就在我们对面
那个黎明时分阳光普照的地方
夜里，它会染上一层神秘的紫色
我需要将自己与它捆绑到一起
尊重它，以它为榜样
因为它虽只余骨架
仍不分昼夜地挺立着
向无限
展示着它的倔强和不屈
我需要将自己与它捆绑到一起
我需要持续聆听
它传来的信息

苏尼奥神庙成了被流放者的隐喻；它与他们一样，虽一直暴露在阳光下，但仍挺直腰杆地活着（在这座无处遮阴的干燥岛屿上，太阳的直射只会增加囚徒的痛苦）；它的大理石立柱就像精疲力竭、奄奄一息者的嶙峋瘦骨，虽枯瘦，却仍在向外界展示着自己的决心，释放着自己的信息（就像那些"未被救赎"者一样）。这里描绘的古典古代形象与官方版本截然不同。我们看到的不是辉煌，不是永恒之光，而是一具嶙峋瘦骨。不过，重要的是，这两种话语都将这座神庙视为永恒信息的物质化表现，以及影响个体身份认同的要素。

该作者还讲过另一个故事，指出了因徒反抗的可能性。有个剧团（由被关押者自己运营；参阅范·斯滕，2005）主动提出，要在某集中营表演古希腊戏剧《菲罗克忒忒斯》。正如该作者所解释的（拉夫托普洛斯，1995：45），他们选中索福克勒斯这部作品的最重要原因是，观众可以根据该剧的内容，间接联想到当下：《菲罗克忒忒斯》中的主人公被丢到偏远的利姆诺斯岛长达10年之久。剧中写道："没有任何水手会自愿在那里停靠，那里根本没有港口……"[19]

后来，在第一次得到官方支持的马克罗尼索斯岛主题会议（雅典，1993）上（迪亚福尼迪斯等，1994），幸存被关押者协会主席用卡瓦菲斯的《温泉关》开始了他的演讲。矛盾的是，马克罗尼索斯岛当局也经常援引同一首诗来谈论祖先的荣耀和历史的连续性（如《挖掘者》，11，1950）。此外，该演讲者还指出，马克罗尼索斯岛上使用的方法是外来的（xenophertes），"违背了我们民族的传统、思想和文明"（穆拉蒂季斯，1994：69）。时至今日，我们仍能在前囚徒的许多著作中看到同一观点，即马克罗尼索斯岛的构想不是希腊人提出的，它一定来自国外。

在前些年的一场会议上，一名马克罗尼索斯岛前囚徒讲述了他们一群人决定（"违背政府意愿"）建造露天剧场的故事。他们使用的材料是泥砖，而非石头（他特别提到，"我们厌恶石头"），因为石头是官方项目的主要建筑材料，会让他们想起日日经历的强迫劳动。他还说，他们修建的剧场"是对一座古希腊剧场的精确复制"（布尔纳索斯和萨克拉罗普洛斯，2000：264—265）。

政治学家詹姆斯·斯科特研究过从属群体的反抗策略（斯科

特，1990），提出了"潜隐剧本"的概念。这一概念认为，在不可能或极难公开反抗统治的情况下，从属群体会发展出隐蔽的反抗策略：表面服从权威，遵守当权者"公开/正式剧本"中的规则，暗中寻找反抗的空间和方式，即寻找"潜隐剧本"。上述部分例子似乎就是马克罗尼索斯岛抵抗运动的"潜隐剧本"。从表面上看，无论是上演古希腊戏剧还是复制古希腊剧场，都是对官方规则和话语的服从。然而，对剧目和建材的选择都是一种集体代理行为，证明他们有能力在极端镇压下运作政治团体，开展隐蔽的抵抗运动。[20]

上述例子也证明了：马克罗尼索斯岛计划的受害者和反对者在许多公开话语中，往往或隐晦或明确地认可甚至再现了关于希腊主义和希腊性的本质主义观念（即暗示希腊具有不曾中断的连续性和文化优越性）。当时，古典古代的道德权威地位毋庸置疑。有人将马克罗尼索斯岛上的压迫归咎于"外国人"，因为这种压迫是违背希腊传统、性格和"文明"的，这种观点揭示出，时任政权和受迫害者的话语都认同希腊主义的独特性和优越性。囚徒们并没有削弱古代话语的影响力，反而认真研究，寻找其中可为自己所用的元素。虽然戏剧演出得接受官方审查，但从拉夫托普洛斯那首表现他个人沉思瞬间的诗歌中，我们能看到囚徒与古代及其物质表现之间的复杂关系。这种关系既不是对支配者叙事的简单服从，也不是对其投机取巧的利用，而是对双方都认同的"宪章神话"的借用和改写（参阅阿帕杜莱，1981）。

需要提醒的是：马克罗尼索斯岛的"未被救赎"者（其中不乏艺术家、作家和知识分子）创作了大量诗歌等艺术作品，但关于古代的意象和话语在这些作品中并不常见（参阅帕帕塞奥佐鲁，

2000）。不过，马克罗尼索斯岛上的最后一批"未被救赎"者曾主动在岛上表演古代戏剧，比如《安提戈涅》（也是在政府"眼皮"底下上演的；见注释14）、《俄狄浦斯王》和《珀尔修斯》（阿夫杜洛斯，1998：298—302），以及其他非古典时期的戏剧。这些人于1950年被转移至艾斯特拉蒂斯岛，在那里，他们"享有"比在马克罗尼索斯岛上更大的自主权（阿夫杜洛斯，1998）。

此外，左翼抵抗运动的政治宣言《希腊民族解放阵线是什么，又代表什么》中写道：

> 希腊人知道如何为自由而死。没人赋予他们自由，但从马拉松、萨拉米斯战役的时代，到1821年，再到现在，他们总能用自己的鲜血和英雄气概赢得自由。
>
> 格利诺斯［1975（1942）：142］

> 你们的祖先、英雄和烈士正在三千年历史的深处凝视着你们。马拉松和萨拉米斯的战士们，1821年的战士们，阿尔巴尼亚山区的英雄们。不要让你们的历史蒙羞，不要背叛你们自己。
>
> 格利诺斯［1975（1942）：173］

与马克罗尼索斯岛囚徒的集体状态一样，反马克罗尼索斯岛计划的抵抗运动也具有多样性和多面性。但这一宣言揭示出，至少在该抵抗运动的部分主要参与者（及其众多追随者）看来，抵抗是铭刻在民族历史之中的，是其永恒延续的一部分（参阅哈特，1996：217—219）。换言之，他们的抵抗运动也利用强调希腊主义连续性的官方宪章神话，正如前一章所示，内战前的一些左翼领导人也是认同这一宪章神话的。[21] 马克罗尼索斯岛当局一直在官方叙事中重复该宪章神话中的观点，这些观点也是许多受害者自这一历史阶段伊始便欣然接受的，正因如此，我们才能在后者的"潜隐剧本"和公开话语中看到他们对官方宪章神话的利用和借用。

马克罗尼索斯岛：景观、监视二合一的异托邦

前几章，尤其是前一章，应已阐明，马克罗尼索斯岛虽有一些独特之处，但其与希腊古代话语之间的关联远非独一无二。该话语虽有多种多样的表达形式，经历过多种借用和改写，但其构建的希腊民族想象及其时间性一直从19世纪延续至今。马克罗尼索斯岛似乎提供了又一（虽然极端，但）典型的案例，我们从中再次看到，民族记忆会立足于精心挑选并净化后的古典古代版本去创造神话，而这一古典古代版本又建立在西方对古代的主流理解上。此外，通过历史的类比模型（认为历史时期具有重复性，可以相互替换；参阅萨顿，1998）来看，希腊内战就是千年前希腊精神与"野蛮暴行"之战的再次上演，只是这次的野蛮暴行是以共产主义的面目出现。在这场冲突中，双方似乎都认同这种类比式的历史理解，且时任政权和囚徒构建的古代话语都秉持着相同的宪章神话，而这些话语真正意义上构成了他们之间共同的民族记忆，[22] 并占据着相同的民族空间。

在研究马克罗尼索斯岛时，拓扑学本就是一个极其重要但几乎无人用过的维度。虽然人们有时会使用福柯的术语（福柯，1986），将希腊的整个民族空间描述为一个秩序不同的空间，即

异托邦（被实现了的乌托邦）（利昂蒂斯，1995；哈米拉基斯，2000a；见序言），但马克罗尼索斯岛似乎是典型的"反常态的异托邦"，位于该民族更广阔的异位点中：与所有异托邦一样，它包含了众多不同空间（学校、医院、教堂、剧场、考古遗址、博物馆、监狱、隔离病房……）；但它是实现了的乌托邦，试图创造一个细心布置的完美空间，与杂乱无章的现实空间形成对比（参阅苏贾，1996：161）；它的出入口受到严格管制，且要执行净化仪式。

此外，与我们当前探讨话题高度相关的是，马克罗尼索斯岛的异托邦建立在与当下不同的时间性之上，这种异时性是由以古代为中心的周期性民族时间所定义的。马克罗尼索斯岛的异托邦既是医疗机构，又是"学校"，既可以治愈"被污染"的民族成员，又可以将古希腊的精神教给他们，这个精神是他们注定要承载的，这是由他们的血脉和历史所决定的，这个精神也是注定无法与共产主义等"外来"意识形态调和的。因此，马克罗尼索斯岛成了对整个希腊社会进行纪念碑化的根本手段。在这里，古代及其在话语和物质上的表现形式，都成了构建异时性的机制（费边，1983）：在他们的描绘中，希腊所处的时间是由古典古代决定的，而不是由冷战中的政治和社会轨迹决定的。

马克罗尼索斯岛是一个景观和监视并存的地方。正如前文所述，当局竭尽全力地在全国，甚至全球范围内将其宣传为一场成功的实验。在扎皮翁宫举办的摄影展，"被救赎"者在雅典当着国王、王后和数千观众面举行的游行，甚至是1949年4月英国广播公司对马克罗尼索斯岛集中营的拍摄（布尔纳索斯，2000：137），这些都是对该岛景观机制的表现。但在部分表现形式中，我们能看到景观与该岛另一面的融合，即景观与监视的融合。例如，在教堂会众面前宣读"悔过书"，让"被救赎"的马克罗尼索斯岛岛民赴希腊各地发表公开演讲，这些都是供人观赏的公共景观，但也是在安全和行政机关的监视下（很多时候就是字面意义的监视），以及在整个民族的集体监视下发表的公开声明，用以威慑敌人，防止对方开展进一步的反民族（andethnikes）活动。

基尔科斯·佐克西亚季斯（1995）提出，帕特农神庙是古典古代最著名的代表，有着许多隐含意义，在某种程度上，希腊及更广泛的西方意识可以将其视为这座全景监狱的塔楼，囚徒虽然看不到塔楼上的警卫，但警卫能看到一切，这便迫使囚徒们进行自我监视（参阅福柯，1991）。帕特农神庙作为至高道德权威的物质表现，会极大影响人们对后来人行动、价值观和行为的评判。正如本书所示，在当地和全球背景下，帕特农神庙对不同群体、个人、国家当局和超国家机构的意义不同且丰富，将帕特农神庙比作全景监狱塔楼的这一隐喻显然没有穷尽这些意义（另可参阅图尼奇奥蒂斯，1994；哈米拉基斯和亚卢里，1996，1999；亚卢里，2001；比尔德，2002；詹纳科普卢，2002）。但对马克罗尼索斯岛而言，这一隐喻是令人沉痛的。"记住你是谁"是时任政权及其知识分子反复向被关押者及整个希腊灌输的观念。代表古典古代道德权威的帕特农神庙成了评判这些囚徒的监视之眼。从话语和物质上构建这种监视机制（复制出"新帕特农神庙"及其他古迹），是为了帮助个体"洗心革面"，重新成为希腊民族躯体的一部分。这些人已经接纳了自己的"民族命运"，认可了古典古代的权威性及希腊从古至今的连续性，并在此基础上内化了对自我的监视。矛盾的是，受害者自己的话语似乎也认同古典古代权威的全景敞视主义，抵抗运动宣言等文本中存在与官方话语相同的言论："不要让你们的历史蒙羞。"

诗人兼作家阿里斯·亚历山德鲁将马克罗尼索斯岛称为"拥挤的荒野"。在这片"拥挤的荒野"，惩戒、反抗、官方记忆与反记忆都与人体（参阅康纳顿，1989）、与人们亲身参与的仪式和表演有关。这些囚徒被视为希腊民族躯体中受污染的部分，必须先清洗、净化才能重归其中。前文引用并探讨过的许多文本都来自面向囚徒群体的演说，因此是该岛具身性仪式的核心组成部分。在演讲和课程中，在戏剧表演、诗歌创作和诗歌朗诵中，在对苏尼奥神庙的眺望中，在采石和修建纪念碑及仿古典时期建筑的过程中，我们都能看到古代话语的存在。而在与它们相连的另一端，是干渴（马克罗尼索斯岛囚徒在回忆录中最常提及的痛苦经历）、饥饿、酷刑和死亡。囚徒们自上岛第一天起，就得天天面对死亡：正如部分回忆录中特别提到的，囚徒们在挖土搭帐篷时，发现了巴尔干战争中土耳其人质的骸骨（参阅阿夫杜洛斯，1998：105—106）。他们的这些亲身经历不仅被刻进了一个更宽泛的生命政治范式中［阿甘本，1998（1995）］，也对构建身体记忆至关重要。与此同时，马克罗尼索斯岛上的"未被救赎"者也在通过回忆录、诗歌、绘画的创作，以及建筑项目的设计和启动，参与构建自己的反记忆（福柯，1977）。

然而，民族记忆和至少部分反记忆似乎都依赖于同一种支配者叙事，同一种古代权威资源。在时任政权看来，马克罗尼索斯岛就是新的帕特农神庙，古希腊的遗产无法与左翼意识形态调和。"未被救赎"的马克罗尼索斯岛囚徒认为该政权配不上古希腊祖先的精神，因此常用"新帕特农神庙"一词来嘲讽它。他们用自己的双手精确复制了一座古代剧场，用以证明自己对古希腊精神的欣赏与重视，驳斥那些对他们忽视古希腊精神的指责。他们通过挑选更符合自己想法和经历的古代剧目，展现自己关于古代的反话语。最近，在一场以纪念为目的参观马克罗尼索斯岛的活动（1998年）中，《被缚的普罗米修斯》被搬上了舞台（布尔纳索斯和萨克拉罗普洛斯，2000），这或许是因为该剧与束缚和禁锢有关，也与挑战权威和为人类利益而牺牲自己有关。[23]

结　论

本章论证了，关于古典古代和希腊民族古今连续性的话语是构建马克罗尼索斯岛物质、话语和助记要素的基本手段。该话语是对其他关键手段的补充，也与它们密切相关，其他手段包括将马克罗尼索斯岛隐喻为学校或医疗机构。要研究马克罗尼索斯岛，就必须研究岛上囚徒（尤其是"未被救赎"者）是如何看待相关方对古代的利用和借用的。已研究的证据显示，尽管相关方会改写并有选择性地利用古代资源，但他们都认可，甚至延续了古典古代本身的权威。作为现代希腊民族国家基础的宪章神话是一种共享的象征资源，马克罗尼索斯岛计划的创始人及其受害者和反对者都是在这一宪章神话的基础上构建自己的民族记忆和反记忆。此外，还有人认为，马克罗尼索斯岛的空间可以被视为福柯所说的反常态的异托邦（融合了景观与监视元素），在这个空间中，人们通过亲身接触和经历创造记忆和反记忆。马克罗尼索斯岛的全景敞视主义不仅涉及该岛囚徒，还涉及整个希腊（以及希腊以外地区）。古代话语的另一关键作用是，让冷战和希腊内战的时间停止，将它们置于纪念碑化的民族时间之中：希腊内战被视为千年前希腊主义与"他者"之战的重演。

尽管在希腊及更广阔的背景下，利用古代构建民族时间、记忆和反记忆的情况并不罕见，[24]但马克罗尼索斯岛的独特之处使其成为一个意义重大的研究课题。它的独特之处不仅在于国际影响力，这一点或许体现在，连美国都曾将这场"再教育"实验视为可供战后德国借鉴的模式，当时，德国政府打算修建类似的集中营，以"改造"德国的共产主义者（弗莱舍，2000）。它的独特之处还有，到21世纪初，这种拘禁和集中营占据了日益核心的地位，有些人认为（参阅阿甘本，1998），它所代表的观念现已成为西方自由民主的决定性特征。与马克罗尼索斯岛计划更具相关性的一种观念是，利用古代和物质过去开展教化，可以改造、治愈受污染的个体。这些人虽是希腊民族的一员，但因为自我放逐，背离了自己的命运，暂时成为民族的"他者"，若想归来，必须先接受净化。晚期现代性的另一核心关注点是流亡，这是真实发生在数百万移民身上的残酷经历。如今，流亡这一概念似乎对希腊的民族想象至关重要（这一点将在第六章详述），同样重要的是，需要重建已断开的连接，重建连接才能让希腊人重返古代，重返民族想象中的家园。

后　记

我第一次去马克罗尼索斯岛是在2004年5月23日。我当时参加了他们协会（马克罗尼索斯岛被关押者协会）组织的一年一度的幸存者纪念之旅。参与此次活动的有数百名游客、幸存者、曾被扣押在此的人及其家属，还有出于政治目的或仅仅出于好奇的其他人。我们在拉夫里奥等了很久才登上渡船。船上能看到许多红旗（主要代表共产党）和老人，其中有些人还在推销共产党党报。一位幸存者告诉我："我无法谈论自己在马克罗尼索斯岛上的经历，那不是语言可以描述的。"虽然无法给我讲述他的经历，但作为弥补，他答应带我去"峡谷"（haradra），那里有用铁丝网围起来的隔离区，用以关押"无法救赎"者，他曾在那里生活了很长时间。

我们停靠在第一营的小港口。岛上废墟遍布，只有一两处令人印象深刻的大型建筑物，如面包房，它们是经文化部修复过的。1989年，梅丽娜·梅尔库里签署部长令，宣布马克罗尼索斯岛为"历史遗址"和"记忆场所"，岛上建筑的修复工作也随之启动。[25] 岛上的一些剧场也得到了修复；2003年9月，米基斯·塞奥佐拉基斯返回马克罗尼索斯岛，在其中一个剧场举办了两场大型音乐会，观众达数千人。古迹的直接复制品是否得到了修复？它们大都位于第二营所在地，不在我们此次的行程范围内，不过，就近期照片来看，政府并未对这些复制品进行修复。我在四处参观时，发现了用作帐篷搭建平台的简易石头结构、铁丝网碎片以及大量平常的小物件，如铝制饮水杯和叉子。在所有反映马克罗尼索斯岛经历的物质表现中，它们可能是最有意思也最重要的，但并未引起文化部的关注。不过，在幸存者看来，这些结构和物品与大型建筑一样重要，他们也在近期的一些会议上呼吁保护它们。有消息称，近些年，有位曾被关押于此的女性利用岛上的叉子等物品创作了一些艺术作品。

此次参观的主要活动是参与逝者纪念碑的落成仪式。该纪念碑是一座男性铜像，该男子肩扛巨石（象征强迫苦役），手臂上缠着带刺的铁丝。随后是敬献花圈和发表演讲的环节，其中一位演讲者是当时主要右翼政党的代表。该党继承自创建马克罗尼索斯岛集中营的政权。尽管该演讲者辩称，自己此行没有政治目的，只是为了纪念曾被关押在这座岛上的父亲，但他的演讲仍然招致了在场观众的反感。一些前囚徒和游客认为，大家不必这么反感，他们还断言这整个纪念仪式都是由共产党精心策划的。自20世纪80年代以来，随着泛希腊社会主义运动党上台执政，反马克罗尼索斯岛计划的抵抗运动得到了官方承认，这意味着，岛上幸存的被关押者已经取得了道义上的胜利：如今，在希腊的民族意识中，提到马克罗尼索斯岛之名，就会令人想起这一令希腊历史蒙羞的事件，就连右翼政客也愿意承认这一点。此外，正如该右翼政党代表的演讲内容和该抵抗运动的过程所示[26]，马克罗尼索斯岛的遗产正在以去政治化的"民族和解"的名义，融入希腊的民族记忆之中。但正如反对该演讲的声音所示，这种融入遇到了阻力。事实上，对整个马克罗尼索斯岛遗产的管理似乎仍陷在争议之中。

我试图找到我在拉夫里奥遇到的"对话者"。但他似乎一下船就脱离大部队，直奔"峡谷"而去。似乎对他来说，有比仪式和演讲更重要的事，那就是回到承载他痛苦记忆的地方，与那个地方以及那里的石头和灌木重新建立联系。

第六章　对民族完整的怀旧：帕特农神庙（或埃尔金）大理石雕

> 一尊倒转的雕像游过，举起一只手回应
> 英国议会的问题，掌声从泰晤士河的波浪中
> 升起，从茂密叶片间的长凳处传来。
> 向日葵在日落时收缩了虹膜，就像船夫的眼睛，
> 当水面滑翔的雾遮蔽帝国：伦敦、罗马、希腊，
> 黑色的铁树上长出了花苞。
>
> 　　　　　　　　　　　　德里克·沃尔科特《奥麦罗斯》

1997年12月5日，多云，这是一个典型的威尔士清晨。附近只有一辆大型出租车，搭载着我和另一名乘客，穿行在威尔士的丘陵地区，向伦敦驶去。我要做什么？我的托词/借口是，我要参加希腊学生社团在大英博物馆外组织的示威游行，要求大英博物馆将帕特农神庙的大理石雕归还希腊。满满一辆大巴车的希腊学生一大早就出发赶赴示威现场，我的一些学生也在其中。几天前，两名学生敲开了我办公室的门，我（略带怀疑地）在他们的请愿书上签了名，但我并没有和他们一起出发，我过去的目的也与他们不同。我将充当观察者，他们则是我民族志研究的对象……

我抵达伦敦市中心时，示威游行已经开始。我错过了开头，好不容易在他们转向大罗素街时找到了他们。我只能看到一条黑

底白字的横幅，写着："送它们回家！"还有几面希腊国旗。示威人数低于我的预期：不超过三四百人。（他们将示威游行日命名为"帕特农日"，以互联网为主阵地，开展了长达数月的宣传活动，给人一种规模宏大，会有数千在英学习的希腊学生积极参与的感觉。）规模不大的示威人群高呼着他们的主要口号："将大理石雕送回希腊！"示威者周围有大批警察，示威路线上的交通已被封锁。我带了台专业的大型摄像机，但没敢使用（为什么？），只用普通相机拍了几张照片。突然，有几名我的学生认出了我，叫我加入他们。我向他们挥了挥手，留在了人行道上。当示威人群接近博物馆时，路人略显惊讶和困惑，博物馆院子里的工人则是略感好笑："他们想要什么？他们弹珠*丢了！"示威者停在博物馆大门前。现场只来了几名记者和几名电视台工作人员，且主要来自希腊频道。一些示威者以博物馆的新古典主义外墙为背景，在横幅前摆出姿势，让朋友拍照。一小队人走近聚在博物馆院内的博物馆官员。他们礼貌地递交了请愿书，然后回到大部队中，鼓励大家再喊几遍主要口号；随后，示威者分成小队前往附近酒店，那里将举行一场专题讨论。讨论的发言者包括一位特地从希腊赶来的前部长，以及一些英国记者。我也去了酒店，只是没有进去。我在收集了一些传单后就离开了……

前文所述事件的主角是"帕特农神庙（或埃尔金）大理石雕"，在这组文物的社会（和感官）传记中，此次事件距今已经相当近了。由于这组文物卷入了文物归还的政治纷争，其近况吸引了媒

---

* 在英文中，"大理石雕"（marble）一词也有"弹珠"的意思。

体的大量关注。[1]"帕特农神庙（或埃尔金）大理石雕"确实是教科书中最常援引的案例，也是在探讨文物归还问题时最常用到的案例（如格林菲尔德，1996；洛温塔尔，1998；梅里曼，2006）。尽管本章难免谈及与其相关的政治纷争，但这并非本章重点，本章关注的是这组文物独一无二的社会传记与希腊民族想象之间的纠葛。在本书即将完结之际，我希望用这个重要的案例研究，重新探讨本书的一些关键关注点和主题，比如：相互冲突的民族主义，帝国主义/殖民主义做法与民族主义做法之间的相互影响，美学话语与冲突的权利主张之间的关联，文化经济领域的地方—全球互动。本章着眼长远，以"物的文化传记"概念（参阅阿帕杜莱，1986a，b；马歇尔和戈斯登，1999）为主要研究方法，辅以"物的感觉/感官传记"角度的研究（参阅序言）。

大理石雕中的故事

"埃尔金大理石雕"（根据法令，大英博物馆必须使用这一称呼；希钦斯，1997：17[2]）指的是1801年至1802年间，由第七代埃尔金伯爵托马斯·布鲁斯（即著名的埃尔金勋爵）及其助手从雅典卫城搬走的众多大理石雕和其他古物。在现存于大英博物馆的"埃尔金大理石雕"中，最大、最著名的就是从公元前5世纪建成的帕特农神庙搬走的这组雕塑，它们主要描绘的是神话场景。目前，这组雕塑近一半存于伦敦，另一半存于雅典的雅典卫城博物馆。更具体地说，大英博物馆藏有该神庙一半的原始饰带（约75米长）、15块柱间壁和17尊三角墙雕塑。该博物馆最早的藏品还包括来自伊瑞克提翁神庙的一尊女像柱和一根立柱，以及来自雅典卫城其他建筑物的碎片。在众多其他博物馆中也能看到帕特农神庙雕塑的少量碎片，如卢浮宫，以及丹麦、德国、奥地利、法国和意大利的博物馆（格林菲尔德，1996）。帕特农神庙的雕塑几乎都是以人和动物形象为主题，只是就具体主题和形象的身份识别仍存在巨大争议。其饰带浮雕在古典学者间引发了广泛讨论（比尔德，2002：128—129），原因之一在于其保存得非常完好，我们能看到一个由骑马者、驾马车者、乐师、运水工和献祭动物组成的队伍。其中最著名的柱间壁浮雕表现的是神话中与半人马的战斗，但最壮观、最广为复制的是东面三角墙上的雕塑：人们并未就该场景表现的内容达成一致，但那些比真人略大的雕塑，或斜倚，或坐，或动，都有肢体残缺，还有大量马首，其中一个极其逼真的马首被认定为来自月亮女神塞勒涅战车的马匹，它们被无数次地复制，成为舞台或背景，供人们拍摄或举行集体仪式。最后是来自伊瑞克提翁神庙的女像柱，展现的是一个身着长袍的女性形象。

这组文物的社会传记必然是从公元前5世纪它们在雅典社会背景下的诞生开始。当时，古希腊军队刚刚战胜入侵的波斯人，伯里克利在雅典卫城启动了一个大型的建筑、装饰项目，这组文物便是该项目的一部分。伯里克利动用了古希腊各城邦进贡来增强雅典军事防护的财政资源。公元前454年，伯里克利将资金从泛希腊宗教圣地提洛岛转移到了雅典（斯皮维，1996：136；另可参阅奥斯本，1998：158，174）。雅典卫城的这一建设项目动用了大批劳动力、当时最著名的一些建筑师和雕塑家，以及包括大量黄金在内的大批物资。因此，该项目是一种炫耀性的消费行为，具有明显的政治内涵和象征意义，与雅典在该地区的政治霸权有关，也与该项目主要倡导者的政治地位、声誉和对后代的渴望有关。斯皮维（1996：136—140；1997：237）认为，此举所含政治信息的受众远远超出了雅典或泛希腊社会：雅典可能是出于竞争心理，想要彰显自己的宏伟壮观，将之前多次交战并最终战胜的波斯人比下去。他们可能是想超越波斯领袖在波斯波利斯建造的宏伟的礼仪中心，从而在这场以宏伟建筑和艺术消费为中心的战争中击败波斯人。然而，他们隐瞒了这一目的，至少在卫城最著名的帕特农神庙中，并没有任何直接提及波斯人或希波战争等历史事件的图像或雕塑。[3] 不过，至少与半人马或与神话中亚马逊女战士的战斗等主题很可能突显的是雅典的强大及其与"他者"的战斗，在他们眼中，这些"他者"是低一等的存在，要么是半人马这种半人半兽的生物，要么是亚马逊人这种"未被驯化、不善家务"的女性力量的代表。因此，这些"他者"很可能代表了第三种常见的"他者"，即"野蛮人"，而在当时的背景下，所谓野蛮人就是波斯人。[4]

这些雕塑在诞生后的数千年里，经历了许多次社会剧变，它们的意义势必也会发生巨变。[5] 在罗马帝国时期，帕特农神庙的这些雕塑失去了它们的原始意义，但仍然是人们关注的焦点，这座神庙也仍然是有强大影响力的记忆场所，人们会在这里为政治领袖立碑并题词（科雷斯，1994：139—140）；在这里，古典古代的文化和助记资本被用于证明当权者地位的正当性及开展政治和社会角色的协商。在历经大火等自然灾害后，到公元5世纪，这座神庙被改建为东正教教堂，供奉圣母玛利亚，而在后续的数百年中，圣母玛利亚也被称为雅典圣母（Panagia Athiniotissa）（科雷斯，1994），或许会让人联想到古代对雅典娜女神的崇拜。在成为东正教教堂的那段时期，由于柱间壁浮雕主题与该神庙的新角色和新意义不符，部分浮雕遭到了毁坏（科雷斯，1994：147），幸免于难的那些可能是能令人联想到《圣经》中的场景（比尔德，2002：57）。到12世纪，帕特农神庙成了雅典大主教米迦勒·科尼亚提斯的主教座堂（比尔德，2002：49—51），这里的雕塑与基督教壁画共存，绘制基督教壁画是东正教圣像传统的一部分（科雷斯，1994：148）。在接下来的一个世纪中，希腊被第四次十字军东征军队占领，帕特农神庙随后成了一座天主教堂及雅典主教座堂。到15世纪，在雅典被奥斯曼人占领后，它又成了一座清真寺，寺内还新建了一座宣礼塔。

在接下来的两个世纪中，希腊与西方相对隔绝，但正如本书前文所言，从17世纪开始，随着古典主义成为西方贵族的主要意识形态力量之一，帕特农神庙与希腊的其他古典时期著名建筑一样，再次成为人们关注的焦点。1687年，在奥斯曼－威尼斯战争期间，雅典卫城遭到轰炸，被奥斯曼人用作弹药库的帕特农神庙发生了爆炸，这可能是该神庙及其雕塑有史以来遭遇的最具毁灭性的打击（哈吉阿斯拉尼，1987；科雷斯，1994）。威尼斯人撤走后，奥斯曼人在帕特农神庙内新建了一座规模较小的清真寺。大众的社会记忆在这些雕塑的社会传记中记下了下一个关键片段：在19世纪的头二十年，时任英国驻奥斯曼帝国大使埃尔金勋爵命令随从，用暴力搬走了雅典卫城内的大量雕塑。正如第二章所述，在霍布豪斯、道格拉斯等英国旅行家（如道格拉斯，1813：85）的记录中，这位英国勋爵及其手下打扰了这些雕塑的安宁，令其灵魂哭泣、抗议；他们还从伊瑞克提翁神庙搬走了一尊女像柱，让余下的女像柱因姐妹被绑走而悲鸣。

人们对埃尔金此举相关的政治背景或多或少有些了解（见圣克莱尔，1998；更多信息见希钦斯，1997）。他利用的不仅仅是自己作为英国驻奥斯曼帝国大使的权力地位，当时正值法土战争期间，英国是奥斯曼帝国的盟友，这也为他提供了有利的政治环境。促成英土结盟的主要因素是英法两国之间的竞争，他们的竞争范围远超军事、政治领域。埃尔金在写给自己手下的信中，尤其是给他在雅典的代理人卢西耶里的信中，透露出了他的焦虑，他十分担心法国人会捷足先登，得到这些雕塑。霍布豪斯以英法之争和"希望推动美术在欧洲文明社会的发展"（1813：348）为由，为好友埃尔金的行为辩护（1813：345—348）。英国下议院于1816年成立特别委员会，专门审查埃尔金收购藏品的行为，该委员会承认在这场雕塑之争中，英国有输给法国的"危险"（圣克莱尔，1998：156—157）。1811年，某匿名作者在英国杂志《考察者》上发文支持埃尔金："事实是，得益于埃尔金勋爵的努力，我们率先取得了这些惊世杰作，法国人嫉妒我们的这份好运；尽管他们在意大利、德国和西班牙还有许多选择，但这些杰作能让我们在艺术方面超越他们。"（转引自韦布，2002：71—72）

埃尔金勋爵原打算申请帕特农神庙雕塑的复制许可，将它们制成画作和铸造品，以装饰他在苏格兰的宅邸，但最终，经由随从说服，并受该地区政治力量平衡变化的影响，他决定直接申请从该神庙"挖掘"和搬走实物的许可。在这一过程中，除了取得奥斯曼人签发的模棱两可的许可文件（firmân）外，他还利用贿赂和威胁的手段，说服奥斯曼帝国的雅典当局对他的所作所为睁一只眼闭一只眼，他的作为包括锯走帕特农神庙的建筑构建和雕塑，搬走伊瑞克提翁神庙女像柱（作为该神庙支撑柱的女性雕像）

等其他文物，这些举动严重威胁到了这些古迹的静态平衡。1803年，首批雕塑历经凶险的长途运输，终于抵达伦敦海关，在此过程中，运输船只之一的"导师"号在基西拉附近沉没（后被打捞上来）[该事件的相关情况参阅马利亚拉基斯，1994（1888）]。埃尔金计划继续侵占希腊文物，但遭到了法国人的持续阻碍，尤其是法国大使福韦尔，直到1810年，历经重重阻碍、财务损失和多轮漫长谈判后，他才终于取得更加模棱两可的许可文件，成功从雅典运出了第二批文物（圣克莱尔，1998：151—161）。首批文物在运抵英国后，立即开放展出，在1816年以前，它们一直归埃尔金勋爵所有，到1816年，埃尔金为部分偿还自己的巨额债务，欲以7.36万英镑的价格，将它们卖给大英博物馆，最终双方以3.5万英镑的价格成交（希钦斯，1997：41）。这一决定是在英国公众和下议院中都历经漫长而激烈的争论后才最终做出的。

这些雕塑从1817年开始在大英博物馆展出，在此期间，西欧社会对物质世界和博物馆的感知与鉴赏模式恰好取得了巨大发展。在社会、经济和技术发展的推动下，自主、非具身性的视觉体系取代了早期的感知模式，"为了看而看"成为人们接触世界的主导模式（克拉里，1990；1999）。从18世纪末19世纪初开始，博物馆不再是贵族私人享乐的场所，而是逐渐成为公共教育的场所，参观博物馆成为社会区分的标志。博物馆发展成了实现现代性的重要"展览"手段之一，在这里，展品和参观者成了同一"景观和监视"二元仪式的一部分（参阅本内特，1988）：参观者在参观的同时，也是其他参观者（以及博物馆工作人员）的参观对象，在博物馆中被看与看成了同等重要的行为。大英博物馆是最早参与这些发展的大型博物馆之一。这些雕塑在伦敦的出现及其引发的争论极大影响了英国社会及更多国家的审美趣味和艺术观念。它们运抵伦敦之时，古典主义虽仍是主流趋势，但却正面对浪漫主义倡导者的猛烈抨击。这些雕塑为写实风格，它们所代表的范式与抽象的罗马艺术范式（当时仍以此为艺术标准）截然不同，是新的自然主义"古希腊式热情"的典范，它们的这种风格及其与浪漫主义理想的相互影响是当时艺术品位重塑的推动力之一。它们还帮助确立了以"未经修复的原真性"[6]为新艺术标准的观念。最后，它们正好赶上了"希腊复兴"风格的流行，主要对"希腊复兴建筑"产生了显著影响。[7]这些雕塑在大英博物馆存放了近200年，由此产生的最重要后果是，它们被赋予了新的意义和权威性：它们注定成为英国帝国力量及民族性的代表；并作为物证，证明英国是当之无愧的古雅典的后裔，因为是英国千辛万苦地从东方蛮族（奥斯曼人[8]）和失职的现代希腊人手中拯救了这些古典杰作。詹金斯（1992：19）认为，获得这些文物标志着，英国继不列颠之战和滑铁卢战役取胜后，在美学和文化领域也取得了胜利。英国的知识分子渴望将这些大理石雕刻进英国的民族精神之中，评论员海登1809年的一番话，将这一心理表达得淋漓尽致：

> 感谢上帝！雅典的遗迹飞到了英格兰寻求保护；希腊的卓越天资仍闪耀在它们周围；愿她用她那激发灵感之手，给英国艺术注入新的活力，让英国的努力绽放出新的美丽！愿它们的精华融入我们的血液，在我们的身心流淌。
>
> 转引自韦布（2002：85）

他提到"血液"并非偶然：作为古典艺术最著名代表的埃尔

金大理石雕被用作证据，证明古典时期的希腊人与现代英国人之间不仅存在文化上的相似性，还存在身体和种族上的相似性。19世纪英国种族主义最著名的代表人物是罗伯特·诺克斯，他基于种族和相貌研究，提出了一种主张，即古希腊人有北方斯堪的纳维亚人或撒克逊人的种族血统；但更重要的是，古典时期的希腊"种族"类型在现代希腊已经找不到了，但却能在伦敦街头看到（莱乌西，2001：474；参阅莱乌西，1998）。英国在这些雕塑中找到了彰显大英帝国强大力量及其种族民族主义的完美契机（*cause célèbre*），以及一份有形的物证。

该民族的孩子啊，被囚禁他乡

希腊文化部长梅丽娜·梅尔库里曾是要求大英博物馆归还帕特农神庙大理石雕的热情倡导者和斗士，她的去世引发了公众的强烈反应；英国有着相当庞大的希腊留学生群体，他们的情绪也明显深受影响。1994年3月10日，星期四下午，也就是梅尔库里去世的几天后，共计100人左右的希腊学生和希腊裔塞浦路斯学生前往大英博物馆。他们手持鲜花走向博物馆门厅，要求博物馆方同意他们将鲜花放到那些大理石雕上，以纪念梅尔库里女士。博物馆工作人员断然拒绝了他们的要求，不过，他们最终还是通过协商，获准进入馆内，只是不能将鲜花留在雕塑上。学生们聚集在残缺的帕特农神庙雕塑周围，有人宣读了伦敦希腊学生协会的请愿书，重申他们将继续为梅尔库里未竟的事业而奋斗。随后，在保安和游客惊讶的注视下，他们齐声高唱希腊国歌。虽被禁止，但他们还是在离开之前，设法将一些花束放到了雕塑上。[9]

前一节提到，英国经历了一些发展变化，而在同一时期，希腊也在发生翻天覆地的变化。正如第二章所述，民族想象改变了希腊半岛的社会面貌，在希腊成为独立的民族国家后，具有考古学价值的古迹促进了希腊民族梦的实体化。他们对雅典卫城进行了彻底的净化，去除了那里的后古典时期痕迹，这里也成了实现希腊民族梦最重要的圣地，帕特农神庙恰是这里最著名的古迹。因此，埃尔金搬走的雕塑成了希腊民族神圣遗产的一部分，还是他趁希腊民族家园被"奥斯曼帝国奴役"时，强行从希腊民族手中夺走的。一方面，这些雕塑的到来受到了英国人的欢迎，另一方面，埃尔金勋爵的行为也频频受到英国国内一些知名人士的谴责（拜伦勋爵是其中最著名的一位；参阅韦布，2002），这二者都增加了这些雕塑在希腊国内的价值和重要性。前文提到过一些民间故事，到这一阶段，为了让这些民间故事符合新的民族叙事，民俗学家对它们进行了改写和重述；这些故事不再被视为（外国旅行家看到后认为的）"迷信"的证据，而是被视为希腊人明白自己是古希腊后裔、古希腊遗产守护者的证据。雕像悲鸣的故事也一直流传至今。在英国和希腊都在巩固的一种动态关系之下，这些雕塑同时成为两国民族性和艺术荣耀的圣物。但它们对两国的意义还是存在根本差异：虽然在**一些**英国贵族和知识分子看来，这些雕塑象征着他们在文化上（甚至可能种族上）拥护古典过去，在政治、军事和艺术上凌驾于法国等其他欧洲强国之上，但在**更广大的**希腊民众看来，它们是自己祖先留下的神圣遗产，只是目前被外国强权侵占。

早在很久之前，希腊就隐晦表达了希望英国归还这些雕塑的愿望，这一愿望也经常出现在希腊民族知识分子和诗人（如卡瓦菲斯，1988）以及英国和其他国家知识分子的著作中，这迫使英国政府不止一次地考虑过将它们归还希腊。[10] 不过，直到前些年，政府才将它们的归还问题纳入官方政策：在1981年社会主义政党泛希腊社会主义运动党上台后，新任文化部长梅丽娜·梅尔库里[11] 就将让这些雕塑回家确定为自己的奋斗目标及政府的官方政策（自那时起，她遗留的成果和影响就与这一归还问题错综复杂地联系在一起）。1982年，希腊政府根据希腊部长理事会的决定，第一次正式向英国政府提出归还文物的要求，1983年，希腊政府向联合国教科文组织递交文件，列出了自己的具体要求（参阅科尔卡，2005：148）。自那时起，文物归还就成了希腊政治话语中的核心问题，几乎上升到了所谓"民族问题"的高度，同类问题包括希腊与土耳其之间的爱琴海争端和塞浦路斯争端。希腊的所有政党，无论是支持极端民族主义还是共产主义，都参与到了要求英国归还帕特农神庙雕塑的民族征战之中。[12] 自从文物归还上升到"民族问题"的高度，它就已经被神圣化了，不容任何严厉批评（尽管存在一些异议，如马里诺斯，1984；卡内利斯，1998；洛韦尔多斯，1997）[13]；它掩盖了希腊文化政策上的许多其他问题，如国家考古局及其下辖博物馆的严重问题。这场征战还增加了文化部长的威信，人们认为他/她正在推动解决当代最重要民族问题之一。

1997年，英国政府换届，前工党政府曾在重新执政时，承诺将帕特农神庙雕塑归还希腊，因此，此次换届重新吸引了人们对该归还问题的关注。自那时起，尽管英国政府一直拒绝与希腊政府开展相关谈判，但希腊政府还是重新提出了官方要求，并加大施压，包括开展广泛的宣传活动，以及加快筹建新的雅典卫城博物馆。该博物馆计划于2007年完工，就建在雅典卫城南坡旁的马克里亚尼区。英方拒绝归还帕特农神庙雕塑的理由包括，希腊没有能妥当展出这些文物的博物馆，以及雅典空气质量糟糕，无法让这些雕塑与帕特农神庙重聚。而新建的这一最高水准博物馆不仅能在馆藏雕塑和帕特农神庙之间建立起直接的视觉关联，据称还将通过特殊的展览模式，重现这些雕塑在帕特农神庙中的原始外观（史密斯，2006：30），希腊政府希望这足以回击英方。

一方面，希腊的这些举措确实有助于反驳英方，证明希腊有设施、有能力妥善保管这些雕塑；另一方面，英国国内发生的一些事情，也成为希腊政府的助力，我指的是下面这一事件引发的争议。在20世纪30年代，这些雕塑被转移到了新建的杜维恩展厅，但在重新展出前，该展厅的赞助人杜维恩勋爵下令去掉它们表面的"涂层"，以迎合他及一些同时代者对古典时期雕塑应该洁白无瑕的看法（参阅基欧，2004）。这类"涂层"常被称为"铜绿"，是古代人为涂色或大理石雕自然褪色的结果。杜维恩勋爵的下属使用铜凿、金属刷和强力化学品对这些雕塑进行了"清洁"，但此举并未得到博物馆授权。博物馆在发现此事后，曾试图掩盖，只是未能成功。此事最终还是传到了英国媒体耳中，成了丑闻，只是影响不大，也没持续多久，似乎很快就被人们所遗忘。直到1998年，作家威廉·圣克莱尔修订并再版了他关于这些雕塑的书（圣克莱尔，1998）。他利用此前未解密的文件开展了新的研究，然后在此基础上新增了一章，用整整一章的篇幅讲述了这一事件，让它重新成了公众关注的焦点，不同的是，人们此次不再像20世纪30年代时那么关注美学了。此次事件在回到公众视线的那一刻，就已经与文物归还这一政治议题挂钩了。

第六章　对民族完整的怀旧：帕特农神庙（或埃尔金）大理石雕　　239

希腊政府和要求英方归还文物的支持者们认为，这一丑闻可以彻底驳倒大英博物馆拒绝归还帕特农神庙雕塑的最有力理由：大英博物馆对这些大理石雕的保护堪称典范，充分履行了管理职责；由于雅典污染严重，这些雕塑在大英博物馆内的保存状态远好于仍留在雅典的那部分遗迹。支持者主张，"清洁"丑闻证明，大英博物馆不能再以良好的管理为理由留下这些大理石雕。1999年，迫于来自希、英两国学术界、游说团体和新闻界的压力，大英博物馆不得不召开研讨会讨论此事，此前，希腊科学家还获准检查这些大理石雕的表面，判断它们的"清洁"程度。大英博物馆官网公布了此次研讨会的研究结果，相关论文发表在各种刊物上，博物馆也就此事发表了一份报告（詹金斯，2001a，另见2001b），披露了所有相关文件，并试图为自己的立场辩护。[14]

"清洁"事件引发的争议扭转了局面：希腊习惯了西欧人对他们如何管理古典遗产以及是不是合格遗产管理者的持续关注（且往往会给出负面评价）；然而，自从这场围绕帕特农神庙雕塑的征战愈演愈烈，希腊也开始持续关注大英博物馆对这些大理石雕的管理。1984年，某希腊报纸头版标题赫然写道"大理石雕旁的雨水桶：大英博物馆漏雨了！"。[15] 参与这场"清洁"争论的有从希腊赶来检查这些大理石雕受损程度的科学家/检查员。从对古典古物的管理到对欧盟拨款的管理，希腊一直处于"监视"之下，对这样一个国家来说，能发展到这一步，已经是意义重大的进步了。

自20世纪90年代初以来，希腊政府的官方话语已经发生改变，大大减少了从历史连续性角度论证自己对这些雕塑的所有权，而是更强调以更妥当的方式鉴赏整个帕特农神庙之美。正如联合国教科文组织标志以帕特农神庙为原型设计所表明的，人们将该古建筑视为西方文明主要的象征性地标。希腊的官方话语还明确指出，他们对归还帕特农神庙雕塑的要求与国际上围绕文物归还和多元文化主义的广泛争论完全无关。在希腊文化部和"梅丽娜·梅尔库里基金会"制作并广泛散发的宣传单中，可以看到时任文化部长埃莱夫塞里奥斯·韦尼泽洛斯写的信函：

> 希腊政府并不是以希腊民族或希腊历史的名义要求大英博物馆归还帕特农神庙大理石雕，而是以世界文化遗产的名义，是在替残缺不全的帕特农神庙发声，要求将作为它躯体一部分的大理石雕还给它。[16]

希腊政府声称自己是以全世界及其遗产的名义要求大英博物馆归还帕特农神庙大理石雕，这种主张明显与大英博物馆拒绝归还的主要理由有关，或至少部分有关，后者声称自己作为世界级博物馆，有权利，也有责任管理世界遗产，这是不受单一国家主张所限的。在后来的这些年里，希腊官员（以及支持文物归还的英国游说团体）一直极力强调，对他们来说，所有权问题已经不再重要，只要这些雕塑在希腊，在帕特农神庙附近即可。他们急于切断这场运动与过去主张之间的关联，尤其是梅尔库里时期的主张，后者主要强调埃尔金行为的非法性以及希腊对这些雕塑的合法所有权。现在的主张更侧重于技术、美学和科学维度，即这些大理石雕需要以完整的形态供人们欣赏和正确理解，它们也是完成帕特农神庙修复所必需的建筑构件（该大规模修复工程已经持续了数十年）。希腊政府甚至提出，他们愿意让大英博物馆在新雅典卫城博物馆内设一个附属展馆，专门展出这些雕塑，让人们能从视觉上将它们与帕特农神庙直接关联起来。与此同时，希腊文化部官员承诺，他们将确保大英博物馆的杜维恩展厅不会空置：他们愿意提供一些从未在希腊之外展出过的古物（如修建雅典地铁时发现的文物），用于轮流展出，如果大英博物馆愿意将帕特农神庙雕塑永久出借给他们，他们也愿意永久出借其他文物作为回报（参阅科尔卡，2005）。为此，希腊在2002年的考古法中首次增加了允许对外国永久出借古物的条款（见第一章）。

这些巨大的让步激怒了希腊的一些公共评论员、考古学家及其他人士，他们认为这种过度妥协相当于默认埃尔金的行为是合法的（正如大英博物馆迅速指出的那样[17]）。[18] 此外，政府在雅典卫城山脚下为新卫城博物馆打地基时，发现了从史前到后续多个历史时期的大量文物，但却无视这些发现，也无视当地居民的强烈反对，继续在原址上复工，这一决定也掀起了轩然大波。[19] 政府给出的解决方案是，保留发现并复原的部分建筑结构，将它们变成博物馆的展品之一，这在一定程度上解决了问题，尤其是在公众转而关注其他更具灾难性的文物破坏行动之后，政府之所以牺牲文物，是为了追求现代希腊的"伟大理想"——2004年雅典奥运会。[20]

为说服希腊国内和国际社会，支持归还的游说团体高明地提出了第二个主要理由：帕特农神庙大理石雕是独一无二的，希腊官方并不要求他国归还他们在现代希腊建国前带走的希腊文物，但帕特农神庙大理石雕例外（希腊政府似乎连伊瑞克提翁神庙的女像柱都不打算要回了）。他们似乎急切地想要与世界其他国家的文物归还主张切割。他们还一再强调，此事的独特性在于，这些雕塑是一个不可移动的古迹不可或缺的组成部分，是被暴力强行搬走的。[21] 有趣的是，2002 年，法国文化部发起倡议，想要让希腊政府和要求大英博物馆归还贝宁青铜器的尼日利亚政府互相配合，尽管希腊方面最初反应积极，但最终还是不了了之，媒体也很少报道此事。[22] 尽管希腊官员不时指责大英博物馆的殖民主义态度，但官方立场并不包括建立统一的反殖民主义阵线。部分媒体似乎与官方态度一致：2001 年，一些英国机构决定将骸骨归还给土著群体，希腊一家中立偏左的主流日报以《他们扔了点小骨头，但不还大理石雕》为题报道了此事，[23] 另一家立场类似的日报则是抗议大英博物馆在 2000 年大中庭落成典礼上，让舞蹈演员在帕特农神庙大理石雕前表演非洲舞蹈（齐里戈塔基斯，2000）。后面这一事件之所以激怒希腊媒体、外交官和政府，还有另一原因：大英博物馆决定在帕特农神庙大理石雕所在展厅举办王室晚宴，并邀请女王作为主宾出席。希腊大使拒绝了邀请，并在媒体上抗议，他认为这是他们极其麻木不仁的表现：居然将那个空间用于宴请娱乐。

更令人愤慨的是，前不久才有报道称，资金短缺的大英博物馆将出租帕特农神庙大理石雕所在展厅，用于举办企业晚宴等各类活动，客人还可以租借、穿着仿制的古希腊或古罗马长袍。某希腊日报取得了价目表，且非常乐意公开每项活动的详细报价：普通招待会 7000 英镑、晚宴 1.2 万英镑、一瓶香槟 12.95 英镑……[24] 在为探讨 20 世纪 30 年代"清洁"争议而组织的研讨会上，大英博物馆再次出现了这种"不敬"行为：该研讨会的午餐地点再次选在了帕特农神庙大理石雕所在展厅，此举激怒了希腊代表和一些英国代表。[25]

此刻，我们应该已经十分清楚，这已经不单单是希腊政府与大英博物馆、英国政府之间的纠纷了。早在1875年,马哈菲就遇到过一位"希腊的老绅士",对方表达了对帕特农神庙雕塑被抢走的愤怒,"抨击了埃尔金勋爵的回忆录"(1878:92)。[26] 前文提到了一些为该主题维持热度的知识分子,不过,从以下几个方面也能体现出公众对此事的兴趣:频繁的新闻报道;政党倡议;团体活动,如前文提到的学生示威;[27] 个人的抗议声明,如某位游客称,只要"这些大理石雕"还在伦敦,自己就拒绝为参观克里特岛的斐斯托斯考古遗址和哥提斯考古遗址支付门票,[28] 还有一位牧师通过游泳三英里来表达自己要求归还帕特农神庙雕塑的诉求;[29] 以及数千希腊小学生写给大英博物馆和英国首相的无数信件。[30] 在2004年出版的一本儿童故事书《大理石雕飞翔》(瓦西莱乌,2004)中,11岁的玛丽亚在参观大英博物馆时,注意到了这些大理石雕的悲伤(她说,"它们被囚禁了"),并将它们比作她在动物园看到的被囚禁的悲伤的动物。在后来的许多活动中,团体和个人利用互联网开展了协调配合,比如,互联网大大降低了英国各地学生社团的协调难度,帮助他们组织了1997年12月在大英博物馆外的示威游行活动。

希腊北部韦里亚镇的知识分子D.马尔托斯(1993)提出了一种"自下而上"的个人干预方法,这种方法从埃尔金大理石雕开始,发展成了对该民族弊病的广泛理论批判。在他看来,埃尔金大理石雕事件并不是孤立的,他谈到了埃尔金主义,他认为这是在希腊国内外都能见到的一种帝国主义;埃尔金主义的主要运作方式就是"肢解"——对古迹的"肢解",比如对帕特农神庙的"肢解",以及对国家的"肢解",比如在1974年土耳其入侵塞浦路斯后对这个国家的"肢解":

> 这种"肢解"功能是现代希腊式[31]社会形态运作的基本规则。这是希腊主义的标志。正如那根女像柱与其他女像柱的分离，（伊斯坦布尔）圣索菲亚教堂与其原本历史位置和时代的分离，韦尔吉纳村墓室中棺椁与古墓的分离，本都、士麦那、伊庇鲁斯北部、莫纳斯提尔、塞浦路斯、因布罗斯和特涅多斯等地区也遵循了历史空间的"肢解"规则。
>
> 马尔托斯（1993：154）

这篇打击面广的文章，给了受抨击者当头一棒：马尔托斯的家乡韦里亚镇就在韦尔吉纳遗址附近，韦尔吉纳文物都被转移至塞萨洛尼基博物馆一事令他深感不满，他称此举为希腊内部的埃尔金主义，并将这些文物称为"韦尔吉纳属"（*Vergineia*）；[32] 但他的批评远不止于此，在他的文章中，"肢解"古物成了"肢解"历史性希腊主义领土空间的隐喻，从而提出了一种含蓄的领土收复主义观点，即"失落的故乡"。[33]

虽然希腊主动做出了让步，但大英博物馆和英国政府仍然拒绝谈判。大英博物馆给出的关键理由之一是，他们是一家普世性的博物馆，力图保护的是这些大理石雕的普世性，而非希腊政府希望它们发挥的民族主义用途。这一理由也反复被评论员和政客们提到。大英博物馆热衷于推广"普世性博物馆"这一概念，它与纽约大都会博物馆、卢浮宫、（西班牙马德里的）普拉多博物馆等其他主要的西方博物馆结成联盟，共同倡导这一事业。为此，18家主要的西方博物馆（以艺术类博物馆为主）于2003年签署《关于普世性博物馆重要性及价值的宣言》；虽然该文件没有提及埃尔金大理石雕，但明显是在它们的推动下，大英博物馆才会走出这一步（参阅柯蒂斯，2005：51；对此的回应，见麦格雷戈和威廉姆斯，2005[34]）。2003年10月，在布莱顿举行的博物馆协会会议上，大英博物馆馆长在演讲中将自己的博物馆称为"对抗原教旨主义的资源"，这让人想到了当前的政治话语；[35]他还补充道："这是普世性博物馆的作用之一，拒绝让文物为任何特定政治议程所用。"[36]

2003年，伊拉克遭到入侵，巴格达博物馆遭到洗劫，为应对此后出现的危机，该馆长赶赴伊拉克，打算履行其普世性博物馆馆长的职责。他在路途中接受了一次采访，表达了对希腊人的强烈不满，指责希腊人在伊拉克局势如此紧急、严重的时刻，居然还自私地沉浸在自己的坚持中。他还指出，古希腊在创作帕特农神庙大理石雕时，正在从古埃及和古亚述汲取灵感，也在把自己界定到波斯帝国的对立面，这一观点令人联想到了黑色雅典娜争论[37]。他声称，只有在像大英博物馆这样拥有世界各地文物的普世性博物馆中，不同文明之间的关联才能得以展现。他补充道："帕特农神庙大理石雕约半数在这里，半数在雅典，这只是历史的偶然。"[38]此言抹去了整段充满目的性、政治性和文化性的殖民历史，抹去了主要西欧大国为占有古典物质文化而开展的无休止的、激烈的民族主义竞争，抹去了英国民族和种族身份加诸帕特农神庙大理石雕的价值。此外，他发表于2004年7月24日《卫报》上的文章再次详述了同一观点，不过最能代表其真实想法的还是此文的标题："全世界都在我们手中"。[39]1992年，位于华盛顿特区的美国国家美术馆举办了"探索时代的艺术"展，正如霍米·巴巴就该展览所问的：谁有权宣称自己是全世界的代理人？谁能够把握、欣赏、理解和展示与局部性和边缘性相对的普世性？

巴巴［2004（1992）：240］特别指出："这种全球视角……是权力的范围。"我们这里应对的是一个充满政治色彩、有象征性的代理人的地理问题，这个代理人不仅拒绝承认自己的殖民起源，还试图维持和推进新殖民主义，并把新殖民主义描述为多元文化主义和普世性的另一种表达：在这篇发表于《卫报》的文章结尾处，麦格雷戈提到了爱德华·萨义德为《东方学》新写的绪论，声称大英博物馆是萨义德所说的"现在必须重申其全球公民目的"的"解释社群"之一。

至于英国国内的更广泛反应，近些年的英国新闻界已经出现了一些令人不快的新殖民主义回应（参阅克洛格，1994），英国上议院也出现了一些"东方化"（或更准确地说，是"巴尔干化"，参阅托多罗娃，1997）言论。以下是来自1997年5月19日议会争论的例子：

> 威福德的怀亚特勋爵：各位议员，部长是否意识到了，将这些大理石雕送回雅典，可能将它们置于险境？毕竟它们被救出时，帕特农神庙正处于土耳其和希腊的火力攻击之下，它们好不容易才被救出，而喜怒无常的希腊人很可能再次投掷炸弹。
>
> 转引自希钦斯（1997：vi—viii）[40]

不过，在英国，支持归还的游说团体已经越来越庞大，且更有组织性，吸引了来自学术界、政界、艺术界和媒体的诸多人士。[41]此外，似乎大部分英国公众也认为英国应该将这些雕塑归还希腊。1996年，英国第四频道以此为主题做了一期特别节目，近9.1万人参与了电话投票，其中 92% 赞成归还；后来的一些民意调查也出现了差不多高的支持率。[42] 遍布五大洲的若干国家也成立了支持归还的委员会，将这一问题进一步推向了国际，使其成为全球最著名的文化争端案例。2006 年末，海德堡大学将来自帕特农神庙北面饰带的一小块浮雕碎片归还给了希腊，这进一步加大了英国面临的国际压力。希腊的时任文化部长在归还仪式上宣布："帕特农神庙大理石雕开始回家了……它们的持有者已经打破了彼此之间的默契。"[43]

超越不可转让性：重新收集碎片

大英博物馆（埃尔金大理石雕）

在冰冷的博物馆展厅内

我凝视着被盗的女像柱

她真是美丽又孤独。

她温柔的黑眸

目不转睛地看着

两步之外的

（展现着欲望的）

狄俄尼索斯*的身体。

他的眼睛则是目不转睛地看着

这位少女结实的腰部，

---

* 古希腊神话中的酒神。

我怀疑这里发生了一段长久的恋情

让他们走到了一起

因此，在我的想象中，

夜深人静

吵闹的游客散去后

狄俄尼索斯会离开自己的位置

小心地避免引起他人怀疑

然后充满活力地走向女像柱

用葡萄酒与爱抚消除她的保守。

但我可能错了。

将他们联系到一起的

或许是另一种更强大、更痛苦的纽带：

在冬夜里

以及在八月的美丽夜晚

我看到他们，

从高高的基座上走下，

卸下日常的伪装，

用怀旧的叹息和泪水

充满热情地在自己的记忆中复活

他们已经失去的帕特农神庙和伊瑞克提翁神庙。

基基·迪穆拉（1990）

九月中旬的雅典仍然炙热难耐，在这样的天气里，希腊国防部举行了一场官方会议。在这样一个军事预算占大头的国家，召开此类会议已是家常便饭。这一次轮到英国官员（包括英国国防部长）来与希腊军方官员开展军火交易谈判。在措辞谨慎的外交话术中，英国官员发了点牢骚，且很快点明了他们的意思："你们似乎不再从英国购买军火了"或类似的话。几分钟后，有人在茶歇的闲聊中顺便提了一句：他们说，"大理石雕"可能会在2004年雅典举办奥运会时归还给希腊……（根据匿名，1998）

科皮托夫（1986）写过一篇关于物的文化传记的文章，非常有名，文中区分了商品化过程和独特化过程。用他的话来说：

> 能够对抗这种商品化潜在性或热潮的是文化。商品化会导致价值的同质化，而文化的本质是区别化，从这个意义上来说，过度商品化是反文化的……文化能确保某些事物具有明确的独特性，它抵制其他事物的商品化。
>
> 科皮托夫（1986: 73）

他还在后文写道：

> "每个人"都反对将已被公开贴上独特和神圣标签的事物商品化。
>
> 科皮托夫（1986: 77）

帕特农神庙大理石雕的例子表明，科皮托夫的这篇论文已需要修改和重新评估。我认为，在这些雕塑的大部分文化生命里，它们都是兼具独特性和商品性的：它们既是人们眼中独特的圣物（下文将详述），也是可在文化经济中进行交换的象征资本（布尔迪厄，1990；哈米拉基斯和亚卢里，1996），只是根据背景的不同，这类交易的含义也不同。可以认为（虽然证据有限），这些雕塑在最初的构思和创作过程中，也是被当作广义的商品在运作的，是雅典的一种夸耀性消费，伴随着当时雅典与其他古希腊城邦及波斯人之间的竞争和权力动态变化。在18和19世纪，它们就曾作为奥斯曼帝国与英、法等殖民主义强国之间政治交易的一部分，被送出去。在被送到英国，进入"英国阶段"后，由于审美品位的变化、人们对古典古代价值的认可以及它们为英国具象化独特种族—民族身份而发挥的作用，它们才被赋予了更多的价值；它们既是英国帝国权力的象征（是法国没能得到的战利品），也是民族主义的代表，同时还为埃尔金偿还了欠英国政府的债务。自想象的希腊民族共同体发明出来后，帕特农神庙大理石雕就成了古物这种象征资本中最著名、最有价值的文物之一。人们认为它们独特、唯一且神圣；[44] 与此同时，尽管（有时）它们的所有权状态有争议，但人们仍然认为，它们是可以在希腊国内以及全球文化/政治经济的谈判中进行象征性"交换"的，用以换取其他形式的资本，如政治资本和外交资本：通过参与它们的归还运动来获取民族身份、声望和权威，以及利用它们的视觉影响实现不同的目的，这些都是象征性交易的形式。不过，它们作为可交换象征资本的角色是伪装出来的。正如布尔迪厄所言（1998：121），"象征性交换的经济……建立在**共同的误认上**"（另参阅布尔迪厄，1990：118；哈米拉基斯和亚卢里，1996：119）。

不过，科皮托夫的观点也有正确之处：神圣化、标志性的文物可以具备不可转让性（参阅亚卢里，2001），从而阻止对它们的商品化和交换。维纳（1992）称这些物品是高价值文物（转引

第六章　对民族完整的怀旧：帕特农神庙（或埃尔金）大理石雕　　251

自迈尔斯，2001b：9）：正如本书其他部分所探讨的，如果希腊的民族项目可以被视为一个做梦的过程（古尔古里斯，1996）和一项生产民族地形的事业（利昂蒂斯，1995），它就需要构建一个异托邦的场所，而在想象的希腊主义领土上，这些帕特农神庙大理石雕就是最重要的地标之一。它们的"高价值"不仅来自它们的起源及其与象征价值巨大的帕特农神庙之间的关联，还来自它们作为争议"商品"的附加价值（与一个政治、经济领域的超级大国有关），以及它们充当隐喻、主张、抱负和欲望焦点的能力，这一点将在后文进一步论证。正是它们内容丰富的传记、多层次的记忆和经历，造就了它们的高价值。这部传记中的每一段故事都会为这些文物增添新的地层，这些地层都承载着沉甸甸的记忆（参阅塞雷梅塔基斯，1994b：141；萨顿，2004：99）。不过这些地层并非井然有序地一层一层沉积下来；大多数与这些大理石雕相关的社会冲突都带有过往冲突的记忆（参阅伯格森，1991），会援引过去的事件和交锋，与过去的助记地层重新建立连接，从而重塑整个助记地层，使过去的紧张和焦虑浮出水面。正因如此，这些冲突的情感力量和分量才会逐年递增而非递减。

然而，这些由记忆和社会经历沉积出的丰厚层次会阻碍商品化，即便只是象征性的商品化。不可转让性不是一种状态，而是一个过程（相关文章参阅迈尔斯，2001a），一种期望的结果，与象征性的可交换性并不一定矛盾。希腊政府要求大英博物馆归还这些大理石雕的目的是，实现不可改变的真正交易：用其他古物交换这些大理石雕，（希望）它们能真正获得并永久保持不可转让的状态——矛盾的是，他们既想将这些大理石雕留在希腊，又愿意将它们作为西欧古典艺术杰作的象征价值拱手相让；换言之，既要保留它们象征性的交换价值（再次揭示了不可转让性的不稳定性和模糊性），又想以强势和权威的地位进行谈判。

在希腊当前的公众话语中，对这些大理石雕的商品化不仅不妥，更是亵渎；正因如此，得知大英博物馆将埃尔金大理石雕所在展厅用于举办企业娱乐活动后，希腊国内才会震怒。不过，人们对在"清洁"争议研讨会期间供应食物之举的反应表明，他们震怒的原因不只是神圣古迹被商品化这么简单：令官员、评论员、媒体感到愤怒的是，神圣与世俗的界限被模糊了；（正如一位读者在写给某希腊报纸的信中所说，）[45]收藏"我们圣洁雕塑"的展厅不可以被用作饮食场所，饮食不过是一种世俗、平凡、肉体的活动。这是对这些大理石雕精神属性的侵犯，就像在其他许多民族项目中一样（如查特吉，1993），精神属性这一领域已经被民族意识形态占据。当然，正如前文及本书从始至终所指出的那样，希腊国内的古物以及流失海外的希腊古物都直接或间接地卷入了文化和价值的象征经济之中，且多是间接的；不过，这些交易会被伪装、被误认为只是象征性的，且会视为是为更广泛的国家利益服务的，因此，（尽管不时引发激烈争论）这些交易往往还是能或多或少地得到认可的。然而，在大英博物馆的这个例子中，这些神圣的大理石雕被直接、公然地商品化了，神圣和世俗的界限、肉体和精神的界限、平凡与非凡的界限被模糊了，更糟糕的是，这些交易是由它们的非法持有者进行的，而且该非法持有者还因失职，令它们遭到了破坏。我们可以看到这些大理石雕的双重身份，一方面，它们是独特且不可转让的文物，另一方面，它们又是象征经济或直接货币经济中的商品，即便是在希腊民族的范围内，随着旅游业、"遗产产业"和古物成为日益重要的经济资源，这一双重身份带来的紧张局势势必加剧，并将成为古物与民族想象间关系的关键特征之一。[46]

不过，这里还需要补充一些远超象征经济话语范围的内容。围绕帕特农神庙大理石雕的争论代表着希腊民族在当今世界舞台上的更广泛谈判，该争论是一种隐喻，代表了希腊民族想要摆脱边缘化的尝试，想要提醒西方对希腊遗产有所"亏欠"的尝试（参阅赫茨菲尔德，1982a，1987；哈米拉基斯和亚卢里，1996：119），以及想要利用自己的"武器"对抗当今世界关键竞争者的尝试：归还的支持者们主张，如果（正如西方主流说辞所言）对整个西方来说，帕特农神庙是具有象征意义的重要古迹，那么，让人们有机会欣赏、崇拜它完整的样子，必然才是更恰当的做法。整个事件揭示出的概念和思想包括：物的拟人化，尤其是人物雕像的拟人化；碎片的概念；肢解和残缺的痛苦；家园和流亡；重聚和归国；碎片的收集和整体的重建。这些概念和思想似乎不只是这一事件的基础，还是民族想象与古物之间整个关系的基础。

首先，在过去的两个世纪中，与这些大理石雕的传记相关的激情、情绪和感受主要来自它们的物质性，以及它们的形式属性和感官属性。大理石不是普通材料，它会成为这些雕塑的代名词也并非偶然：在所有材料中，它是最能令人直接联想到古典古代的，历史上一些最著名的建筑和雕塑就是用它打造的；此外，它还具有感官特质，比如能让人看到它本身的光泽和太阳的反光，能让人触摸到光滑，而就帕特农神庙雕塑所用的大理石而言，它还慢慢产生了一种独特的色彩，犹如蜜糖般的淡黄奶油色，能够让人从视觉上联想到自然白皙的人类肌肤。

除了大理石本身的感官特质外，这些雕塑本身的主题也很重要，这些大理石雕都是人的塑像，且大都与真人一般大小。正如前文所述，在希腊成为民族国家之前的官方叙事和民间故事中，这些雕塑被赋予了生物属性和类人特征，这要部分归因于在它们具有代表性和象征性的主题中出现了许多人物形象。当时的修辞方式不仅为后来的民族叙事所用，还在民族话语中得到了重塑。如今，这些雕塑的残躯已经成为希腊民族躯体的一部分：与许多非西方的观念和思维很像的是，该民族话语揭示出了它的前现代底色，不仅抹去了人类与文物之间的区别（参阅科皮托夫，1986；霍斯金斯，1998），还跨越了过去与现在之间的距离。近些年，希腊官方关于这些大理石雕的话语有所调整，主要强调美学，以及科学、技术上的适当性，不过，官方和大众的话语和反应仍然是以有情绪感染力的拟人化概念为中心。在以这些雕塑为主题的众多著作和表演性仪式中，移情是主要特征，这些雕塑被看作是对人类情绪反应的表达（如前文迪穆拉的诗，以及安德罗尼科斯，1985）；在这类著作中，归还往往被描述为（这些雕塑自己对）"自由"和"回归出生地"的渴望。一位心理学教授在某发行量很大的日报上刊文指出：

> 埃尔金大理石雕总有一天会回家，不是因为希腊人的希望，而是因为出生地的召唤。这些大理石雕并不冰冷。它们是温热的，它们会呼吸。它们不需要主人。它们呼唤的是童年的家园。永不丢失的家园。
>
> 萨利科格洛（2000）

雅典某主要日报的艺术记者发表了一篇题为《大理石雕厌倦

了伦敦的昏暗光线》的报道，分享了她幻想的与这些大理石雕的对话：

> 这些大理石雕对能听到它们声音的人说："（他们告诉我）对我们来说，回归就像伊萨卡之旅*；是时候踏上归途了。"我问："你们怎么知道哪些游客是外国人，哪些是希腊人？"他们回答道："每个人的眼中都充满欣赏，但只有希腊人的眼中，会出现悲伤。他们会在离开前转身看向我们。看到我们身处伦敦的昏暗光线下，他们很悲伤，但令他们更悲伤的是，他们不得不离开，当博物馆的大门在他们身后关上，就只剩我们孤独地留在这里。"[47]

这些流亡的大理石雕被囚禁着，[48] 充满了悲伤，就像动物园里的动物，或是寒冷黑暗监狱中的囚犯一样，它们厌倦了伦敦昏暗的光线，无比向往自己的出生地，向往回到雅典卫城的兄弟姐妹身边，向往阿提卡之光。[49] 希腊政府作为它们的官方拥护者，已经允诺通过官方、正式、外交和政治的语言代替它们发声，表达了它们的委屈和请求。在它们身上，除了对"故土"（孕育它们的大地）的怀念，流亡生活的痛苦和煎熬，与亲人的分离（如被视为姐妹的女像柱，却有一根流亡伦敦），以及被囚禁的创伤，还有被暴力分离、肢解、毁损的剧痛；它们仍然因为曾经遭受的暴力而血流如注。仿佛这些还不够，它们再度遭遇严重毁损。20世纪30年代，在烟雾弥漫、阴沉灰暗的伦敦，在欧洲最黑暗的

---

* 在古希腊史诗《奥德赛》中，奥德修斯历经千辛万苦回到了家乡伊萨卡。

10年里，有些人为了让它们展露出他们期望看到的白，为了满足西方上层阶级对童贞、纯洁的潜意识欲望，"剥了它们的皮"。它们的（临时）监狱已经变成近乎宗教场所的神圣之地，它们中最著名的部分——来自帕特农神庙东面三角墙的雕塑，成了祭坛：大多数怀抱朝圣心态的希腊游客都会来到这里，来到肢体残缺的"狄俄尼索斯"[50]足前；所有的希腊政治家和知名人士都会来到这里拍照，照片中的他们满目悲伤；在伦敦留学的希腊学生也会来到这里，献上祭品、举行抗议活动、拉开横幅。这些流亡的大理石雕不仅向往故乡，也与流亡的希腊人、与尤利西斯*、与对"归乡"（nostos）的渴望同源。在希腊的国境之外，有近500万以希腊人自居的人，因此，"归乡"一直是该民族话语中反复出现的主题。梅尔库里也曾为逃离独裁政权而流亡多年，因此，她会成为要求归还这些大理石雕的最著名斗士也并非偶然。

正如亚卢里（2001：17）所言，如果这些大理石雕真的这么重要，那么20世纪30年代的"清洁"之过，就远不只是在处理最有价值的古物之一时使用了不恰当的技术，甚至不只是去掉了岁月在它们身上留下的原真的痕迹——"铜绿"。他们最大的过错是，这些雕塑在希腊人眼中是有生命、有呼吸的实体，他们却"活剥了它们的皮"，抹去了将当代人与它们相连的触感：如果说皮肤是人类最大的器官，也是我们通过触感与世界相连的界面（康纳，2004），那么将这些拟人化雕塑的表皮去掉，就是在剥夺它们通过触觉与其他人连接的能力。

因此，希腊政府放弃"所有权"话语的决定就有了不同的含

---

* 就是前文提到的奥德修斯的拉丁语名。

义：不仅仅是全球文化经济谈判中的策略，也表明了他们的立场，即这些大理石雕不是"财产"，而是有生命的实体，是希腊民族大家庭中被囚禁海外的流亡成员；因此，它们不能被任何人"所有"，只能被当作民族同胞对待，它们需要得到支持和同情。若果真如此，那么维纳的"不可转让性"理论，以及此例和本书其他例子中所用的关于象征资产和文化经济的全部话语，虽有解释力，但也解释不了这一现象的复杂性（参阅利奇，2003：134）。塔普塞尔（1997）也用类似的论点批评过维纳的所有权和不可转让性概念：在他看来，祖先传给毛利人的珍宝也是不能为任何人所有的，因为它们就是祖先本身。在本书的探讨中，不止一次出现了亲属关系的说法（比如为失去姐妹而哭泣的女像柱），这种表达模式在这里可能更为妥当（参阅萨顿，1998）：如果从广义上来说，我们可以将英国和希腊自19世纪以来的关系看作亲属关系，一方面，如一些人所说，英国是父亲，刚建国的希腊是不听话的孩子，另一方面，希腊是母亲，孕育了西方文明，而英国是忘恩负义的孩子，那么这种模式就更适用了（参阅茨内利，2004）。当然，这种模式也会掩盖其殖民主义起源，但也将构成殖民主义和民族主义的又一个交汇点。

希腊政府决定提议英国继续拥有这些大理石雕的所有权，但要将它们交给雅典卫城博物馆保管。这一决定虽看似卑躬屈膝，但也可以被视为一个心疼孩子的家庭在为欢迎孩子回家而努力；此举还表达了对这些残缺大理石躯体的同情和担忧，相较于只谈合法所有权和全球遗产使命的英方，他们无疑是取得了道德上的胜利。

正如前文马尔托斯在谈论埃尔金主义时所言，肢解一直是希腊民族国家话语的核心焦虑点和关注点。他们想象中的曾经完整的民族躯体遭到了肢解，无论是对希腊主义民族领土的肢解，还是对古希腊物质遗产库的肢解，都是对整体的破坏。[51] 矛盾的是，令民族情感愈发浓烈、愈发强大的恰恰是希腊民族及这些雕塑遭受的肢解、分裂和暴力，以及它们承受的痛苦和失落：如果这些文物不是残缺的，如果它们没有被暴力掠夺，没有被迫离开家乡、出生地和亲人，或许也就不会激发出人们内心如此强烈的情绪和感受了。[52]

该案例还揭示了超越古物本身的另一核心焦虑，即对追求完整性、整体性的民族项目和民族想象的焦虑：**对民族完整的怀旧**，即对完整性的渴望，对重聚的渴望，对收集碎片以修补民族躯体的渴望（参阅利奇，2003）。民族主义似乎与现代性有着共同的渴望，即渴望把人（和雕塑及其他对象）的躯体，以及把各个民族的躯体想象成完整、不可分割且有边界的存在。民族主义似乎没有将民族躯体看作（不同地方、人和物的）碎片的集合，而是把每一个个体（人或其他）都看作民族躯体的缩影，看作有自主能力的民族实体。因此，民族不是由迥然不同的碎片堆积而成，而是由被强行分离的民族实体重新组合而成。促使人们提出归还要求的，除了它们被暴力肢解和强行搬走所带来的痛苦外，就是这种对民族完整的怀旧了。另一种前现代主义或是后现代主义的逻辑可能会将这些古希腊文化遗产的碎片视为**个体**，认为分散的它们可以将不同的展览地紧密联系在一起，认为它们象征着接触、互动式的社会关系（如在今天的美拉尼西亚或在史前的欧洲东南部地区那样；分别参阅斯特拉森，1988，和查普曼，2000）。即使希腊的话语愿意以这种方式看待帕特农神庙大理石雕，英国当局和大英博物馆也不会承认那段令受害者痛苦的暴力掠夺史（这是他们殖民遗产的一部分），再加上他们要求代表普世理想的态度，就让双方原本可能的紧密接触变成不可能了。[53]

目前应该已经清晰的是，关于文物归还的争论或许开辟了一个新的空间，供人们探讨民族主义、殖民主义、帝国主义与古代和物质性之间的纠葛，以及揭示其中的权力关系（参阅巴坎和布什，2002），但主导这些争论的往往是墨守法规的管理话语，这种话语会掩盖与身份和物质性相关的更广泛的诗学与政治学。本章试图展示出围绕在帕特农神庙大理石雕文化和感官生活周围的矛盾、暧昧和讽刺：尽管它们被描绘为全球遗产的守护者，且这种观点在今天尤其盛行，但它们仍然同时承担着希腊民族荣耀**和英国民族及帝国权力的物质表现功能**。人们意识到，尽管这些雕塑具有神圣性、独特性和不可转让性，但它们也曾被商品化，被用于交换，并作为全球文化经济中的象征资本流通。这里的讽刺之处在于，埃尔金搬走这些雕塑的行为可能是从希腊民族手中夺走了无价的民族遗产，但也提升了这些雕塑在国际文化经济中的价值；更讽刺的是，这些雕塑一旦回归希腊，就可能丧失一部分价值，因为它们将退出国际文化经济市场，也将失去隐喻希腊民族谈判和隐喻海外希腊人的能力。本章还揭示了希腊民族叙事的两难困境，该叙事既试图接受古典遗产已被建构为民族兼全球（即西方）资源的观念（参阅洛温塔尔，1988，1998；亚卢里，2001），又试图摆脱当前关于遗产及其归还的后殖民主义、多元文化主义和本土价值观的争论，因为明知这种关联会逐渐削弱希腊古典遗产作为西方文明基石的价值。

更重要的是，正如本章所示，虽然包含象征资本、象征交换和不可转让性概念的象征经济话语是一种有用的分析和阐释工具，但它也只能说明一部分的问题：在大量的官方与非官方的话语和实践中，这些雕塑不单单是可交换但不可转让的财富，还是有生命的实体，是人，是民族成员，它们不单单是祖先留下的无价之宝，还是祖先本身。因此，无论从字面意义上，还是比喻意义上，它们都是不可为任何人所有，也不可被赠送的。因此，要求归还这些雕塑，并不是对所有权的追求，而是对民族完整的渴望和追忆。我曾指出，这是希腊整个民族项目的关键特征。正因如此，希腊政府才会淡化，最近甚至完全放弃了对自身所有权的法律主张：无论是在世的民族成员还是祖先，都不能为任何人所拥有，人们能做的，只是欢迎他们从流亡之地回归家乡。目前，过去的法律理由已被美学和学术理由所取代，后者提出，归还这些雕塑能让它们重归完整，能让它们更靠近帕特农神庙，能让它们回到自己诞生地的光下，这些理由具有双重含义：在"客观"的学者和观察者看来，这些基于美学欣赏和历史理解的理由是合理的，让它们回到诞生地的环境中，更有利于人们欣赏和理解这些作品；在主张这些雕塑有生命、会呼吸的人看来，回家是这些大理石雕的生存之需，是为了将它们从囚牢中拯救、解放出来，是为了让它们在出生地的自然光下与兄弟姐妹团聚。由本章可知，这些雕塑具有高价值、多重记忆地层和生命力，它们也是过去2500年社会生活仪式的参与者，而这些都主要源于它们的物质性、形式特质和感官特质，源自大理石本身的光滑和光泽（这种材料比其他任何材料都更能令人联想到古典古代），也源于它们所代表和展现的主题。

附 言

多年来，我一直致力于探讨关于过去的社会政治问题，一直抵抗着写埃尔金大理石雕的诱惑；但可以肯定的是，这个主题总会突然出现在我的私下讨论和公开演讲中："那么，您怎么看埃尔金大理石雕的问题呢？"更多时候，提问者都会或明或暗地假设，我一定会支持它们的归还（有人还会追问：我是否有利用自己在英国机构的地位积极推动此事？），这种假设源自希腊国内（及海外）人民对此事的强烈感情和反应。面对持续不断的问题（和评论），我试图告诉他们，在这个故事中，可能还有另一些更重要的问题是我更想要探讨的，但这个回答似乎无法令他们满意。我能意识到这些交流中的暗示或不言而喻的假设，也能意识到外界往往不明言但内心带有的指责，在外界看来，希腊人在这一问题上太过狂热/痴迷/偏执。在希腊，无论是政治家还是诗人、学生还是外交官、普通人还是名人，都已将此事视为自己的奋斗目标。本章已证明，围绕该复杂问题的话语和实践按照他们自己的逻辑完全可以解释得通；此外，如果不考虑相互竞争的民族主义，不考虑殖民主义和帝国主义的遗产，我们就不可能完全理解这个问题的复杂性。

我的这些话写于2004年雅典奥运会结束两年后；如前所述，奥运会曾给人以希望，仿佛这些大理石雕会在这一全球盛会举办期间回归雅典，以展示奥运会所应体现的国际友谊精神。但事与愿违。就目前已公布的新雅典卫城博物馆规划及其馆长的项目声明来看，他们不单单是将这些大理石雕视为主要焦点，他们是要将该博物馆精心打造成又一个展示希腊民族黄金时代的著名展台。在这里,我们看不到雅典卫城从史前至今丰富多彩、引人入胜的历史,看不到它充满多样性和大事件的传记。

不过,雅典丰富、鲜活的物质历史拒绝就此噤声:那些自己从地里冒出头来的,以及那些(在为新博物馆挖地基时)意外发现的史前、史后、中世纪或其他时代的房屋和物件,它们用自己的物质性和具体性冲破了现在的地平线,扰乱了已经被纪念碑化的古典时间,打乱了博物馆方的全盘打算。最终,一些非古典时期的古物也赢得了在该博物馆地下室展出的权利;待博物馆开放后,它们将出现在参观者面前,提醒对方自己的存在,将那段拒绝被完全抹去和遗忘的历史具象化。

结论　废墟中的民族?

> 在神话和面具的背后，她的灵魂始终孤独。
>
> 豪尔赫·路易斯·博尔赫斯《苏莎娜·邦巴尔》

我们不可能通过计算机屏幕评估整个希腊文化。但我们意识到了新技术的强大力量和诸多潜力，因而尽力将千年的艺术技艺、数百年的杰出艺术品、人类精神的成就，以及西方文明为发展至当前形态而走过的那些道路都挤进这个项目中。关于希腊文化从古至今的伟大冒险，我们只能设法展示一小部分……我们给自己的服务器取名"奥德修斯"，奥德修斯是最伟大的远航探险者，我们相信他是最具代表性的希腊人，也是最适合领导我们开启这场引人入胜的探索之旅的人。[1]

任何对民族主义的研究都是对矛盾、悖论和暧昧的研究。上面这段文字来自希腊文化部网站"奥德修斯"的首页，体现了本书已探讨的一些矛盾、悖论和暧昧。该门户网站最初被讽刺地称为"尤利西斯"，其早期网页的标题处用了一幅以帕特农神庙为主题的模糊插图，上面还叠加着其他古代主题的图片，这些图片以古典时期为主，但也有史前时期，比如普拉克西特列斯的赫尔墨斯雕像*、所谓的"韦尔吉纳之星"、阿尔特米西昂的波塞冬雕像、克诺索斯王宫的《戴百合花的王子》壁画、基克拉迪群岛的小雕像等。在该插图的左上方，是"希腊文化"几个蓝色大字。

由此可知，这一官方网站将这张插图定义为希腊文化的象征，并将其展示给全世界人民。网站上的其他主题图片还包括：瓶身描绘奥德修斯之旅的古典时期花瓶图片，以及象征当前不同民族运动的图片（也是跳转到其他网站的超链接），这些运动包括帕特农神庙大理石雕的归还、大型展览、当前的大型文化活动等。不过，希腊文化部放在该网站首页的这段文字从一开始就明确表达了对互联网能否传递希腊文化"精神"的怀疑，认为互联网等架构是无法容纳和表达希腊主义精神的。但该网站又充分利用了这种媒介的潜力，网站架构设计得极其细致。这份网站声明暗示了多组完全相反、截然不同的概念：希腊主义的精神概念与网络空间的技术概念截然不同；希腊文化的"原真性"与互联网的虚拟性截然不同；希腊文化的"千年历史"与"计算机革命"的年轻新奇截然不同，这还间接暗示了"计算机革命"的短暂性。

这些策略等同于利用仪式性和表演性的方式来抵抗西方，西方必须穿越"挤"在该服务器网页中的千年历史，才能"发展至当前形态"。毕竟，我们是受邀在"最伟大远航探险者"奥德修斯（尤利西斯）的指引下上网冲浪的。然而，这些网页提供了一个极具讽刺意味的悖论：希腊官方一方面充分利用该媒介的能力，另一方面又质疑并削弱其权威性。互联网是最具代表性的全球化媒介，他们此举是对该媒介的巧妙利用；一方面驯化、改造网络

---

* 又被称为《赫尔墨斯和小酒神》，是希腊雕塑家普拉克西特列斯的作品。

结论　废墟中的民族？

空间，另一方面又诋毁、贬低它，称其永远不可能与真实、物质、永恒、原真的希腊文化相提并论。互联网的短暂性和虚拟性与古代文物、建筑图片所代表的物质性和实体性并置，直接体现了希腊官方这种既利用又否定的双重表演性行为。

作为现代国家却需要古代废墟，这反映了该民族虽具有现代性，但却总在重现古代的悖论。虽然他们对古代文物和废墟的生产、流通和利用都带有特定社会的印记，但又在对这些古物和废墟进行纪念碑化，赋予它们一种永恒存在之感，这反映的悖论是，该民族的社会形式虽是在特定历史条件下形成的，但其话语又强调不受时间影响的永恒性。正是这种悖论让1904年前往雅典卫城的西格蒙德·弗洛伊德深感不安[2]：他意识到这一古典"奇迹"不仅仅是一个理想的、想象的、文学的空间，还具有非常特定、具体、可由身体体验的物质性。它并不是由西方理想化塑造的"异国"（洛温塔尔，1985），而是与观察者存在于同一时间、同一地点。与希腊更相关（且在前文清晰所示）的悖论是，古典古迹同时具有民族意义**和**全球意义（至少在西方想象中是如此），该悖论催生了无休止的紧张局势、主张和反驳以及仪式化较量。

不过，前文给了我们进一步思考的空间：在全球化的晚期现代性时代，在有史以来最多人有最多机会流动和交流的时代，在全球化资本的时代，在遗产和古物日益商品化的时代，民族想象的影响力是否仍在？它是否还能如过去几个世纪那样，唤起同等的激情和情感？一些评论员会毫不犹豫地宣布民族主义的时代已亡，在他们看来，民族主义的时代正在被族裔散居、全球网络（霍德，2003）和遗产商品化（如巴拉姆和罗恩，2004）的时代所取代，但就上述引文、本书中的若干例子以及哈米拉基斯对物质古代及其视觉和话语唤醒作用在网络空间中的应用的研究（参阅哈米拉基斯，2000a）来看，事实并非如此：今天的族裔散居群体与19世纪的族裔散居群体一样，都在民族想象的再生产中发挥着关键作用（参阅安德森，1994），正如马其顿国名争端及其他冲突所示。此外，商品和资本从一开始就是该民族项目的核心，今天的互联网等全球化媒体只是提供了更多自下而上、向公众传播民族叙事和想象的机会，将这个民族变成了网络民族（参阅哈米拉基斯，2000a）。因全球化而产生的焦虑和因多元文化主义而感知到的威胁可能会增加而非减少通过物质过去投射民族想象的需求。一些人认为，在互联网等全球化表现形式及更广泛的全球化现代性中，存在一些人造的、无形的，因而也是虚假的东西，正如前面引文所示，古物的真实感、有形性、物质性和具身性正是对抗这些的理想手段。[3]

然而，这种原真性和人造性之间的双极性间接提到了贯穿本书所有或至少大部分关键内容的又一紧张关系和暧昧性：独特化与商品化、原件与复制品、神圣与亵渎、可转让性与不可转让性之间的冲突。为了充分理解这种紧张关系，我将总结本研究得出的最重要观点和发现。

本书认为，从19世纪至今，民族想象的生产和持续再生产都是以古代的物质表现形式为核心，这些表现形式包括古遗址和古艺术品（及其仿制品）。当然，古物从很早之前就已经拥有了丰富多彩的社会传记。它们是过去之人创造的奇观和壮举，具有能够撼动人心的意义和神秘的力量。民族想象并不会彻底改变过去的感受和态度，而是会吸收它们，并在它们的基础上进一步发展，同时在古今之人之间建立起谱系关联：这些壮举是祖先们现在的壮举。它们过去强大的、近乎神圣的属性和力量得到了传承，并转化成了神圣的民族遗产。古物的神圣化是由多种因素促成的：它们曾经有过的神秘含义、古代与基督教的融合，以及它们在比现代希腊民族想象早数百年的西方想象中的神圣化。"古物的神圣化"这一概念与对纯洁和污染的焦虑密切相关（民族想象中的这种焦虑也存在于犹太－基督教及其他宗教的思想体系之中）。正是这种常以美学术语表达的焦虑导致了对古建和古遗址的净化，即清除一切被认为"与周围环境不协调的"物质痕迹（通常是非古典时期的遗迹）；正是这种焦虑助长了对一切亵渎行为和实践的反对，从在神圣古物前用餐，到在它们面前公然进行商业交易。

过去，古物一直是一种竞争性的资源和价值。后来，它们成为现代希腊国家最重要的象征性资源，但是，作为象征资本的它们，也成为不同群体、不同社会代理人之间持续谈判和争夺的对象。统治者和政治领导人（从奥托一世到梅塔克萨斯）为证明自己政权的正当性而争夺它们；相互对立的团体和个人为获得道义上的支持而争夺它们；还有一些人为了找到本土文化的身份或是为了获得商业、金融利益而争夺它们。自古典古物成为神圣的民族资源，具备这种资源的道德权威性和强大影响力那一刻起，自它们成为民族宪章神话的根本要件那一刻起，它们的象征性力量就有了自由阐释的空间，哪怕这些阐释往往相互冲突。即便是民族话语中的受害者和内部的"他者"，如在20世纪30年代末和40年代被囚禁、流放的共产党员及左翼人士，也需要从相同的宪章神话中获得反抗的勇气和武器。事实上，人们经常可以感受到古物的道德权威，这种权威一直被描绘为内化的"全景监狱"，时刻监视着现代希腊人，邀请他们将辉煌的过去与不够辉煌的现在进行比较；这种"全景监狱"经常表现为西方对现代希腊人的要求，要求他们管理好自己的过去，无愧于他们创造过无数辉煌的祖先。

对古代、古物和民族想象之间关联的研究表明，殖民主义的想象、话语和实践与民族主义的想象、话语和实践密切相关。西欧曾称古典时期的文化和文明是道德和文化上的最高权威，鉴于希腊民族想象采纳过这一话语，西方至少曾对希腊进行过意识形态上的殖民。此外，如果所有殖民主义都与带有感官特质和吸引力的事物对人们的影响力有关（戈斯登，2004b；爱德华兹等，2006），那么这就是一种特殊的殖民主义形式，建立在古典古物对西方精英、知识分子和领导人的影响力之上。这也是一种直接的殖民主义形式，对当地产生了实际影响：其中最相关且影响深远的后果之一是，巴伐利亚人及其他西欧人建立了正式的考古学和历史遗产机构。不过，尤其是从19世纪中期开始，民族叙事得到了解放，形成了我所说的"本土希腊主义"、"希腊－基督教叙事"以及坚称希腊文化的连续性自古典时期至今从未中断过的话语。民族想象处于持续发展和变化之中。近代以来，本土希腊主义得到进一步修改，比如19世纪末发现的"迈锡尼"时期（约公元前1500—前1200年）的物质表现，它们为希腊主义提供了更大的历史深度，还有20世纪70年代安德罗尼科斯在韦尔吉纳遗址取得的考古发现，它们从考古学角度将马其顿王国纳入了希腊主义的地形之中。

从很早以前开始，人们就认可了历史编纂学、民俗学（甚至是文学、地形学和地理学）可以对希腊民族主义研究和一般性民族主义研究做出的贡献。我希望本书业已证明，无论是作为民族物质真相的生产者，还是作为过去时代物质表现的生产者，考古学对于这些研究的贡献都是绝对必要的。事实上，我曾大胆提出，对民族想象来说，过去的物质痕迹及其被考古学转化为民族考古记录的过程，远比历史编纂学、民俗学和地形学研究重要。我并不是想在这里人为制造物质与非物质的二元对立（参阅米勒，2005，尤其是"引言"），或是具身性实体与非具身性实体的二元对立，尤其是考虑到许多文化现象，如民间传说或历史叙事，往往是以完全具身性和物质化的方式表现出来的，例如在民族仪式和庆典中发表历史相关演讲，表演民间歌曲和舞蹈；同样地，地形学研究的地点和领土，也是完全物质化、可亲身体验的实体。然而，这并非本质上的差异，而是程度上的差异。如果没有辉煌过去留下的有形、物质的痕迹和遗迹，无论是有历史叙事，还是找到了民俗学、文学、地形学上的关联，都不足以支撑古今的关联；正是这些有形之物的持久存在，才能让过去和现在同时存在。此外，这些有形之物是可以用整个身体去体验的，用所有躯体感官去感受的。正是因为古物具备物质、感官和体验属性，才让它们不仅对民族空间的生产必不可少，同时也对民族梦的形成与重塑不可或缺。如果正如古尔古里斯和利昂蒂斯所言，民族梦是以图像和地形展现的，那么古物的可视性、可触性和具身性便可以提供图像式的景观，并能标出民族空间的范围。正如阿帕杜莱（1995）的提醒所示，场所是需要被创造的。我们需要不断地生产和再生产民族地点，而在民族地点的生产过程中，考古学实践可以提供一些最重要的特征，即民族过去的物质表现形式。

　　民族想象与大地、血液、躯体和骸骨有关，也与梦想、战争、死亡、牺牲和神圣性有关。古物，尤其是古典时期的古物，都具备将这一切要素物质化、相关联的能力，也具备唤醒有关它们的记忆的能力。它们来自大地，或者说大地孕育了它们；它们的白（一如大理石雕像和建筑构件的颜色）是骸骨暴露在阳光下的白，是祖先神圣之躯的白。这些古物不仅常常入梦（不仅是普通人的梦，还有安德罗尼科斯等考古学家的梦），还常常（通过考古叙事）讲述有关战争和牺牲的故事。许多古物本就是死去祖先的遗骸或墓地：一些最常见的考古发现便出自墓地，而在过去的三十年中，正是对所谓腓力二世墓的发掘，才让我们发现了一些最著名、最受人尊敬的圣物。

本书业已论证，考古学（不单单是古迹和文物）是民族想象的基础，是生产业已存在的事实，以及生产经验性和有形性民族真理的工具。考古学为希腊民族创造了真理制度。它通过重新收集碎片，也就是通过将支离破碎的废墟重新拼接，生产出有助于记忆的景观，但这个景观也同时充满了破坏和遗忘。为了让人们遗忘多样、多重、混乱、支离破碎的过去，考古学生产出了井然有序、经过净化的民族记忆。制度化的现代考古学是由殖民主义和民族主义创造的，它通过净化、再造、划定、展出等一系列策略生产民族考古记录。与此同时，民族考古学陷入了一系列悖论和困境：民族考古学需要让自己的使命显得客观、科学（这种客观主义立场对于掩盖它的"民族工具"一角非常重要），但又承认自己的民族角色和民族意义。它自称具有专业性，但又不得不管理民族实体，即被视为共享民族资源的古物，对这些古物的照管被视为整个民族而不仅仅是考古学家的关切。民族考古学应对的是需要所有人通过亲身体验来感知的古物，但考古学需要将它们划定为神圣的民族标志，从而将它们与日常生活网、与稀松平常的日常活动区分开来。

　　本研究从两个重要方面进一步阐明了考古学的性质和该民族的性质。目前广受认可的观点是，考古学是一种工作手段和思维方式，但只能在欧洲现代性概念世界中构想（参阅托马斯，2004b：18；2004a），但本研究业已证明，这种观点需要修改、重塑。另一种观点认为，考古学是一种历史悠久且可追溯到史前的实践，旨在从过去的物质痕迹中生产意义，如今，这种观点得到了施纳普（1996）、哈曼（2002）等人的充分支持。但我指的不仅仅是这种观点，还有更重要的一点：即便制度化的考古实践明显源自欧洲现代性的发展，但二者的发展轨迹并不总是相同。马诺利斯·安德罗尼科斯的例子证明，他的考古学与被视为前现代或反现代的话语、实践、态度有很大关系：从他用如同萨满教的方式来重现过去，到他（和其他人）主张自己能够通过触摸与已逝祖先交流。民族考古学并未彻底摆脱与物质过去之间的体验式接触。不过，这种情况不仅存在于考古学领域，也存在于希腊的整个民族项目和民族想象之中。安德森［如1991（1983）：11—12］等人曾主张民族想象取代了宗教等早期想象形式，而本书业已证明，这种观点需要修改和重塑。无论过去还是现在，希腊的民族想象都是混合式的，现代性并没有完全取代前现代的思维方式和想象模式，而是嫁接到了它们之上。早在很久之前，将民族国家等现代主义机制视为合理架构的观点就已被证明是有缺陷的，也有学者对这类架构中的象征基础和假设进行过细致深入的探讨和研究（文献很多，如赫茨菲尔德，1992）。但我的看法不同：这一观点能吸引人们注意到现代性的多重性、多样性和复杂性，注意到不同社会在融入现代世界体系时多元的发展轨迹。斯托勒曾从种族和殖民主义视角重新研究福柯的《性史》，我的看法与她的研究结论不谋而合：

> 我们需要明白，种族话语**与该民族的话语一样**，它们的力量来自"多元的流动性"，来自它们所控制的话语密度，来自它们所服务的多重经济利益，来自它们所包含的被征服的知识，来自它们所运用的沉淀下来的知识形式。
>
> 斯托勒（1995：204—205；原作者强调）

提到沉淀，就又要说回考古学。如果我的上述看法有一定重要性，那么我们就需要重新审视考古学与现代性这一新研究领域。我们需要研究多种考古学的构成和运作方式，有一些考古学是前现代的、非传统的、本土的，还有一些是官方的、看似现代但更偏混合式的；我们还需要研究这些考古学与同样多样化、多元化的不同现代性之间的关联（参阅拉图尔，1993）。

人们曾试图理解支离破碎的物质过去（碎片和废墟）与该民族之间的关联，这种尝试也曾有助于理解民族想象的关键特征。我曾在本书中提出，民族想象的一个关键模式是**对民族完整的怀旧**：在民族眼中，不仅古物、建筑和雕像的支离破碎、四散海外是威胁，整个民族实体的支离破碎、四散海外也是威胁。无论是雅典卫城上的民族纪念碑、民族领土的碎片还是流亡的民族成员，民族想象所做的都是努力将四散的碎片重新连接起来，将残缺的片段重新拼凑起来，将整体修复、重建起来。因此，支离破碎的古物与民族实体及其组成部分之间存在着同源和换喻的关系。本次研究发现，民族想象的另一关键特征是"流亡"：既包括流亡于未赎回领土的希腊人、希腊的经济移民、受迫害的共产党人和左翼人士等远离民族躯体的"自我放逐者",也包括流亡海外的古物。就这一逻辑而言,该民族对归还的追求有着比追求文物归还更宽泛、更切题的意义:它要求归还的是出自该民族躯体但流亡在外的一切实体,包括领土、移民、内部的"他者"和古物。它们的归还将重建支离破碎的民族躯体,将实现至关重要的民族幻想。无论是在国际舞台上,还是在地方性和地区性的舞台上,我们都能看到希腊民族对重组的追求,对民族完整的怀旧,只是规模不同:国际性的如帕特农神庙大理石雕之争,地方性的如当地社会对该国内部埃尔金主义的谴责。不过,在该民族躯体内部,也不是所有人都总是心甘情愿地服从这一对民族完整的追求。曾有当地人反对将当地出土古物运往国家博物馆或其他地区性的大型博物馆(如韦尔吉纳文物那个例子所示);本书其他部分探讨过的克里特岛和"米诺斯的"过去也曾有过这样的经历(哈米拉基斯,2006;参阅哈米拉基斯和亚卢里,1996;赫兹菲尔德,2003):"米诺斯的"过去(克里特青铜时代)给当地人提供了一个突显自身独特性,甚至是凌驾于民族过去之上的机会,因此,他们是不太愿意将米诺斯文化融入民族整体之中的,这种举棋不定也可能是策略上的权宜之举。[4]

记住这些后,我们就可以重新审视我所提出的民族想象与古物间关系的一个关键悖论:独特化与商品化,即可转让性与不可转让性之间的冲突和紧张关系。这种紧张关系源于一个事实,即古物不得不同时扮演两种相互冲突的角色:它们必须是独特(从独一无二且原真的角度来说)且神圣的,但又不得不在地方、国家和全球的文化经济舞台上充当古典古代象征资本的货币。换言之，古物不得不兼具可转让性和不可转让性。缓和这种紧张关系的方法是，掩盖古物被用于象征性交易的事实。这些交易一旦被摆上台面，必然激起众怒。但我也曾在本书中指出，这种可转让性和不可转让性之间的悖论虽能**部分**解释民族想象与古物之间的关系，但也存在局限性和误导性。如前文诸多例子所示，古物不是古代象征资本的货币这么简单，也不是在文化经济舞台上利用和流通的象征性商品。它们被视为主体而非客体，或者更准确地说，它们模糊了主、客体之间的区别。无论我们谈论的是"被囚禁"的帕特农神庙大理石雕，曾给予马克罗尼索斯岛囚徒勇气的苏尼奥角波塞冬神庙，还是希腊政府计划于1979年从伊拉克利翁考古博物馆"绑走"，送到卢浮宫和纽约展出的"米诺斯"古物（该提议曾激起众怒，最终未能实现；参阅哈米拉基斯和亚卢里，1996；哈米拉基斯，2006），这些具有象征性和重要意义的古物都不是单纯的石头和土块，而是有生命、有呼吸、有知觉、有情感的实体。换言之，古物（尤其是雕像等拟人化的古物）并不是民族的象征性财产，而是民族躯体不可或缺的一部分；它们也并不是伟大祖先的辉煌功绩，而是**祖先本身**。[5]这一点在帕特农神庙大理石雕等"流亡"和"被囚禁"古物的案例中更加清晰可见。就这一点而言，古物与毛利人的珍宝（见第六章）很像，都是不能为任何人所有的：你不能拥有自己祖先或其他民族同胞的所有权。因此，若要解释与古物相关的许多互动、态度和实践，从（该具身性民族实体内的）亲属关系角度出发，或许比从所有权和象征性交易的角度出发更为恰当。在此基础上，民族的客体和主体，人的躯体和雕像的躯体，都是相互构成的（参阅盖尔，1998），它们都同时是民族想象和实践的生产者及产物，并将继续如此。客体造就了也将继续造就民族，与此同时，民族成员也将继续利用过去的遗迹制造民族的客体，或者更准确地说，制造与自己一样的民族主体。

2005年6月，希腊政党"左翼联盟"主席向希腊议会提交了一项动议，质疑文化部设立新考古服务机构的意图，尤其质疑博物馆的地位。考古学家和其他一些人士非常担忧政府是想要将某些博物馆完全私有化，并将它们当作历史遗产中心来运营，这样一来，这些博物馆就更接近于许多西方国家的许多或大多数私有化博物馆了。文化部长的回应丝毫没有减轻批评者的担忧："在我国，大型博物馆向私营机构转型的条件已经成熟。"愤怒的"左翼联盟"主席发表了一份言辞激烈的声明："让希腊国家考古博物馆落入私人手中？落入股票市场？希望他们至少对雅典卫城表现出一些尊重吧。"[6]

帕沙·查特吉（1993：234—239）曾指出，民族想象中的一个关键特征就是资本与社群之间的紧张关系。在民族主义中，正是资本叙事将个人与国家联系在一起，也正是这种叙事反对、摧毁或彻底改变了多样化的社群形式，从而抬高民族共同体的地位，让其成为唯一正当合理的社群形式。正如本书所论证的，自希腊民族想象确立之初开始，资本的利益就是其核心，但这些利益也曾多次与民族共同体、神圣化和民族精神等概念发生冲突。这些冲突的成因在于，和其他许多国家一样，希腊的民族共同体也带有许多民族主义力求摧毁的前民族社群的特征（如宗教的、精神的、面对面的特征）。不过，这些冲突和紧张关系都发生在民族想象的范畴内，而非在它之外或与它对立。前些年，希腊政府还试图以同样的方式将考古学的运作私有化，特别是古物展出这部分业务，这也暴露了资本与社群之间的冲突。更重要的是，此举无疑是将象征性交换转变成了直接的金钱交易。不过，正如书中若干例子所示，在这么做的同时，希腊政府仍然坚称这些古物是神圣、不可转让的民族遗产。讽刺的是，当时是某左翼政党领袖挺身而出，捍卫古典遗产的不可转让性，并阻止政府企图实施的这一亵渎行为（与左翼政党在20世纪30和40年代的反应一致，见第四章和第五章的探讨）。公平地说，此人的立场与其政党更广泛的政策是一致的，即全方位抵制广泛的私有化计划。更重要的是，此人的反应或许再次体现了人们最重要、最持久的古物观：古物是需要与之交流互动的民族主体，而非可以供旅游业和金融业利用的商品。如果考古学的私有化继续推进，古物就不太可能停止扮演它们在民族中的关键角色。更有可能发生的是，它们的民族角色将与资本逻辑和利润最大化更紧密地联系在一起，这种发展可能会使它们失去"前现代"的关联，但不会失去它们在民族想象中的影响力。

每一代人都会以自己独特的方式、手段和路径实现民族化。希腊也不例外。希腊民族宪章神话的成形过程最晚也是从19世纪初开始的。物质古物一直是该过程的核心，也在随之一同改变。近代以来，古典遗产已经在诸多因素的影响下贬值了，这些因素包括多元文化意识形态的影响、欧洲中心论受到的批判、相关学术研究领域的衰落（围绕黑色雅典娜的争论只是其中一种表现形式）以及西方社会经历的种种文化和人口变化。不过，古典遗产的贬值并未削弱其在希腊人民心中的重要性。要说有什么影响的话，这种贬值反而增强了希腊人民更坚持不懈地利用新技术、新手段传播古典遗产价值的决心。当然，希腊也在持续变化中。与欧盟的进一步融合,以及巴尔干国家、亚洲和非洲移民数量的持续增长,可能会使希腊社会再次回到19世纪之前那种多元文化的状态。在文化生产领域,混合性、对边界和他者性的探索以及对融合身份(希腊-巴尔干、希腊-地中海等)的探索已成为近些年的重要趋势。与此同时,至少有一些族裔散居的知识分子在呼吁将新希腊主义重新定义为一种混合实体(参阅兰布罗普洛斯,2001;乔瓦斯,2001)。不过,从雅典奥运会的举办,到声称提供"地道古希腊菜肴"的连锁餐馆"古老的味道"开张,再到若干崇拜奥林匹亚众神的异教团体出现,[7]再加上人们对古物和古迹的一贯态度,如此种种都表明,民族想象(由下至上及由上至下)的投射与表达一如既往地强大。而在民族想象的投射与表达中,古物发挥着关键作用。

我们很难相信希腊在这方面是一个独特的案例。在公元第三个千年开始之际,全球化资本确实有能力绕过民族国家,但作为国家的实体们也在加强而非减少边境管制,以阻止"他者"进入。更重要的是,文化领域和金融、政治领域一样,都面临着重大的全球冲突,而民族想象仍然能为政治家和公民提供有效的参照,尤其是在重大对抗发生之前和期间。无论是过去还是现在,具体、物质的文化表现形式都能一如既往地对这些争斗产生重大影响。我们根本无法或很少能在没有古代废墟的情况下构想出民族;但民族本身绝非身处废墟之中。

注　释

（以下引用的网址只保证在本书写作时有效。）

序言　刻在大理石中的记忆

1　早期，在雅典卫城下举行的示威活动中，曾有人拉出这样一条横幅："对2004年奥运会说不；对出卖古代精神的行为说不。"［见《时代》，1997年9月7日］

2　来自：http://athens.indymedia.org/old/front.php3?lang=el&article_id=317354（2006年3月27日访问）。

3　来自：http://www.athens2004.com（2005年1月28日访问）。

4　我知道，最近有一些批评家质疑了将"现代性"视为分析类型的有用性，其中最著名的要数弗雷德里克·库珀（2005）；库珀尤其反对将"殖民现代性"视为一个大一统的整体（2005：148），与其他现代性并列使用，他认为，这种做法无视了"在政治和社会组织概念与道德基础之上的跨界斗争"（2005：149）。但从本书的目的出发，"现代性"主要还是被用作分析类型，该类型涵盖了自近代早期以来发生的经济、社会、政治以及想象/具象的变化，其中殖民主义和资本主义最为突出。这并不意味着这些都是作为一个统一的整体发生的，也不意味着这些不曾遭受质疑和争议，这一点不仅适用于欧洲腹地、外围和边境国家（如希腊），也适用于世界其他地区。虽然我赞同库珀的观点，但考虑到现代性与殖民－民族和国家权力之间的关联，我相信利用这一概念，仍能有效分析部分问题（参阅詹姆逊，2002：214），尤其是以希腊为背景的问题，我还相信，利用这一概念能够有效分析民族想象等过程和官方考古机构的发展历程。在探讨这些过程时，"现代性"显然不只是一个学术分析类型，还是学者重点关注对象们"真实"使用的话语。因此，在分析时，我们需要谨慎使用"现代性"，但又要从中获得启发，这样才能突出它的局限性、跨界点以及库珀所说的关于"现代性"意义和影响的政治斗争。

5 近年来，许多学科领域的探讨都突显了以下几点的重要性：物质文化的具身的、感官的生活和传记；人与物之间的多感官、联觉互动，更广泛地说，是生物与非生物之间的互动（参阅英戈尔德，2000；哈米拉基斯，2002a；豪斯，2003；戈斯登，2004a；蒂利，2004；塞雷梅塔基斯，1994a；梅斯克尔，2005；爱德华兹等，2006；豪斯，2006；等等）。但并非所有探讨都将对感官、快感体验的重视与对社会记忆、时间和短暂性的关注结合到了一起。

6 笔者明白"西方"这一术语的多样性和内在不稳定性，在本书中，"西方"主要是对西欧权力中心的简称，在许多语境中，比如此处，也包含北美和其他奉行欧洲中心主义的地区。

7 包括但不限于科尔和福西特，1995；阿特金森等，1996；迪亚－安德勒和钱皮恩，1996b；哈米拉基斯，1996；梅斯克尔，1998；凯恩，2003。

8 可参阅经典著作《阅读过去》（霍德，1986；霍德和哈特森，2003）；近期的研究批评了将考古记录视为"文本"的考古学范式，不过，即便是这些评论文章也往往默认"考古记录"这一概念的存在。

9 希腊背景下对异时性的批判性探索，尤其是关于区域考古项目，见福蒂亚迪斯（1995）。

第一章 "战士""祭司"和"传染病医院"：
考古物质现实的生产者

1 欲了解希腊审美价值与其民族想象力之间的关联，见兰布罗普洛斯（1984）；若重点关注文学方面，可见尤斯达尼斯（1991）。

2 前些年，两位著名考古学家兼大学教授 H. 杜马和 V. 兰布里努达基斯发表文章为国家考古局的考古学家们辩护，称他们是"stratevmenoi"（现役军人）（《论坛报》，1998 年 2 月 8 日）。

3 发掘、收集到的部分古物被运至雅典，收藏于希腊国家考古博物馆；其中有一尊著名雕塑，是个小男孩，常被称为"小难民"。人们在它身上看到的是活生生的同胞，比如1922年希土战争后从小亚细亚涌入希腊的数千难民。

希腊也批准美国古典研究学院（雅典）在科洛封等地进行遗址发掘，以证明自己这一考古发掘活动的正当性（参阅戴维斯，2000，2003）。

4 考古学与战争之间的一般性关联不是希腊的专属，它们普遍存在，有广泛研究的必要（参阅戴维斯，2000；乔伊斯，2002）。此处只以几位考古学领域的关键人物为例：从皮特·里弗斯将军到伊加尔·雅丁，他们都是有从军经历的考古学家，后者不仅担任过军中要职，还曾是政府高官，发掘了以色列民族主义的标志性遗址马萨达（参阅本–耶胡达，2002）。

5 这一举措是由该委员会向内政部提议后，得到内政部批准的（匿名，1914：72）；事实上，在该委员会提出的古希腊语名中，有许多都得到了采纳。

6 关于（地方当局）如何利用古希腊语对场所、村庄、城镇重命名，亦可见亚历山德里（2002）。

7 近期关于希腊博物馆的研究还有加齐（1993，1994）、阿夫古利（1996）、穆利乌（1994，1996，1997）、斯卡尔察（2001）和武杜里（2003），以及乌尔穆西亚迪斯更早前发表的几篇文章（如1987）。

8 比如，若博物馆和考古遗址想要出售书籍和参观指南，必须先得到主管考古委员会的批准。

9 目前尚未有人就希腊这些外国考古研究所的社会历史、运作方式和角色开展批判性的系统研究，也就没有可成书的研究成果。这些研究所有时会自己编写"事实性的"历史，但主要是为了表达对祖先的崇拜，以及尝试证明某些东西的正当性，而非为了开展批判性研究（如梅里特，1984；沃特豪斯，1986）。近年来，已有文章开始纠正这种做法（如戴维斯，2000，2003；克洛格，1993）。

10 关于基本考古法的编纂，另见http://www.area-archives.org/homepage.

htm（2006年10月31日访问）。

11　2002年版考古法规定，"收藏家不应收购可能来自盗窃等非法活动的文物"，这种说法暧昧不清，显然有所妥协（希腊议会，2002）。

第二章　从西方希腊主义到本土希腊主义：古代、考古学和现代希腊的发明

1　此处是参考马利亚拉基斯（1884）和帕帕耶奥尔尤－韦内塔斯（2001：363—364及多处）提供的信息，重述了这一事件。关于该仪式的举办日，马利亚拉基斯写的是8月28日，冯·克伦泽回忆录[《希腊之旅中收集的格言合集》（*Aphoristische Bemerkungen gesammelt auf seiner Reise nach Griechenland*），1838年柏林出版，帕帕耶奥尔尤－韦内塔斯（2001）探讨并部分翻译了书中的内容]中写的却是9月10日；这种差异可能源于所用历法不同。

2　例子包括雅典卫城、科林斯卫城、科林斯地峡长城等（参阅范德文，1980：313）。

3　教会的教义有助于宣传"希腊人"不同于当代希腊人的这一观念：具有代表性的包括著名传教士埃托利亚的科斯马斯的名言"你们不是'希腊人'"，他会对基督教徒说，"你们并不是不虔诚，也不是异教徒、无神论者，而是虔诚的东正教徒"（转引自波利蒂斯，1997：13）；不过，科斯马斯也鼓励不说希腊语的人（如说阿尔巴尼亚语者）使用希腊语，因为希腊语是东正教的语言，"如果你不学习希腊语，我的兄弟，你就无法理解教会所倡导的东西"（参阅马塔拉斯，2002：27）。希腊语是当代人与古典古代之间的核心纽带，它能够得到保全，却要部分归功于敌视古典时期异教历史的东正教会，这一悖论对于理解希腊的民族想象力至关重要（参阅基尔塔塔斯，2002：254）。

4　该文作者署名G. Ch. G.，可能是奥地利商人、外交官兼领事的乔治·克里斯蒂安·格罗皮厄斯（韦利亚尼蒂斯，1993：312），他因帮助西方人（如科克雷尔）侵吞古物而闻名，拜伦在《恰尔德·哈洛尔德游记》中嘲讽过他的这种行为（参阅阿萨纳索普卢，2002：288）。因此，该作者

是"有私心的",他没有提及当地人与古物之间的情感联系,只强调了他们对古物的破坏性利用,这绝非巧合。不过,此文中的信息还是很有用的,因此放在这里,与其他资料一并探讨。

5 据兰加维斯(1837:6)称,约阿尼纳的阿里·帕夏就是为了寻宝,摧毁了喀罗尼亚之狮雕像。

6 这个故事出自旅行家霍布豪斯(1813:348)的记录,还曾被金纳迪奥斯引用(1930:脚注57, 57—58页);关于年代更早的类似故事,参阅范德文(1980:315)。

7 18世纪和19世纪初西方旅行家对希腊的影响并不在本书的探讨范围内;相关研究可见范德文(1980)、齐加库(1981)、康斯坦丁(1984)、安杰洛马蒂斯-楚加拉基斯(1990)、奥古斯蒂诺斯(1994)、科斯特(1995)和托利亚斯(1996a);关于对古物的侵吞:西莫普洛斯(1970—1975)和布拉肯(1975);以及拓展阅读,即从不同背景和批判性后殖民主义视角出发的研究:普拉特(1992)和邓肯与格雷戈里(1999)。在1800到1820年的二十年间,西方人赴希腊旅行的频率大幅增加,当时,列强之间的竞争愈演愈烈(托利亚斯,1996b:8—9),一些人认为这一时期的特征是"大理石热"(托利亚斯,1996a)。正如巴克·萨顿(1995)所示,旅行者的叙述往往会抹去现代生活的痕迹,将注意力集中在古典时期的古物上,并突显出与世隔绝、忧郁寂静之感(关于19世纪早期和中期艺术家们创作的雅典全貌,参阅法茨亚,1999:128;亦可见后文有关摄影师的内容)。另一些人指出,他们的文本往往具有同质性,几乎都是标准叙事,旨在规范、指导正式参拜古代遗址的礼仪(参阅斯托,1994)。西方旅行者鲜少费心描述当地人对古物的态度,此处及后文提及和引用的材料可能是为数不多的例子;原因显而易见:对许多旅行者来说,侵吞古物才是他们一直以来的关注焦点,而当地人的态度(如下文探讨的埃莱夫西纳的例子)往往是他们侵吞古物的阻力。

8 另一个类似的例子来自旅行者科克雷尔1810年的记录。当时,他瞄准了埃伊纳岛上的古典时期神庙——阿法埃娅神庙,正试图搬走神庙中的古物。他特别提道："我们不该指望毫无阻力地带走自己的发现。无论人们有多忽视自己的财产，一旦发现有他人觊觎，就会立刻珍视起来。岛上不同地区的大主教一同来到我们面前，宣读了该岛议会的声明，声明请求我们停止行动，因为只有天知道，继续这些行动会不会给整座岛，以及毗邻土地招来厄运。这种手段拙劣、装神弄鬼的迷信恐惧显然只是勒索钱财的借口。我们觉得付钱才公平，因此派出翻译与他们一道进村商讨具体金额。"（科克雷尔，1903：54）

9   关于这一主题，还有从不同角度、基于各种不同数据进行的探讨，比如：季亚曼祖罗斯（1972）、楚卡拉斯（1977）、基特罗米利迪斯（1979，1985，1989）、莫斯科夫（1979）、赫茨菲尔德（1982a，1987）、迪马拉［1989（1977）］、贾斯特（1989）、弗里德曼（1992a，b）、克雷米达斯（1992）、波利蒂斯（1993）、利昂蒂斯（1995）、古尔古里斯（1996）、鲁多梅托夫（1998a）、斯科佩特亚（1988）和佩卡姆（2001）。

10 一些资料称，奥斯曼帝国当局将"罗马人"用作贬义词。希腊独立战争前后，马克里扬尼斯对希腊人的称呼也经历了从"罗马人"到"希腊人"的变化。"罗马人"一词注定要经历复杂的社会变化。正如利昂蒂斯（1991）和里雅阁（1993：29）所示，在20世纪之交，"罗马人"的派生词之一"希腊人的精神"（*Romiosyni*）开始为部分知识分子所用，他们主张引入通俗主义，也就是将国家的官方语言从带有古代元素的纯净语改为民众语，即能代表希腊人的精神的语言。后来，该词又有了左派内涵，通常代表左派的民族主义，与占主导地位的保守派希腊主义相对立。不过，即便是代表"希腊人的精神"的话语，也默认了作为希腊主义基础的那些宪章神话。

11 在这个新国家的主权领土之外，但又是在想象中的希腊主义领土之内，这一趋势仍将继续发展，比如在安纳托利亚的卡帕多西亚（彼得罗普卢，1988—1989），考虑到该地的地理位置，它也有着更相关的意义。这只是该地区学者开展的古代相关活动的一部分。这些学者将自己的姓氏从土耳其语改为希腊语，他们从事古代作家著作的翻译工作，考古杂志的出版工作，甚至从事小规模的发掘工作（彼得罗普卢，

1988—1989：188—189；1997）。

12 例如，参阅《雅典报》（1835年4月14日刊）上的相关文章。

13 佩卡姆（2001）详细探讨了人们通过地理概念与文献构建这一理想化希腊领土的过程［理论阐述见利昂蒂斯（1995）和古尔古里斯（1996）］，但他低估了考古遗址、建筑和手工艺品在这一过程中的重要性。

14 科莱斯还撰写了大量政治小册子，他率先富有见地地分析了希腊民族的国家认同；他甚至指出了说希腊语的中产阶级的出现与国家认同思想之间的关联（当然，他本身就是这一过程的集中体现，他是从小亚细亚的士麦那搬到西欧的移民，既是商人又是学者，还接触到了西方的古典主义和希腊主义思想，并决心将这些思想移植到自己的祖国）。科莱斯的分析见地高明，吸引了凯杜里、安德森等重要民族主义理论家的关注（参阅克洛格，2003：31—32）。

15 在此之前，约阿尼纳主教梅莱提奥斯就已在其1716年的著作《古地理学与新地理学》中呼吁将古代遗迹视为民族连续性的证据来研究（佩卡姆，2001：10）。然而，直到几十年后，即到该世纪末，将古典历史视为现代"希腊人"遗产的概念才得以形成和普及。

16 艺术之友协会的教师还给学生们改了古希腊的名字（普罗托普萨尔蒂斯，1957：255；普西拉斯，1974：337）。

17 韦利亚尼蒂斯（1993）引自《雅典报》第4期（1824年9月13日）。

18 1831年，时任内政部长的科莱提斯还曾提议组织泛希腊运动会，模仿古代运动会，加入战车比赛等古代运动项目，以纪念1821年开始的希腊独立战争。古典主题的重现和仪式似乎成了新希腊建国之初的核心特征，且持续多年（亦可见本章开头探讨的雅典卫城庆典）。在同一提案中，科莱提斯将希腊历史分为两个时期：古代阶段（他借用生物模型探讨了希腊在这一阶段经历的青春、成熟等），紧随其后的是死亡阶段，直到希腊于1821年成为第一个死而复生的国家（迪曼蒂斯，1972—1973）。

19 普罗托普萨尔蒂斯（1967：126—127）援引了基斯诺斯某位神父1829年12月24日写给希腊总统卡波季斯第亚斯的信。该神父将自己发现的两尊古代雕塑献给了博物馆；他满怀民族热情地将它们献给了这个新生的国家："我将自己在岛上发现的这两尊雕塑献给博物馆；我一发现它们，便把它们搬到了我的家中，不仅极其小心地保管……还焚香祭拜（它们）……"；他明显是在像对待基督教圣像一样对待这些古物。

20 关于民族主义中的宗教色彩，以及宗教与该民族之间关联的文献很多，包括凯杜里（1966：76）、莫斯（1976）、盖尔纳（1983：56）、斯马特（1983）、卡普费雷尔（1988）、巴利巴尔（1990：348）、安德森［1991（1983）：10—12］、赫茨菲尔德（1992：34—39）、霍布斯鲍姆（1992：67—68）、略韦拉（1994a，b）、巴拉克里希南（1995）以及范德维尔和莱曼（1999）。

21 这种早期融合（以及19世纪中叶拜占庭遗产名誉的恢复），让希腊东正教成为希腊民族身份不可分割的一部分（杜比施，1995；参阅贾斯特，1988；哈特，1992）；这种融合最直观的表现形式之一就是上校独裁政权（1967—1974年，即希腊军政府）的中心标志——"希腊基督徒的希腊"（*Ellas, Ellinon Hristianon*）。

22 利用民族的"黄金时代"来构建物质性的民族考古记录，这种做法并非希腊独有（见科尔和福西特，1995；阿特金森等，1996；迪亚－安德勒和钱皮恩，1996b；哈米拉基斯，1996；梅斯克尔，1998）。

23 了解这一要求，见普罗托普萨尔蒂斯（1967：26—27），这一要求认为，拆除教堂和私人建筑是必需的。

24 特拉夫洛斯（1960）认为，该塔楼由德拉罗什和布里耶纳家族建于13世纪中叶；但塔努拉斯（1997：312）称，该塔楼是阿奇亚奥里家族时期（1388—1458年）开展的建筑活动之一。

25 佩特拉科斯（1987a：46；1987b：97—98）称，该塔楼毁于1874年；但特拉夫洛斯（1960）和距今最近的研究称，该塔楼毁于1875年（塔努拉斯，1997：139；马卢胡－图法诺，1998：59—61）。

26 这里值得注意的是，针对古物的民族话语与更广泛的民族话语都强调纯净与污染的对立；以及古代遗址净化（即清除其中的"野蛮"残余）与19世纪末开始的语言净化之间的关联，后者是指通过采用"纯净语"

来"净化"语言，去除"粗俗的"词汇和表达（波利蒂斯，1993：130—134；耶奥古迪斯，1999）。

27 这种观点并没有得到普遍认可；对许多人来说，古典时期的权威性高于一切；该塔楼的拆除资金来自海因里希·谢里曼（佩特拉科斯，1987a：48）；此外，就连奥斯曼帝国时期的建筑也应予以保留的观点激怒了古典学者约翰·彭特兰·马哈菲。马哈菲回击道："在《星期六评论》（第1134期）中，某位作者抨击拆除威尼斯人所建塔楼的行动以及我对此的赞同，认为这是一种无知且野蛮的迂腐，批评我们是出于对古希腊杰作及其神圣性的热爱，想要破坏这个地方后来的历史，抹去后世留下的有历史意义的财富。这位个性鲜明的作者认为，就连土耳其人对帕特农神庙的增建也应当原封不动地保留下来，以便今天的学生可以深入思考所有这些不协调之处，并从中汲取历史的经验教训。但可以肯定的是，对他来说，战胜土耳其人的那一段历史才是待汲取的所有经验教训中最重要且最令人愉快的。"（马哈菲，1878：87）

28 更多关于该拆除行动的争论见：库曼努迪斯（1875）、匿名（1878）和巴雷斯（1900）。关于这一现象的批判性探讨见：麦克尼尔（1991）、哈米拉基斯和亚卢里（1996，1999），以及哈米拉基斯（2001b）。

29 人们后来发现，该神庙的重建工作错误百出，不得不于1935至1939年间再度拆除重建（马卢胡-图法诺，1998：48）。2004年又再次启动了对该神庙的重建。

30 克拉里（1990）发表过一项重要研究，该研究将摄影视为资本主义现代性的一种新表现手段，它为新型个体观察者的出现铺平了道路，这种观察者被框定在受到严格管制的视域内，从某种意义上来说，这个视域就是"景观的原始社会"。

31 该构件（及照片）见佩顿（1927：7—72）；带希腊语译文的土耳其语文本见坎布罗格卢（1889：211）。

32 近年来，希腊考古学（包括"本土"考古学和外国研究所所践行的考古学）确实经历了一些重大改变，但经验主义传统仍是主导趋势。该领域至今仍然没有专门致力于学术辩论的考古学期刊，这一情况绝非巧合。现存的大多数考古学期刊都是记录性的，或主要发表个人基于材料分析的研究论文。佐伊斯（1990：59）称之为"独白考古学"。

33 我并不想将历史与神话对立起来，早已有人证明，这两个概念都具有内在多样性，且拥有比常人想象中更多的共同点（如希尔，1988）。一个典型的例子就是，关于民族起源的神话常常被写入国家的官方历史之中。我发现了一个更容易出成果的研究方向，即研究各种群体和代理人的不同历史化形式，在这种情况下，传统认知中的历史元素会与其他形式的历史意识（从神话到梦想和幻想）融合在一起（参阅赫希和斯图尔特，2005）。

34 有趣的是，希腊人常常会在使用雅典娜女神形象的徽章中加入基督教的十字架，比如1995年雅典市议会的徽章（参阅兹鲁利亚，2002）。

35 尽管雅典娜的雕像与法国大革命之间也有关联，但在君主制被强加给希腊后的那些年里，这一关联也失去了一切深刻的象征意义。

36 赫茨菲尔德（1991）区分过"纪念性"时间与"社会性"时间，我此处的论点既受到了他的启发，也与他的观点大相径庭。他的研究似乎总是赋予"纪念性时间"负面的内涵；"纪念性时间"几乎涵盖了一切时代、与一切古物有关的时间。他说："古物对农民毫无价值，但却是我国在世界国家之林中获得合法地位的关键。"（赫茨菲尔德，1991：11）在他看来，"纪念性时间"属于国家，属于官僚体制，属于官僚们，它与社会性时间是并列但对立的，社会性时间属于反抗国家的人民。我在此援引多重时间性一词，是受贝尔贡关于时间、物质和记忆的观点启发，旨在摆脱这种二元对立的思维。我业已证明，古物绝非"对农民毫无价值"之物，虽然在新希腊建国之前，普通人并不将古物视作祖先遗物，但古物仍是他们生活中意义重大的组成部分。我还对多重、动态时间与"纪念碑化"时间（不同于纪念性时间这一概念）进行了区分。前者由过去的物质痕迹呈现，即便这些痕迹已经变成了有纪念性的古迹，它们所代表的时间仍然是社会性的，也是历史性的。后者是静态的、恒定不变的，试图抹去其他所有时间，抹去多个时代在那些物质痕迹上书写的"传记"和多个社会的记忆。换言之，我的论点更强调物质呈现多重时间的能力，同时也意识到了部分话语和政治过程致力于（且往往能成功）让恒定、单一的时间性得到认可。

37 在19世纪的希腊，本土（aftohthones）"希腊人"与外来（eterothones）"希腊人"之间的这种紧张关系存在了很长时间。族裔散居的希腊人在缔造"伟大理想"这一民族梦想的过程中发挥了关键作用。但他们的想法和计划不仅常常与希腊本土领导人及学者的想法和计划相冲突，还常常与当地民众的关切相冲突。一个有趣的例子可以说明这种紧张关系：在1837年雅典考古学会成立之前，人们就做过多次建立考古学会的失败尝试。根据G.普西拉斯（政府高官）的说法，1832年，巴伐利亚古典学者蒂尔施连同建筑师索贝尔、克莱安西斯以及考古学家皮塔基斯主动提议在雅典成立一个考古学会，成员以对古物感兴趣的外来者和非希腊人的雅典定居者为主。但这个想法遭到了当地民众的强烈反对，第一次会议在语言冲突与肢体冲突中结束，会后，他们便放弃了这一尝试。正如反对团体领导人所言："我们不接受这个由外国人组成的学会，这些外国人将会为寻找古物而破坏我们的房屋和财产。"（普西拉斯，1974：200—202）

38 在帕拉里戈普洛斯试图修改民族叙事、恢复拜占庭声誉后的数十年里，这一概念的政治内涵将变得格外明显（见下文；参阅基特罗米利迪斯，1998）。在19世纪末至20世纪初的"伟大理想"框架内，夺回君士坦丁堡将成为许多人极其渴望实现的民族愿望，届时，圣索菲亚大教堂将拥有与帕特农神庙同等（甚至更加）神圣的地位。然而，1922年，在灾难性的希土战争结束后，这个梦想便被埋葬在了士麦那的灰烬之中。（君士坦丁堡，即现在的伊斯坦布尔，曾是拜占庭帝国的首都，这里提到的圣索菲亚大教堂就位于此。——译者注）

39 其他案例见卡尔帕克西斯（1990，1996，1997）。不同民族国家之间关于关键遗址发掘权的竞争并不局限于严格意义上的古典古代。比如在19世纪末，青铜时代的重要迈锡尼遗址和克诺索斯遗址也成为各方激烈争夺的对象。

40 美国古典研究学院（雅典）档案馆，行政记录，202/1号箱，2号文件夹。

41 1925年1月14日,(负责古物的)公共教育部部长 K.斯皮里迪斯给时任美国古典研究学院(雅典)院长的伯特·霍奇·希尔写了一封信,称希腊政府接受该学院的发掘申请。信中指出,"对这座名城中心的发掘,必将在对希腊大地的考古发掘中留下最为光辉的一页,它值得财政的大力投入,但在当今形势下,只有你们的伟大祖国——美国,才能负担得起。我们有信心,我们的政府和考古部门会为你们的工作提供便利,尽己所能地支持你们"[美国古典研究学院(雅典)档案馆,行政记录,系列200,202/1号箱,1号文件夹]。

42 见《雅典考古学会会议纪要》(*Synopsis ton Praktikon tis Arhaiologikis Etaireias ton Athinon*),第二版,雅典,1846年,第100—104页。

43 1848年10月21日,雅典大学教授尼古劳斯·萨里波洛斯在他就职后的首次演讲中,以类似的口吻说道:"希腊的自由亡于喀罗尼亚平原。"(萨里波洛斯,1848:11)

44 关于现代希腊建国之初古典历史与拜占庭历史之间的冲突,见曼戈(1965)、迪马拉[1989(1977)]、波利蒂斯(1993:110—111)、亚卢里(1993)、古纳里迪斯(1996)、哈米拉基斯和亚卢里(1996)以及里克斯和马格达利诺(1998)的若干章节。

45 其他虽稍有分歧但有补充性的有趣探讨可参阅基特罗米利迪斯(1989)和马塔拉斯(2002)。

46 关于法尔默赖厄及其研究,见图恩赫尔(1993),关于他在希腊的受欢迎程度,见韦卢迪斯(1982)和斯科佩特亚(1997)。

47 法尔默赖厄[其主要目标不是现代希腊人,而是德国古典主义(斯科佩特亚,1997:17)]所引发的学界焦虑表现在:考古学家基里亚科斯·皮塔基斯在他某次访问雅典时,向他出示了伪造的手稿,试图欺骗他,令他信誉扫地(参阅斯科佩特亚,1997:53—59);一些希腊学者试图驳倒他的观点;有人翻译并发表了若干批评他著作(但不是原著)的非希腊语文章;当德国发掘者在奥林匹亚遗址发现斯拉夫建筑的消息传出后,众多报纸杂志纷纷展开了讨论。帕帕里戈普洛斯亲自回应过他人的一些主张:他重申了自己1843年的立场,即中世纪的伯罗奔尼撒半岛上确实生活着斯拉夫人，但希腊人无须担心，这些斯拉夫人已经被希腊主义打败，被希腊主义的文化所同化［该探讨见于1878年4月至1879年2月间出版的《重生报》和《观察报》，后被《雅典》转载，见第7卷（1879），第374—385页］。例如，库曼努迪斯曾主张斯拉夫人的存在说毫无根据，对此，帕帕里戈普洛斯的回应是："我并不在乎有多少斯拉夫人来过希腊，建造了哪些建筑，这些并不重要，重要的是希腊主义能否征服他们以及其他外国人；这一问题在伯罗奔尼撒半岛，在除（科林斯）地峡外的希腊，在塞萨洛尼基和伊庇鲁斯都已成功解决。"（1879：376）请注意，当时的塞萨洛尼基和伊庇鲁斯并不属于希腊。

48 他在《希腊民族史》中通常使用五分法（古代、马其顿、基督教、中世纪和现代）或四分法（古代、马其顿、中世纪和现代），但后来真正为人们所熟知且得到确立的是他更早之前提出的这一三分法（参阅里雅阁，1993：27）。

49 有趣的是，受帕帕里戈普洛斯影响，1897年出版的德罗伊森《希腊化史》希腊语译本之名为《马其顿希腊化史》（西加拉斯，2001：32）。

50 该指挥官是 D.T. 安贝拉斯，他在1937年出版的回忆录中讲述了这一故事；相关探讨见安德烈亚季斯（1989：289—299），以及距今更近的哈米拉基斯和亚卢里（1999）和斯图尔特（2003）。

51 见他的诗歌《享乐主义的厄尔帕诺尔》（出自长诗《"画眉鸟"号》；见塞菲里斯，1995）。

第三章　像萨满一样的考古学家：
马诺利斯·安德罗尼科斯的感官民族考古学

1 塞萨洛尼基考古博物馆收藏有一尊安德罗尼科斯雕像，就放在以他名字命名的展室中；1994年，塞萨洛尼基周边的某市议会决定为他树立一座纪念碑，碑上可见来自韦尔吉纳考古遗址的装饰图案（《新闻报》，1994年1月26日）；1997年，即他逝世5年后，在以他名字命名的街道尽头，也是在该博物馆对面的公园中，又一座纪念碑落成（《新闻报》，

1997年3月31日）。
2. 参阅杂志《邮差》（1992年4月1日：128—131）。
3. 关于安德罗尼科斯在报纸、杂志上发表的文章合集，可参阅安德罗尼科斯（1976a，1982a，1993，1994）。
4. 在军政府独裁统治期间（1967—1974年），许多大学教授要么被辞，要么主动辞职，但安德罗尼科斯不同，他保住了自己的岗位。但在他的一些文章中，我们仍能发现他对该政权隐晦的批判和反抗。比如，他于该军事政变周年纪念日（4月21日）的几天后，即1973年4月26日在《论坛报》上刊文，以耶稣的受难与复活为主题，暗示被该政权"钉在十字架上"的希腊人民终会"复活"（安德罗尼科斯，1973）。
5. 该演讲稿刊登于《抵抗杂志》（第13期，1990：1）。
6. 例如，见安德罗尼科斯（1978）。
7. "我们计划在11月8日开启此墓，这一天正好是东正教会纪念天使长米迦勒和加百列的日子"（安德罗尼科斯，1984：69）。这番话（亦可见安德罗尼科斯，1997：115）表明，二者日期相同并非偶然，而是有意为之。
8. 许多年前的1940年10月，意大利入侵希腊，12月15日，正当希意战争如火如荼时，安德罗尼科斯的导师康斯坦丁诺斯·罗马约斯致信美国从事爱琴海地区史前史研究的著名史前史学家卡尔·布利根，讲述了希腊军队在阿尔巴尼亚前线的激烈抵抗，并总结道："梦已经成真（*pragmata ta oneira*）。古代的英雄们、自由的捍卫者们复活了，只是他们现在被称为圣母玛利亚和圣迪米特里奥斯。这就是为什么我们的人民能赢，也将一直赢到最后。"（辛辛那提大学档案馆，卡尔·W.布利根文集，121号文件夹，1号文件箱）
9. 在安德罗尼科斯看来，发掘现场雇佣的工人们也对古物怀有相同的宗教情感："他们心怀感动、钦佩和欣慰，极其谨慎地发掘着他们土地中埋藏的古物，我敢说他们在发掘时是怀着像宗教信徒般的虔诚与敬畏。"（安德罗尼科斯，1982b）该村的副村长对《卫报》（1993年8月12日）说，"我们把韦尔吉纳视为圣地"，以证明他反对被废黜的希腊国王访问韦尔吉纳是正确的。他接着说道："像（国王）康斯坦丁二世这样连我们的宪法都不承认的人，怎么可能对这片土地心怀敬意呢？"

10　回想一下中世纪挖掘圣人遗骸的做法，这一现象已经与现代主义考古学的萌芽期联系了起来。（施纳普，1996）

11　值得注意的是，安德罗尼科斯在取得伟大发现的几个月前，刚发表了一篇文章，讽刺想将古物作为希腊民族"文化大使"送往国外的企图（1977a，b，c）。

12　1977年实施的一项法令（佩特拉科斯，1982：85），尽管遭到了强烈反对，但确实大大降低了（在希腊境外）举办古物巡展的难度。出于显而易见的原因，在国际上展出韦尔吉纳文物的需要大大推动了法律框架的改变。格林（1989：155）认为，这要归功于时任总理康斯坦丁·卡拉曼利斯的亲自游说。

13　《论坛报》，1993年5月23日。

14　这里提到的是诺贝尔奖得主乔治·塞菲里斯的著名诗歌，诗题与诗中的主人公阿尼西王同名（见基利和谢拉德，1981：109—111）。

15　A. 帕帕埃夫蒂米乌–帕潘西穆在1993年5月研讨会上的演讲；《论坛报》（1993年5月23日）以同一标题报道了此次活动。

16　K. 耶奥古索普洛斯（1995）给这篇文章取了个点明主题的题目：《可视物的触摸》。

17　该活动由雅典卡尔帕卡学校的学生和校友组织，在希腊美国联盟的大楼内举行。主要发言人是考古学家玛丽·西加尼杜，她既是安德罗尼科斯取得韦尔吉纳考古发现期间的韦尔吉纳地区负责人，也是佩拉遗址的发掘人，那是另一个非常重要的马其顿遗址。

18　《自由新闻报》1996年6月6日对K.P.的采访，标题为《与安德罗尼科斯相处的三十年》。

19　例如，可参阅萨顿（1997，1998），以及更早期的肯纳（1976）、赫茨菲尔德（1982b）和韦尼耶（1984，1991）。

20　见题为《谴责安德罗尼科斯教授》的文章，载于《民族》（1988年9月12日）；另可见多里斯（1988）。当地知识分子D. 马尔托斯（1993）

的反应很有意思,他用英国人搬走埃尔金大理石雕(见第六章)来类比塞萨洛尼基博物馆搬走韦尔吉纳文物的行为,称这些文物为"韦尔吉纳属",是"当地社会获得解放的象征",此举从语言上明确建立了韦尔吉纳文物与埃尔金大理石雕之间的联系,后者在希腊语中常被称为"埃尔金属"。马尔托斯谴责安德罗尼科斯对早期殖民主义考古(如法国人 L. 厄泽在 19 世纪中期的考古发掘)过于"宽容",他认为韦尔吉纳的故事就是另一种形式的内部帝国主义。马尔托斯还提出了更进一步的论点:他声称,该地区的原住民,即库特勒斯村和巴尔贝斯村的村民本就知道许多古物的存在,它们曾是其日常生活的一部分,他们对这些古物有一种近乎崇拜的感情。他继续说道,1922 年后定居该地区的小亚细亚移民与这片土地及其古物并没有深厚联系。正是这些考古学家中断了人们与古物之间的直接联系,将这些古物变成了毫无意义的石头或商业产品。

21　信息来自网站:http://www.q.co.za/2001/2002/10/18-alexander.html(2002年 10 月 22 日访问)。见《日报》,2002 年 10 月 10 日;另见 M. 蒂维里奥斯在《论坛报》(2002 年 10 月 27 日)上发表的文章,以及科基尼杜(2005:45—47)。

22　关于学术上对腓力二世的重塑,见卢科普卢和哈佐普洛斯(1980)。

23　A. 佐伊斯从理论和认识论角度提出了另一种批评意见。他发明了"韦尔吉纳综合征"一词,用来描述重重要文物、轻考古解释和历史解释的现象(见佐伊斯,1987);这一批评最初发表于某大学手册上,后来虽被左翼政治文化类杂志《抵抗运动》转载,但该杂志的发行量小,因此,总的来说,该观点影响甚微。

24　塞萨洛尼基大学教授 M. 蒂维里奥斯(1998)在《论坛报》上发表过此书的书评,这本书探讨了韦尔吉纳相关文物的重要性,但没有进一步探究它们可能产生的影响。

25　见 H. 基奥斯对 O. 帕拉贾的采访,发表于《论坛报》(1998 年 7 月 12 日),以及对她观点的回应:萨特索格卢-帕利亚德利(1998);韦尔吉纳考古发掘负责人 S. 德鲁古的信,发表于《论坛报》(1998 年 7 月 26 日);

支持帕拉贾的有法克拉里斯（1998）。萨特索格卢 – 帕利亚德利发表了针对这幅壁画的详尽论述，并在文中回应了对最初确定的壁画年代和主题表示质疑的各家学者（萨特索格卢 – 帕利亚德利，2004）。

26 例如，见《自由新闻报》(1995 年 4 月 15 日）；学术期刊上的回应可见哈蒙德（1997）、哈佐普洛斯（1996）等；参阅萨特索格卢 – 帕利亚德利（1996）。

27 例如，在 2005 年初的雅典考古学会，P. 法克拉里斯面对诸多与会者，就古马其顿首都的位置问题发表演讲，重申了他的主要论点，此次演讲十分引人注目，得到了广泛报道，也招来了安德罗尼科斯追随者及遗产管理者接二连三的谴责和反驳（约翰·帕帕佐普洛斯，个人通讯）。

28 例如，见巴迪安（1982）、格林（1989）和博尔扎（1996）。

29 多里斯（1988）称，此次事件促使希腊政府将北希腊部更名为马其顿 – 色雷斯部。

30 几年后的 1995 年，希腊申请了"韦尔吉纳之星"的国际专利（《自由新闻报》，1995 年 7 月 30 日），同年，希腊政府受邀参加在奥斯威辛集中营举行的大屠杀纪念活动，但因前南马其顿代表团将携他们印有"韦尔吉纳之星"的国旗参加，希腊政府拒绝派代表出席（《韦尔吉纳的民族主义》，N. 科塔里迪斯，载于左翼报纸《时代》，1995 年 1 月 29 日）；关于与这一标志有关的身份政治问题，见布朗（1994）。（对"身份政治"这一术语感兴趣的读者，可参阅：https://mp.weixin.qq.com/s?__biz=MzUzODQ0NDM3Mg==&mid=2247493706&idx=1&sn=47c9b8d996821fbb7be39212e82076ca&chksm=fad53f71cda2b66775166d38ea87423aef0f9b48787a9da311b94f7b5af943375377e6300f78&scene=27——译者注）

31 见《自由新闻报》(1992 年 4 月 21 日）。

32 《革命之根报》（希腊共产党主办的日报；1991 年 6 月 1 日）。报道的标题为《它当然是希腊的：马诺利斯·安德罗尼科斯的新发现证明了马其顿的希腊性》。

33 《自由报》(1991 年 6 月 1 日）。在此三年前，《论坛报》(1988 年 12 月 11 日）也刊登过类似标题的报道：《学者们一致认为：考古学家的

注释　295

考古铲证明了马其顿的希腊性》。

34 关于20世纪上半叶希腊马其顿地区在国家支持下对斯拉夫语进行的压制（某些情况延续至今），见科斯托普洛斯（2002）和卡拉博特（2005）；关于希腊马其顿地区"外语"地名的"希腊化"，见科斯托普洛斯（2002：139—143）。

35 韦尔吉纳这个名字源于当地传说中的一位女王，她宁愿根据当地传统投河自尽，也不愿向奥斯曼人投降。

36 关于马其顿在考古学想象中的他者性，尤其是与史前史相关的内容，见安德烈乌等（1996）。

37 当时，韦尔吉纳的考古发现掀起了前所未有的考古活动浪潮，而希腊政府正在与其他巴尔干国家，尤其是前南马其顿，开展文化和民族"战争"，因此，政府对这一浪潮的资助和广泛支持显然与他们在这些"战争"中的部署直接相关。马其顿和色雷斯部长 S. 帕帕塞迈利斯（以极端民族主义观点著称）主持召开了关于马其顿和色雷斯考古活动年度系列会议的首场，他在演讲中指出，考古发现的文物除了具有美学和文化价值外，还是"希腊历史事实根据和独特性的最可靠诠释者"，因而意义重大……"我们比以往任何时候都更需要艺术的这种历史功能，以应对海外精心策划的一切篡改我们历史的企图"[《马其顿和色雷斯的考古工作》(*To Arhaiologiko Ergo sti Makedonia kai ti Thraki*), 1, 1987, xvi]。

第四章 对斯巴达的向往：
古代与梅塔克萨斯独裁统治之间的关联

1 国际媒体几乎每天都在关注发掘进展，并发布来自雅典的简讯，公开已取得的发现和成果；如1939年5月13日、5月18日、5月25日和6月1日的《泰晤士报》。

2 马里那托斯此处提到的是荷马史诗《伊利亚特》，如3.348、7.259等。

3 在本书中，我通常将"*ethnos*""*genos*""*phyli*"这三个希腊语词翻译为"民族"（nation），"民族"能更准确地表达它们在希腊语语境中的含义。但根据特定语境的需要，也有一两处 *phyli*（尤其是复数形式）被译为"族群"[ethnic group(s)]。如果将 *genos* 或 *phyli* 译为"种族"（另一种可选译法），则可能引发误解：种族具有特定的生物学内涵，受众所周知的"科学"话语支撑，且与欧洲殖民主义直接相关。希腊民族主义由于发展轨迹的不同，并不具备西方种族意识形态的某些关键特征。当 18 世纪末 19 世纪初，东正教会认为应该反对该民族思想传播时，他们将这些思想统一称为"*phyletismos*"；该构词法中的 *phyli* 指的就是民族，而非种族（参阅基特罗米利迪斯，1989：181）。*ethnos*、*genos* 和 *phyli* 的内涵会因使用语境的不同而异，它们在不同语境中的使用频率也可能别有深意。例如，过去，右翼政府和独裁政权一直认可且非常成功地推广了 *ethnos* 一词，因此在表达褒义时，左翼人士往往会避开 *ethnos*，转而使用 *genos*。与本章更相关且耐人寻味的是，虽然在梅塔克萨斯政权的话语中，这三个词都有出现，但得到频繁使用的是含义更接近"种族"的 *phyli*，尤其是在 "*Elliniki phyli*" 这个词组中 [*Elliniki* 是希腊语中"希腊（人）的"的意思——译者注]。这必定与该政权的独特性和当时欧洲种族主义理论的影响相关。因此，梅塔克萨斯政权的话语不同于 19 世纪占主导地位的综合性希腊民族主义，关于后者的最佳表述见帕帕里戈普洛斯的《希腊民族史》。如今，帕帕里戈普洛斯提出的文化连续性拥有了种族连续性的内涵；但尚无证据表明，希腊的种族连续性概念与其他欧洲国家一样，也曾与体质人类学或颅骨测量学谋求研究合法性的努力相关。

4 1955 年 6 月 30 日，在王室的见证下，希腊裔美国人出资在此地立了一座纪念碑。马里那托斯是立碑仪式的主要发言人，他用与这段引言类似的口吻说道："希腊文明是欧洲文明的基础，如果当时希腊战败，那么刚刚诞生的希腊文明也将被摧毁。"

5 关于梅塔克萨斯政权的一般情况，见利纳尔达托斯（1975）、科法斯（1983）、弗莱舍和斯沃罗诺斯（1989）、克洛斯（1990，1992）、海厄姆和韦雷米斯（1993）、瓦蒂基奥蒂斯（1998）；关于该政权的意识形态，见努索斯（1986）、马海拉（1987）、萨兰迪斯（1993）、康加利杜（1999）、安杰利斯（2006）、佩特拉基斯（2006）；关于该政权对过去的利用，见阿夫拉米（1990）、古纳里迪斯（1994）、布雷詹尼（1999），以及年代更近的卡拉博特（2003）、科基尼杜和尼科莱杜（2004）；另外，彼得里迪斯（2000）主编的文集收录了该政权及其青年组织的重要文献。

6 其实早在梅塔克萨斯政权建立之前，希腊就已经在压制语言多样性了（尤其是压制斯拉夫语），只是该政权进一步加强了相关举措，且更为专制（科斯托普洛斯，2002：162）；地名的希腊化始于19世纪新希腊建国之时，并于20世纪的前几十年开始大力推行（参阅第二章）；在马其顿地区，大部分的地名变更发生于20世纪20年代末；梅塔克萨斯时期的部分知识分子曾努力通过地名学研究来证明希腊领土的希腊性，他们尤其反对一切强调希腊领土与斯拉夫人有关的解读，相关例子见：耶奥加卡斯（1938）。

7 提及斯巴达的其他内容，见梅塔克萨斯（1969a：103，126）。

8 关于马其顿的例子有，1936年11月，梅塔克萨斯在对"民族复兴"组织成员演讲时说："我们应该将古雅典视为美术方面的最高社会形式，但就民族理想和政治理想而言，我们的目光应该投向斯巴达和马其顿。斯巴达开始了古代希腊主义的政治统一和军事至上事业，马其顿则是这一事业的完成者……如果你们愿意研究历史，就会发现'希腊人'只有在受他者统治时，才会涌现出令人瞩目的个体。古希腊的各族群（*phylai*）注定要受到其中一个族群，也就是马其顿人的霸权统治，这样才能让作为整体的希腊主义成为值得谈论的政治存在。"（梅塔克萨斯，1969a：126—127）

9 加夫里利迪斯在1937年流亡阿纳菲岛时所写的日记中提到过此事，称该指示由（雅典？）第一外围地区学校的监察长D.帕普利亚斯下达。

10 P.斯蒂利蒂斯－扬纳库达基斯的这首诗发表于《青年》[1（51），1939年9月30日]，在这一页的插图中，一名古希腊战士形象的人坐在多立克柱顶端，低头望向一位国家青年组织成员，此人很可能是卡内洛普洛斯。

11 值得注意的是，梅塔克萨斯政府于1937年成立了由国家控制的教科书编写、出版、发行机构（OEDV），该中央机构至今仍是教科书管理机构（卡普萨利斯和哈拉兰布斯，1995：82—89）；当时，教科书是传播该政权意识形态的主要媒介（卡普萨利斯和哈拉兰布斯，1995：86）。

12 国家青年组织（1939）：*Apospasmata ek ton Eisigiseon ton Epitelikon Grapheion, Diefthynseon kai Ypiresion tis Kendrikis Dioikisis, Ethnikis Organosis Neolaias Ellados, kai ton Peripheriakon Dioikiseon Arenon kai Thileon EON Protevoussis. Epi tis Prooptikis tis Ergasias Auton.* 雅典。（副本藏于普林斯顿大学希腊语小册子收藏馆，文件 A：国家青年组织。）

13 该剧院被称为"科伊利剧院"，得名于传说曾定居于此的古民族。该剧院从未完工，现已废弃，变成了垃圾坑，还曾引发媒体关注（例如，《古科伊利的垃圾坑》，载于《自由新闻报》，1995 年 10 月 1 日）。

14 《青年》[1（44），1939 年 8 月 12 日：1424]；《新国家》[3（24），1939 年 8 月：565—567]，其中收录了作家、知识分子彼得罗斯·哈里斯的评论。

15 我们应该将该政权的家长式意识形态、家庭与国家的同源性以及该政权关闭男女混合学校的决定都放在这一父权制框架内来考虑（马海拉，1987：70）。许多研究都曾聚焦于民族主义中的性别维度，以及民族主义对女性是"民族之母"的刻画，即民族主义对她们生殖能力的重视，如尤瓦尔-戴维斯和安蒂亚斯（1989）、尤瓦尔-戴维斯（1997）、迈耶（2000）；关于当今希腊的情况，见帕克森（2004，尤其是第 203—205 页）的人种志研究。

16 《新国家》[3（24），1939：565]。

17 《青年》[1（44），1939 年 8 月 12 日：1424]。

18 例如戏剧《圣火》的演出[《青年》，2（47），1940：1479]。该剧主题为"不朽的希腊精神——这圣火象征着希腊民族统一且不可分割的本质"，由国家青年组织成员担任主演，饰古希腊士兵。

19 例如，历史小说《古斯巴达的"phallangitis"》（phallangitis 相当于国家青年组织成员），《青年》[1（21），1939 年 3 月 4 日：687]；于 1940 年

注释 299

在《青年》连载整年的关于斯巴达教育方式的文章；其他关于斯巴达的文章［如《青年》,2（21）,1940］；另见 I. 卡拉维达斯（1939）在《新政治》上连载的《民族与教育》，文中赞扬了斯巴达的美德，并回应了对斯巴达没有文化作品的指责。

20 例如，1940 至 1941 年间在《青年》上连载的历史小说《在亚历山大的时代》；关于对亚历山大的歌颂，见 Th. 塞奥佐罗普洛斯（1938）。

21 参阅《参战的苏格拉底》［《青年》,1（14）,1939 年 1 月 14 日：469］。

22 参阅《米诺陶真的存在过吗？》，载于《青年》[2（6）,1939 年 11 月 11 日：167]，此文称双刃斧曾是权力的象征。

23 例如，"共产主义应同时立足于现实和生活，就像神话中卡德摩斯在经过时种下的那些龙牙一样"（扎哈里亚迪斯，1945：54）。

24 这段文字（乔治乌，日期不详）写于 1943 年，1945 年首次在雅典发表。此文以经济为重点批判了"伟大理想"，但也从语言角度探讨了古代、拜占庭和现代希腊之间的关联，例如，"我们现在的官方语言并非古希腊人的语言，因此现代希腊人不能被视为古希腊人的纯种后裔。源自古人及其语言的元素有了新的形式……纯净语（相当于'净化'语）不是古希腊语，就像拜占庭帝国的语言也不是古希腊语一样"［乔治乌，日期不详（1945）：111—112］。乔治乌认为，语言问题的解决方案将来自大众民主（即社会主义）的建立，它可以"将古典古代的宝藏转移到我们现行的语言中"［乔治乌，日期不详（1945）：115］。

25 希腊独立战争中一场著名战役的发生地。

26 前些年，著名的共产主义左翼运动领袖格里戈里斯·法拉科斯接受采访，回忆了 1953 年的一场党内会议（希腊共产党第四次全体会议）。他在会上与扎哈里亚迪斯就"现代希腊民族"的起源及其与古希腊之间的关联起了争执。法拉科斯认为这些问题的结论显而易见、众所周知，因此在谈及自己曾为此与扎哈里亚迪斯争辩时仍然语带惊讶："我们总不能说自己与古希腊毫无关系吧，我们应该尊重并好好研究自己的遗产"（马夫罗伊季斯，1999：477—478）。扎哈里亚迪斯似乎直到 1953 年仍坚持己见，但遇到了党内阻力。据称，此次的采访者是著名的左翼记者，他将此次论战命名为"即使古希腊遗产……"，旨在批判扎哈里亚迪斯的教条思想。

27 关于德尔斐大学的构想，见：西凯里阿诺斯（1980：131—161）；关于德尔斐节，见：亚历克索普洛斯（1995）、兰布里诺斯（1997）等人的著作，以及《责任》特刊（1982：17）和《彩虹》特刊（1966—67：98—108）（帕帕迪马出版社1998年第2版）。

28 萨卡（2002：178，注251）援引T. L. 希尔1938年所写的一封信，信中说："我们学院得到了政府的大力支持……"希尔是该研究学院最著名的成员之一，也是其官员之一。

29 该发掘项目早在1929年就已有规划，起初似乎只是希腊考古学家康斯坦丁诺斯·库鲁尼奥蒂斯与卡尔·布利根之间的合作。布利根受库鲁尼奥蒂斯之邀参与，并为其提供了资金支持。当时，库鲁尼奥蒂斯已发现一些迈锡尼古墓和其他考古材料，他们原本只打算在这些发现附近进行小规模发掘（参阅布利根，日期不详：xiii, 18—20）。库鲁尼奥蒂斯与古物局即将离任的奥伊科诺穆局长和即将上任的马里那托斯进行了协商，非常顺利地获得了发掘许可［见库鲁尼奥蒂斯1938年3月22日写给布利根的信，藏于美国古典研究学院（雅典）（ASCSA）档案馆，布利根文件］。起初，由于他们的发掘地点暂无著名文物出土，官方考古局对他们不太关注，但在他们取得举世瞩目的考古发现后，希腊政府便迅速行动起来，企图直接干预。1939年4月17日，也就是取得这些惊人考古发现的短短几天后，希腊负责古物的助理部长便给斯巴达地区的古物监督官（皮洛斯隶属其管辖范围）发送了一封紧急电报，要求他"立即前往皮洛斯，监督布利根教授"还将持续"十日的发掘工作"（斯本察斯致斯巴达地区古物监督官的电报，藏于ASCSA档案馆，布利根文件）。

30 1939年1月5日，梅塔克萨斯在对国家青年组织的演讲中指出，"我们应该绝对尊重非基督教徒的宗教信仰"（梅塔克萨斯，1969b：10）。

31 《自由论坛报》（1937年6月11日）。（该报于1945年重新出版时更名为《论坛报》，参考：https://cavafy.onassis.org/creator/eleftheron-vima-

newspaper/——译者注）

32　相关探讨见第六章。

33　政府的官方报告称，他们送这些文物真品出国展览的主要原因之一是"从道德上加强美国的希腊主义"（希腊新闻和旅游部，1939：218）。

第五章　另一座帕特农神庙：古代与集中营中的民族记忆

1　摘自电影《快乐时光》原声带的唱片封套说明，该电影由潘德利斯·弗格里斯执导，与本章主题马克罗尼索斯岛有关。

2　关于希腊内战的文献相当广泛，包括近年来举行的诸多会议和出版的诸多书籍，如贝伦岑等（1987）、克洛斯（1993）、伊阿特里德斯和里格利（1995）、库茨基斯和萨卡斯（2000）、马佐尔（2000a）、马加里蒂斯（2001）、尼科拉科普洛斯等（2002）、卡拉博特和斯菲卡斯（2004）；以及论文，如期刊《试验》（6，1997）。关于历史编纂趋势，见安东尼乌和马兰齐迪斯（2003）；关于当地群体对这些事件的集体记忆，见范博舒滕（1997）。

3　例如，见布尔纳索斯（1997，1998，2000）；其他论文有，布尔纳索斯和萨克拉罗普洛斯（2000）和迪亚福尼迪斯等（1994）；另见伊利乌（1994）、扬纳里斯（1996）和沃格利斯（2002，特别是100—105页）；近期的文学作品见库曼达雷亚斯（2001）。

4　参阅该少数派宗教著名成员米诺斯·科基纳基斯的讣告，他在马克罗尼索斯岛被关押了18个月（F. 科利·科基纳基斯，《独立报》，1999年3月10日）。

5　例如，见《战斗报》的报道；参阅马哈伊拉斯（1999）。

6　此类术语是当时的希腊政权所用，加双引号是出于明显的语义和政治原因。

7　欲通过文学作品了解这些仪式，见库曼达雷亚斯（2001）。

8　例如，见耶拉多普洛斯（1974）、瓦西拉斯（1982）、弗朗齐斯（1984）、拉夫托普洛斯（1995）、瓦尔迪诺贾尼斯和阿罗尼斯（1995）、阿夫杜洛斯（1998）、斯塔维里斯（2001）和马克罗尼西奥提斯（日期不详）；

关于女囚的经历，见特奥多罗（1976）、马斯特罗莱奥-泽尔瓦（1986），参阅维尔维尼奥蒂（2000）；对马克罗尼索斯岛最广泛的编年史-自传体-历史描述，参阅马尔加里斯（1966）；关于文学作家安德烈亚斯·涅内达基斯在马克罗尼索斯岛的经历，见赫茨菲尔德（1997：127—130）。希腊共产党已开始出版系列书籍，收录马克罗尼索斯岛囚徒留下的短篇个人回忆录，这些人很可能是该党党员或该党友人。

9 在内战前的梅塔克萨斯政权时期，"悔过书"（以及"忠诚声明"，当然还有流放政策和集中营）就已投入使用（参阅科法斯，1983：127；阿利维扎托斯，1986：421—422）。政治信仰的有罪化和迫害左翼之举（包括国内流放）至少可以追溯到20世纪20年代（参阅沃格利斯，2002：35—36）。

10 见布尔纳索斯（2000：139）。

11 其他参考文献，如《挖掘者》：《1940—1949年的希腊史诗复活了马拉松和温泉关》（6，1949）；关于"神圣岛屿提洛岛"的文章（6，1949：20）；诗歌："我们希腊人/勇敢者的后代/来自时间深处/在我们最光荣的时刻/是格拉莫斯山/和帕特农神庙"（格拉莫斯山位于希腊北部，希腊内战期间最臭名昭著的决定性战役之一便发生于此）（8，1949）；《田径和共产主义》（A. L. 著）："在作为文明摇篮的古希腊，那些遥远时代的青年们，在'美善合一'（*kalos kagathos*）理想的教育下长大，推动田径运动取得空前进步，并发展至巅峰……（现在）希腊主义将人们团结起来，重获古代巨人、强壮摔跤手米隆·克罗托尼亚蒂斯的肌肉，驱散瘴气，勒死吞噬希腊内脏的吸血怪兽"（7，1948：12）；"三千年来，希腊人一直在为世界人民的自由和文明而战"，作者还在同一篇文章中回顾了自波斯战争以来的希腊历史，然后写道："永恒之光的母亲（希腊）再次被委以重任。我们的祖国已经开始了一场恶斗……"（12，1948：7）；另有许多参考文献，见第二营"被救赎"的囚犯佐安诺斯和萨里斯（1950）制作的小册子。

12 出版日为1947年8月10日，当时，该杂志还是第三营的机关刊物，后来成为全岛出版物。

13 岛上还仿建了其他时期的建筑，比如展现独立战争时期虚构事件的建筑；纪念当时希腊内战中（政府认为的）胜利战役的建筑；一尊象征"历史"的女性雕像，这名女性坐着，手持一本摊开的书、一个地球仪和一座灯塔，寓意"希腊是人类灯塔"（佐安诺斯和萨里斯，1950：82）；以及最著名的仿伊斯坦布尔圣索菲亚大教堂（参阅佐安诺斯和萨里斯，1950：67—68）。不过，从建筑、图像和话语的角度来看，占据主导的仍然是古典建筑。最后，第二营还拥有自己的博物馆，馆内藏有被关押者的作品、小型复制品和前面提到的那些作品的照片（佐安诺斯和萨里斯，1950：42）。

14 有趣的是，这张士兵仿造帕特农神庙的照片受到时任政权青睐，被选为他们其中一本英语宣传册的封面，向国际社会发行；宣传册的标题为《希腊公民再适应的伟大工程》（罗多卡纳基，1949）。

15 这篇文章的口吻令人捉摸不透，例如，其中援引的部分口号也可以为左翼所用，文中提到帕特农神庙的复制品时加了双引号，也有种别样的讽刺之感；作者是否想偷偷削弱当局民族叙事的权威性？在布尔纳索斯（2000：130）援引的一首赞美马克罗尼索斯岛的诗歌中，诗的结尾写道："它并不像人们过去所说的那样/是德国的达豪集中营/它是庇护所/用以实现民族救赎。"当时，左翼经常将马克罗尼索斯岛比作纳粹的达豪集中营（如兰布里诺斯，1949），那么这首诗是否也是"来自内部"的反抗呢？关于马克罗尼索斯岛上的这种秘密反抗，见"从属者的话语"一节。

16 例如，见《失真图像》（1949年1月17日）。

17 此处援引的被关押者的文章和诗歌都有原作者的署名（其中可能有笔名）。

18 此人后来成为联合民主左翼党的议会代表。

19 据《挖掘者》（12，1948：27）报道，马克罗尼索斯岛还上演过另一出古典戏剧《安提戈涅》。值得注意（和进一步探究）的是，在这个例子中（及更广泛的情况下），左翼借用的古典文学文本往往与不公、束缚/禁锢等主题有关，并表达出对权威的挑战和对自由的渴望（如

《菲罗克忒忒斯》《安提戈涅》《普罗米修斯》）。一位"未被救赎"者以笔名 K. 克拉提戈斯写过一首诗——《在荒凉的岩石上》（耶拉多普洛斯，1974）。这首诗的结尾写道：

> 迎风挺立
>
> 被锁链拴在棍子上，普罗米修斯
>
> 我站着，竖耳倾听
>
> 巨人（*Gigas Laos*）和青年的脚步

马克罗尼索斯岛上的剧场举办过极其丰富的活动，许多著名希腊演员的演艺事业就是从这里开始的，关于这些剧场的更多信息，见范·斯滕（2005）和《戏剧、电影和电视》（38—46，1980）特刊。我要感谢贡达·范·斯滕提供的这一参考文献。

20 其他可能属于秘密抵抗行动的案例，见前文注释 10。

21 左翼接受这一希腊主义宪章神话的其他例证见著名马克思主义历史学家尼科斯·斯沃罗诺斯（曾是希腊人民解放军游击战士）20 世纪 60 年代中期所写、直到 2004 年才出版的《希腊民族》。这本书在希腊的销量很好，也引发了历史学家及其他人在媒体上的激烈辩论。斯沃罗诺斯在书中指出，他认为希腊是一个从古延续至今的民族类别，有趣的是，他还宣称希腊的"抵抗性"是其一直存在的永恒特征（参阅里雅阁，2005a，b；努索斯，2006；关于希腊左翼的民族主义，参阅加夫里利迪斯，2006）。

22 马克罗尼索斯岛上的纪念性景观以唤醒古典古代的记忆为主，这种景观的构建在某种程度上可视为对记忆场所的构建（诺拉，1989），是试图以复制帕特农神庙等古典时期古迹的形式，将民族记忆物质化。关于民族记忆和民族纪念仪式的文献有很多，如吉利斯（1994），以及福蒂和屈希勒尔（1999）的论文，尤其是关于战争纪念物的论文；关于欧洲东南部的战争和记忆，参阅芬尼（2002）；前些年出版的两部文集有助于探究记忆研究这一新兴跨学科领域的大量文献，它们分别是鲍尔等（1999）和关于记忆和物质文化的昆特等（1999）；以希腊为背景讲述一般性记忆的，参阅本维尼斯特和帕拉德利斯（1999），以及卡普坦佐格卢（2001）。

23 马克罗尼索斯岛的这场"教化实验"立足于希腊主义的宪章神话及其连续性叙事，但与该神话和叙事不同的是，在 20 世纪 80 年代初希腊政府正式承认反马克罗尼索斯岛"实验"的抵抗运动，以及"实验"暴行被更广泛地揭露出来之前，关于该岛本身（包括其目的、性质、相关事件）的记忆一直备受争议。目前，仍有相关事实存在争议，最主要的原因在于，希腊国防部尚未披露全部档案。

24 一个非常有趣的例子是阿索尔·富加德在《岛》中对古典古代的戏剧化利用。这个例子不仅与马克罗尼索斯岛计划有着惊人的相似之处，也是借用古典古代的许多激进例子之一。《岛》创作于南非的种族隔离时期，讲述了罗本岛上两名黑人囚徒的故事。该戏剧作品中的一个核心主题是上演索福克勒斯的《安提戈涅》——这是战略性利用该古希腊戏剧反独裁内涵的又一例子。众所周知，在全球背景下，这种为各自不同的目的和议程而战略性借用古典古代的例子比比皆是，这并非现代希腊独有的现象。这些借用的意义、内涵和效果各不相同，有时甚至大相径庭。此处篇幅有限，难以展开探讨，但值得阐明的是，在我看来，有问题的并不仅仅是对古典古代的改写或借用。真正问题严重的是一些频繁使用的或隐晦或直白的假设，包括"历史即命运"、希腊具有不曾中断的连续性、希腊具有文化优越性、希腊处于纪念碑化的时间之中（这些假设往往是民族主义、殖民主义和新殖民主义意识形态和做法所倡导的）；正如马克罗尼索斯岛的案例所示，这些假设往往会产生严重的政治后果和社会影响。如前文所述，关于古代的这些话语和做法并不一定，也不总是国家或传统权威机构的所为，它们往往"来自下层"。在这类情况下，研究人员面临的巨大挑战之一就是在欣赏和阐述、批评间取得平衡，欣赏的是不同社会的历史理解模式（可能包含上述要素），阐述、批评的是这些模式产生的后果以及推动这些模式形成的权力结构（参阅汉德勒，1985）。

25 见国际博物馆和遗址理事会（1991）和迪亚福尼迪斯等（1994）。在该部长令签署前，该岛一直前途未卜。1954 年时，岛上仍有军事设施和陆军人员，时任政府决定在岛上修建精神病患者安置点（《日报》，1954年10月23日），但该计划从未落实：将该岛视为治疗、"净化"、处理一切"异常"之地的观念似乎延续到了希腊内战结束之后。后来有人建议在岛上修建垃圾处理厂（楚克尼达斯，1998），这其实也是上述观念的一种体现。这一观念甚至延续到了马克罗尼索斯岛被宣布为历史遗址之后。2004年雅典奥运会筹备期间，作为历史遗址的马克罗尼索斯岛本来预定要承办一些奥运会相关活动，但因马克罗尼索斯岛被关押者协会抗议等原因，最终未能落实（《时代》，2000年9月24日）。

26　见马佐尔（2000c）等。

第六章　对民族完整的怀旧：帕特农神庙（或埃尔金）大理石雕

1　学术（和部分半通俗）文献，见史密斯（1916）、希钦斯（1997）、弗雷托斯（1997）、圣克莱尔（1998，1999）、鲁登斯坦（1999）、博德曼（2000）、梅里曼（2000，2006）、马里尼森（2002）、韦布（2002）、克尔瑟尔（2004）和期刊《地中海博物馆》（2：2005）中的论文；通俗文献太多，不胜枚举，但有一些将出现在后文的探讨中。

2　后来，大英博物馆及其工作人员或许是迫于英国国内和国际上的压力，开始越来越多地称呼这些文物为帕特农神庙雕塑，例如詹金斯关于20世纪30年代"清洁"争议的报告（2001a）的标题（见后文）。

3　不过，在雅典卫城的其他神庙中能见到直接提及波斯人的文物，如雅典娜胜利神庙的饰带浮雕。

4　见斯皮维（1996：150；1997）；广受认可的一种解读是，这些艺术表达中的神话故事描绘的是希腊与"他者"之争，关于这种解读，见弗朗西斯和维克斯（1990：21—42）、哈勒（1989）等。值得一提的是，对帕特农神庙大理石雕的解读，尤其是对其饰带浮雕的解读，是古典学者间争论最激烈的话题之一。某些争论还会引起国际媒体的关注，比如康奈利最近的研究（1996，回顾了过去的争论），该研究提出了涉及人祭的神话解读。此外，这些雕塑在西方的想象和文化中占据中心地位，这意味着会有某些解读（如强调它们的英雄和庆祝属性的解读）受到偏爱，另一些解读受到忽视（参阅康奈利，1996：55—56）。

5 关于帕特农神庙接受度及角色从后古典时期到现代的变化，见图尼奇奥蒂斯（1994）的几篇文章；另见比尔德（2002）；关于后来整个雅典卫城的生活，见本书其他章节，尤其是第二章和第五章；另见亚卢里斯（2001）。

6 雕塑家卡诺瓦也是因为这一观念而拒绝修复帕特农神庙的大理石雕（罗滕伯格，1977：444；韦布，2002：65）。

7 伦敦就有不少"希腊复兴建筑"，大英博物馆本身就是，还有仿伊瑞克提翁神庙的圣潘克拉斯教堂，不胜枚举，见罗滕伯格（1977）和韦布（2002）；另参阅詹金斯（1992：24—26），该研究还提供了大英博物馆截至1939年的藏品管理记录。

8 英国评论员悉尼·史密斯曾于1816年写道："埃尔金勋爵做了一件非常有用的事，那就是将它们从土耳其人手中拿了过来。把它们留给土耳其人无异于把珍珠扔给猪，我们不能这么暴殄天物。"（转引自韦布，2002：73）

9 这个故事改编自梅塔克萨斯（1994）所写的一篇报纸报道；关于公众对梅尔库里去世的反应，见《梅丽娜：你是希腊的代言人》（《自由新闻报》，1994年3月8日）、《希腊告别了她的女像柱》（《自由新闻报》，1994年3月11日，头版）、《永远在我们心中》（《新闻报》，1994年3月7日，头版）、《她以希腊人的身份而生、而活、而死》（《正午报》，1994年3月7日，头版）等文章。

10 例如，1941年，英国外交及联邦事务部曾提议将这些大理石雕归还希腊，之所以有此提议，一方面是认可希腊陆军在第二次世界大战中发挥的重要作用，另一方面是试图坚定希腊对包括纳粹军队在内的法西斯入侵者的抵抗；一些资料显示，在20世纪50年代塞浦路斯反英国殖民政府统治的斗争期间，英国官员曾暗示，如果希腊政府能撤回对塞浦路斯反殖民战士的一切支持，英国就有可能考虑归还这些大理石雕（圣克莱尔，1998：334）。

11 梅尔库里首次意识到这一问题,是在 1962 年拍摄电影《菲德拉》期间,该电影改编自古希腊悲剧,她饰演女主角菲德拉,在大英博物馆的帕特农神庙雕塑旁遇到了安东尼·博金斯饰演的希波吕托斯(《自由新闻报》,1993 年 12 月 19 日)。大英博物馆还阻碍过他们在该展厅内的拍摄工作,这也激怒了梅尔库里(《自由新闻报》,1993 年 12 月 19 日)。

12 在 1994 年的欧洲议会选举期间,政党"左翼联盟"(*Synaspismos*)专门就这一问题印发了传单(见哈米拉基斯,1999b),2002 年,该政党后来的党首、时任欧洲议会议员之一的 A. 阿拉瓦诺斯在欧洲议会内组织了一场名为"流亡大理石雕"的一日会议(《自由新闻报》,2002 年 5 月 31 日)。阿拉瓦诺斯在这场征战中一直格外活跃(参阅亚卢里,2001:89)。

13 时任塞萨洛尼基大学史前史考古学教授、希腊共产党著名人物乔治·乌尔穆西亚迪斯也提出了耐人寻味的异议。他没有直接反对大英博物馆归还帕特农神庙大理石雕,但他批评了过度依赖古典古代的资产阶级意识形态,以及希腊只关注大英博物馆,忽视其他古物的虚伪立场;他补充道,艺术和文明的作品没有国界,并指出希腊应该优先解决的是国内考古和博物馆活动资金不足的问题;见《革命之根报》(2001 年 4 月 1 日)和地区性文学杂志《内陆》(77,2001 年 11 月)刊登的采访。

14 关于这一主题的其他评论和著作,见圣克莱尔(1999)、博德曼(2000)和马里尼森(2002)。

15 《新闻报》(1989 年 11 月 11 日);后来,另一家报纸发表了题为《……他们竟敢谈论帕特农神庙大理石雕》的报道(《自由媒体报》,1998 年 8 月 10 日),文中援引了英格兰主要遗产保护机构英格兰遗产委员会的一份报告,该报告称,自 1945 年以来,英国已有 2.2 万处遗址和古迹遭到损毁。

16 宣传单中的这段文字援引自 1997 年该文化部长提交给英国艺术部长的官方要求函(《自由新闻报》,1997 年 7 月 6 日)。

17 见《金融时报》的彼得·阿斯普登对大英博物馆长的采访(阿斯普

登，2003）。

18 例如，见左翼报纸上的文章，如卡索斯（2003），以及《革命之根报》（2000年6月7日）上的一篇文章；考古学家们指责新考古法中允许（通过简单的部长令）永久出借古物的条款为"殖民主义"举措，关于他们的反应，见《自由报》（2002年5月24日）。有传言称，希腊政府甚至愿意将德尔斐的阿波罗青铜像这么具有标志性的文物出借给大英博物馆（《新闻报》，2001年9月14日）。部长本人也承认，该条款与这一大理石雕运动有关：他指责考古学家们的反应是狭隘的，强调"我不能只是要求大英博物馆出借帕特农神庙雕塑，却不提供任何回报"（《自由新闻报》，2002年6月6日）。

19 有很多人对此表态，比如，帕尔纳萨斯（1998，2000）就曾指出，该新博物馆的修建将会破坏古雅典贫困街区的部分区域："我们不能指望所有发掘都只会发现韦尔吉纳那样的遗址；有些小定居点、小'街区'**也有它们独特的重要意义和'魅力'**"（1998；原作者强调）；这里指的是马诺利斯·安德罗尼科斯在韦尔吉纳村马其顿遗址的著名发现（见第三章）。

20 马拉松地区曾见证希腊抗击波斯侵略者的最关键也最著名的战役之一，但在2001年，希腊政府决定在此地建造2004年雅典奥运会的大型体育设施，这一决定掀起轩然大波，考古学家、公众人物、媒体纷纷发声表态。见《论坛报》（2001年3月11日）、《抵抗运动》（730，2001年1月26日）和《黎明》（2001年4月8日）中的若干文章；《黎明》（2002年10月13日）刊登的对雅典考古学会会长A.弗拉霍斯的采访；《时代》（2002年9月29日）；豪齐米豪利什（2001）和凯佩齐斯（2001）。

21 2000年，由希腊外交部长领导的政府代表团受邀，就更广泛的文物非法贸易和归还问题，向英国下议院文化、媒体和体育委员会提交文件并做个人陈述。希腊方面在2000年3月9日提交的文件中阐述了自己的主要论点，该论点聚焦于以下几个方面：帕特农神庙的独一无二及其对希腊文化和世界文化的象征价值；国际社会对雅典卫城修复工作的认可；希腊考古局对雅典卫城不间断的考古研究；雅典的重建和以雅典卫城为中心的雅典考古区的统一；最后是新雅典卫城博物馆的建设（见《论坛报》，2000年3月21日）。完整材料和讨论见英国下议院官网。希腊的论点虽然没有忽视帕特农神庙大理石雕的身份问题，但重点明显放在了它们的独一无二性，以及希腊政府妥当管理它们的能力上。这是一种"在商言商"的态度，反映了近些年希腊政府口吻的改变，他们希望在欧盟建立的合作框架内，能够找到对大英博物馆有利的解决方案，不仅允许大英博物馆享有在希腊运营分馆的权利，还将出借古希腊重要文物，供其举办一系列展览。当时，大英博物馆正面临严重的财政危机，不得不裁员和关闭部分展厅，希腊的提议来得既及时，又精明。

22 2002年4月1日的新闻报道见：http://www.in.gr/；另见《自由媒体报》（里佐斯）（2002年4月2日）的报道。

23 《自由新闻报》（2001年8月30日）。

24 见《新闻报》（1999年11月12日）。

25 见亨克（2000）；还有题为《难以下咽的英国晚宴》的报道，《下午报》（2000年8月8日）；在希腊官员和媒体看来，这类事件表明大英博物馆对他们缺乏"尊重"（*aseveia*，这个词带有宗教内涵）。《民族》（2000年12月8日）援引了希腊驻伦敦大使的说法："无论作为外交官还是希腊人，我都不可能参加此次挑衅希腊、亵渎历史的活动。" 2001年，希腊文化部长表达了对大英博物馆"亵渎"其馆藏世界文物的不满。（2001年6月16日的报道见：http://www.in.gr/）另一方面，英国评论员纷纷指责大英博物馆的不得体（如默里，1999：14），或是嘲讽该文化机构的商品化："既然大英博物馆都在考虑成为餐饮娱乐行业的分支了，似乎也就没有拒绝将帕特农神庙大理石归还雅典的充分理由了。大英博物馆也不该满足于摆上一套复制品，还该给这套复制品涂上聚氯乙烯，以防红酒污渍。"（希尔顿，1999年）不过，另一位英国评论员在保守派杂志《旁观者》上写道，在那里用餐符合该研讨会遵循的古希腊传统，帕特农神庙过去本就会定期举行宴会（克拉克，1999），但这一说法似乎没有任何实证支持。

26 霍布豪斯（1813：349）还提供了一份更早的证据，正如他所暗示的，这个故事或许间接提到了帕特农神庙的大理石雕。他在"希腊约阿尼纳"遇到过一个"博学的当地人"，此人对他说，"你们英国人正在抢走我们祖先的作品，那是属于我们希腊人的，你们要好好保管，我们迟早会要回来的"。

27 2001年5月27日，在这些大理石雕前又发生了一起学生示威活动：约20名希腊学生在杜维恩展厅内拉起横幅，横幅上写着"让这些大理石雕重聚"；他们的占领行动持续了10分钟；他们称"警卫给我们喝倒彩"（尼奥蒂，2001）。

28 见《自由新闻报》（1993年1月12日）。

29 他以这一壮举致敬梅丽娜·梅尔库里：《自由媒体报》（里佐斯）（2001年9月5日）。

30 例如，见《晚报》（2002年4月24日），该报道称，希腊北部卡瓦拉某小学的学生向大英博物馆馆长寄了一封抗议信。2001年，雅典大都市区的某市议会（有趣的是，该市议会被称为"拜伦"）决定将帕特农神庙雕塑作为该市一年一度儿童节活动的主题。在这场活动中，不仅有戏剧和舞蹈表演，孩子们还给英国首相托尼·布莱尔写了一封信，并寄了出去。

31 该作者这里是用"希腊式"（Helladic，希腊语为"*Elladiki*"）而非"希腊的"（Hellenic）来指代现代希腊国家，他认为，后者所指范围远大于该国国界范围。

32 在该作者看来，韦尔吉纳遗址出土的古物，以及当地人提出的将文物归还遗址所在地保管的要求，都带着"韦尔吉纳属"的印记，这不仅因为埃尔金主义对它们犯下的罪行，还因为它们象征着当地社会反对国家权力和资源被集中到雅典和塞萨洛尼基的呼声和斗争精神：书中相关节的标题为"韦尔吉纳属：当地社群获得解放的象征"（马尔托斯，1993：161）；关于韦尔吉纳，参阅第三章。

33 马尔托斯还在这本书中指责希腊当局奉行埃尔金主义，因为他们没有要求外国归还众多其他文物,例如收藏于卢浮宫的那些文物(马尔托斯,1993:148)。与他持相同立场的包括共产党日报《革命之根报》1991年6月13日刊登的报道《政府——埃尔金》,此文以赞同的口吻报道了一场抗议活动,抗议当时将希腊古物长期出借给瑞士洛桑某奥林匹克运动会博物馆的提议;文中的指责意味非常明显:"古物不是商品,也不是提要求的筹码,它们是文化遗产,属于世世代代的希腊人。"

34 其他讨论(和部分强烈的消极反应)见国际博物馆协会内部通讯:国际博物馆协会新闻,1(2004),http://icom.museum/universal.html。

35 不过,大英博物馆现任馆长不会像前任馆长之一戴维·威尔逊那样称希腊政府的主张是文化法西斯主义,威尔逊曾说:"这无异于焚书……希特勒就是这么做过。"(希钦斯,1997:85)

36 关于该演讲的报道见《卫报》(2003年10月7日;见吉本斯等,2003)。

37 此处提到的是现在十分知名的争论,因马丁·贝尔纳(1987;1991)的著作而起,该著作探讨的是古希腊文化中的亚非元素,以及从18世纪至今,欧洲种族主义知识分子话语对这些元素的压制。对该著作的回应,见莱夫科维茨和麦克莱恩(1996);贝尔纳的反驳,见贝尔纳(2001);另见贝林勒布劳(1999);一些考古学争论,见《地中海考古学杂志》[3(2),1990];关于希腊对该争论的接受度,见《当代议题》(64,1997)。

38 见阿斯普登(2003)。

39 麦格雷戈(2004),《全世界都在我们手中》,《卫报》(评论)(2004年7月24日)。

40 类似的态度总是不时出现,尤其是在英国保守派媒体上:例如,《每日电讯报》(1999年11月29日)的一篇社论指出,现在的希腊人不能被视为古典时期希腊人的后裔,他们的祖先实际是"在接近第一个千年结束时……定居希腊的入侵者"。

41 近些年的一些新发展包括"帕特农神庙2004"运动,这是自由民主党议员理查德·艾伦于2002年1月发起的一项倡议,旨在促成帕特农神庙雕塑在 2004 年雅典奥运会时回家,但这一目标未能实现。英国帕特农神庙大理石雕归还委员会也举办了两场重要活动:2002 年,在伦敦大英博物馆不远处举办新雅典卫城博物馆的展示活动,这是一场非常奢华的活动,邀请了希腊文化部长等众多达官显贵出席;2003 年举办"重新团聚的大理石雕"巡展,利用虚拟现实技术展现出了希望它们重聚的审美观点(见《独立报》,2003 年 10 月 7 日)。首次为它们实现"虚拟"重聚的是希腊文化部和梅尔库里基金会,他们出版了一本富有想象力的小册子(科尔卡,2002)。有趣的是,同时也与上述活动一致的是,该英国委员会于 2005 年底改名为"英国帕特农神庙大理石雕重聚委员会"(《大理石雕重聚新闻》,1,2005 年 12 月)。

42 《经济学人》2000 年的一项民调显示,若有投票机会,66% 的英国议员会投票支持归还这些雕塑;莫里市场调查公司 2002 年 9 月的一项民调显示,在英国民众中,归还支持者的人数是反对者的 8 倍(史密斯,2006:32)。

43 转引自史密斯(2006:31);另见:http://www.uni-heidelberg.de/press/news/news06/2601par_e.html(2006 年 11 月 4 日访问)。此举紧随一系列高调的文物归还活动之后,这些活动包括纽约大都会艺术博物馆将欧弗洛尼奥斯陶瓶归还给意大利,以及加利福尼亚州马里布的 J. 保罗·盖蒂博物馆将一块墓碑和一块宗教浮雕板归还了希腊,后者对希腊意义重大。

44 正如本书所探讨的,这是由民族主义强加的文化神圣化过程的结果;另参阅布朗(1990)和哈米拉基斯和亚卢里(1999)。

45 该读者来信见《自由新闻报》(2000 年 4 月 1 日);另一报纸刊登了题为《为那些神圣的大理石雕而游》的文章,文中报道了一位英国男子为支持希腊要求大英博物馆归还大理石雕的主张,决定从提洛岛游到帕罗斯岛(《自由报》,2000 年 6 月 14 日)。

46 2003 年 10 月,在布鲁塞尔举行的欧盟峰会期间,时任希腊总理科斯塔斯·西米蒂斯在偶遇英国首相时问道(意译):"我明年要参加选战,你能在大理石雕的问题上做点什么吗?"这次对话是被电视摄像机意外捕捉到的，引起了政界和新闻界的滔天恶评，他们指责这是对"民族问题"的直接利用，想借此赢得竞选，行为非常下作，见《大理石雕引发的混乱》(《自由新闻报》，2003 年 10 月 17 日)；《西米蒂斯和布莱尔关于大理石雕的对话》(《论坛报》，2003 年 10 月 19 日)。

47　E. 比斯蒂卡，《日报》(2002 年 2 月 17 日)。

48　希腊的公众话语一直将这些大理石雕描述为囚徒：如《下午报》(1998 年 7 月 19 日)特别增刊的标题：《独一无二的艺术和文化杰作被囚禁在大英博物馆中》；还有前文提到的，关于 1994 年 3 月 10 日学生示威活动的报道标题：《给被囚禁的大理石雕献上康乃馨》(梅塔克萨斯，1994)。

49　关于这些大理石雕对阿提卡之光的向往，见前文；人们坚持不懈地提到阿提卡之光，令大英博物馆馆长不得不做出回应："每个地方都有自己的光……阿提卡独一无二的光芒确实曾经照耀在彩绘的雕塑上，但没有人说我们应该把它们重新涂成原来的颜色。"(阿斯普登，2003)

50　这尊雕像的身份存在争议：其他可能的身份包括忒修斯和赫拉克勒斯(比尔德，2002：156—157)。

51　原物归位概念被描述为对古迹"现存但被肢解部件的重组"(http://www.icomos.org/venice_charter.html)，有趣的是，这一概念是希腊对古迹保护辩论最重要的贡献之一。它于 1931 年雅典的某次会议上被提出，自 1964 年写入关于古迹重建的《威尼斯宪章》(这是国际文物保护的基本法律文件之一——译者注)。

52　有趣的是，官方不提但大众经常要求归还的另外两件古希腊文物都是肢体残缺的人物雕像：米洛斯的维纳斯和萨莫色雷斯的胜利女神(均藏于卢浮宫)。

53　我认为对完整性和整体性的怀旧是民族想象中的核心焦虑，这与萨顿(2001：73—102)借鉴费尔南德斯(如，1982)提出的观点类似。萨顿认为，与生活在国外的地方、地区或民族社群成员一同享用"家乡食物"的感官影响能帮助个体重新建立与整体之间的关联。这不单单是移民社群研究中众所周知的食物怀旧现象，更源自共同饮食这种感官体验对记忆唤醒、身份识别的强大影响力,这些影响得以暂时恢复个体与整体之间的连接,让个体重新体验过去的感受和情绪。进食和用感官体验古物一样,也是民族想象的一种关键仪式。

结论　废墟中的民族?

1　http://www.culture.gr/welcome.html(这段文字为英文;2005年7月1日访问)。该网站于2007年更新、修改了部分内容。
2　正如他在《关于卫城的记忆障碍》中所描述的那样。
3　2001年时,就连阿帕杜莱也承认自己低估了民族主义在晚期全球化现代性中的持续影响和持续存在。
4　关于"米诺斯的"过去在地方、地区、民族和超国家身份构建中扮演的角色(及其与殖民主义的关联),见哈米拉基斯和莫米利亚诺(2006)的论文;另参阅帕帕普洛斯(2005),以及达克亚等(2006)的论文。
5　雕像是活着的祖先这一概念不仅常见于公共话语和媒体话语中(如本书提供的若干例子所示),也常见于希腊的文化创作之中,尤其是诗歌创作之中。第六章迪穆拉的诗就是一例,不过,在曾广泛使用这一概念的现代希腊文人中,最著名的可能要数乔治·塞菲里斯,例如他的长诗《"画眉鸟"号》中的一首《享乐主义的厄尔帕诺尔》(参阅塞菲里斯,1995)。顺便一提,塞菲里斯还经常利用碎片的概念(以支离破碎、残缺不全的古物的形象)来比喻这个民族及其民族记忆。在这方面,《享乐主义的厄尔帕诺尔》同样是个很好的例证(相关探讨见詹纳科普卢,2000;关于碎片的概念和民族想象,见哈米拉基斯,2004)。
6　见 http://www.syriza.gr/modules/news/article.php?storyid=139(2005年7月1日访问)。
7　参阅 http://homepage.mac.com/dodecatheon/(2005年7月1日访问)。

参考文献

* 表示该参考文献为希腊语。

About, E. (1857), *Greece and the Greeks of the Present Day*. New York: Dix Edwards and Co.

Abu El-Haj, N. (1998), Translating truths: nationalism, the practice of archaeology and the remaking of past and present in contemporary Jerusalem. *American Ethnologist* **25**(2): 166–188.

—— (2001), *Facts on the Ground: Archaeological Practice and Territorial Self-fashioning in Israeli Society*. Chicago: University of Chicago Press.

Agamben, G. (1998[1995]), *Homo Sacer: Sovereign Power and Bare Life*. Stanford: Stanford University Press.

Alexandri, A. (2002), Names and emblems: Greek archaeology, regional identities, and national narratives at the turn of the 20th century. *Antiquity* **76**: 191–199.

*Alexopoulos, G. (1995), The last romantic and the uses of the past. *I Lexi* **126**: 142–155.

*Alivizatos, N. (1986), *The Political Institutions in Crisis 1922–1974: Aspects of the Greek Experience*. Athens: Themelio.

Anderson, B. (1991[1983]), *Imagined Communities: Reflections on the Origins and Spread of Nationalism*. London and New York: Verso.

—— (1994), Exodus. *Critical Inquiry* **20**: 314–327.

*Andreadis, G. (1989), *Antigoni's Children: Memory and Ideology in Modern Greece*. Athens: Kastaniotis.

Andreou, S., Fotiadis, M., and Kotsakis, K. (1996), Review of Aegean prehistory V: the Neolithic and Bronze Age of northern Greece. *American Journal of Archaeology* **100**: 537–597.

*Andronikos, M. (1938), Study of some folk songs from Imvros island. In:
Album of Nisos Imvros, pp. 95–116. Athens.

*——— (1952), *Plato and Art*. Thessaloniki.
——— (1968), *Totenkult*, Archaeologia Homerica III. Göttingen: Vandenhoeck and Ruprecht.
*——— (1972), Archaeology and time. *To Vima*, 12 October 1972 [reproduced in Andronikos (1976a, pp. 99–102)].
*——— (1973), Today he is hanged on the cross. *To Vima*, 26 April 1973 [reproduced in Andronikos (1976a, pp. 257–260)].
*Andronikos, M. (1974a), On the other shore. *To Vima*, 17 January 1974 [reproduced in Andronikos (1976a, pp. 268–271)].
*——— (1974b), On the other shore (continuation without end). *To Vima*, 29 August 1974 [reproduced in Andronikos (1976a, pp. 272–274)].
*——— (1976a), *Education or Sleep-learning?* Athens: Ikaros.
*——— (1976b), Vergina and Aegae. *To Vima*, 3 October 1976 [reproduced in Andronikos (1982a, pp. 46–52)].
*——— (1977a), Diplomacy and archaeology. *To Vima*, 5 May 1977 [reproduced in Andronikos (1982a)].
*——— (1977b), Giorgos Seferis's nightmare. *To Vima*, 30 June 1977.
*——— (1977c), Memory of July. *To Vima*, 21 July 1977.
*——— (1978), A year after. *To Vima*, 16 November 1978 [reproduced in Andronikos (1982a, pp. 70–73)].
*——— (1980a), The royal tomb at Vergina and the problem of the dead. *Arhaiologika Analekta ex Athinon* 13: 156–178.
*——— (1980b), Argumentum e Silentio. *Arhaiologika Analekta ex Athinon* **13**: 354–365.
*——— (1982a), *History and Poetry*. Athens: Ermis.
*——— (1982b), Our cultural heritage. *To Vima*, 25 April 1982 [reproduced in Andronikos (1982a, pp. 35–45)].
*——— (1983), The Parthenon sculptures. *To Vima*, 3 July 1983 [reproduced in Andronikos (1993, pp. 34–37)].
*——— (1984), *Vergina: the Royal Tombs*. Athens: Ekdotiki Athinon.
*——— (1985), In exile. *To Vima*, 3 March 1985.
*——— (1987), Anniversary. *To Vima*, 8 November 1987 [reproduced in Andronikos (1993, pp. 113–118)].

*—— (1988a), Quests and questions. *To Vima*, 29 May 1988 [reproduced in Andronikos (1993, pp. 133–138)].
*—— (1988b), The archaeological recovery of Macedonia. *To Vima*, 25 September 1988.
*—— (1988c), The human face of archaeology. *To Vima*, 18 December 1988 [reproduced in Andronikos (1993, pp. 154–159)].
*—— (1991), The chronicle of Vergina. *To Vima*, 21 July 1991 [reproduced in Andronikos (1993, pp. 212–217)].
*—— (1993), *Hellenic Treasure*. Athens: Kastaniotis.
*—— (1994), *Hellenic Ark*. Athens: Kastaniotis.
*—— (1997), *The Chronicle of Vergina*. Athens: MIET.
*Angelis, V. (2006), *'Giati Hairetai o Kosmos kai Hamogelaei Patera?' Lessons of National Pedagogy and Youth Propaganda in the Era of the etaxas Dictatorship*. Athens: Vivliorama.
Angelomatis–Tsougarakis, H. (1990), *The Eve of the Greek Revival: British Travellers' Perceptions of Early Nineteenth-Century Greece*. London: Routledge.
*Anon. (1826), On the antiquities of Greece, part one. *Ephimeris ton Athinon*, 17 January 1826.
*Anon. (1878), On the demolished tower at the Propylaia of the Athenian Acropolis. *Estia* **5**(115): 175–176.
*Anon. (1914), Greek toponyms of Macedonia and Epirus. *Praktika tis Arhaiologikis Etaireias* **1914**: 73–78.
Anon. (1939?), *Greece: a Glimpse of Works of Art Exhibited in the Greek Pavilion at the New York World's Fair*. Athens: Under–Secretariat of State for the Press and Tourism.
*Anon. (1941?), *The Ideas of I. Metaxas on Greece and Hellenism*. Athens: Pyrsos.
*Anon. (1981), The archaeology in Greece today. *Allagi*, 25–26 August 1981.
*Anon. (1998), Arms, missiles and the Elgin marbles. *To Vima*, 20 September 1998, p. A11.
Antoniou, G. and Marantzidis, N. (2003), The Greek Civil War historiography, 1945–2001: toward a new paradigm. *The Columbia Journal of Historiography* **1** (http://www.columbia.edu/cu/history/gha/cjh/2003_4.htm; accessed 4 December

2004).

Appadurai, A. (1981), The past as a scarce resource. *Man* **16**: 201–219.

—— (ed.) (1986a), *The Social Life of Things*. Cambridge: Cambridge University Press.

—— (1986b), Introduction: commodities and the politics of value. In: *The Social Life of Things* (ed. A. Appadurai), pp. 3–63. Cambridge: Cambridge University Press.

—— (1995), The production of locality. In: *Counterworks: Managing the Diversity of Knowledge* (ed. by R. Fardon), pp. 204–255. London: Routledge.

—— (1996), *Modernity at Large: Cultural Dimensions of Globalization*. Minneapolis and London: University of Minnesota Press.

—— (2001), The globalization of archaeology and heritage: a discussion with Arjun Appadurai. *Journal of Social Archaeology* **1**(1): 35–49.

*Arheia tis Ellinikis Paliggenesias (1974), *Archives of the Greek Resurrection until the Establishment of the Kingship*, Vol. 5. Athens: Vivliothiki tis Voulis ton Ellinon.

*Aristophron, P. (1933), The excavations at the Academy of Plato. *Praktika tis Akadimias Athinon* **8**: 243–248.

Arnold, B. and Hassmann, H. (1995), Archaeology in Nazi Germany: the legacy of the Faustian bargain. In: *Nationalism, Politics and the Practice of Archaeology* (ed. by P. Kohl and C. Fawcett), pp. 70–81. Cambridge: Cambridge University Press.

Aspden, P. (2003), Sharp end of civilisation. *Financial Times*, 13 June 2003.

Athanassopoulou, E. (2002), An 'ancient' landscape: European ideals, archaeology, and nation building in early modern Greece. *Journal of Modern Greek Studies* **20**: 273–305.

Atkinson, J.A., Banks, I., and O'Sullivan, J. (eds) (1996), *Nationalism and Archaeology*. Glasgow: Cruithne Press; Scottish Archaeological Forum.

Augustinos, O. (1994), *French Odysseus: Greece in French Travel Literature from the Renaissance to the Romantic Era*. Baltimore and London: Johns Hopkins University Press.

*Avdoulos, S. (1998), *The Phenomenon of Makronisos: a Unique Criminal Experiment*. Athens: Ellinika Grammata.

Avgouli, M. (1996), The first Greek museums and national identity. In: *Museums and the Making of 'Ourselves': the Role of Objects in National Identity* (ed. by F.E.S. Kaplan), pp. 246–265. Leicester: Leicester University Press.

*Avlami, C. (1990), The use of history by the theoreticians of the Fourth of August. *Histor* **2**: 121–149.

*Axioti, M. (1974), *Response to Five Questions*. Athens: Kedros.

Badian, E. (1982), Greeks and Macedonians. In: *Macedonia and Greece in late Classical and Early Hellenistic Times* (ed. by B. Barr–Sharrar and E.N. Borza), pp. 33–51. Washington, DC: National Gallery of Art.

Baerentzen, L., Iatrides J.O., and Smith O.L. (eds) (1987), *Studies in the History of the Greek Civil War*. Copenhagen: Museum Tusculanum Press.

Balakrishnan, G. (1995), The national imagination. *New Left Review* **211**: 56–69.

Balibar, E. (1990), The nation form: history and ideology. *Review: Fernand Braudel Centre* **13** (3): 329–361.

Ball, M., Crewe, J., and Spitzer, L. (eds) (1999), *Acts of Memory: Cultural Recall in the Present*. Hanover and London: New England University Press.

Baram, U. and Rowan, Y. (2004), Archaeology after nationalism: globalization and the consumption of the past. In: *Marketing Heritage: Archaeology and the Consumption of the Past* (ed. by Y. Rowan and U. Baram), pp. 3–23. Walnut Creek, CA: Altamira Press.

Barbanera, M. (1998), *L'Archeologia degli Italiani: Storia, Metodi e Orientamenti dell' Archeologia Classica in Italia* (con un contributo di Nicola Terrenato). Rome: Editori Riuniti.

Barkan, E. and Bush, R. (eds) (2002), *Claiming the Stones, Naming the Bones*. Los Angeles: The Getty Research Institute.

Barrett, J. (1988), Fields of discourse: reconstituting a social archaeology. *Critique of Anthropology* **7**(3): 5–16.

Barrès, M. (1900), *La Voyage de Sparte*. Paris: Juven.

Barthes, R. (1981), *Camera Lucida: Reflections on Photography* (transl. by R. Howard). New York: Hill and Wang.

Bastea, E. (2000), *The Creation of Modern Athens: Planning the Myth*. Cambridge: Cambridge University Press.

Beard, M. (2002), *The Parthenon*. London: Profile.

Bennett, T. (1988), The exhibitionary complex. *New Formations* **4**: 73–102.

Benjamin, W. (1992[1970]), *Illuminations*. London: Fontana.

*Benveniste, R. and Paradellis, T. (eds) (1999), *Journeys and Topoi of Memory*. Athens: Alexandreia.

Ben-Yehuda, N. (2002), *Sacrificing Truth: Archaeology and the Myth of Masada*. Amherst, NY: Humanity Books.

Bergson, H. (1991), *Matter and Memory*. New York: Zone.

Berlinerblau, J. (1999), *Heresy in the University: the Black Athena Controversy and the Responsibilities of American Intellectuals*. New Brunswick, NJ: Rutgers University Press.

Bernal, M. (1987), *Black Athena: the Afroasiatic Roots of Classical Civilization (Vol. 1: The Fabrication of Ancient Greece)*. New Brunswick, NJ: Rutgers University Press.

—— (1991), *Black Athena: the Afroasiatic Roots of Classical Civilization (Vol. 2: The Archaeological and Documentary Evidence)*. New Brunswick, NJ: Rutgers University Press.

—— (2001), *Black Athena Writes Back*. Durham, NC: Duke University Press.

Bhabha, H. (1990), Introduction: narrating the nation. In: *Nation and Narration* (ed. by H. Bhabha), pp. 1–7. London: Routledge.

—— (2004[1992]), Double visions. In: *Grasping the World: the Idea of the Museum* (ed. by D. Preziosi and C. Farago), pp. 236–241. Aldershot: Ashgate.

Billig, M. (1995), *Banal Nationalism*. London: Sage.

*Biris, K. (1933), *The First Town Plans of Athens*. Athens.

*—— (1959), *Evliya C̦elebi on Attica: Athens and its Suburbs in the 17th Century*. Athens.

*—— (1966), *Athens from the 19th to the 20th Century*. Athens: Kathydrima Poleodomias kai Istorias ton Athinon.

*Birkas, K. (1975), *Why we Fought*. Athens: Kastaniotis.

Blegen, C. (n.d.), *His Letters Home: Book II: From Distant Fields* (ed. by R.D. Blegen). Privately circulated; copy at the University of Cincinnati, Classics Library.

Boardman, J. (2000), The Elgin marbles: matters of fact and opinion. *International Journal of Cultural Property* **9**(2): 233–262.

Borza, E. (1996), Greeks and Macedonians in the age of Alexander: the source traditions. In: *Transitions to Empires: Essays in Greco-Roman History 360–146 BC* (ed. by R.W. Wallace and E.M. Harris), pp. 122–139. Norman, OK: University of Oklahoma Press.

Bourdieu, P. (1977), *Outline of a Theory of Practice*. Cambridge: Cambridge University Press.

—— (1990), *The Logic of Practice*. Cambridge: Polity.

—— (1998), *Practical Reason*. Cambridge: Polity.

*Bournazos, S. (1997), The reformatory discourse of the winners at Makronisos. *Dokimes* **6**: 101–134.

*—— (1998), Makronisos Camp: 1947–1950: national and anti-communist education. In: *The Times of History: for a History of Childhood and Youth*, pp. 117–137. Athens: Historical Archive of Greek Youth.

*—— (2000), The 'Great National School of Makronisos' 1947–1950. In: *Historic Landscape and Historic Memory: the Case of Makronisos* (ed. by S. Bournazos and T. Sakellaropoulos), pp. 115–146. Athens: Filistor.

*Bournazos, S. and Sakellaropoulos, T. (eds) (2000), *Historic Landscape and Historic Memory: the Case of Makronisos*. Athens: Filistor.

Bracken, C.P. (1975), *Antiquities Acquired: the Spoliation of Greece*. London: David and Charles.

*Bregianni, A. (1999), The politics of illusions: constructions and myths of the Metaxas dictatorship. *Ta Istorika* **30**: 171–198.

Brow, J. (1990), Notes on community, hegemony and the uses of the past. *Anthropological Quarterly* **63**(1): 1–6.

Brown, K.S. (1994), Seeing stars: character and identity in the landscapes of modern Macedonia. *Antiquity* **68**: 784–796.

Brown, K.S. and Hamilakis, Y. (eds) (2003a), *The Usable Past: Greek Metahistories*. Lanham and Oxford: Lexington Books.

—— (2003b), The Cupboard of the Yesterdays?: Critical Perspectives on the Usable Past. In: *The Usable Past: Greek Metahistories* (ed. by K.S. Brown and Y. Hamilakis), pp. 1–19. Lanham and Oxford: Lexington Books.

Buck Sutton, S. (1995), The perception and making of an ancient site. *Point of Reference* **3**(1): 14–21.

*Carabott, P. (1997), Slavo-Macedonians and state in inter-war Greece. *Histor* **10**: 235–278.

—— (2003),Monumental visions: the past inMetaxas's *weltanschauung*. In: *The Usable Past: Greek Metahistories* (ed. by K.S. Brown and Y. Hamilakis), pp. 23–37. Lanham and Oxford: Lexington Books.

—— (2005), Aspects of the Hellenization of Greek Macedonia ca.1912– ca.1959. *Kambos: Cambridge Papers in Modern Greek* **13**: 21–61.

Carabott, P. and Sfikas, T.D. (eds) (2004), *The Greek Civil War: Essays on a Conflict of Exceptionalism and Silences*. Aldershot: Ashgate.

Carman, J. (1996), *Valuing Ancient Things: Archaeology and Law*. London: Leicester University Press.

Casey, E. (1996), How to get from space to place in a fairly short stretch of time: phenomenological prolegomena. In: *Senses of Place* (ed. by S. Feld and K. Basso), pp. 3–52. Santa Fe: School of American Research Press.

Castañeda, Q. (1996), *The Museum of Maya Culture: Touring Chichén Itzá*. Minneapolis: University of Minnesota Press.

*Cavafy, K. (1988), *The Elgin Marbles; the Cyprus Issue*. Athens: Gavriilidis.

Chapman, J. (2000), *Fragmentation in Archaeology: People, Places and Broken Objects in the Prehistory of South-eastern Europe*. London: Routledge.

Chatterjee, P. (1986), *Nationalist Thought and the Colonial World: a Derivative Discourse*. London: Zed Books.

—— (1993), *The Nation and its Fragments*. Princeton: Princeton University Press.

Clark, G. (1957 [1939]), *Archaeology and Society*, 3rd edn. London:Methuen.

Clark, R. (1999), The Athenians liked to party. *The Spectator*, 13 November 1999.

Clarke, D.E. (1814), *Travels in Various Countries of Europe Asia and Africa. Part II: Greece, Egypt and the Holy Land*, section ii. London: Cadell and Davies.

Clogg, R. (1992), *A Concise History of Greece*. Cambridge: Cambridge University Press.

—— (1993), The British School at Athens and the modern history of Greece. *Journal of Modern Hellenism* **10**: 91–109.

—— (1994), Greek-Bashing. *London Review of Books*, **16** (18 August 1994): 18.

—— (2003), The classics and the movement for Greek independence. In: *The Impact of Classical Greece on European and National Identities* (ed. by M. Haagsma, P.

de Boer, and E.M. Moormann), pp. 25–46. Amsterdam: J.C. Gieben.

Close, D. (1990), *The Character of the Metaxas Dictatorship: an International Perspective*. London: Centre of Contemporary Greek Studies.

—— (1992), Ioannis Metaxas and the development of national consciousness. In: *Neohellenism* (ed. by J. Burke and S. Gaunlett), pp. 141–152. Canberra: Humanities Research Centre.

—— (ed.) (1993), *The Greek Civil War 1943–1950: Studies of Polarization*. London: Routledge.

Cobet, J. (1987), Die Akropolis von Athen, ein nationales Monument der Griechen? In: *Die Tucke des Objekts: Festschrift zum Fünfzigsten Geburtstag von Hermann Sturm* (ed. by H. Brog and A. Eschbach), pp. 1–28. Aachen: RaderVerlag.

Cockerell, S.P. (ed.) (1903), *Travels in southern Europe and the Levant, 1810–1817. The Journal of C.R. Cockerell, R.A*. London: Longmans.

Conkey, M. and Spector, J. (1984), Archaeology and the study of gender. *Advances in Archaeological Method and Theory* **7**: 1–38.

Connelly, J.B. (1996), Parthenon and *parthenoi:* a mythological interpretation of the Parthenon frieze. *American Journal of Archaeology* **100**: 53–80.

Connerton, P. (1989), *How Societies Remember*. Cambridge: Cambridge University Press.

Connor, S. (2004), *The Book of Skin*. London: Reaction Books.

Constantine, D. (1984), *Early Greek Travellers and the Hellenic Ideal*. Cambridge: Cambridge University Press.

Cooper, F. (2005), *Colonialism in Question: Theory, Knowledge, History*. Berkeley: University of California Press.

Corley Kokkinakis, F. (1999), Minos Kokkinakis. *The Independent*, 10 March 1999.

Cowan, J. (ed.) (2000), *Macedonia: the Politics of Identity and Difference*. London: Pluto.

Crary, J. (1990), *Techniques of the Observer: on Vision and Modernity in the Nineteenth Century*. Cambridge, MA: MIT Press.

—— (1999), *Suspensions of Perception: Attention, Spectacle and Modern Culture*. Cambridge MA: MIT Press.

Csordas, T. (1990), Embodiment as a paradigm for anthropology. *Ethos* **18**: 5–47.

Curtis, N. (2005), 'A continuous process of reinterpretation': the challenge of the universal and rational museum. *Public Archaeology* **4**: 50–56.

Danforth, L. (1984), The ideological context of the research for continuities in Greek culture. *Journal of Modern Greek Studies* **2**(1): 53–85.

—— (1995), *The Macedonian Conflict: Ethnic Nationalism in a Transnational World*. Princeton: Princeton University Press.

—— (2003), Alexander the Great and theMacedonian Conflict. In: *Brill's Companion to Alexander the Great* (ed. by J. Roisman), pp. 347–364. Leiden: Brill.

Darcque, P., Fotiadis, M., and Polychronopoulou, O. (eds) (2006), *Mythos. La préhistoire égéenne du XIXe au XXIe siècle après J.-C* (Bulletin de Correspondence Hellénique, Supplément 46). Paris and Athens: É FA.

*Dasios, F. (1992), The adventure of the contract from the Greek side (1881–1891). In: *Delphi: Searching for the Lost Sanctuary*, pp. 127–141. Athens: ÉFA and the Ephoreia of Antiquities of Delphi.

Davis, J.L. (2000), Warriors for the fatherland: national consciousness and archaeology in 'barbarian' Epirus and 'verdant' Ionia 1912–22. *Journal of Mediterranean Archaeology* **13**(1): 76–98.

—— (2003), A foreign school of archaeology and the politics of archaeological practice: Anatolia 1922. *Journal of Mediterranean Archaeology* **16**: 145–172.

de Certeau, M. (1984), *The Practice of Everyday Life* (transl. by Steven F. Rendall). Berkeley: University of California Press.

*Depasta, N.S. (1990), *The Professor Sp. N. Marinatos*. Athens.

Diamandouros, P.N. (1972), *Political Modernization, Social Conflict and Cultural Cleavage in the Formation of the Modern Greek State: 1821–1828*. Unpublished Ph.D. Dissertation, Columbia University.

*Diamandis, K.A. (1972–73), Proposal for the establishment of national anniversaries and public games modelled on celebrations in antiquity in 1835. *Athiná* **73–74**: 307–325.

*Diaphonidis, K., Grigorakou–Martha, L., and Lefkaditou–Papandoniou, R. (eds) (1994), *Makronisos: Historical, Cultural Site*. Athens.

Díaz–Andreu, M. (1993), Theory and ideology: Spanish archaeology under the Franco regime. *Antiquity* **67**: 74–82.

Díaz–Andreu, M. and Champion, T. (1996a), Nationalism and archaeology in Europe: an introduction. In: *Nationalism and Archaeology in Europe* (ed. by M. Díaz–

Andreu and T. Champion), pp. 1–23. London: UCL Press.

—— (eds) (1996b), *Nationalism and Archaeology in Europe*. London: UCL Press.

*Dimakopoulos, J. (1997), *A Shelter in the Style of a Tumulus: Vergina an Underground Archaeological Site and Museum in the Type of a Crypt*. Athens: Ypourgeio Politismou, Tameio Arhaiologikon Poron.

*Dimaras, K.Th. (1968), *History of Modern Greek Literature*. Athens: Ikaros.

*—— (1986), *K. Paparrigopoulos*. Athens: MIET.

*—— (1989[1977]), Neohellenic Enlightenment Athens: Ermis.

*Dimoula, K. (1990), *Erevos*. Athens: Stigmi.

Dirks, N.B. (1990),History as a sign of the modern. *Public Culture* **2**(2): 25–32.

*Doris, M. (1988), Vergina and Australia. *Ta Nea*, 27 August 1988.

Douglas, F.S.N. (1813), *An Essay on Certain Points of Resemblance between the Ancient and Modern Greeks*. London: John Murray.

Douglas, M. (1966), *Purity and Danger: an Analysis of the Concepts of Pollution and Taboo*. London: Routledge and Kegan Paul.

*Doxiadis, K. (1995), On the ideology of nationalism. In: *Nation, State, Nationalism*, pp. 41–52. Athens: Etaireia Spoudon Neoellinikou Politismou kai Genikis Paideias.

*Droulia, L. (1995), The symbols of the modern Greek state. *Ta Istorika* **23**: 335–350.

*—— (2002), The Goddess Athena, deity-symbol of modern Hellenism. In: *The Uses of Antiquity by Modern Hellenism*, pp. 221–240. Athens: Etaireia Spoudon Neoellinikis Paideias.

Dubisch, J. (1995), *In a Different Place: Pilgrimage, Gender, and Politics at a Greek Island Shrine*. Princeton: Princeton University Press.

Duncan, J. and Gregory, D (eds) (1999), *Writes of Passage: Reading Travel Writing*. London: Routledge.

Edensor, T. (2002), *National Identity, Popular Culture and Everyday Life*. Oxford: Berg.

Edwards, E., Gosden, C., and Philips, R.B. (eds) (2006), *Sensible Objects: Colonialism, Museums and Material Culture*. Oxford: Berg.

Elia, R. (1993), A seductive and troubling work. *Archaeology* **46** (January/February): 64–69.

Eliade, M. (1972), *Shamanism: Archaic techniques of Ecstasy*. Princeton: Princeton

University Press.

Fabian, J. (1983), *Time and the Other*. New York: Columbia University Press.

Faklaris, P. (1994), Aegae: determining the site of the first capital of Macedonians. *American Journal of Archaeology* **98**: 609–616.

*—— (1998), Philip's tomb: dreams and truths. *To Vima*, 30 August 1998.

*—— (2000), The sadness of King Philip II. *To Vima*, 23 July 2000.

Fallmerayer, J.P. (1830), *Geschichte der Halbinsel Morea während des Mittelalters. Eine Historicher Versuch*. Stuttgart–Tübingen: Erster Theil.

Fatsea, I. (1999), *Monumentality and its Shadows: a Quest for Modern Greek Architectural Discourse in Nineteenth-Century Athens (1834–1862)*. Unpublished Ph.D. Dissertation, MIT.

Faubion, J. (1993), *Modern Greek Lessons*. Princeton: Princeton University Press.

Feld, S. and Basso K. (eds) (1996), *Senses of Place*. Santa Fe: School of American Research Press.

Fernandez, J. (1982), *Bwiti: an Ethnography of the Religious Imagination in Africa*. Princeton: Princeton University Press.

Finney, P. (ed.) (2002), *Memory, Identity and War in South Eastern Europe* (special issue of *Rethinking History*, Vol. 6, no. 1). London: Routledge.

*Fleischer, H. (2000), Makronisos 1950: Model for Germany during the Cold War? American thoughts and recipes for the democratic 're-education'. In: *Historic Landscape and Historic Memory: the Case of Makronisos* (ed. by S. Bournazos and T. Sakellaropoulos), pp. 199–224. Athens: Filistor.

*Fleischer, H. and Svoronos, N. (eds) (1989), *Greece 1936–1944: Dictatorship-Occupation-Resistance*. Athens: Morphotiko Instituto ATE.

Forty, A. and Küchler, S. (eds) (1999), *The Art of Forgetting*. Oxford: Berg.

Foster, R.J. (2002), *Materializing the Nation: Commodities, Consumption and Media in Papua New Guinea*. Bloomington and Indianapolis: Indiana University Press.

Fotiadis, M. (1995), Modernity and the past–still–present: politics of time in the birth of regional archaeological projects in Greece. *American Journal of Archaeology* **99**(1): 59–78.

Foucault, M. (1977), *Language, Counter-memory, Practice*. Ithaca: Cornell University Press.

—— (1980), *Power/Knowledge* (ed. by C. Gordon). New York: Pantheon Books.

—— (1986), Of other spaces. *Diacritics* **16**(1): 22–27.
—— (1991), *Discipline and Punish: the Birth of the Prison*. London: Penguin.
Francis, E.D. and Vickers, M. (1990), *Image and Idea in Fifth-Century Greece: Art and Literature after the Persian Wars*. London: Routledge.
Friedman, J. (1992a), The past in the future: history and the politics of identity. *American Anthropologist* **94**(4): 837–859.
—— (1992b), Myth, history and political identity. *Cultural Anthropology* **7**: 194–210.
Galaty, M.L. and Watkinson, C. (eds) (2004), *Archaeology Under Dictatorship*. New York: Kluwer/Plenum.
Gathercole, P. and Lowenthal, D. (eds) (1990), *The Politics of the Past*. London: Unwin Hyman.
*Gavriilidis, A. (2006), *The Incurable Necrophilia of Radical Patriotism: Ritsos, Elytis, Theodorakis, Svoronos*. Athens: Futura.
*Gavrilidis, K. (1997), *The Diary of Anaphi, during the Metaxas Dictatorship*. Athens: Entos.
Gazi, A. (1993), *Archaeological Museums in Greece (1829–1909): the Display of Archaeology*. Unpublished Ph.D. Dissertation, University of Leicester.
—— (1994), Archaeological museums and displays in Greece (1829–1909): a first approach. *Museological Review* **1**(1): 50–69.
Geertz, C. 1993[1973], *The Interpretation of Cultures*. London: Fontana.
*Geladopoulos, P. (1974), *Memories from Makronisos*. Athens.
Gell, A. (1998), *Art and Agency: an Anthropological Theory*. Oxford: Oxford University Press.
Gellner, E. (1983), *Nations and Nationalism*. Oxford: Blackwell.
*Geniko Epiteleio Stratou (1949), *Photographic Exhibition on Makronisos*. Athens: Geniko Epiteleio Stratou.
*Gennadios, I. (1930), *Lord Elgin and the prior to him Archaeological Invaders in Greece and in Athens in particular, 1440–1837*. Athens: I en Athinais Arhaiologiki Etaireia.
*Georgakas, D. (1938), Contribution to toponymic research. *Athiná* **48**: 15–76.
*Georgiou, V. (n.d. [1945]), *The Deprivation of People and the Wealth of the Country: Critique of the Politics of 'Great Idea-Great Greece'*. New York: Greek–American Tribune.

*—— (1992), *My Life*. Athens.
*Georgoudis, N. (1999), The cleansing of the vocabulary. In: *The History of the Greek Language* (ed. by M.Z. Kopidakis), pp. 250–251. Athens: ELIA.
*Georgousopoulos, K. (1995), The touch that could see. *I Lexi* **125**: 6–9.
Giannakopoulou, L. (2000), *Ancient Greek Sculpture in Modern Greek Poetry 1860–1960*. Unpublished Ph.D. Dissertation, Kings College London.
—— (2002), Perceptions of the Parthenon in modern Greek poetry. *Journal of Modern Greek Studies* **20**: 241–272.
Giannaris, G. (1996), The Makronisos 're-education' concentration camp in Civil War Greece and the intellectuals. *Thetis* **3**: 281–292.
*Giannoulopoulos, G. (2004), *Reading Makrygiannis: the Construction of a Myth by Vlahogiannis, Theotokas, Seferis and Lorentzatos*, 2nd edn. Athens: Polis.
Gibons, F., Kennedy, M., and Hencke, D. (2003), Virtual intervention in battle over Parthenon marbles. *The Guardian*, 7 October 2003.
Giddens, A. (1984), *The Constitution of Society*. Cambridge: Polity.
Giffard, E. (1837), *Short Visit to the Ionian Islands, Athens and the Morea*. London: John Murray.
Gill, D. and Chippindale, C. (1993), Material and intellectual consequences of esteem for Cycladic figurines. *American Journal of Archaeology* **97**: 601–659.
Gillis, J.R. (ed). (1994), *Commemorations: the Politics of National Identity*. Princeton: Princeton University Press.
Ginzburg, C. (1991), *Ecstasies: Deciphering the Witches' Sabbath*. London: Penguin.
*Glinos, D. (1975[1942]), What is and what EAM Stands for. In: *Selected Writings*, Vol. 1, p. 11. Athens: Stohastis.
Gosden, C. (2004a), Aesthetics, intelligence and emotions: implications for archaeology. In: *Rethinking Materiality: the Engagement of Mind with the Material World* (ed. by E. DeMarrais, C. Gosden, and C. Renfrew), pp. 33–40. Cambridge: The MacDonald Institute for Archaeological Research.
—— (2004b), *Archaeology and Colonialism: Cultural Contact from 5000 BC to the Present*. Cambridge: Cambridge University Press.
*Gounaridis, P. (1996), *Genos Romaion: Byzantine and Modern Greek Interpretations*. Athens: Idryma Goulandri-Horn.
*—— (1994), Byzantium and the Metaxas dictatorship. *Ta Istorika* **20**: 150–157.

Gourgouris, S. (1993), Notes on the nation's dream-work. *Qui Parle* **7**(1): 81–101.
—— (1996), *Dream Nation: Enlightenment, Colonization and the Institution of Modern Greece*. Stanford: Stanford University Press.
Gready, P. (1993), Autobiography and the 'power of writing': political prison writing in the apartheid era. *Journal of South African Studies* **19**(3): 489–523.
*Greek Parliament (2002), Law no. 3028 For the Protection of Antiquities and the Cultural Heritage in General. *Ephimeris tis Kyverniseos* **153** (28 June 2002): 3003–3029.
Green, P. (1989), The Macedonian connection. In: *Classical Bearings: Interpreting Ancient History and Culture*, pp. 154–164. London and New York: Thames and Hudson.
Greenfield, J. (1996), *The Return of Cultural Treasures*, 2nd edn. Cambridge: Cambridge University Press.
Guidi, A. (1996), Nationalism without a nation: the Italian case. In: *Nationalism and Archaeology in Europe* (ed. by M. Díaz-Andreu and T. Champion), pp. 108–118. London: UCL Press.
Gupta, A. and Ferguson, J. (1997), Discipline and practice: 'the field' as site, method, and location in anthropology. In: *Anthropological Locations: Boundaries and Grounds of a Field Science* (ed. by A. Gupta and J. Ferguson), pp. 1–46. Berkeley: University of California Press.
Hadjiaslani, C. (1987), *Morosini, the Venetians and the Acropolis*. Athens: American School of Classical Studies, Gennadius Library.
Hall, E. (1989), *Inventing the Barbarian: Greek Self-Definition Through Tragedy*. Oxford: Clarendon Press.
Hamann, B. (2002), The social life of pre-sunrise things: indigenous Mesoamerican archaeology. *Current Anthropology* **43**(3): 351–382.
*Hamilakis, Y. (1992–98), Some thoughts on the teaching of archaeology at Greek Universities. *HOROS* **10/12**: 585–604.
—— (1996), Through the looking glass: nationalism, archaeology and the politics of identity. *Antiquity* **70**: 975–978.
—— (1998), Eating the dead: mortuary feasting and the political economy of memory in the Aegean Bronze Age. In: *Cemetery and Society in the Aegean Bronze Age* (ed. by K. Branigan), pp. 115–132. Sheffield: Sheffield Academic Press.

—— (1999a), La trahison des archéologues? Archaeological practice as intellectual activity in post-modernity. *Journal of Mediterranean Archaeology* **12**(1): 60–79.

—— (1999b), Stories from exile: fragments from the cultural biography of the Parthenon (or 'Elgin') marbles. *World Archaeology* **31**(2): 303–321.

—— (2000a), Cyberspace/cyberpast/cybernation: constructing Hellenism in hyperreality. *European Journal of Archaeology* **3**(2): 241–264.

—— (2000b), No laughing matter: antiquity in Greek political cartoons. *Public Archaeology* **1**(1): 57–72.

—— (2000c), Archaeology in Greek higher education. *Antiquity* **74**: 177–181.

—— (2001a), Antiquities underground. *Antiquity* **75**: 35–36.

—— (2001b), Monumental visions: Bonfils, classical antiquity, and nineteenth-century Athenian society. *History of Photography* **25**(1): 5–12.

—— (2002a), The past as oral history: towards an archaeology of the senses. In: *Thinking Through the Body: Archaeologies of Corporeality* (ed. by Y. Hamilakis, M. Pluciennik, and S. Tarlow), pp. 121–136. New York: Kluwer/Plenum.

—— (ed.) (2002b), *Labyrinth Revisited: Rethinking 'Minoan' Archaeology*. Oxford: Oxbow.

—— (2003a), 'Learn History!' Antiquity, national narrative and history in Greek educational textbooks. In: *The Usable Past: Greek Metahistories* (ed. by K.S. Brown and Y. Hamilakis), pp. 39–68. Lanham and Oxford: Lexington Books.

—— (2003b), A life in ruins: antiquity and national imagination in modern Greece. In: *Archaeology and Nationalism in the Global Context* (ed. by S. Kane), pp. 51–78. Boston: Archaeological Institute of America.

—— (2004), The fragments of modernity and the archaeologies of the future: response to Gregory Jusdanis. *Modernism/modernity* **11**(1): 55–59.

—— (2006), The colonial, the national and the local: legacies of the 'Minoan' past. In: *Archaeology and European Modernity: Producing and Consuming the 'Minoans'* (ed. by Y. Hamilakis and N. Momigliano), Creta Antica 7, pp. 145–162. Padova: Botega D'Erasmo.

Hamilakis, Y. and Duke, P. (eds) (2007), *Archaeology and Capitalism: From Ethics to Politics*. Walnut Creek, CA: Left Coast Press.

Hamilakis, Y. and Momigliano, N. (eds) (2006), *Archaeology and European*

Modernity: Producing and Consuming the 'Minoans', Creta Antica 7. Padova: Botega D'Erasmo.

Hamilakis, Y. and Yalouri, E. (1996), Antiquities as symbolic capital in modern Greek society. *Antiquity*, **70**: 117–129.

—— (1999), Sacralising the past: the cults of archaeology in modern Greece. *Archaeological Dialogues* **6**(2): 115–135.

Hammond, N. (1972), *A History of Macedonia*. Oxford: Clarendon.

—— (1997), The location of Aegae. *Journal of Hellenic Studies* **117**: 177–179.

Handler, R. (1985), On dialogue and destructive analysis: problems in narrating nationalism and ethnicity. *Journal of Anthropological Research* **41**: 171–182.

—— (1997), Interpreting the predicament of culture theory today. *Social Analysis* **41**(3): 72–83.

Hanson, A. (1989), The making of the Maori: culture invention and its logic. *American Anthropologist* **91**: 890–902.

Hart, J. (1996), *New Voices in the Nation*. Ithaca: Cornell University Press. Hart, L.K. (1992), *Time, Religion and Social Experience in Rural Greece*. Lanham and Oxford: Rowman and Littlefield.

*Hatzidakis, I. (1931), *The History of the Cretan Museum and the Archaeological Researches in Crete*. Athens: I en Athinais Arhaiologiki Etaireia.

*Hatzimihalis, K. (2001), Places of memory, places of misconduct. *I Avgi*, 11 March 2001.

Hatzopoulos, M.B. (1996), Aigéai: La localisation de la première capitale Macédonienne. *Revue É tudes Grèques* **109**: 264–269.

Hencke, D. (2000), Greek snub to British Museum over marbles. *The Guardian*, 5 December 2000.

Herzfeld, M. (1982a), *Ours Once More: Folklore, Ideology and the Making of Modern Greece*. Austin: Texas University Press.

—— (1982b), When exceptions define the rules: Greek baptismal names and the negotiation of identity. *Journal of Anthropological Research* **38**: 288–302.

—— (1987), *Anthropology through the Looking-Glass: Critical Ethnography in the Margins of Europe*. Cambridge: Cambridge University Press.

—— (1991), *A Place in History: Social and Monumental Time in a Cretan Town*. Princeton: Princeton University Press.

—— (1992), *The Social Production of Indifference: Exploring the Symbolic Roots of Western Bureaucracy*. Oxford: Berg.

—— (1997), *Portrait of a Greek Imagination: an Ethnographic Biography of Andreas Nenedakis*. Chicago and London: Chicago University Press.

—— (2002), The absent presence: discourses of crypto-colonialism. *The South Atlantic Quarterly* **101**(4): 899–926.

Herzfeld, M. (2003), Localism and the logic of nationalist folklore: Cretan reflections. *Comparative Studies in Society and History* **45**(2): 281–310.

Higham, R. and Veremis, S. (eds) (1993), *Aspects of Greece, 1936–40: the Metaxas Dictatorship*. Athens: Hellenic Foundation for Defense and Foreign Policy and the S.B. Vryonis Center for the Study of Hellenism.

Hill, J. (ed.) (1988), *Rethinking History and Myth: Indigenous South American Perspectives on the Past*. Urbana and Chicago: University of Illinois Press.

Hilton, I. (1999), The museum should lose its marbles. *The Guardian*, 10 November 1999.

Hirsch, E. and Stewart, C. (eds) (2005), *Ethnographies of Historicity* (special issue of the journal *History and Anthropology*, **16**(3). London: Routledge.

Hitchens, C. (1997), *The Elgin Marbles: Should they be Returned to Greece?* London: Verso.

Hobhouse, J.C. (1813), *A Journey through Albania and other Provinces of Turkey in Europe and Asia to Constantinople, during the Years 1809 and 1810*, Vols 1–2. London: James Cawthorn.

Hobsbawm, E.J. (1992), *Nations and Nationalism since 1780: Programme, Myth and Reality*. Cambridge: Cambridge University Press.

Hobsbawm, E.J. and Ranger, T. (eds) (1992), *The Invention of Tradition*. Cambridge: Cambridge University Press.

Hodder, I. (1986), *Reading the Past*. Cambridge: Cambridge University Press.

—— (2003), Sustainable time travel: towards a global politics of the past. In: *The Politics of Archaeology and Identity in a Global Contex*t (ed. by S. Kane), pp. 139–147. Boston: Archaeological Institute of America.

Hodder, I. and Hudson, S. (2003), *Reading the Past: Current Approaches to Interpretation in Archaeology*, 3rd edn. Cambridge: Cambridge University Press.

Hoskins, J. (1998), *Biographical Objects: How Things Tell the Stories of People's Lives*. New York: Routledge.

*Hourmouziadis, G. (1980), Museums: schools or churches? *Themata Horou kai Tehnon*, 38–42.

*—— (1987), The museums in modern society. In: *Purpose and Operation of a Service for the Protection of Monuments Today*, pp. 167–171. Athens: Syllogos Ellinon Arhaiologon.

Howes, D. (2003), *Sensual Relations: Engaging the Senses in Culture and Social Theory*. Ann Arbor: University of Michigan Press.

—— (2006), Scent, sound and synaesthesia: intersensoriality and material culture theory. In: *Handbook of Material Culture* (ed. by C. Tilley, W. Keane, S. Küchler, M. Rowlands, and P. Spyer), pp. 161–172. London: Sage.

Iatrides, J.O. and Wrigley, L. (eds) (1995), *Greece at the Crossroads: the Civil War and its Legacy*. Philadelphia: Pennsylvania State University Press.

*ICOMOS (International Council of Museums and Sites) (1991), *Makronisos, Historic Site*. Athens: ICOMOS, Greek Branch.

*Iliou, P. (1994), The memory of history and the amnesia of the nations. In: *Makronisos: Historical, Cultural Site* (ed. by K. Diaphonidis, L. Grigorakou-Martha, and R. Lefkaditou–Papandoniou), pp. 72–82. Athens.

Ingold, T. (2000), *The Perception of the Environment*. London: Routledge.

Jackson, J.E. (1995), Culture, genuine and spurious: the politics of Indianness in the Vaupés, Colombia. *American Ethnologist* **22**(1): 3–27.

Jameson, F. (2002), *A Singular Modernity: Essay on the Ontology of the Present*. London: Verso.

Jeffreys, M. (1985), Adamantios Koraïs: language and revolution. In: *Culture and Nationalism in Nineteenth-Century Eastern Europe* (ed. by R. Sussex and J.C. Eade), pp. 42–55. Columbus, OH and Canberra: Slavica Publishers and Humanities Research Centre, Australian National University.

Jenkins, I. (1992), *Archaeologists and Aesthetes*. London: British Museum Press.

—— (2001a), *Cleaning and Controversy: the Parthenon Sculptures 1811–1939*, Occasional Paper no. 146. London: The British Museum.

—— (2001b), The Elgin marbles: questions of accuracy and reliability. *International Journal of Cultural Property* **10**(1): 55–69.

Joyce, R. (2002), *The Languages of Archaeology*. Oxford: Blackwell.

Jusdanis, G. (1991), *Belated Modernity and Aesthetic Culture: Inventing National Literature*. Minneapolis: University of Minnesota Press.

Just, R. (1988), Anti-clericism and national identity: attitudes towards the Orthodox Church in Greece. In: *Vernacular Christianity: Essays in the Social Anthropology of Religion* (ed. by W. James and D.H. Johnson), pp. 15–30. Oxford: JASO.

—— (1989), Triumph of the Ethnos. In: *History and Ethnicity* (ed. by E. Tonkin, M. MacDonald, and M. Chapman), pp. 71–88. London: Routledge.

Kakridis, I.Th. (1963), The ancient Greeks and the Greeks of the War of Independence. *Balkan Studies* **4**(2): 251–264.

*—— (1989), *The Ancient Greeks in Modern Greek Popular Tradition*, 3rd edn. Athens: MIET.

*Kallonas, I. (1938), *Ioannis Metaxas*. Athens.

*Kalogeropoulou, A. (1994), The looting of antiquities from the Greek dominion and the Elgin Marbles. Introduction to *On the Elgin Marbles* (by A. Miliarakis), pp. 13–31. Athens: Etaireia Filon tou Laou.

*Kalpaxis, Th. (1990), *Archaeology and Politics I: Samian Archaeology 1850–1914*. Rethymno: Crete University Press.

*—— (1993), *Archaeology and Politics II: The Excavation of the Temple of Artemis (Corfu 1911)*. Rethymno: Crete University Press.

*—— (1996), Influences of the 19th century Frenco-German conflict on the construction of the image of ancient Greece. In: *A New World is Born: the Image of the Hellenic Civilization in German Scholarship in the 19th Century* (ed. by E. Hryssos), pp. 41–58. Athens: Akritas.

*—— (1997), We can't live separately, we can't leave together. *Syghrona Themata* **64**: 62–66.

*Kambouroglou, D. (1889), *Monuments of the History of Athens*, Vol. 1. Athens: A. Papageorgiou.

*—— (1893), *History of Athens: Tourkokratia*, Vol. 2. Athens: Sp. Kousoulinos.

*—— (1896), *History of Athens: Tourkokratia*, Vol. 3. Athens: Sp. Kousoulinos.

Kane, S. (ed.) (2003), *The Politics of Identity and Archaeology in a Global Context*. Boston: Archaeological Institute of America.

*Kanellis, I. (1998), The Marbles. *I Epohi*, 14 June 1998.

*Kangalidou, Z. (1999), *Education and Politics: The Case of the Fourth of August Regime*. Thessaloniki.

Kapferer, B. (1988), *Legends of People, Myths of State*. Washington and London: Smithsonian Institution Press.

—— (1989), Nationalist ideology and a comparative anthropology. *Ethnos* **54**(3–4): 161–199.

*Kaphtantzoglou, L. (1878), On the demolished Turkish tower at the Athenian Acropolis. *Athinaion* **6**(5): 287–308.

*Kaphtantzoglou, R. (2001), *In the Shadow of the Sacred Rock: Place and Memory at Anaphiotika*. Athens: EKKE and Ellinika Grammata.

*Kapsalis, A. and Haralambous, D. (1995), *School Textbooks: Institutional Development and Current Problematisation*. Athens: Ekphrasi.

*Karavidas, I. (1938), Nation and education. *Nea Politiki* **3**(1): 13–45.

*Kassos, V. (2003), At the end of the day, are we with Byron or with Elgin? *I Avgi*, 12 October 2003.

Kedourie, E. (1966), *Nationalism*. London: Hutchinson.

Keely, E. and Sherrard, P. (eds) (1981), *Voices of Modern Greece*. Princeton: Princeton University Press.

Kehoe, E. (2004), Working hard at giving it away: Lord Duveen, the British Museum and the Elgin Marbles. *Historical Research* **77**: 503–519.

Kenna, M. (1976), Houses, fields and graves: property and ritual obligation on a Greek island. *Ethnology* **15**: 21–34.

—— (2003), Recollecting difference: Archive–Marxists and Old Calendarists in an exile community. In: *The Usable Past: GreekMetahistories* (ed. by K.S Brown and Y. Hamilakis), pp. 105–127. Lanham and Oxford: Lexington Books.

*Kepetzis, A. (2001), The battle of Marathon. *I Avgi*, 11 March 2001.

Kersel, M. (2004), The politics of playing fair, or,Who's losing their marbles? In: *Marketing Heritage: Archaeology and the Consumption of the Past* (ed. by Y. Rowan and U. Baram), pp. 41–56.Walnut Creek, CA: Altamira.

Kertzer, D.I. (1988), *Ritual, Politics and Power*. New Haven, CT: Yale University Press.

Kitroeff, A. (2004), *Wrestling with the Ancients: Modern Greek Identity and the*

Olympics. New York: Greekworks Com.

Kitromilides, P. (1979), The dialectic of intolerance: ideological dimensions of ethnic conflict. *Journal of Hellenic Diaspora* **6**(4): 5–30.

*—— (1983), Ideological currents and political claims: perspectives from the Greek 19th century. *O Politis* 57/58: 51–56.

—— (1985), The last battle of the ancients and moderns: ancient Greece and Modern Europe in the Neohellenic Revival. In: *Modern Greek Studies Yearbook* (ed. by T. Stavrou), pp. 79–91. Minneapolis: University of Minnesota Press.

—— (1989), 'Imagined communities' and the origin of the national question in the Balkans. *European History Quarterly* 19: 149–194.

*—— (1992), *The Vision of Freedom in Greek Society*. Athens: Poreia.

—— (1998), On the intellectual content of Greek nationalism: Paparrigopoulos, Byzantium and the Great Idea. In: *Byzantium and the Modern Greek Identity* (ed. by D. Ricks and P. Magdalino), pp. 25–33. Aldershot: Ashgate.

Kofas, J.V. (1983), *Authoritarianism in Greece: the Metaxas Regime*. Boulder/New York: East European Monographs/Columbia University Press.

Kohl, P.L. and Fawcett, C. (eds) (1995), *Nationalism, Politics and the Practice of Archaeology*. Cambridge: Cambridge University Press.

*Kokkinidou, D. (2005), *The Past and Authority: Aspects of Archaeology in Greek Society and Education*. Thessaloniki: Vanias.

Kokkinidou, D. and Nikolaidou, M. (2004), On the stage and behind the scenes: Greek archaeology in times of dictatorship. In: *Archaeology Under Dictatorship* (ed. by M.L. Galaty and C. Watkinson), pp. 155–190. New York: Kluwer/Plenum.

*Kokkinos, G. (n.d.), *The Fascist-like Ideology in Greece: the Case of the Journal 'Neon Kratos' (1937–1941)*. Athens: Papazisis.

*Kokkou, A. (1977), *The Care for Antiquities in Greece and the First Museums*. Athens: Ermis.

*Kondos, T. (1982), *Makronisos: the New Parthenon*. Athens: Thucydides.

Kopytoff, I. (1986), The cultural biography of things: commoditization as process. In: *The Social Life of Things* (ed. by A. Appadurai), pp. 64–91. Cambridge: Cambridge University Press.

Korka, E. (2002), *The Reunification of the Parthenon Marbles*. Athens: Ministry of

Culture and Melina Mercouri Foundation.
—— (2005), The Greek request for the return of the Parthenon marbles. *Medelhavsmuseet* **2**: 147–150.
*Koronakis, I.G. (1950), *The State of the Fourth of August*. Athens.
*Korrés, M. (1994), The Parthenon from the ancient times to the 19th century. In: *The Parthenon and its Impact in Modern Times* (ed. by P. Tournikiotis), pp. 136–161. Athens: Melissa. (English edition published simultaneously.)
Koster, D. (1995), *To Hellen's Noble Land*. Groningen: Styx.
*Kostopoulos, T. (2002), *The Forbidden Language: State Suppression of Slavic Dialects in Greek Macedonia*. Athens: Mavri Lista.
Kotsakis, K. (1998), The past is ours. In: *Archaeology Under Fire: Nationalism, Politics and Heritage in the Eastern Mediterranean and the Middle East* (ed. by L. Meskell), pp. 44–67. London: Routledge.
*Kottaridi, A. (2000), Archaeology: myth and reality or the usefulness of the past. In: *The Future of Our Past: Tracing the Prospects of the Archaeological Service and of Greek Archaeology*, pp. 181–184. Athens: Syllogos Ellinon Arhaiologon.
*—— (2002), From the necropolis of Aegae to the Neolithic settlement of Pieries. *To Arhaiologiko Ergo sti Makedonia kai ti Thraki* **14**(2000): 527–535.
*—— (2003), The memory. In: *The Museum of Royal Tombs at Aegae: Searching for the Lost Memory*. Edessa: 17th Ephoreia of Prehistoric and Classical Antiquities.
*Koumandareas, M. (2001), *Twice Greek*. Athens: Kedros.
Koumanoudis, S. (1875), Reports on the demolition of the tower on the Acropolis and the inscriptions from it. *Athinaion* **4**(3): 195–209.
*Koumbourlis, I. (1998), Conceptual polysemy and political necessity: an example from K. Paparrigopoulos. *Ta Istorika* **28/29**: 30–58.
*Kourouniotis, K. (1921–22), The work of the Greek Archaeological Service in Asia Minor (appendix to the *Arhaiologikon Deltion* 1921–22). *Arhaiologikon Deltion* **7**: 1–6.
*Koutsoukis, K. and Sakkas, I. (eds) (2000), *Aspects of the Civil War 1946–1949*. Athens: Elliniko Kendro Politikon Erevnon, Panteio Panepistimio.
*Kremmydas, V. (1992), The reception of the European ideas by Hellenism at the end of Turkokratia. *O Politis* **120**: 40–42.
Kwint, M., Breward, C., and Aynsley, J. (eds) (1999), *Material Memories: Design*

and Evocation. Oxford: Berg.
*Kyriakidou-Nestoros, A. (1978), *The Theory of Greek Laographia: Critical Analysis*. Athens: Etaireia Spoudon Neoellinikou Politismou kai Genikis Paideias.
*Kyrtatas, D. (2002), The conquest of ancient Greek history by modern Hellenism during the 18th and 19th century, through the mediation of the West. In: *The Uses of Antiquity by Modern Hellenism*, pp. 251–266. Athens: Etaireia Spoudon Neoellinikis Paideias.
Lalioti, V. (2002), Social memory and ethnic identity: ancient Greek drama performances as commemorative ceremonies. *History and Anthropology* **13**(2): 113–137.
*Lambrinos, F. (1997), The filming of Delphic Festivals. *Ta Istorika* **26**: 135–144.
*Lambrinos, G. (1949), *Makronisi: the American Dachau in Greece*. [Place unknown]: Nea Ellada.
Lambropoulos, V. (1984), The aesthetic ideology of the Greek quest of identity. *Journal of Modern Hellenism* **4**: 19–24.
—— (2001), Syncretism as mixture and as method. *Journal of Modern Greek Studies* **19**: 221–235.
*Lambropoulou, D. (1999), *Writing in Prison: Aspects of Subjectivity among Political Prisoners*. Athens: Nepheli.
Latour, B. (1993), *We Have Never Been Modern*. Cambridge, MA: Harvard University Press.
Layton, R. (ed.) (1988), *Who Needs the Past? Indigenous Issues and Archaeology*. London: Routledge.
Leach, J. (2003), Owning creativity: cultural property and the efficacy of custom on the Rai Coast of Papua New Guinea. *Journal of Material Culture* **8**(2): 123–143.
Lefkowitz, M.R. and MacLean, G. (eds) (1996), *Black Athena Revisited*. Chapel Hill, NC: University of North Carolina Press.
Lenakaki, H. (2000), *Local Perceptions of Antiquities in Mesara, Crete, Greece*. Unpublished MA Dissertation, University of Wales, Lampeter.
Leone, M., Potter, P.B., Jr, and Shackel, P.A. (1987), Toward a critical archaeology. *Current Anthropology* **28**: 283–302.
Leontis, A. (1991), Cultural politics and popular uses of the ancients. *Journal of*

Modern Greek Studies **9**: 191–214.

—— (1995), *Topographies of Hellenism: Mapping the Homeland*. Ithaca: Cornell University Press.

Leoussi, A. (1998), *Nationalism and Classicism: the Classical Body as National Symbol in Nineteenth-Century England and France*. Basingstoke: Macmillan.

—— (2001) Myths of ancestry. *Nations and Nationalism* **7**(4): 476–486.

*Liakos, A. (1987), The potential for the reception of Marxism in Greece in the 19th century. In: *Karl Marx and Philosophy*, pp. 307–321. Athens: Gutenberg.

*—— (1993), The construction of national time in Greek historiography. *O Politis* **124**: 23–31.

—— (2002), The construction of national time: the making of the modern Greek historical imagination. In: *Political Uses of the Past: the Recent Mediterranean Experience* (ed. by J. Revel and G. Levi), pp. 27–42. London: Frank Cass.

*—— (2005a), Time to make Greeks? *To Vima*, 3 April 2005.

*—— (2005b), *What they Thought of the Nation those who Wanted to Change the World*. Athens: Polis.

Lilios, K.T. (1995), Nationalism and Copper Age research in Portugal during the Salazar regime (1932–74). In: *Nationalism, Politics and the Practice of Archaeology* (ed. by P. Kohl and C. Fawcett), pp. 57–69. Cambridge: Cambridge University Press.

*Linardatos, S. (1966), The ideology of the Fourth of August. *Epitheorisi Tehnis* **137–8**: 507–519.

*—— (1975). *The Fourth of August*. Athens: Dialogos.

Llewellyn–Smith, M. (2004), *Olympics in Athens, 1896*. London: Profile.

Llobera, J.R. (1994a), *The God of Modernity: The Development of Nationalism in Western Europe*. Oxford: Berg.

—— (1994b), Durkheim and the national question. In: *Debating Durkheim* (ed. by W. S.F. Pickering and H.Martins), pp. 134–158. London: Routledge.

Loukaki, A. (1995), *Greece: Ancient Ruins, Value Conflicts, and Aspects of Development*. Unpublished D.Phil. Dissertation, University of Oxford.

—— (1997), Aesthetics, bureaucracy and the politics of patrimony: the case of the Greek Archaeological Council. *Environment and Planning D: Society and Space* **15**: 679–705.

*Loukas, I. (1996), *The Investment of 1821 with Meaning and the Maritime Power of Hellenism*. Athens: Papazisis.

*Loukopoulou, L.D. and Hatzopoulos, V. (eds) (1980), *Philip, King of Macedonians*. Athens: Ekdotiki Athinon.

*Loverdos, G. (1997), Why shouldn't Mr Blair keep the Elgin Marbles? *Ependytis*, 17 May 1997.

Lowenthal, D. (1985), *The Past is a Foreign Country*. Cambridge: Cambridge University Press.

—— (1988), Classical antiquities as global and national heritage. *Antiquity* **62**: 726–735.

—— (1998), *The Heritage Crusade and the Spoils of History*. Cambridge: Cambridge University Press.

Lyons, C., Papadopoulos, J.K., Stewart, L.S., and Szegedy–Maszak, A. (2005), *Antiquity and Photography: Early Views of Ancient Mediterranean Sites*. Los Angeles: The J. Paul Getty Museum.

MacGregor, N. (2004), The whole world in our hands. *The Guardian* [Review], 24 July 2004.

MacGregor, N. and Williams, J. (2005), The encyclopaedic museum: Enlightenment ideals, contemporary realities; a reply. *Public Archaeology* **4**: 57–59.

Mackridge, P. and Yannakakis, E. (eds). (1997), *Ourselves and Others: The Development of a Greek Macedonian Cultural Identity since 1912*. Oxford: Berg.

MacNeal, R.A. (1991), Archaeology and the destruction of the later AthenianAcropolis. *Antiquity* **65**: 49–63.

*Mahaira, E. (1987), *The Youth of the Fourth of August*. Athens: Istroriko Arheio Ellinikis Neolaias, 13.

*Mahairas, E. (1999), *Behind the Blue Curtain: Makronisos, Gioura and Other Brigs*. Athens: Proskinio.

Mahaffy, J.P. (1878), *Rambles and Studies in Greece*, 2nd revised edn. London: Macmillan.

*Makronisiotis, F. (n.d.), *Strong Winds*. [Place unknown]: Nea Ellada.

*Mallouhou–Tufano, F. (1998), *The Restoration of Ancient Monuments in Modern Greece*. Athens: I en Athinais Arhaiologiki Etaireia.

Mango, C. (1965), Byzantinism and Romantic Hellenism. *Journal of the Warburg and Courtauld Institutes* **18**: 29–43.

Marchand, S. (1996), *Down from Olympus: Archaeology and Philhellenism in Germany 1750–1970*. Princeton: Princeton University Press.

Marcus, G. (1995), Ethnography in/of the world system: the emergence of multi-sited ethnography. *Annual Review of Anthropology* **24**: 95–117.

—— (1998), *Ethnography through Thick and Thin*. Princeton: Princeton University Press.

*Margaris, N. (1966), *History of Makronisos*, Vols 1–2. Athens: Self–publication.

*Margaritis, G. (2000), The Camp of Makronisos: the 'Military Phase' (1947–1949). In: *Historic Landscape and Historic Memory: the Case of Makronisos* (ed. by S. Bournazos and T. Sakellaropoulos), pp. 275–284. Athens: Filistor.

*—— (2001), *History of the Greek Civil War*, Vols 1–2. Athens: Vivliorama.

Marijnissen, R.H. (2002), *The Case of the Elgin Marbles*. Ghent: Ludion.

*Marinatos, S. (1939a), Thermopylai. *Neon Kratos* **3**(23): 557–560.

*—— (1939b), Crete and Mycenae. *Neon Kratos* **3**(22): 358–369.

*—— (1951), *Thermopylai: a Historical and Archaeological Guide*. Athens: Ellinikos Organismos Tourismou.

*—— (1955), *Thermopylai*. Athens: Ethnikon Typographeion.

*Marinos, Y. (1984), Elgin marbles: a provocative view. *Tahidromos*, 31 May 1984.

Marshall, Y. and Gosden, C. (eds) (1999), *The Cultural Biography of Objects* (special issue of *World Archaeology* **31**(2)). London: Routledge.

*Martos, D. (1993), *The Issue of the Return of Antiquities: From Elginism to the Reconstitution of the Historic Space of Hellenism*. Athens: Gordios.

*Mastroleon–Zerva, M. (1986), *Women Exiles: Hios, Trikeri, Makronisi*. Athens: Syghroni Epohi.

*Matalas, P. (2002), *Nation and Orthodoxy: the Adventures of a Relationship*. Irakleion: Crete University Press.

*Mavroïdis, L. (1999), *Two Facets of History: The Stage and the Backstage in the Communist Movement*. Athens: Kastaniotis.

Mayer, T. (ed.) (2000), *Gender Ironies of Nationalism*. London: Routledge.

Mazower, M. (ed.) (2000a), *Reconstructing the Family, Nation, and State in Greece, 1943–1960*. Princeton: Princeton University Press.

—— (2000b), Introduction. In: *Reconstructing the Family, Nation, and State in Greece, 1943–1960* (ed. by M. Mazower), pp. 3–23. Princeton: Princeton University Press.

—— (2000c), The ColdWar and the appropriation of memory: Greece after liberation. In: *The Politics of Retribution in Europe: World War II and its Aftermath* (ed. by I. Deák, J. Gross, and T. Judt), pp. 212–232. Princeton: Princeton University Press.

Meritt, L.S. (1984), *History of the American School of Classical Studies in Athens 1939–90*. Princeton: American School of Classical Studies in Athens.

Merriman, N. (1992), *Beyond the Glass Case: The Past, the Heritage, and the Public in Britain*. Leicester: Leicester University Press.

Merryman, J.H. (2000), *Thinking About the Elgin Marbles: Critical Essays on Cultural Property, Art and Law*. The Hague: Kluwer.

—— (ed.) (2006), *Imperialism, Art and Restitution*. Cambridge: Cambridge University Press.

Meskell, L. (ed.) (1998), *Archaeology Under Fire: Nationalism, Politics and Heritage in the Eastern Mediterranean and the Middle East*. London: Routledge.

—— (ed.) (2005), *Archaeologies of Materiality*. Oxford: Blackwell.

*Metaxas, I. (1969a), *Speeches and Thoughts*, Vol. 1. Athens: Ikaros.

*—— (1969b), *Speeches and Thoughts*, Vol. 2. Athens: Ikaros.

*Metaxas, M. (1994), Carnations for the imprisoned marbles. *Eleftherotypia*, 11 March 1994.

*Miliarakis, A. (1884), A ceremony on the Acropolis of Athens. *Estia* **18**(447): 461–467.

*—— (1994[1888]), *On the Elgin Marbles*. Athens: Etaireia Filon tou Laou.

Miller, D. (ed.) (2005), *Materiality*. Durham, NC and London: Duke University Press.

Morris, I. (1994), Archaeologies of Greece. In: *Classical Greece: Ancient Histories and Modern Archaeologies* (ed. by I. Morris), pp. 8–47. Cambridge: Cambridge University Press.

*Moskoph, K. (1979), *Introduction to the History of the Working Class Movement: The Formation of National and Social Consciousness in Greece*. Thessaloniki: Self-publication.

Mosse, G.L. (1976), Mass politics and the political liturgy of nationalism. In:

Nationalism: the Nature and the Evolution of an Ideal (ed. by E. Kamenka), pp. 39–54. London: Arnold.

Mouliou, M. (1994), The Classical past, the modern Greeks and their national self: projecting identity through Museum Exhibitions. *Museological Review* **1**(1): 70–88.

—— (1996), Ancient Greece, its classical heritage and the modern Greeks: aspects of nationalism in museum exhibitions. In: *Nationalism and Archaeology* (ed. by J.A. Atkinson, I. Banks, and J.O. Sullivan), pp. 174–199. Glasgow: Cruithne Press; Scottish Archaeological Forum.

—— (1997), *The 'Writing' of Classical Archaeology in Post-War Greece: The Case of Museum Exhibitions and Museum Narratives.* Unpublished Ph.D. Dissertation, University of Leicester.

—— (1998), The protection of archaeological heritage in Greece. In: *The Law of Cultural Property and Natural Heritage: Protection Transfer and Access* (ed. by M. Phelan). Evanston, IL: Kalos Kapp Press.

*Mouratidis, D. (1994), Makronisos: a symbol of resistance to violence. In: *Makronisos: Historical, Cultural Site* (ed. by K. Diaphonidis, L. Grigorakou–Martha, and R. Lefkaditou–Papandoniou). Athens.

Murray, O. (1999), Losing the marbles. *Times Literary Supplement*, 10 December 1999.

Myers, F.R. (ed.) (2001a), *The Empire of Things: Regimes of Value and Material Culture*. Santa Fe and Oxford: School of American Research Press, and James Currey.

—— (ed.) (2001b), The empire of things: introduction. In: *The Empire of Things: Regimes of Value and Material Culture* (ed. by F.R. Myers), pp. 3–61. Santa Fe and Oxford: School of American Research Press, and James Currey.

*Niaoti, I. (2001), 'Occupation' for the Marbles. *Eleftherotypia*, 28 May 2001.

*Nikitidis, N. (1996), Peace after 2400 years. *Adesmeftos Typos*, 12 March 1996.

*Nikolakopoulos, I. (2000), Elections at Makronisos. In: *Historic Landscape and Historic Memory: the Case of Makronisos* (ed. by S. Bournazos and T. Sakellaropoulos), pp. 329–336. Athens: Filistor.

*Nikolakopoulos, I., Rigos, A., and Psallidas, G. (eds) (2002), *The Civil War: from Varkiza to Grammos*. Athens: Themelio.

Nora, P. (1989), Between memory and history: les lieux de mémoire. *Representations* **26**: 7–25.

*Noutsos, P. (1986), Ideological parameters of the Fourth of August regime. *Ta Istorika* **5**: 139–150.

*—— (2006), *Junctions in the Discussion on the Nation*. Athens: Ellinika Grammata.

*Oikonomos, G. (1938), *The 100 Years of the Athens Archaeological Society*. Athens: In en Athinais Arhaiologiki Etaireia.

*Orlandos, A. (1969), The work of the Research Center of Greek Laographia during the fifty years since its foundation (1916–1968). *Epetiris tou Kendrou Erevnis tis Ellinikis Laographias* **20**(1): 5–14.

*Omada Ergasias (1994), Report on the measures and interventions for the protection and development of the historic site of Makronisos and the historic buildings of the camps. In: *Makronisos: Historical, Cultural Site* (ed. by K. Diaphonidis, L. Grigorakou–Martha, and R. Lefkaditou–Papandoniou), pp. 11–40. Athens.

Osborne, R.G. (1998), *Archaic and Classical Art*. Oxford: Oxford University Press.

Palagia, O. (2000), Hephaistion's Pyre and the Royal Hunt of Alexander. In: *Alexander the Great in Fact and Fiction* (ed. by A.B. Bosworth and E.J. Baynham), pp. 167–206. Oxford: Oxford University Press.

*Pandos, P. (1993), The Archaeological Service in the 1990s. *Arhaiologia* **46**: 11–15.

Panourgia, N. (2004), Colonizing the ideal: neoclassical articulations and European modernities. *Angelaki* **9**(2): 165–180.

Pantzou, N. (2009), *UNESCO's World Heritage Sites as Landmarks of Identity in the Balkans. Global Perceptions–National/Local Reflections*. Ph.D. dissertation, University of Southampton.

Papadopoulos, J.K. (1997), Knossos. In: *The Conservation of Archaeological Sites in the Mediterranean Region* (ed. by M. de la Torre), pp. 93–125. Los Angeles: The Getty Conservation Institute.

Papadopoulos, J.K. (2005), Inventing the Minoans: archaeology, modernity and quest for European identity. *Journal of Mediterranean Archaeology* **18**(1): 87–149.

*Papadopoulou–Symeonidou, P. (1996), *The Selection of Athens as Capital of Greece 1833–1834*. Thessaloniki: Kyriakidis.

*Papageorgiou–Venetas, A. (2001), *Athens: a Vision of Classicism*. Athens: Kappon. (Originally published in German in 1994.)

Papailias, P. (2005), *Genres of Recollection: Archival Poetics in Modern Greece*. Basingstoke: Palgrave Macmillan.

*Papantoniou, Z. (1934), *Otto and the Romantic Dynasty*. Athens: Dimitrakos.

*Paparrigopoulos, K. (1843), *On the Settlement of certain Slavic Races in the Peloponnese*. Athens: E. Antoniadis.

*—— (1879),On the alleged Slavic buildings atOlympia. *Athinaion* **7**: 374–376.

*Papathanasiou, I. (1996), Experience, history and politics: the status of the personal testimony. *Ta Istorika* **13**(24–25): 253–266.

*Papatheodorou, Y. (2000), The crowded wilderness of the poets of Makronisos: writings of exile. In: *Historic Landscape and Historic Memory: the Case of Makronisos* (ed. by S. Bournazos and T. Sakellaropoulos), pp. 227–244. Athens: Filistor.

*Parnassas, N. (1998), How the poor neighborhood of ancient Athens was destroyed. *Apogevmatini*, 5 April 1998.

*—— (2000), They destroy more antiquities at Makriyiannis. The work for the Acropolis Museum has started without a public competition. *Akropolis*, 13 February 2000.

Paton, J.M. (ed.) (1927), *The Erechtheum*. Cambridge, MA and Princeton: Harvard University Press and the American School of Classical Studies, Athens.

Patrik, L. (1985), Is there an archaeological record? *Advances in Archaeological Method and Theory*, **8**: 27–62.

Paxson, H. (2004), *Making Modern Mothers: Ethics and Family Planning in Urban Greece*. Berkeley: University of California Press.

Peckham, R.S. (2001), *National Histories, Natural States: Nationalism and the Politics of Place in Greece*. London: I.B. Tauris.

Petrakis, M. (2006), *The Metaxas Myth: Dictatorship and Propaganda in Greece*. London: I.B. Tauris.

*Petrakos, V. (1982), *Essay on Archaeological Legislation*. Athens: Ypourgeio Politismou.

*—— (1987a), *Athens Archaeological Society: its 150 Years of History*. Athens: I en Athinais Arhaiologiki Etaireia.

*—— (1987b), Ideography of the Athens Archaeological Society. *Arhaiologiki Ephimeris* **1987**: 25–197.

*Petrakos, V. (1997), The earliest origins of the Archaeological Receipts Fund (TAP) *O Mentor* **44**: 92–97.

*Petridis, P. (ed.) (2000), *EON: the Metaxas's Fascist Youth*. Thessaloniki: University Studio Press.

*Petropoulou, I. (1988–89), The hellenisation–archaicisation of personal names in Capadocia in the 19th century. *Deltio Kendrou Mikrasiatikon Spoudon* **7**: 141–200.

*—— (1997), Change of names, archaicisation, national incorporation: Asia Minor (19th century). *Syghrona Themata* **64**: 93–96.

*Philadelphefs, Th.N. (1902), *History of Athens during the Turkokratia*. Athens.

Phlountzis, A. (1984), *At the Purgatory of Makronisos*. Athens: Filippotis.

*Photiadis, D. (1988), *Otto: the Monarchy*, 2nd edn. Athens: Zaharopoulos.

Pinsky, V. and Wylie, A. (eds) (1989), *Critical Traditions in Contemporary Archaeology*. Cambridge: Cambridge University Press.

*Politis, A. (1993), *Romantic Times: Ideologies and Mentalities in Greece 1830–1880*. Athens: EMNE–Mnimon.

*—— (1997), From the Roman emperors to the glorious ancient ancestors. *O Politis* **32**: 12–20.

—— (1998), From Christian Roman emperors to the glorious Greek ancestors. In: *Byzantium and the Modern Greek Identity* (ed. by D. Ricks and P. Magdalino), pp. 1–14. Aldershot: Ashgate.

*Politis, N. (1904), *Traditions*, Parts A and B. Athens: P.D. Sakellariou.

Porter, J.I. (2003), The materiality of classical studies. *Parallax* **9**(4): 64–74.

*Pournara, M. (2004), The Zeus by Alitheinos irritated archaeologists. *I Kathimerini*, 13 August 2004.

Pratt, M.L. (1992), *Imperial Eyes: Travel Writing and Transculturation*. London: Routledge.

Proïmakis, M. (1950?), *I Accuse! Written Behind the Barbed Wire in the Concentration Camp onMakronissos*. London: League for Democracy in Greece.

*Protopsaltis, E. (1957), New information on the Athens Society of the Friends of the Arts. *Athiná* **61**: 253–288.

*—— (1967), *Historical Documents on Antiquities and Other Monuments during

the Years of the War of Independence and of Kapodistrias. Athens: I en Athinais Arhaiologiki Etaireia.

*Psyllas, G. (1974),*Memoirs of My Life*. Athens: Akadimia Athinon; Mnimeia tis Ellinikis Istorias 8.

*Raphtopoulos, L. (1995), *The Length of the Night: Makronisos 48–50. Chronicle-Testimony*. Athens: Kastaniotis.

*Rangavis, A.R. (1837), Concise report on the fate of ancient monuments in Greece in the last years. *Ephimeris Arhaiologiki* **1**: 5–13.

Renan, E. (1990[1882]), What is a nation? In: *Nation and Narration* (ed. by H.K. Bhabha), pp. 8–22. London: Routledge.

Ricks, D. and Magdalino, P. (eds) (1998), *Byzantium and the Modern Greek Identity*. Aldershot: Ashgate.

Rodocanachi, C.P. (1949), *A Great Work of Civic Readaptation in Greece*. Athens.

*Ross, L. (1976[1863]), *Memoirs and Reports from Greece (1832–1833)*. Athens: Tolidis. (German title: *Errinnerung und Mittheillungen aus Griechenland*, Berlin.)

Rothenberg, J. (1977), *Descensus Ad Terram: the Acquisition and Reception of the Elgin Marbles*. New York and London: Garland Publishing.

Roudometof, V. (1998a), From Millet to the Greek nation: enlightenment, secularization and national identity in Ottoman Balkan society, 1453–1821. *Journal of Modern Greek Studies* **16**: 11–48.

—— (ed.) (1998b), *The Macedonian Question: Culture, Historiography, Politics*. Boulder CO: East European Monographs.

Rudenstine, D. (1999), The legality of Elgin's taking. *International Journal of Cultural Property* **8**(1), 356–376.

Saatsoglou–Paliadeli, Ch. (1996), Aegae: a reconsideration. *Athenische Mitteilungen* **111**: 225–236.

*—— (1998), Andronikos was right. *To Vima*, 26 July 1998.

*—— (2001), Vergina 1998–1999. Excavation in the sanctuary of Eukleia and in the tholos of the palace. *To Arhaiologiko Ergo sti Makedonia kai ti Thraki* **13**(1999): 541–550.

*—— (2004), *Vergina: the Tomb of Philip. The Wall Painting with the Hunting Scene*. Athens: I en Athinais Arhaiologiki Etaireia.

*Sakellaropoulos, T. (2000), Foundation, structure and function of the organization of re-education camps of Makronisos. In: *Historic Landscape and Historic Memory: the Case of Makronisos* (ed. by S. Bournazos and T. Sakellaropoulos), pp. 147–157. Athens: Filistor.

*Sakka, N.A. (2002), *Archaeological Activities in Greece (1928–1940): Political and Ideological Dimensions.* Unpublished Ph.D. Dissertation, University of Crete (Rethymno).

Sarandis, C. (1993), The ideology and character of the Metaxas regime. In: *The Metaxas Dictatorship: Aspects of Greece 1936–1940*, pp. 147–177. Athens: ELIAMEP and Vryonis Center for the Study of Hellenism.

*Saripolos, N.I. (1848), *Speech Read on 21 October 1848 at the Beginning of the Teaching of the Ancient Greek Forms of Government.* Athens: Ch. Hristodoulou.

Schnapp, A. (1996), *The Discovery of the Past: the Origins of Archaeology.* London: British Museum.

Scott, J. (1990), *Domination and the Arts of Resistance.* New Haven and London: Yale University Press.

Seferis, G. (1995), *Collected Poems*, revised edn (transl. by E. Keely and Ph. Sherrard). Princeton: Princeton University Press.

*Seidl, W. (1984[1965]), *The Bavarians in Greece: the Genesis of the Greek State and the Otto's Regime*, (transl. by D. Iliopoulos). Athens: Elliniki Evroekdotiki. (Original title: *Bayern in Griechenland: Die Geburt des Griechischen Nationalstaats und die Regierung König Ottos*, Munich.)

Seremetakis, N. (ed.) (1994a), *The Senses Still: Perception and Memory as Material Culture in Modernity.* Chicago: University of Chicago Press.

—— (1994b), Implications. In: *The Senses Still: Perception and Memory as Material Culture in Modernity* (ed. by N. Seremetakis), pp. 123–145. Chicago: University of Chicago Press.

Shanks, M. and Tilley, C. (1987a), *Social Theory and Archaeology.* Cambridge: Polity.

—— (1987b), *Re-constructing Archaeology.* Cambridge: Cambridge University Press.

*Sigalas, N. (2001), The formation of the neo–hellenic concept of Hellenism. *Ta Istorika* **34**: 3–70.

*Sikelianos, A. (1980), *Texts in Prose B*. Athens: Ikaros.
Silberman, N.A. (1989), *Between Past and Present: Archaeology, Ideology, and Nationalism in the Modern Middle East*. New York: Henry Holt and Company.
Silverman, H. (2002), Touring ancient things: the present and presented past in contemporary Peru. *American Anthropologist* **104**(3): 881–902.
*Simopoulos, K. (1970–75), *Foreign Travelers in Greece*, Vols 1–4. Athens.
*Skaltsa, M. (ed.) (2001),*Museology in the 21st Century: Theory and Practice*. Thessaloniki: Entefktirio.
*Skopetea, E. (1988), *The Model Kingdom and the Great Idea: Aspects of the National Issue in Greece (1830–1880)*. Athens: Polytypo.
*—— (1997), *Fallmerayer: Tehnasmata tou Antipalou Deous*. Athens: Themelio.
Smart, N. (1983), Religion, myth and nationalism. In: *Religion and Politics in the ModernWorld* (ed. by P.H.Merkl and N. Smart), pp. 15–28. New York: New York University Press.
Smith, A.H. (1916), Lord Elgin and his collection. *Journal of Hellenic Studies* **36**: 163–372.
Smith, C. and Wobst, H.M. (eds) (2005), *Indigenous Archaeologies: Decolonizing Theory and Practice*. London: Routledge.
Smith, H. (2002), Doh! Greeks model Olympic mascots on the wrong Homer. *The Observer*, 21 April 2002.
—— (2006), Missing their marbles. *New Statesman*, 23 October 2006, pp. 30–32.
Soja, E.W. (1996), *Thirdspace*. Cambridge, MA and Oxford: Blackwell.
*Someritis, R. (2001), The topicality of Makronisos. *To Vima*, 19 August 2001.
Spivey, N. (1996), *Understanding Modern Sculpture: Ancient Meanings, Modern Readings*. London: Thames and Hudson.
—— (1997), *Greek Art*. London: Phaedon.
*Staveris, I. (2001), *Glaropholia [Gull's Nest]: Makronisos 1948–1949*. Athens: Filistor.
St Clair, W. (1998), *Lord Elgin and the Marbles: the Controversial History of the Parthenon Sculptures*. Oxford: Oxford University Press.
—— (1999), The Elgin marbles: questions of stewardship and accountability. *International Journal of Cultural Property* **8**(2): 397–521.
Stewart, C. (1989), Hegemony or rationality? The position of supernatural in modern

Greece. *Journal of Modern Greek Studies* **7**: 77–104.

—— (1991), *Demons and the Devil: Moral Imagination in Modern Greek Culture*. Princeton: Princeton University Press.

—— (1994), Syncretism as a dimension of nationalist discourse in modern Greece. In: *Syncretism/Anti-Syncretism: the Politics of Religious Synthesis* (ed. by C. Stewart and R. Shaw), pp. 127–144. London: Routledge.

—— (2003), Dreams of treasure: temporality, historicization and the unconscious. *Anthropological Theory* **3**(4): 481–500.

Stoianovich, T. (1960), The conquering Balkan orthodox merchant. *Journal of Economic History* **20**: 234–313.

Stoller, A.L. (1995), *Race and the Education of Desire*. Durham, NC: Duke University Press.

Stowe, W. (1994), *Going Abroad*. Princeton: Princeton University Press.

Strathern, M. (1988), *The Gender of the Gift: Problems with Women and Problems with Society in Melanesia*. Berkeley: University of California Press.

Sutton, D. (1997), Local names, foreign claims. Family inheritance and national heritage on a Greek island. *American Ethnologist* **24**: 415–437.

—— (1998), *Memories Cast in Stone: the Relevance of the Past in Contemporary Life*. Oxford: Berg.

—— (2001), *Remembrance of Repasts: an Anthropology of Food and Memory*. Oxford: Berg.

—— (2004), Ritual, continuity and change: Greek reflections. *History and Anthropology* **15**(2): 91–105.

*Svoronos, N. (2004), *The Greek Nation: Genesis and Formulation of Modern Hellenism*. Athens: Polis.

Szegedy-Maszak, A. (2001), Félix Bonfils and the traveller's trail through Athens. *History of Photography* **25**(1): 13–22.

*Tanoulas, T. (1997), *The Propylaia of the Athenian Acropolis during the Medieval Times*. Athens: I en Athinais Arhaiologiki Etaireia.

Tapsell, P. (1997), The flight of Parerautu: an investigation of Taonga from a tribal perspective. *Journal of the Polynesian Society* **106**: 323–374.

*Themelis, P. and Touratsoglou, I. (1997), *The Tombs of Derveni*. Athens: Ypourgeio Politismou, Tameio Arhaiologikon Poron.

*Theodorakis, M. (1986), *The Paths of the Archangel*. Athens: Kedros.
*Theodoropoulos, Th. (1938), The historical destiny of Hellenism in the World. *Nea Politiki* **2**(8): 840–846.
*Theodorou, V. (ed.) (1976), *Women's Camps: Nine Buried Notebooks with Narrations by Women Detained at the Camps of Hios, Trikeri and Makronisos, during the Civil War, 1947–1951*. Athens.
*Theotokas, N. (1992), Tradition and modernity: comments on the 'eikosiena'. *Ta Istorika* **17**: 345–370.
Thomas, J. (2004a), *Archaeology and Modernity*. London: Routledge.
—— (2004b), Archaeology's place in modernity. *Modernism/Modernity* **11**(1): 17–34.
Thurnher, E. (ed.) (1993), *Jakob Philip Fallmerayer: Wissenschaftler, Politiker, Schriftsteller*. Innsbruck: Universitätsverlag Wagner.
Tilley, C. (2004), *The Materiality of Stone: Explorations in Landscape Phenomenology* (with W. Bennett). Oxford: Berg.
*Tiverios, M. (1998), The voice of the earth (review of 'The Tombs of Derveni'). *To Vima*, 29 March 1998.
Todorova, M. (1997), *Imagining the Balkans*. New York: Oxford University Press.
*Tolias, G. (ed.) (1996a), *The Fever of the Marbles*. Athens: Olkos.
*—— (1996b), Introduction. In: *The Fever of the Marbles* (ed. by G. Tolias), pp. 7–39. Athens: Olkos.
*Tournikiotis, P. (ed.) (1994), *The Parthenon and its Impact in Modern Times*. Athens: Melissa.
Toynbee, A. (1981), *The Greeks and theirHeritage*. Oxford: OxfordUniversity Press.
*Travlos, I.N. (1960), *The Development of Town Planning of Athens from Prehistory to the Beginning of the 19th Century*. Athens.
Trigger, B. (1984), Alternative archaeologies: nationalist, colonialist, imperialist. *Man* **19**: 355–370.
—— (1989), *A History of Archaeological Thought*. Cambridge: Cambridge University Press.
*Tsalikoglou, F. (2000), The marbles, place of origin. *Ta Nea*, 6 July 2000.
Tsigakou, F.M. (1981), *The Rediscovery of Greece: Travellers and Painters of the Romantic Era*. London and New York: Thames and Hudson.

*Tsirigotakis, L. (2000), African dances in front of the Marbles. *Ethnos*, 8 December 2000.

Tsoucalas, C. (1981), The ideological impact of the Civil War. In: *Greece in the 1940s: a Nation in Crisis* (ed. by J.O. Iatrides), pp. 318–340. Hanover and London: University Press of New England.

*Tsoucalas, K. (1977), *Dependence and Reproduction: the Social Role of the Educational Mechanism in Greece 1830–1922* (transl. by I. Petropoulou and K. Tsoukalas). Athens: Themelio.

*Tsouknidas, T. (1998), Why do we talk about Makronisos today? *I Epohi*, 1 February 1998.

Tzanelli, R. (2004), Experiments on puerile nations or the impossibility of surpassing your father: the case of the Anglo–Greek dialogue. *National Identities* **6**(2): 107–121.

*Tziovas, D. (1989), *The Transformations of Ethnism and the Ideology of Hellenicity in the Mid-War Years*. Athens: Odysseas.

*—— (1995), The western fantasy of Hellenism and the search for the supra-national. In: *Nation, State, Nationalism*, pp. 339–361. Athens: Etaireia Spoudon Neoellinikou Politismou kai Genikis Paideias.

—— (2001), Beyond the Acropolis: rethinking Neohellenism. *Journal of Modern Greek Studies* **19**: 189–220.

—— (ed.) (2003), *Greece and the Balkans: Identities, Perceptions and Cultural Encounters Since the Enlightenment*. Aldershot: Ashgate.

Ucko, P. (1987), *Academic Freedom and Apartheid. The Story of the World Archaeological Congress*. London: Duckworth.

Urry, J. (2002), *The Tourist Gaze*, 2nd edn. London: Sage.

*Valetas, K. (1975), Preface. In: *The Chronicle of Makronisos* (ed. by G. Pikros). Athens.

*van Boeschoten, R. (1997), *Awkward Years: Collective Memory and History at Ziaka, Grevena (1900–1950)*. Athens: Plethron.

van der Veer, P. and Lehmann, H. (eds) (1999), *Nation and Religion: Perspectives on Europe and Asia*. Princeton: Princeton University Press.

van der Vin, J.P.A. (1980), *Travellers to Greece and Constantinople: Ancient Monuments and Old Traditions in Medieval Travellers's Tales*. Istanbul:

Nederlands Historich–Archaeologisch Instituut.

van Steen, G.A.H. (2000), *Venom in Verse: Aristophanes in Modern Greece*. Princeton: Princeton University Press.

—— (2005), Forgotten theater, theater of the forgotten: classical tragedy on modern Greek prison islands. *Journal of Modern Greek Studies* **23**: 335–394.

*Vardinogiannis, B.B. and Aronis P.G. (eds) (1995), *The One Half Behind Bars*. Athens: Filistor.

*Vasilas, Y. (1982), *Makronisi: the Book of Pain, of Shame, and Bravery*. Athens: Foivos.

*Vasileiou, L. (2004), *The Marbles Fly*. Athens: Minoas.

Vatikiotis, P.J. (1998), *Popular Autocracy in Greece 1936–41. A Political Biography of General Ioannis Metaxas*. London: Frank Cass.

*Velianitis, T.Th. (1993), *The Athens Society for the Promotion of the Arts (Philomousos Etaireia)*. Athens: Vasilopoulos.

*Veloudis, G. (1982), *Jakob Fallmerayer and the Birth of Greek Historism*. Athens: EMNE–Mnimon.

Verdery, K. (1999), *The Political Lives of Dead Bodies*. New York: Columbia University Press.

Vernier, B. (1984), Putting kin and kinship to good use: the circulation of goods, labour and names on Karpathos (Greece). In: *Interest and Emotion: Essays on the Study of Family and Kinship* (ed. by H. Medick and D.W. Sabean), pp. 28–76. Cambridge: Cambridge University Press.

—— (1991), *La Genèse Social des Sentiments: Aînés et Cadets dans l'Île Grecque de Karpathos*. Paris: É ditions de l'É cole des Hautes Etudes en Sciences Sociales.

*Vervenioti, T. (2000), Makronisi: women's martyrdom and testimonies. In: *Historic Landscape and Historic Memory: the Case of Makronisos* (ed. by S. Bournazos and T. Sakellaropoulos), pp. 103–114. Athens: Filistor.

*Vlahogiannis, G. (1947), *Memoirs of the General Makrygianni*, 2nd edn, Vol. 2. Athens.

Voglis, P. (2002), *Becoming a Subject: Political Prisoners during the Greek Civil War*. New York and Oxford: Berghahn.

*Vokotopoulou, I. (ed.) (1993), *Greek Civilization, Macedonia, Kingdom of Alexander the Great*. Athens: Kapon.

*Voudouri, D. (1992), *The Protection of Cultural Heritage in the Prospect of the Unified European Market*. Athens: Papazisis.

—— (2003), *State and Museums: the Institutional Framework of Archaeological Museums*. Athens–Thessaloniki: Sakkoulas.

Voutsaki, S. (2003), Archaeology and the construction of the past in nineteenth century Greece. In: *Constructions of the Greek Past: Identity and Historical Consciousness from Antiquity to the Present* (ed. by H. Hokwerda), pp. 231–255. Groningen: Ebgert Forsten.

Vrettos, Th. (1997), *The Elgin Affair: the Abduction of Antiquity's Greatest Treasures and the Passion it Aroused*. London: Secker and Warburg.

Waterhouse, H. (1986), *The British School at Athens: the First Hundred Years*. London: British School at Athens and Thames and Hudson.

Watkins, J. (2000), *Indigenous Archaeology: American Indian Values and Scientific Practice*. Walnut Creek, CA: Altamira.

Webb, T. (2002), The 'Elgin Marbles' and English national taste. In: *Claiming the Stones, Naming the Bones: Cultural Property and the Negotiation of National and Ethnic Identity* (ed. by E. Barkan and R. Bush), pp. 51–96. Los Angeles: The Getty Research Institute.

Weiner, A.B. (1992), *Inalienable Possessions: the Paradox of Keeping While Giving*. Berkeley: University of California Press.

White, H. (1973), *Metahistory: the Historical Imagination in Nineteenthcentury Europe*. Baltimore: Johns Hopkins University Press.

*Wieler, D. (1995), Royal palaces and Greek architecture: the plans of K.F. Schinkel for the palace on the Athenian Acropolis. *Arhaiologia* **54**: 51–62.

Wiwjorra, I. (1996), German archaeology and its relation to nationalism and racism. In: *Nationalism and Archaeology in Europe* (ed. by M. Díaz-Andreu and T. Champion), pp. 164–188. London: UCL Press.

*Xipharas, D. (1993), The unbeatable continuity of Hellenism: some thoughts. *Theseis* **42**: 57–79; **43**: 25–46.

Yalouri, E. (1993), *Classical or Byzantine Heritage: Conflicting Pasts in Modern Greek Society*. Unpublished M.Phil. Dissertation, University of Cambridge.

—— (2001), *The Acropolis: Global Fame, Local Claim*. Oxford: Berg.

Yalouris, N., Andronikos, M., Rhomiopoulou, K., Hermann, A., and Vermeule, C.

(1980), *The Search for Alexander: an Exhibition*. Boston: New York Graphic Society/Greek Ministry of Cultures and Sciences.

Yannas, P. (1994), Containment discourse and the construction of post–World War II Greece. *Thetis* **1**: 117–128.

Young, J. E. (1987), Interpreting literary testimony: a preface to reading Holocaust diaries and memoirs. *New Literary History* **18**(2): 403–423.

*YPPO [Ministry of Culture] (1998), *The Basic Principles of the Draft Law for the Protection of Cultural Heritage* [new archaeological law]. Athens (internally circulated memo).

*YTT [Ministry of Press and Tourism] (1938), *The Account of the Last Two Years 1936–1938*. Athens: YTT.

*YTT [Ministry of Press and Tourism] (1939), *Three Years of Government by I. Metaxas 1936–1939*. Athens: Pyrsos.

Yuval–Davis, N. (1997), *Gender and Nation*. London: Sage.

Yuval–Davis, N. and Anthias, F. (eds) (1989), *Woman–Nation–Gender*. London: Macmillan.

*Zahariadis, N. (1945[1939]), *Theses on the History of KKE [Communist Party of Greece]*. Athens: Central Committee of the KKE.

*Zakythinos, D. (1939), Byzantium and Hellenism. *Neon Kratos* **28**: 239–251.

*Zoannos–Sarris (1950), *The Truth on Makronisos*. Athens.

*Zois, A. (1987), The 'Vergina syndrome' and other matters. *To Andi* **360**: 48–49.

—— (1990), *Archaeology in Greece: Realities and Prospects*. Athens: Polytypo.

名词对照表

（不）可转让性　(in-) alienability
"导师"号　Mentor
"古典存在"（丛书）　Classical Presences
"马达加斯加"号　Madagascar
"十二月事件"　Dekemvriana
"雅典娜领袖之门"（罗马市集）'Gate of Athena Archegetis' (Roman Agora)
"艺术雅典"展览　'Athens by Art' exhibition
《"画眉鸟"号》　Thrush
《安提戈涅》　Antigone
《被缚的普罗米修斯》　Prometheus Bound
《彩虹》　Ios
《重生报》　Paliggenesia
《大理石雕飞翔》　The Marbles Fly
《当代议题》　Syghrona Themata
《岛》　The Island
《抵抗运动》　To Andi
《抵抗杂志》　Andistasi
《地中海博物馆》　Medelhavsmuseet
《地中海考古学杂志》　Journal of Mediterranean Archaeology
《东方学》　Orientalism
《独立报》　The Independent
《俄狄浦斯王》　Oedipus Rex
《菲罗克忒忒斯》　Philoctetes
《革命之根报》　Rizospastis
《古地理学与新地理学》　Ancient and New Geography
《观察报》　Ora
《考察者》　Examiner
《考古学》　Arhaiologia
《考古学期刊》　Archaeological Journal (Ephimeris Arhaiologiki)
《快乐时光》　Happy Day
《黎明》　Avgi
《历史与诗歌》（演讲）　History and Poetry
《论坛报》　To Vima
《每日电讯报》　Daily Telegraph
《民族》　Ethnos

358　国家及其废墟：希腊的古代、考古学与民族想象

《牧首训词》 Didaskalia Patriki
《内陆》 Endohora
《旁观者》 Spectator
《彭忒西勒亚》 Penthesileia
《珀尔修斯》 Perses
《普罗米修斯》 Prometheus
《恰尔德·哈洛尔德游记》 Childe Harold's Pilgrimage
《青年》 Neolaia
《日报》 Kathimerini
《荣耀》 Kleio
《时代》 I Epohi
《世界报》 Le Monde
《世界考古学》 World Archaeology
《试验》 Dokimes
《苏莎娜·邦巴尔》(诗) Susana Bombal
《挖掘者》 Skapanefs
《瓦尔基扎协定》 Varkiza agreement
《晚报》 Vradyni
《晚邮报》 Corriere della Sera
《万福，上帝之母》 Ti Ypermaho
《威尼斯宪章》 Venice Charter
《温泉关》 Thermopylai
《希腊复兴档案》 Arheia tis Ellinikis Paliggenesias
《希腊化史》 Geschichte des Hellenismus

《希腊民族史》(帕帕里戈普洛斯) History of the Hellenic Nation
《希腊民族史》(雅典科学院) History of the Greek Nation
《戏剧、电影和电视》 Theatrika-Kinimatographika-Tileoptika
《下午报》 Apogevmatini
《现代希腊研究杂志》 Journal of Modern Greek Studies
《享乐主义的厄尔帕诺尔》(诗) Sensual Elpenor
《新国家》 Neon Kratos
《新闻报》 Ta Nea
《新政治》 Nea Politiki
《星期六评论》 Saturday Review
《性史》 History of Sexuality
《雅典》 Athinaion
《雅典报》 Ephimeris ton Athinon
《雅典娜报》 Athiná
《伊利亚特》 Iliad
《由于记忆》 Due to Memory
《邮差》 Tahydromos
《阅读过去》 Reading the past
《责任》 Efthyni
《战斗报》 Mahi
《正午报》 Mesimvrini
《阵亡将士国葬礼上的演说》 Epitaphios
《自由报》 Eleftheros Typos

名词对照表 359

《自由论坛报》 *Eleftheron Vima*
《自由媒体报》 *Adesmeftos Typos*
《自由新闻报》 *Eleftherotypia*
J. 保罗·盖蒂博物馆 J. Paul Getty Museum
阿布 About
阿尔戈斯 Argos
阿尔特米西昂的波塞冬（雕像） Poseidon from Artemision
阿法埃娅神庙 temple of Aphaia
阿夫杜洛斯 Avdoulos
阿夫古利 Avgouli
阿夫拉米 Avlami
阿甘本 Agamben
阿喀琉斯 Achilles
阿克西奥蒂 Axioti
阿拉马纳战役 Alamana
阿拉瓦诺斯，A. Alavanos, A.
阿里达乌斯 Arrhidaios
阿里斯托弗龙，P. Aristophron, P.
阿利维扎托斯 Alivizatos
阿利西诺斯，D. Alitheinos, D.
阿罗尼斯 Aronis
阿纳菲岛 Anaphi
阿纳戈斯托普洛斯，P. Anagnostopoulos, P.
阿诺德 Arnold
阿帕杜莱，阿尔君 Appadurai, Arjun

阿奇亚奥里 Acciaiuoli
阿萨纳索普卢 Athanassopoulou
阿斯普登，彼得 Aspden, Peter
阿特金森 Atkinson
阿提卡 Attica
阿西尼王 King of Asine
埃尔-哈吉，纳迪娅·阿布 El-Haj, Nadia Abu
埃尔加西亚斯，奥马达 Ergasias, Omada
埃尔金 Elgin
埃尔金大理石雕 Elgin marbles
埃尔金属 Elgineia
埃尔穆大街 Ermou Street
埃菲阿尔特斯 Ephialtes
埃夫罗斯 Evros
埃夫罗塔斯 Evrotas
埃莱夫西纳（埃琉西斯） Eleusina (Eleusis)
埃皮扎夫罗斯（剧场） Epidavros
埃托利亚的科斯马斯 Kosmas the Aitolian
埃维亚岛 Euboea
埃文斯，阿瑟 Evans, Arthur
埃伊纳岛 Aegina
埃泽萨 Edessa
艾登索 Edensor
艾加伊城 Aegae
艾伦，理查德 Allan, Richard

艾斯特拉蒂斯（岛） Ai-Stratis
爱德华兹 Edwards
安贝拉斯，D.T. Ambelas, D.T.
安贝洛索斯 Ambelouzos
安德烈乌 Andreou
安德烈亚季斯 Andreadis
安德罗尼科斯，马诺利斯 Andronikos, Manolis
安德罗尼库斯钟楼 Andronikos's clock
安德洛玛刻 Andromache
安德森，本尼迪克特 Anderson, Benedict
安蒂亚斯 Anthias
安东尼乌 Antoniou
安东尼亚杜，约安娜 Antoniadou, Ioanna
安杰利斯 Angelis
安杰洛马蒂斯－楚加拉基斯 Angelomatis-Tsougarakis
奥德修斯 Odysseus
奥尔纳拉基斯，斯皮罗斯 Ornerakis, Spyros
奥尔兹，罗伯特 Olds, Col. Robert E.
奥古斯蒂诺斯 Augustinos
奥兰多斯，A. Orlandos, A.
奥林匹亚宙斯神庙 Temple of Zeus Olympios
奥彭，卡罗利妮·冯 Oppen, Karoline von
奥斯本 Osborne
奥斯威辛集中营 Auschwitz
奥谢，希拉里 O'Shea, Hilary
奥伊科诺莫斯 Oikonomos
奥伊科诺穆，G. Oikonomou, G.
巴巴，霍米 Bhabha, Homi
巴迪安 Badian
巴尔巴内拉 Barbanera
巴尔贝斯 Barbes
巴尔干化 Balkanizing
巴坎 Barkan
巴拉克里希南 Balakrishnan
巴拉姆 Baram
巴雷斯 Barrès
巴雷特 Barrett
巴利巴尔 Balibar
巴斯泰亚 Bastea
巴索 Basso
巴特 Barthes
白塔 White Tower
班维尔，约翰 Banville, John
邦菲斯 Bonfils
鲍尔 Ball
北希腊部 Ministry of Northern Greece
贝尔贡 Bergon
贝尔纳，马丁 Bernal, Martin
贝林勒布劳 Berlinerblau

贝伦岑　Baerentzen
被发明的传统　invented tradition
被实现了的乌托邦　enacted utopia
本都　Pontos
本内特　Bennett
本体论　ontology
本土考古学　indigenous archaeology
本土希腊主义　Indigenous Hellenism
本维尼斯特　Benveniste
本雅明，瓦尔特　Benjamin, Walter
本－耶胡达　Ben-Yehuda
比尔德　Beard
比雷埃夫斯　Piraeus
比里斯　Biris
比利格　Billig
比斯蒂卡　Bistika
比兹利，J.　Beazley, J.
彼得里迪斯　Petridis
彼得罗普卢　Petropoulou
彼得罗斯　Petros
薛西斯　Xerxes
波利蒂斯，利诺斯　Politis, Linos
波罗斯岛　Poros
波斯波利斯　Persepolis
波特，吉姆　Porter, Jim
伯格森　Bergson
伯勒尔，芭芭拉　Burrell, Barbara

伯里克利　Pericleses
伯罗奔尼撒半岛　Peloponnese
博德曼　Boardman
博尔赫斯，豪尔赫·路易斯　Borges, Jorge Luis
博尔扎　Borza
博金斯，安东尼　Perkins, Antony
博物馆协会　Museums Association
布尔迪厄　Bourdieu
布尔纳索斯，斯特拉蒂斯　Bournazos, Stratis
布尔萨　Bursa
布拉肯　Bracken
布莱尔，托尼　Blair, Tony
布朗，基思　Brown, Keith
布雷詹尼　Bregianni
布利根，卡尔　Blegen, Carl
布鲁斯，托马斯　Bruce, Thomas
布什　Bush
参考框架　frame of reference
查普曼　Chapman
查特吉，帕沙　Chatterjee, Partha
察佐斯，康斯坦丁诺斯　Tsatsos, Konstantinos
仇外　xenophobic
楚卡拉斯　Tsoucalas
楚克尼达斯，阿里斯　Tsouknidas, Aris
纯净语　*katharevoussa*

词源系统　etymological system
茨内利　Tzanelli
达豪集中营　Dachau
达克亚　Darquea
达西奥斯　Dasios
大坟冢　Megali Toumba
大理石热　fever of the marbles
大十字凤凰勋章　Great Cross of the Phoenix
大中庭　Great Court
大众　folk soul
大众民主　Popular Democracy
戴维斯，杰克　Davis, Jack
丹福思　Danforth
道格拉斯　Douglas
德尔斐的阿波罗　Apollo from Delphi
德尔斐节　Delphic Festival
德尔斐考古遗址　Delphi
德尔维尼奥蒂斯　Derveniotis
德拉罗什和布里耶纳家族　House of de la Roche and Brienne
德鲁古，S.　Drougou, S.
德罗伊森，G　Droysen, G.
德谟斯提尼　Demosthenes
德墨忒耳　Demeter
德普费尔德，威廉　Dörpfeld, Wilhelm
德斯波托普洛斯，康斯坦丁诺斯　Despotopoulos, Konstantinos
德意志第三帝国　Third Reich
的里雅斯特　Trieste
邓肯　Duncan
狄俄尼索斯　Dionysos
迪马拉　Dimaras
迪曼蒂斯　Diamandis
迪穆拉，基基　Dimoula, Kiki
迪帕斯塔　Depasta
迪亚-安德勒　Díaz-Andreu
迪亚福尼迪斯　Diaphonidis
迪亚科斯　Diakos
地米斯托克利　Themistocleses
地下博物馆　crypt-museum
第二营　Second Battalion, BETO
第三希腊文明　The Third Hellenic Civilization
蒂尔施　Thiersch
蒂利　Tilley
蒂诺斯岛　Tinos
蒂维里奥斯　Tiverios
东加斯，M.　Dongas, M.
独白考古学　archaeology of monologues
杜比施　Dubisch
杜克　Duke
杜马　Doumas
杜宁凯　Dirks
杜维恩展厅　Duveen gallery

对（民族）完整的怀旧　nostalgia for the whole
多点民族志　multi-sited ethnography
多里斯（村）　Doris
多元的流动性　polyvalent mobility
多重时间性　muliti-temporality
厄里　Urry
厄瑞克透斯　Erechtheus
厄泽，L.　Heuzey, L.
二次葬　secondary burial
法茨亚　Fatsea
法尔默赖厄，雅各布·菲利普　Fallmerayer, Jakob Philipp
法国考古研究所　French Archaeological School
法克拉里斯　Faklaris
法拉科斯，格里戈里斯　Pharakos, Grigoris
法维斯，V.　Phavis, V.
反常态的异托邦　heterotopia of deviation
反记忆　counter-memory
反身性　reflexivity
反乌托邦　dystopia
泛希腊社会主义运动党　PASOK
泛希腊社会主义运动党　PASOK
泛希腊运动会　Panhellenic Games
范博舒滕　Boeschoten

范德维尔　van der Veer
范德文　van der Vin
菲茨威廉博物馆　Fitzwilliam Museum
菲德拉　Faidra
菲迪亚斯　Phidias
菲力波普山　Philopappou Hill
腓力二世墓　Tomb of Philip
斐斯托斯　Phaistos
费边　Fabian
费尔德　Feld
费尔南德斯　Fernandez
费拉德尔菲夫斯　Philadelphefs
分区制度　zonation system
分析范畴　analytical category
芬尼　Finney
风之塔　Tower of the Winds
弗格里斯，潘德利斯　Voulgaris, Pandelis
弗格森　Ferguson
弗拉霍斯，A.　Vlahos, A.
弗拉霍扬尼斯　Vlahogiannis
弗莱明，安德鲁　Fleming, Andrew
弗莱舍　Fleischer
弗朗齐斯　Phlountzis
弗朗西斯　Francis
弗雷托斯　Vrettos
弗里德曼　Friedman
弗里曼，E. A.　Freeman, E. A.

弗洛伊德，西格蒙德　Freud, Sigmund
弗西奥蒂斯州　Phthiotis
扶轮社　Rotary Club
福比恩　Faubion
福蒂　Forty
福蒂亚迪斯　Fotiadis
福蒂亚季斯　Photiadis
福柯，米歇尔　Foucault, Michel
福斯特　Foster
福韦尔　Fauvel
福西特　Fawcett
复兴　*Paliggenesia*
富加德，阿索尔　Fugard, Athol
伽列里乌斯拱门　Arch of Galerius
盖蒂研究所　Getty Research Institute (GRI)
盖尔　Gell
盖尔纳，欧内斯特　Gellner, Ernest
盖瑟科尔　Gathercole
高价值物品　dense object
戈斯登　Gosden
哥提斯　Gortys
格尔茨　Geertz
格拉莫斯山　Grammos
格雷迪　Gready
格雷戈里　Gregory
格利诺斯　Glinos
格列索斯，马诺利斯　Glezos, Manolis
格林　Green
格林菲尔德　Greenfield
格罗皮厄斯，乔治·克里斯蒂安　Gropius, Georg Christian
艮纳底乌斯图书馆　Gennadion Library
公共职能　leitourgia
公民民族主义　civic nationalism
贡迪卡斯，迪米特里　Gondicas, Dimitri
古典古代　classical antiquity
古典遗产　classical heritage
古典语文学　classical philology
古尔古里斯　Gourgouris
古拉斯　Gouras
古兰德里斯博物馆　Goulandris Museum
古老的味道（餐馆）　Arhaion Gefseis
古罗马　Roman antiquity
古纳里迪斯　Gounaridis
古普塔　Gupta
古物、文学和美术局　Directorate for Antiquities, Letters and Fine Arts
古希腊青年站姿雕像　kouros
古希腊式热情　Grecian gusto
归化　naturalization

名词对照表　365

国际博物馆和遗址理事会 International Council of Museums and Sites (ICOMOS)
国际博物馆协会 International Council for Museums (ICOM)
国际法 international law
国际古典考古学大会 International Congress of Classical Archaeology
国家剧院 National Theatre
国家考古局 State Archaeological Service
国家青年组织 Ethniki Organosi Neolaias
果多布丽，玛丽卡 Kotopouli, Marika
过去的用途（对历史的"利用"） uses of the past
哈德良门 Hadrian's Gate
哈吉阿斯拉尼 Hadjiaslani
哈拉兰布斯 Haralambous
哈勒 Hall
哈里斯，彼得罗斯 Haris, Petros
哈里斯，克里 Harris, Kerry
哈曼 Hamann
哈蒙德 Hammond
哈米拉基斯 Hamilakis
哈姆林-亨特，伊丽莎白 Hamlin-Hunt, Elisabeth
哈齐扎基斯 Hatzidakis

哈斯曼 Hassmann
哈特 Hart
哈特森 Hutson
哈佐普洛斯 Hatzopoulos
海登 Haydon
海厄姆 Higham
汉德勒，理查德 Handler, Richard
汉森 Hanson
豪齐米豪利什 Hatzimihalis
豪斯 Howes
赫茨菲尔德，迈克尔 Herzfeld, Micheal
赫菲斯托斯神庙 Theseion
赫克托耳 Hector
赫拉克勒斯 Hercules
赫希 Hirsch
亨克 Hencke
后过程考古学 Post-processual Archaeology
怀利 Wylie
怀特 White
怀亚特 Wyatt
惠勒，乔治 Wheler, George
霍布豪斯 Hobhouse
霍布斯鲍姆 Hobsbawm
霍德 Hodder
霍斯金斯 Hoskins
基奥斯，H. Kiose, H.
基督教考古学会 Christian

基尔塔塔斯　Kyrtatas
基克拉迪群岛　Cyclades
基里亚基杜-内斯托罗斯　Kyriakidou-Nestoros
基利　Keeley
基欧　Kehoe
基斯诺斯　Kythnos
基特罗米利迪斯　Kitromilides
基特洛夫　Kitroeff
基西拉　Kythira
吉本　Gibbon
吉本斯　Gibons
吉登斯　Giddens
吉迪　Guidi
吉尔　Gill
吉法德　Giffard
吉利斯　Gillis
记忆场所　*lieu de memoire*
纪念碑化　monumentalization
季马科普洛斯　Dimakopoulos
季亚曼祖罗斯　Diamandouros
加夫里利迪斯，A.　Gavriilidis, A.
加夫里利迪斯，K.　Gavrilidis, K.
加夫佐斯（岛）　Gavdos
加拉蒂　Galaty
加密殖民主义　crypto-colonialism
加齐　Gazi
贾斯特　Just

Archaeological Society

杰弗里斯　Jeffreys
杰克逊　Jackson
金纳迪奥斯　Gennadios
金兹伯格，卡洛　Ginzburg, Carlo
紧张、暧昧和矛盾　tensions, ambiguities and contradictions
禁止流通物　res extra commercium
景观的原始社会　proto-society of the spectacle
景观和监视　spectacle and surveillance
喀罗尼亚（战役）　Chaironeia
喀罗尼亚之狮雕像　lion of Chaironeia
卡波季斯第亚斯　Kapodistrias
卡德摩斯　Kadmos
卡尔帕卡学校　Kalpaka School
卡尔帕克西斯　Kalpaxis
卡克里季斯　Kakridis
卡拉博特，菲利普　Carabott, Philip
卡拉马诺拉基斯，万杰利斯　Karamanolakis, Vangelis
卡拉曼利斯，康斯坦丁　Karamanlis, Konstantinos
卡拉维达斯，I.　Karavidas, I.
卡兰多尼斯，安德烈亚斯　Karandonis, Andreas
卡利姆诺斯　Kalymnos
卡洛格罗普卢　Kalogeropoulou

卡洛纳斯　Kallonas
卡曼　Carman
卡梅诺斯，D.　Kamenos, D.
卡纳索斯　Kanathos
卡内利斯　Kanellis
卡内洛普洛斯，A.　Kanellopoulos, A.
卡内洛普洛斯，帕纳约蒂斯　Kanellopoulos, Panagiotis
卡诺瓦　Canova
卡帕多西亚　Kappadocia
卡彭特，里斯　Carpenter, Rhys
卡普费雷尔　Kapferer
卡普尼卡雷亚教堂　Kapnikarea
卡普萨利斯　Kapsalis
卡普斯，E.　Capps, E.
卡普坦佐格卢，L.　Kaphtantzoglou, L.
卡斯塔涅达　Castañeda
卡索斯　Kassos
卡特，霍华德　Carter, Howard
卡托·帕扎里（或齐斯达拉基）清真寺　Kato Pazari (or Tsisdaraki) mosque
卡瓦菲斯　Cavafy
卡瓦拉　Kavala
凯杜里　Kedourie
凯恩　Kane
凯佩齐斯　Kepetzis

凯西　Casey
坎布罗格卢　Kambouroglou
康基　Conkey
康加利杜　Kangalidou
康纳　Connor
康纳顿　Connerton
康奈利　Connelly
康斯坦丁　Constantine
康佐斯　Kondos
考恩　Cowan
考古材料　archaeological material
考古旅游　archaeo-tourism
考古生产　archaeological production
考古学家协会　Association of Archaeologists
柯蒂斯　Curtis
科贝特　Cobet
科恩，格策尔　Cohen, Getzel
科尔　Kohl
科尔卡　Korka
科法斯　Kofas
科孚岛阿尔忒弥斯神庙　temple of Artemis at Corfu
科孚岛监狱　Corfu Prison
科基纳基斯，米诺斯　Kokkinakis, Minos
科基尼杜　Kokkinidou
科基诺斯　Kokkinos

科克雷尔　Cockerell
科库　Kokkou
科莱斯，A.　Koraïs, A.
科莱提斯，约安尼斯　Kolettis, Ioannis
科雷斯　Korres
科利·科基纳基斯，F.　Corley Kokkinakis, F.
科林斯地峡　Corinthian Isthmus
科林斯卫城　Acrocorinth
科罗纳基斯　Koronakis
科洛封　Kolophon
科洛诺斯（山）　Kolonos
科莫斯　Kommos
科尼亚提斯，米迦勒　Choniates, Michael
科皮托夫　Kopytoff
科斯塔斯　Kostas
科斯特　Koster
科斯托普洛斯　Kostopoulos
科塔里迪　Kottaridi
科塔里迪斯，N.　Kotaridis, N.
科特萨基斯　Kotsakis
科辛纳，古斯塔夫　Kossinna, Gustav
科伊利　Koili
科泽　Kertzer
克尔瑟尔　Kersel
克拉克　Clark

克拉克，D.E.　Clarke, D.E.
克拉里　Crary
克拉提戈斯，K.　Kratigos, K.
克莱安西斯　Kleanthis
克莱斯特，海因里希·冯　Kleist, Heinrich von
克雷米达斯　Kremmydas
克里特岛研究代表大会　Cretological Congress
克伦泽，利奥·冯　Klenze, Leo von
克罗托尼亚蒂斯，米隆　Krotoniatis, Milon
克洛格　Clogg
克洛斯　Close
克诺索斯王宫　Knossos
客蒙　Kimons
肯纳　Kenna
肯特里斯　Kenderis
孔布利　Koumbourlis
库茨基斯　Koutsoukis
库鲁尼奥蒂斯，康斯坦丁诺斯　Kourouniotis, Konstantinos
库曼达雷亚斯　Koumandareas
库曼努迪斯　Koumanoudis
库特勒斯　Koutles
跨国资本　multi-national capital
昆特　Kwint
拉夫里奥（镇）　Lavrio

名词对照表　369

拉夫托普洛斯　Raphtopoulos
拉利奥蒂　Lalioti
拉帕廷，肯　Lapatin, Ken
拉图尔　Latour
莱昂内　Leone
莱昂斯，克莱尔　Lyons, Claire
莱顿　Layton
莱夫科维茨　Lefkowitz
莱曼　Lehmann
莱普西纳　Lepsina
莱乌西　Leoussi
兰布里努达基斯　Lambrinoudakis
兰布里诺斯　Lambrinos
兰布罗普卢　Lambropoulou
兰布罗普洛斯　Lambropoulos
兰加维斯，亚历山德罗斯　Rangavi, Alexandros
兰杰　Ranger
朗西曼，史蒂文　Runciman, Steven
劳卡斯　Loukas
勒纳卡基，哈拉　Lenakaki, Hara
勒南，欧内斯特　Renan, Ernest
雷西姆诺　Rethymno
李，贝唐　Lee, Bethan
里弗斯，皮特　Rivers, Pitt
里格利　Wrigley
里克斯　Ricks
里雅阁，安东尼　Liakos, Andonis
里佐斯-内鲁洛斯，I.　Rizos-Neroulos, I.
理论考古学团体　Theoretical Archaeology Group
立法机构　*Vouleftikon Soma*
利昂蒂斯　Leontis
利利奥斯　Lilios
利姆诺斯岛　Limnos
利纳尔达托斯　Linardatos
利奇　Leach
联合民主左翼党　United Democratic Left (EDA)
两次巴尔干战争　Balkan Wars
列奥尼达　Leonidas
临时政府　*Prosorini Dioikisis*
领土收复主义者　irridentist
卢埃林-史密斯　Llewellyn-Smith
卢卡基　Loukaki
卢科普卢　Loukopoulou
卢西耶里　Lusieri
鲁登斯坦　Rudenstine
鲁多梅托夫　Roudometof
鲁索普洛斯，阿萨　Rousopoulos, Ath.
伦敦大学学院　University College London
伦敦国王学院　King's College
伦敦希腊学生协会　Society of Greek Students in London
罗本岛　Robben Island

罗多卡纳基　Rodocanachi
罗恩　Rowan
罗马人　*Romioi*
罗马约斯，康斯坦丁诺斯　Romaios, Konstantinos
罗姆米勒特　*millet-iRum*
罗斯，路德维希　Ross, Ludwig
罗滕伯格　Rothenberg
罗通达　Rotonda
洛克菲勒，约翰·D.　Rockefeller, John D.
洛韦尔多斯　Loverdos
洛温塔尔　Lowenthal
吕卡维多斯山　Lycabettus
略韦拉　Llobera
马尔加里斯　Margaris
马尔尚　Marchand
马尔托斯　Martos
马夫罗伊季斯　Mavroïdis
马戈·蒂图斯研究员职位　Margo Tytus Fellowship
马格达利诺　Magdalino
马哈菲，J. P.　Mahaffy, J. P.
马哈伊拉斯　Mahairas
马海拉　Mahaira
马加里蒂斯　Margaritis
马克里亚尼区　area of Makrygianni
马克里扬尼斯，扬尼斯　Makrygiannis, Giannis
马克罗尼索斯岛　island of Makronisos
马克罗尼索斯岛被关押者协会　Association of the Inmates of Makronisos (PEKAM)
马克罗尼索斯岛惩教机构组织　Organization of Corrective Institutions of Makronisos (*Organismos Anamorphotirion Makronisou*, OAM)
马克罗尼索斯岛岛民　Makronisiotes
马克罗尼西奥提斯　Makronisiotis
马库斯　Marcus
马拉松战役　battle of Marathon
马兰齐迪斯　Marantzidis
马里那托斯，斯皮利东　Marinatos, Spyridon
马里尼森　Marijnissen
马里诺斯　Marinos
马利亚拉基斯　Miliarakis
马卢胡-图法诺，法尼　Mallouhou-Tufano, Fani
马其顿-色雷斯部　Ministry of Macedonia-Thrace
马其顿希腊主义　Macedonian Hellenism
马萨达　Masada
马斯特罗莱奥-泽尔瓦

Mastroleon-Zerva
马塔拉斯　Matalas
马托斯（村）　Martos
马歇尔　Marshall
马佐尔　Mazower
玛丽·西格·奥博伊尔　Mary Seeger O'Boyle
玛尼半岛　Mani
迈尔斯　Myers
迈耶　Mayer
麦格雷戈　MacGregor
麦克莱恩　MacLean
麦克里奇　Mackridge
麦克尼尔　MacNeal
曼戈　Mango
毛雷尔，冯　Maurer, von
梅尔库里，梅丽娜　Mercouri, Melina
梅拉斯，斯皮罗斯　Melas, Spyros
梅里曼　Merriman
梅里曼　Merryman
梅里特　Meritt
梅斯克尔　Meskell
梅塔克萨斯　Metaxas
梅塔克萨斯，扬尼斯　Metaxas, Ioannis
美国古典研究学院（雅典）　American School of Classical Studies in Athens (ASCSA)

美沙拉　Mesara
蒙纳斯提拉奇广场　Monastiraki Square
米科诺斯岛　Mykonos
米勒　Miller
米勒特　*millet*
米里维利斯，斯特拉蒂斯　Myrivilis, Stratis
米洛斯的维纳斯　Aphrodite of Melos
米诺斯　Minoan
米诺陶　Minotaur
米太亚德　Miltiades
米佐塔基斯，基里亚科斯　Mitsotakis, K.
民俗写作　*laographia*
民众语　*Dimotiki*
民族复兴（组织）　National Renaissance
民族空间　national *topos*
民族身份与民族神话　identity and national myth
民族史学　national historiography
民族是一种想象的共同体　the nation as an imagined community
民族团结　national unity
民族想象　national imagination
民族中心主义　ethnocentric
冥王哈迪斯　the god of the

underworld, Hades
莫雷科考队　Expédition Scientifique de Morée
莫里市场调查公司　MORI
莫里斯，伊恩　Morris, Ian
莫米利亚诺　Momigliano
莫纳斯提尔　Monastir
莫斯　Mosse
莫斯科夫　Moskoph
默里　Murray
穆拉蒂季斯　Mouratidis
穆利乌　Mouliou
纳夫普利翁　Nafplio
南安普顿大学　University of Southampton
南斯拉夫马其顿共和国　Yugoslav Republic of Macedonia
难民　prosphyngaki
内诺伊　Nenoi
尼奥蒂　Niaoti
尼古卢季斯　Nikoloudis
尼基蒂季斯　Nikitidis
尼科拉科普洛斯　Nikolakopoulos
尼科莱杜　Nikolaidou
匿名　Anon.
涅内达基斯，安德烈亚斯　Nenedakis, Andreas
努索斯　Noutsos
诺克斯，罗伯特　Knox, Robert

诺拉　Nora
欧弗洛尼奥斯陶瓶　Euphronios krater
欧洲中心主义　Eurocentrism
帕尔纳萨斯　Parnassas
帕夫萨尼亚斯　Pausanias
帕加西蒂科斯湾　Pagasitikos Gulf
帕克森　Paxson
帕拉德利斯　Paradellis
帕拉贾　Palagia
帕拉里戈普洛斯　Pararrigopoulos
帕罗斯岛　Paros
帕纳辛奈科体育场　Panathinaïkon Stadium
帕努尔吉亚，内尼　Panourgia, Neni
帕帕埃夫蒂米乌－帕潘西穆，A.　Papaefthymiou-Papanthimou, A.
帕帕迪马出版社　Papadima Publishers
帕帕多普洛－西梅奥尼杜　Papadopoulou-Symeonidou
帕帕里戈普洛斯，康斯坦丁诺斯　Paparrigopoulos, Konstantinos
帕帕萨纳修　Papathanasiou
帕帕塞奥佐鲁　Papatheodorou
帕帕塞迈利斯，S.　Papathemelis, S.
帕帕耶奥尔尤－韦内塔斯　Papageorgiou-Venetas

名词对照表　373

帕帕伊利亚斯　Papailias
帕帕佐普洛斯，约翰　Papadopoulos, John
帕潘德里欧　Papandreou
帕潘托尼乌　Papantoniou
帕普利亚斯，D.　Papoulias, D.
帕特里克　Patrik
帕特农神庙　Parthenon
帕夏，阿里　Pasha, Ali
排他主义　exclusivist
潘曹，诺塔　Pantzou, Nota
潘多斯　Pandos
佩顿　Paton
佩卡姆　Peckham
佩拉（遗址）　Pella
佩特拉基斯　Petrakis
佩特拉科斯　Petrakos
彭特利库斯山　Penteli
皮洛士　Pyrrhus
皮洛斯　Pylos
皮塔基斯，基里亚科斯　Pittakis, Kyriakos
平民主义　populist
平斯基　Pinsky
珀耳塞福涅　Persephone
普尔纳拉　Pournara
普拉克西特列斯的赫尔墨斯（雕像）　Hermes of Praxiteles
普拉特　Pratt

普拉提亚　Plataeae
普里马基斯，马诺利斯　Proïmakiso, Manolis
普罗托普萨尔蒂斯　Protopsaltis
普西拉斯　Psyllas
齐本德尔　Chippindale
齐加库　Tsigakou
齐里戈塔基斯　Tsirigotakis
齐斯达拉基，穆斯塔法·阿迦　Tsisdaraki, Moustafa Aga
前民族主义　pre-nationalism
前南斯拉夫马其顿共和国（前南马其顿）　Former Yugoslav Republic of Macedonia (FYROM)
钱皮恩　Champion
潜隐剧本　hidden transcripts
乔尔达斯　Csordas
乔瓦斯　Tziovas
乔伊斯　Joyce
乔治乌，瓦索斯　Georgiou, Vasos
切莱比，艾弗里雅　Çelebi, Evliya
钦定讲座教授　Regius professor
亲希腊者　Philhellenes
屈塔希亚　Kutahia
屈希勒尔　Küchler
全景敞视主义　panopticism
认知概念　conception of knowledge
日常民族主义　banal nationalism
萨顿，巴克　Sutton, Buck

萨顿，戴维　Sutton, David
萨卡　Sakka
萨卡斯　Sakkas
萨克拉罗普洛斯　Sakellaropoulos
萨拉米斯　Salamis
萨兰迪斯　Sarandis
萨里波洛斯，尼古劳斯　Saripolos, Nikolaos
萨里斯　Sarris
萨利科格洛　Tsalikoglou
萨摩斯　Samos
萨莫色雷斯的胜利女神　Nike of Samothrace
萨努　Thanou
萨特索格卢－帕利亚德利　Saatsoglou–Paliadeli
萨沃普洛斯，狄奥尼西斯　Savvopoulos, Dionysis
萨义德，爱德华　Said, Edward
塞奥菲洛斯　Theophilos
塞奥佐拉基斯，米基斯　Theodorakis, Mikis
塞奥佐罗普洛斯，Th.　Theodoropoulos, Th.
塞德尔　Seidl
塞尔托，德　Certeau, de
塞菲里斯，乔治　Seferis, Giorgos
塞盖迪－马沙克　Szegedy-Maszak
塞勒涅　Selene

塞雷梅塔基斯　Seremetakis
塞梅利斯　Themelis
塞米斯托克利斯　Themistocles
塞萨洛尼基　Thessaloniki
塞萨洛尼基考古博物馆　Thessaloniki Museum
塞斯皮亚　Thespiai
桑塔斯，拉基斯　Sandas, Lakis
山门　Propylaia
上校独裁政权　Colonels' dictatorship
尚克斯　Shanks
烧炭党　*Carbonari*
社会代理人　social agents
社会的民族化　nationalization of society
社会行为体　social actor
申克尔，卡尔·弗里德里希　Schinkel, Karl Friedrich
身份政治　politics of identity
生产和再现　production and reproduction
生命政治　biopolitical
圣迪米特里奥斯　Saint Dimitrios
圣克莱尔，威廉　St Clair, William
圣潘克拉斯教堂　church of St Pancras
圣索菲亚教堂　Agia Sophia
尸体政治　"dead–body politic"

名词对照表　375

施纳普，阿兰　Schnapp, Alain	斯托克，沙里　Stocker, Shari
史密斯，悉尼　Smith, Sydney	斯托勒　Stoller
史前和古典古物第一局　First Ephoreia of Prehistoric and Classical Antiquities	斯托亚诺维奇　Stoianovich
	斯沃罗诺斯，尼科斯　Svoronos, Nikos
史前史学家　prehistorian	苏贾　Soja
使徒保罗　St Paul	苏尼奥（角）　Sounio
士麦那　Smyrna	燧石图书馆　Firestone Library
思想史　intellectual history	索贝尔　Saubert
斯本察斯　Spentzas	索福克勒斯　Sophocles
斯蒂法努，莉娜　Stephanou, Lena	索梅里蒂斯　Someritis
斯蒂利蒂斯-扬纳库达基斯，P.　Stylitis–Giannakoudakis, P.	塔努拉斯　Tanoulas
	塔普塞尔　Tapsell
斯菲卡斯　Sfikas	太阳神/阿波罗　Phoivos
斯卡尔察　Skaltsa	汤因比　Toynbee
斯科佩特亚　Skopetea	忒修斯　Theseus
斯科特，詹姆斯　Scott, James	特奥多罗　Theodorou
斯拉夫马其顿人　Slavo-Macedonian	特拉夫洛斯　Travlos
	特里安迪斯，S.　Triandis, S.
斯马特　Smart	特里格，布鲁斯　Trigger, Bruce
斯佩克特　Spector	特里凯里岛　Trikeri
斯皮里迪斯，K.　Spyridis, K.	特里亚达，阿吉亚　Triada, Agia
斯皮维　Spivey	特鲁布拉德，A. T.　Trueblood, A. T.
斯塔维里斯　Staveris	特涅多斯　Tenedos
斯特拉森　Strathern	提洛岛　Delos
斯滕，贡达·范　Steen, Gonda van	体质人类学　physical anthropology
斯图尔特，查尔斯　Stewart, Charles	天真派画家　naïve painter
	通俗主义　Demoticism
斯托　Stowe	同构性　isomorphism

图恩赫尔	Thurnher		Venizelos, E.
图拉特索格卢	Touratsoglou	维德里，凯瑟琳	Verdery, Katherine
图尼奇奥蒂斯	Tournikiotis	维尔维尼奥蒂	Vervenioti
托多罗娃	Todorova	维克斯	Vickers
托利亚斯	Tolias	维纳，安妮特	Weiner, Annette
瓦蒂基奥蒂斯	Vatikiotis	维萨（公司）	Visa
瓦尔迪诺贾尼斯	Vardinogiannis	维约拉	Wiwjorra
瓦莱塔斯	Valetas	伟大理想	Megali Idea
瓦西拉斯	Vasilas	未经修复的原真性	unrestored authenticity
瓦西莱乌	Vasileiou		
晚期现代性	late modernity	未识之神	The Unknown God
威尔士大学兰彼得分校	University of Wales Lampeter	温泉关	Thermopylai
		文化部	YPPO
威尔逊，戴维	Wilson, David	文化归还	cultural restitution
威福德	Weeford	文化史方法	cultural history approach
威勒	Wieler		
韦布	Webb	文化遗产行业	heritage industry
韦尔吉纳（村）	Vergina	沃布斯特	Wobst
韦尔吉纳村民	Vergioniot	沃尔科特，德里克	Walcott, Derek
韦尔吉纳属	Vergineia	沃尔斯，安迪	Vowles, Andy
韦尔吉纳之星，或称韦尔吉纳太阳 Vergina star or sun		沃格利斯	Voglis
		沃科托普卢	Vokotopoulou
韦尔吉纳综合征	Vergina syndrome	沃萨基	Voutsaki
韦雷米斯	Veremis	沃特豪斯	Waterhouse
韦里亚	Veroia	沃特金森	Watkinson
韦利亚尼蒂斯	Velianitis	沃特金斯	Watkins
韦卢迪斯	Veloudis	乌尔穆西亚迪斯，乔治 Hourmouziadis, Giorgos	
韦尼耶	Vernier		
韦尼泽洛斯，埃莱夫塞里奥斯		乌科，彼得	Ucko, Peter

名词对照表 377

武杜里　Voudouri
物的文化传记　cultural biography of objects
物质表现　material manifestations
物质痕迹　material traces
西安纳托利亚　Western Anatolia
西尔贝曼，尼尔·阿舍尔　Silberman, Neal Ascher
西尔弗曼　Silverman
西加拉斯　Sigalas
西加尼杜，玛丽　Siganidou, Mary
西凯里阿诺斯，安耶洛斯　Sikelianos, Angelos
西凯里阿诺斯，伊娃·帕尔默　Sikelianos, Eva Palmer
西罗亚池　Siloam
西米蒂斯，科斯塔斯　Simitis, Kostas
西莫普洛斯　Simopoulos
希奥托卡斯　Theotokas
希波吕托斯　Hippolytos
希尔，T. L.　Shear, T. L.
希尔，伯特·霍奇　Hill, B. H.
希尔顿　Hilton
希法拉斯　Xipharas
希腊部长理事会　Greek Ministerial Council
希腊东正教　Greek Orthodoxy
希腊复兴（建筑）　Greek Revival

希腊共产党　Communist Party of Greece (KKE)
希腊古典古代　Hellenic classical antiquity
希腊国防部　Geniko Epiteleio Stratou
希腊国家考古博物馆　National Archaeological Museum
希腊国家考古局　Greek Archaeological Service
希腊-基督教　ellinohristianikos
希腊扩大版图　Greater Greece
希腊陆军总部　Genikon Epiteleion Stratou
希腊美国联盟　Greek American Union
希腊民主军　Democratic Army of Greece (DSE)
希腊民主联盟　League for Democracy in Greece
希腊民族解放阵线　National Liberation Front (EAM)
希腊内战　Greek Civil War
希腊农民党　Agrarian Party of Greece，AKE
希腊人的精神　Romiosyni
希腊人民解放军　ELAS
希腊式　Helladic
希腊新闻和旅游部　YTT

希腊性　Hellenicity (ellinikotita)
希腊研究项目　Program of Hellenic Studies
希腊主义　Hellenism
希罗德·阿提库斯剧场　Theatre of Herodes Atticus
希罗多德　Herodotus
希钦斯　Hitchens
希土战争（希腊－土耳其战争）　Asia Minor War
现代社会史档案馆　Archives of Modern Social History (ASKI)
现代性　modernity
现代雅典博物馆　Museum of Modern Athens
现役军人　stratevmenoi
线形文字 B 泥板　Linear B tablet
线性　linearity
宪章神话　charter myth
相互构成　mutual constitution
谢拉德　Sherrard
谢里曼，H　Schliemann, H.
新古典主义　neoclassicism
新希腊主义　neo-Hellenism
兴戈普洛斯　Xyngopoulos
雅典独立媒体（网站）　Indymedia-Athens
雅典古市集遗址　Athenian Agora
雅典考古学会　Athens Archaeological Society
雅典科学院　Academy of Athens
雅典娜和费沃斯　Athena' and Phoivos
雅典娜胜利神庙（无翼胜利女神庙）　Temple of Athena Nike (Wingless Victory)
雅典卫城　Acropolis
雅丁，伊加尔　Yadin, Yigael
雅里斯底德　Aristideses
亚历克索普洛斯　Alexopoulos
亚历山德里　Alexandri
亚历山德鲁，阿里斯　Alexandrou, Aris
亚卢里，埃莱安娜　Yalouri, Eleana
亚卢里斯　Yalouris
掩体式博物馆　shelter-museum
扬　Young
扬纳卡基斯　Yannakakis
扬纳里斯　Giannaris
扬纳斯　Yannas
扬努洛普洛斯　Giannouloupoulos
扬诺普洛斯，佩里克利斯　Giannopoulos, Periklis
耶奥古迪斯　Georgoudis
耶奥古索普洛斯，K.　Georgousopoulos, K.
耶奥加卡斯　Georgakas
耶和华见证人　Jehovah's Witnesses

耶拉多普洛斯　Geladopoulos
伊阿特里德斯　Iatrides
伊庇鲁斯　Epirus
伊拉克利翁　Irakleio
伊拉克利翁考古博物馆　Irakleio Museum
伊莱亚　Elia
伊利达地区专员　Commissioner for Ilida
伊利乌　Iliou
伊利亚德, 米尔恰　Eliade, Mircea
伊瑞克提翁神庙　Erechtheion
伊西翁　Gytheio
伊亚罗斯（岛）　Gyaros
艺术之友协会　Philomousos Etaireia
异时空间　allochronic space
异托邦　heterotopia
因布罗斯　Imvros
音标系统　phonetic system
英戈尔德　Ingold
英格兰遗产委员会　English Heritage
英国外交及联邦事务部　British Foreign Office
英国下议院文化、媒体和体育委员会　House of Commons Select Committee on Culture, Media and Sport

英雄祠　heroon
尤利西斯　Ulysses
尤斯达尼斯　Jusdanis
尤瓦尔 - 戴维斯　Yuval-Davis
友谊社　Philiki Etaireia
有民族意识的人　ethnikophrones
有选择的现代性　selective modernity
原教旨主义　fundamentalism
原物归位　anastylosis
约阿尼纳　Ioannina
约阿尼纳主教梅莱提奥斯　bishop Meletios of Ioannina
约翰霍普金斯大学出版社　Johns Hopkins University Press
在世界之中（的）存在　being-in-the-world
赞贝利奥斯, 斯皮里宗　Zambelios, Spyridon
扎哈里亚迪斯, 尼科斯　Zahariadis, Nikos
扎基西诺斯, D　Zakythinos, D.
扎皮翁宫　Zappeion
詹金斯　Jenkins
詹姆逊　Jameson
詹纳科普卢, 阿格拉娅　Giannakopoulou, Aglaia
真理制度　regime of truth
殖民现代性　colonial modernity

中世纪希腊主义 medieval Hellenism	族群 ethnic group
中央考古委员会 Central Archaeological Council (KAS)	左翼联盟 Coalition of the Left (*Synaspismos*)
主体性 subjectivity	佐安诺斯 Zoannos
柱间壁 metope	佐尔津，尼古拉斯 Zorzin, Nicolas
专题教学 thematic teaching	佐克西亚季斯，基尔科斯 Doxiadis, Kyrkos
兹鲁利亚 Droulia	佐伊斯 Zois
宗教仪式 *leitourgima*	

名词对照表　381

索 引

（索引页码为原页码，即本书边码。脚注为原书脚注，见本书书后注。）

柏拉图学园 196
雅典卫城 59–64，66，248，250，289
　的纪念碑化 87–99
　修建宫殿的规划 108
　的净化 59，62，87–93，98，138，254
　另见雅典卫城博物馆；伊瑞克提翁神庙；帕特农神庙；帕特农神庙大理石雕
雅典卫城博物馆 81，246，259，263–264，285–286
艾加伊城 131，149，160
G. 阿甘本 205
圣索菲亚教堂 108 脚注，136
市集 95，110，111，160，197
农业 38，39，52，174，另见大地
艾斯特拉蒂斯岛 108，209–210，230
亚历山大大帝 112，145–146，150，151
可转让性，见不可转让性
异时性 21，105

"民族大使" 145–146，200–201，297
美国古典研究学院（雅典）40 脚注 4，50，51，110–111，197
P. 阿纳戈斯托普洛斯 82
阿纳菲岛 193
祖先 28，84，101，141，151，294
本尼迪克特·安德森 11，15–16，85，295
马诺利斯·安德罗尼科斯 294–295
　传记 125–127，134–138
　和前南马其顿的争端 131–134，45–46
　和梦 139–142
　作为历史建构主义者 162–167
　和马其顿 127–134
　"大坟冢" 139–162
　作为萨满 162–163，294–295
　对考古学的看法 146–148
　和战争 144–146，164
《安提戈涅》（索福克勒斯）178，228 脚注 19，230，237 脚注

382　　国家及其废墟：希腊的古代、考古学与民族想象

古物：
　作为"民族大使"145–146，200–201，297
　和基督教 65，84，123
　的商品化 4，31，53–54，273–276
　的划定 86，94–95，122，294
　作为防御工事 65–66，87，98，98
　和民族主义 83，120–121，144，293
　的所有权 32，53–54，262–263，281，284，298
　的保护 37–39，79–80，87–88
　的搬走 67，70–73
　的复制品 41–42，212，217–221，223，234–235
　的超自然属性 67–73
　被用作建筑材料 67–68
　的价值 81，107，111，122，211
　另见埃尔金；纪念碑化；帕特农神庙大理石雕；圣物；人格化；象征

古代：
　和民间传统 66–67
　和马克罗尼索斯岛 205，214–231
　的现代性的生产 95–96
　作为世俗宗教 25–26，101
考古记录 62，82，86，122，165，294
　和民族主义 13–14
　考古学家 37–46，101–103，195–196，198–199
　另见马诺利斯·安德罗尼科斯
考古学 35–46
　和历史连续性 102
　在梅塔克萨斯政权统治期间 195–203
　外国研究所 40 脚注 4，48–51，110–111，197
　法律 51–56，62，82
　和马诺利斯·安德罗尼科斯 146–148
　"大坟冢" 135，139–146，148–167
　和民族想象 290–295
　和民族主义 12–15，86，131–134，169–173，292–295
　的角色 19，99–103，165–167
　和战争 41
《考古学期刊》44，82–83，99–100
P. 阿里斯托弗龙 196
艺术 41–44
希土战争 110，125，173，208–209
雅典娜胜利神庙（无翼胜利女神庙）93–94，97
雅典 58–63，83，87–93，105–108
雅典考古学会 44，83，100，110，199

索引　383

《雅典娜报》107–108

巴格达博物馆 270
巴尔干战争 40–41，103–104，208
"日常"民族主义 18
M. 巴尔巴内拉 9
野蛮 41，63–64，78，87–91，231，248
瓦尔特·本雅明 8
霍米·巴巴 270–271
M. 比利格 18
科斯塔斯·比尔卡斯 193
黑色雅典娜争论 270，300
卡尔·布利根 197
血液 121，253，293
躯体：
　集体的 214
　肢解 278，281–282
　人 234–235，293
　和梅塔克萨斯政权 197
　和帕特农神庙大理石雕 234
　行为的亵渎 276–277
　净化 166–167，237
　另见遗骸；民族躯体；对民族完整的怀旧；感官
遗骸 293
　和古代 121
　巴尔干战争的人质 235
　和民族的仪式 18

　的归还 265
　神圣的 157，175
　的二次葬 166–167
　如一具嶙峋瘦骨的苏尼奥角波塞冬神庙 226–227
　英国 253–254，255–256，255，259–260，265，271–272
　大英博物馆 246，251–252，260–263，265–270，272–273，276
《大英博物馆（埃尔金大理石雕）》（诗）272–273
建筑材料 67–69
葬礼 166–167
拜占庭 46，65，89–92
　和希腊主义 109
　和法律 55
　博物馆 47，118
　名誉的恢复 91，112–118，136，197

大炮 98，98
希腊首都 105–108
爱德华·卡普斯 110–111
烧炭党 104
女像柱 247，279–280
艾弗里雅·切莱比 66
审查 178，185，229
中央考古委员会 35–36，42–43，45
庆典，见仪式

喀罗尼亚战役 68，112，115

帕沙·查特吉 20，299

儿童／孩子 82，118，178–189，203

基督教：

 和古物 65，84，123

 和希腊主义 83–84，109，112–119，123，199

 和梅塔克萨斯政权 178，181

 在奥斯曼人的统治下 65，75

 对民间传统的看法 73

教堂 66，73，109

D.E. 克拉克 70–71，72

社会阶级 44，46，75–77

帕特农神庙的"清洁" 260–262，280

可口可乐公司 5–7

C.R. 科克雷尔 72 脚注 8

集体记忆 165

殖民主义：

 和外国研究所 48–51

 和民族主义 19–21，26，31，49

纪念活动，见仪式

商业化，见商品化

商品化 4，31，53–54，273–276

交流：

 与祖先 28，101，141，151，294

 与圣物 39，120

共产党员：

 被视为反希腊的 223，231

希腊共产党 257–258，297

 和梅塔克萨斯政权 173，190–192

 的再教育 207–209，223，237

 和帕特农神庙大理石雕的归还 256，257–258 脚注

 另见左翼公民

民族共同体 15–16，75，78–79，82，121，291

集中营，见阿纳菲岛；加夫佐斯岛；伊亚罗斯岛；马克罗尼索斯岛；特里凯里岛

应征入伍者 23，208–210

君士坦丁堡 6，106，107，113，115

历史的连续性：

 否认 115，192

 在博物馆展出 47–48

 希腊主义 79

 和马克罗尼索斯岛 236

 和梅塔克萨斯政权 192，194–195，198–199

 通过碑文 102

F. 库珀 8 脚注 4

反记忆 235，236

文化传记 12，52，244–245

文物 13，31，105 脚注，244–245，265，290

文化 22–23，55，85

索引 385

提洛岛 220，221
德尔斐 110
德尔斐节 29，196，203
古物的划定 86，94–95，122，294
希腊民主军 207–208
示威 243–244，254
康斯坦丁诺斯·德斯波托普洛斯 57
考古遗址的破坏 54，55，88，92
族裔散居 32，107，123，131，163，289
独裁者 172，173，另见梅塔克萨斯
独裁政权，见梅塔克萨斯政权
基基·迪穆拉 272–273
肢解 268–269，278，279，281–282，284，293–294
　另见对民族完整的怀旧
F.S.N. 道格拉斯 250
基尔科斯·佐克西亚季斯 233–234
戏剧表演 30，57，178，181–185，227–231
做梦 119–120，139–142，140–141，293
G. 德罗伊森 117–118
希腊民主军 207–208

希腊民族解放阵线 207
土地，见大地
教育：
　对考古学家的 45–46
　对孩子的 82，118，179–181，203
　意识形态训练 30，207–211，223，237
　摄影在教育中的使用 186–189
　对博物馆参观者的教育 47–48
　另见外国研究所
埃莱夫西纳（埃琉西斯）70–71，73
埃尔金大理石雕，见帕特农神庙大理石雕
托马斯·布鲁斯·埃尔金勋爵 71，246，250–252，255
埃尔金主义 268–269，281
米尔恰·伊利亚德 162
希腊–基督教 116–117
启蒙运动：
　希腊的 66，79，119
　西方的 76，113
国家青年组织 174，178–189，187
《考古学期刊》44，82–83，99–100
《阵亡将士国葬礼上的演说》（修昔底德）178，194
伊瑞克提翁神庙 66，98，99，199
　女像柱 247，279–280
少数族裔 129，175，190，198，209
欧洲，见西方
发掘 37–39，50–51，54，86
柏拉图学园 196
雅典古市集遗址 110，111
德尔斐 110

阿尔忒弥斯神庙 110
温泉关 169，195，198，202–203
另见韦尔吉纳
展出 / 展览 19，86，93–97，122
作为大使 145–146，200–201，297
马其顿的 161
奥林匹克 42–43
照片记录 212，217–220，233
韦尔吉纳 156–157
另见博物馆；帕特农神庙大理石雕；表演；仪式
流亡 / 流放者 223，291，296
在梅塔克萨斯政权统治期间 192–194，204
和马克罗尼索斯岛 207，208–210，213–214，237
作为流亡者的帕特农神庙大理石雕 279–280
扩张主义 120，174–175

P. 法克拉里斯 131，159–160
雅各布·菲利普·法尔默赖厄 115，116
财政援助 110–111
民间传统：
和古代 66–67
和基督教 73，115
和梅塔克萨斯政权 181，200–201，203
和民族主义 292–293
民间传统中的人格化 69–73，255，278
《致马克罗尼索斯岛》（诗）222–223
外国研究所
考古学的 40 脚注 4，48–51，110–111，197
前南斯拉夫马其顿共和国（前南马其顿）128–134
防御工事 65–66，87，98，98
M. 福柯 17，30，232，233，236
碎片，见对民族完整的怀旧
E.A. 弗里曼 91–92
葬礼 125–126，另见葬礼
雅典娜领袖之门 95
加夫佐斯岛 192
K. 加夫里利迪斯 178，193–194
瓦索斯·乔治乌 192
德国研究所 50，196
德国 12，96，110，196–197，237
D. 格利诺斯 230
全球化 7–8，32，289–290
哥提斯 38–39
古兰德里斯博物馆 54
S. 古尔古里斯 293
伟大理想 53，107，114–115，174，191，192 脚注
希腊考古局 36–37，110

索引 387

西安纳托利亚的希腊陆军 40–41
希腊内战 193，207–209，224，231
希腊东正教，见基督教
伊亚罗斯岛 208，213

伊丽莎白·哈姆林 – 亨特 169–170
R. 汉德勒 22
海登 253
"希腊人" 67，77，107，123
希腊主义：
    和拜占庭时期 55，109
    和历史的连续性 79
    德罗伊森 118
    在梅塔克萨斯政权统治期间 174–176，181
    扩张主义的 117
    和异托邦 85–99
    本土 112–123，136–137，164–165，176，201
    马其顿 117
    和帕特农神庙大理石雕 275
    西方 76–77，80–81，83，121
希腊 – 基督教 116–117
的希罗德·阿提库斯剧场 96
迈克尔·赫兹菲尔德 9，20，105 脚注
异托邦 17，232，236
历史建构主义 162–167，177
历史连续性：

    的否认 115，192
    在博物馆中展出 47–48
希腊主义 79
碑文 102
    和马克罗尼索斯岛 236
    和梅塔克萨斯政权 192，194–195，198–199
J.C. 霍布豪斯 69，250，267 脚注 26
乔治·乌尔穆西亚迪斯 257–258 脚注
意识形态训练 30，207–211，223，237
因布罗斯 134，136，265
不可转让性 31，32，122，275–276，281，283
本土希腊主义 112–123，136–137，164–165，176，201
教化，见意识形态训练
碑文 98，99，101
互联网 287–288
伊斯兰教 65，66，另见奥斯曼人
象牙头像 151
J.E. 杰克逊 22–23
I.Th. 卡克里季斯 66–67
D. 坎布罗格卢 61，62，64
A. 卡内洛普洛斯 179
P. 卡内洛普洛斯 206，214–215
L. 卡普坦佐格卢 92–93
卡普尼卡雷亚教堂 109

I. 卡波季斯第亚斯 53，80，82
安德烈亚斯·卡兰多尼斯 214，224
中央考古委员会 35–36，42–43，45
杀 207，211
希腊共产党 257–258，297
海因里希·冯·克莱斯特 181，182
利奥·冯·克伦泽 59–64，87，93，108
克诺索斯王宫 5，110 脚注，131，287
罗伯特·诺克斯 253
I. 科莱提斯 83 脚注，106–107
I. 科皮托夫 273–274，275
A. 科莱斯 79
古斯塔夫·科辛纳 12
玛丽卡·果多布丽 182–183
康斯坦丁诺斯·库鲁尼奥蒂斯 197 脚注 29
大地 174–175，203，293，85–98，另见农业
语言 101，118，121，163，175
民俗写作 72–73，136，200–201
法律 51–56，62，82
左翼公民 29，207–209，224–225
　希腊民主军 207–208
　反对奥运会 4
　"左翼联盟" 256 脚注 12，298
　另见共产党员
　传说，见民间传统

哈拉·勒纳卡基 38
A. 利昂蒂斯 16–17，293
石灰 67–69
巴伐利亚国王路德维希 59，109

马其顿 117，129，145–146，149，163–164，185
　与前南斯拉夫马其顿共和国的争端 161
　展出/展览 161
　和"大坟冢" 135
　名字 152–153
　另见前南斯拉夫马其顿共和国
马其顿希腊主义 117
杂志 40，135，152，181
　和梅塔克萨斯政权 210，211
　《新政治》179
　《青年》179，185
　《挖掘者》215–216，224
　《抵抗运动》130
马克罗尼索斯岛：
　一年一度的纪念之旅 238–241
　和古代 214–224
　和戏剧表演 227–231
　民族学校 214，215
　和民族主义 212–213
　"新帕特农神庙" 30，206，214，225，235
　的官方文献 215–216，224

和帕特农神庙 206，214–217

作为宣传手段的摄影 217–220

净化 234

的目的 207–211

和古物的复制品 212，217–221，223–225

囚徒的抵抗 212–213，227–231

和配得上古典遗产 234，235

扬尼斯·马克里扬尼斯 74

玛尼半岛 166–167，177

毛利人 281，298

大理石（雕）278，另见帕特农神庙大理石雕

N. 马尔加里斯 225

斯皮利东·马里那托斯 169–171，185，197 脚注 29，198–199

D. 马尔托斯 154 脚注，268–269

物质性 44，79，95，98，101，288–290

和马克罗尼索斯岛 212

和梅塔克萨斯政权 202

和帕特农神庙大理石雕 278，284–285，286

冯·毛雷尔 51，82

中世纪建筑 89–92

中世纪，见拜占庭时期

伟大理想 53，107，114–115，174，191，192 脚注

"大坟冢" 135，139–146，148–167

斯皮罗斯·梅拉斯 214

记忆：

和古物 138

和考古学 54，121

身体的 235

集体的 165

和反记忆 235，236

民间的 69，120，203

历史的 10，65，126

和马克罗尼索斯岛 30，213，231，234–237

和物质性 166

民族的 78–85，195，231，235，294

和帕特农神庙大理石雕 250，275

摄影和 188

和仪式 2，16，18，61

社会的 18，105 脚注，206，212，213，250

温泉关 195

商人 108–109

梅丽娜·梅尔库里 254，256，280

扬尼斯·梅塔克萨斯 134，172，173–174

梅塔克萨斯政权：

和考古学 195–203

和躯体 197

和基督教 178，181

和共产党员 173，190–192

和戏剧表演 178，181–185
和国家青年组织 178–189
流亡 / 流放 192–194，204
民间传统 181，200–201，203
和希腊主义 174–176，181
杂志 210，211
和民族主义 201–204
和对奥斯曼帝国名誉的恢复 197–198
和净化 175
和仪式 203–204
古代的利用 173–195
和女性 182
和配得上古典遗产 172，194，198
米勒特 75
少数 129，175，190，198，209
现代希腊启蒙运动 78
现代性 7，8，15，19，84
和民族主义 95，295
君主制 109，165，178，另见奥托一世
纪念碑化的时间 104–105
纪念碑化 84，104–105
雅典卫城 86–99
人物雕塑的 188–189
和马克罗尼索斯岛 232
"大坟冢" 153–160
古迹 / 古建，见古物
清真寺 88，90，197

雅典娜神庙博物馆 81
现代雅典博物馆 197
博物馆 41，84，199，298
雅典卫城博物馆 81，246，259，263–264，285–286
巴格达博物馆 270
大英博物馆 246，251–252，260–263，265–270，272–273，276
拜占庭博物馆 118
对参观者的教育 47–48
古兰德里斯博物馆 54
安置帕特农神庙大理石雕 246
雅典娜神庙博物馆 81
现代雅典博物馆 197
塞萨洛尼基考古博物馆 154
普世性博物馆 269–270
韦尔吉纳 153–158
毁损，见肢解
迈锡尼 197，198，292
斯特拉蒂斯·米里维利斯 214
神话传说，见民间传统

纳夫普利翁 83，105
名字 8，19，77–78，175
古典地点 82，163
在马其顿 152–153
的再利用 65
民族躯体 32，296
作为民族躯体一部分的古物 121

索引 391

的肢解 268，278，284

和民族主义 282

的净化 237

民族想象 290–295

希腊民族解放阵线 207

民族记忆 78–85，195，231，235，294

民族学校（马克罗尼索斯岛）214，215

民族主义 10–19，289，300–301

 和古物 83，120–121，144，293

 和考古学 12–15，86，95–97，131–134，169–173，292–295

 在马克罗尼索斯岛的 212–213

 "日常" 18

 和殖民主义 19–21，26，31，49

 和马诺利斯·安德罗尼科斯 136–138

 和民族躯体 282

 和种族主义 253

 和梅塔克萨斯政权 201–204

 作为宗教的 16–17，85

 和宗教 84–85，114–115

 和仪式 17，18

 和旅游业 18–19

民族化 16–18，23

《新政治》（杂志）179，185 脚注 19

《青年》（杂志）179，185

《新国家》（杂志）170，178–179，185

I. 里佐斯－内鲁洛斯 112，115

"新帕特农神庙" 30，206，214，225，235

纽约世界博览会 200–201

对民族完整的怀旧 32，84，119，268–269，277，280，296

归乡 280

奥德修斯 287–288

G. 奥伊科诺穆 198–199

奥林匹亚 196

奥林匹克 1–7，42–43，96

反对，见反抗

马克罗尼索斯岛惩教机构组织 209–210

东正教，见基督教

希腊国王奥托一世 58–63，105–106，108，114

奥斯曼人 75–78

 和基督教 65，75

 和帕特农神庙大理石雕 249–251

 梅塔克萨斯政权期间的名誉恢复 197–198

 对古代神庙的利用 66，98

所有权：

 古物的 32，53–54，298

 帕特农神庙大理石雕 262–263，274–275，277，281，284，298

另见不可转让性

宫殿 / 王宫 108，135，141，153，197
复兴 84，另见复活
全景监狱 30，233–234，291
　康斯坦丁诺斯·帕帕里戈普洛斯 115–116，117，132，171 脚注 3
帕特农神庙：
　和马克罗尼索斯岛 206，214–217
　内的清真寺 88
　作为全景监狱的 30，233–234，291
　重建 59
　复制品 220–221
　作为象征的 225，277
　被用作教堂 66
　另见"新帕特农神庙"；帕特农神庙大理石雕
帕特农神庙大理石雕 31，32，243–286
　和安德罗尼科斯 143
　和英国 254，255–256，259–260
　"清洁" 260–262，280
　为让大英博物馆归还帕特农神庙大理石雕而举行的示威游行 243–244，254
　和希腊主义 275
　的历史 247–253

　和法律 52–53
　所有权 262–263，274–275，277，281，284，298
　的人格化 69–70，121，255，277–281，297
　作为囚徒的 278–279，297
　作为遗产象征的 254–256，274
泛希腊社会主义运动党 49，241，256
伯罗奔尼撒战争 57
《彭忒西勒亚》（冯·克莱斯特）181–184
普通人：
　和古物 64–74，199，200
　与过去交流 119–120，141–142，151
　和马克罗尼索斯岛 224
　和梅塔克萨斯政权 177–178
　和民族主义 28
　和帕特农神庙大理石雕 267–268
　另见左翼公民
表演 / 演出 30，57，178，181–185，227–231，234
　另见仪式
伯里克利 178，248
发掘许可 11，36，50–51，109
波斯人 248
古物的人格化：
　雅典卫城 62

索引　393

祖先遗骸 121

帕特农神庙 30，233–234，291

帕特农神庙大理石雕 69–70，121，255，277–281，297

马其顿国王腓力二世：

"大坟冢" 131，139–140，143–145，151–152

名誉的恢复 117，132

《菲罗克忒忒斯》（索福克勒斯）227–228

艺术之友协会 79–80，86

照片记录 29，93–98，212

在马克罗尼索斯岛 212，217–220，233

和教育 186–189

基里亚科斯·皮塔基斯 102，107

脚注 37，115 脚注 47

诗 222–223，226，272–273

利诺斯·波利蒂斯 214

N. 波利蒂斯 70，71–73

污染 64，89，215，234，260–261，290–291

另见净化

波罗斯岛 74

苏尼奥角波塞冬神庙 222–223，226–227

实证主义 100

后过程考古学 12

古物的保护 37–39，78–82，87–89

拜占庭 109

奥斯曼 92–93

另见博物馆

囚徒／囚犯：

作为囚徒的帕特农神庙大理石雕 278–279，297

政治的 191–194，209–212，215–216，220–225，233，235

马诺利斯·普里马基斯 225–226

宣传：

马克罗尼索斯岛的摄影 211–212，217–220

墓地壁画 159，165

山门 89–90，91–92

净化：

雅典卫城的 59，62，87–93，98，138，254

马克罗尼索斯岛的 234

躯体的 166–167，214

考古学家进行的 101–102

被占领地区的 41，138

在梅塔克萨斯政权统治期间 175

景观 85–98

语言 163，175

和摄影 93–94

伊庇鲁斯王皮洛士 149

种族主义 253

历山德罗斯·兰加维斯 61，62，

132

L. 拉夫托普洛斯 226，229

再造 59，86，93–95，102，175

再教育 207–209，223，237

名誉的恢复：

    拜占庭 27，91，112–118，123，136

    腓力二世和亚历山大大帝 132

    另见再教育

宗教：

    古希腊的 118

    基督教 65，85，109

    伊斯兰教 65，66

    和民族主义 16，84–85，114–115

    世俗的 16–17，25–26，39–40，101

    搬走古物 67，70–73

悔过书 211–212，224–225，233

复制品 10

    已鉴定 41

    展出的 200

    和马克罗尼索斯岛 212，217–221，223–225

马其顿共和国，见前南斯拉夫马其顿共和国

反抗 17–18，178，207，227–231

文物归还 13，31，105 脚注，245，265，294，296

复活 84，93，120–121，237 脚注，153

仪式：

    认证仪式 167

    和希腊主义 57，62，63，87

    和马克罗尼索斯岛 211，234

    马诺利斯·安德罗尼科斯和考古学 126–127，138，148，162，166–167

    和梅塔克萨斯政权 203–204

    和民族主义 17，18，79，85

    另见表演／演出；净化

约翰·D. 洛克菲勒 111

C.P. 罗多卡纳基 223

罗马遗址 38–39

"罗马人" 75，77

路德维希·罗斯 67–68，87，93

史蒂文·朗西曼爵士 214

Ch. 萨特索格卢–帕利亚德利 160

圣物 63，82，194，293

    "大坟冢" 142–144

    帕特农神庙大理石雕 276

    作为圣物的石碑碑文 101

    神明显灵 119–121

卡尔·弗里德里希·申克尔 108

学校 48–51，另见教育

詹姆斯·斯科特 229

雕塑，见帕特农神庙大理石雕

世俗宗教 25–26，39–40，101

沉淀 195，275

乔治·塞弗里斯 122，134，297 脚注 5
自我监视 30，233
感官 9，146–148，163
马诺利斯·安德罗尼科斯的萨满教 162–167，294–295
A. 西凯里阿诺斯 29，196
西罗亚池 214
独特化 31，273–274，283
考古发掘遗址 37–39，54，86，另见韦尔吉纳
《挖掘者》（杂志）215–216，224
斯拉夫人 115–116，161，163，175，190
　另见前南斯拉夫马其顿共和国
士麦那 27，34，123，125
社会阶级 44，46，75–77
艺术之友协会 79–81
士兵：
　作为士兵的考古学家 40–41
　应征入伍者 23，208–210
　洗劫波罗斯岛 74
苏尼奥角波塞冬神庙 222–223，226–227
斯巴达 57，83，169–171，176–177，191，195
国家考古局 36–37，45，82
国家考古学家 37–40
A.L. 斯托勒 295

石碑碑文 98，101
韦尔吉纳太阳或韦尔吉纳之星 131
古物的超自然属性 67–73
监视：
　考古学家 196
　被西方 82，262，291
　西方对希腊人的 82
　马克罗尼索斯岛 231–237
　地图 19
　自我监视 30，233
戴维·萨顿 153，253 脚注
象征 78–80，122
躯体 214
遗骸 121
可口可乐公司 6
希腊独立战争 104–105
"米诺斯"双刃斧 179，185
帕特农神庙 225，254–256，274，277
苏尼奥角 226–227
韦尔吉纳太阳或韦尔吉纳之星 131，161
温泉关 195
独立战争 104
"左翼联盟" 256 脚注 12，298

阿尔忒弥斯神庙的发掘 110
雅典娜胜利神庙（无翼胜利女神庙）93–94，97

396　国家及其废墟：希腊的古代、考古学与民族想象

苏尼奥角波塞冬神庙 222–223，226–227
《信息》（诗）226，229
希罗德·阿提库斯剧场 96
剧场／剧院 68，152，181，228
　　希罗德·阿提库斯剧场 96
　　马克罗尼索斯岛上的 218
　　另见表演／演出
M. 塞奥佐拉基斯 210，238
塞奥菲洛斯 201
温泉关 78，169–172，195，198，202–203
赫菲斯托斯神庙 59，66
塞萨洛尼基 116 脚注 47，125，134–135，152
第三希腊文明 28–29，175–176，186，191
色雷斯 41，134
修昔底德 178，194
时间 146
　　异时性 21，105
　　历史时期 45–46
　　纪念碑化的 104–105
　　"希腊人"的时间 67，104
　　"希腊人"的时间 67，104
《抵抗运动》（杂志）130
《致苏尼奥神庙》（诗）222
《论坛报》39，135，136，159–160
坟墓见"大坟冢"

酷刑 211，212，213–214，217，235
旅游业 18–19，47–48，198，201
宝藏 140–141
布鲁斯·特里格 19
特里凯里岛 210
F. 萨利科格洛 278–279
康斯坦丁诺斯·察佐斯 214

冥府 142–143
联合国教科文组织 153，256，262
普世性博物馆 269–270
大学 45–46
乌托邦 17，另见异托邦；第三希腊文明

古物的价值 81，107，111，122，275
T.Th. 韦利亚尼蒂斯 80
凯瑟琳·维德里 144
韦尔吉纳 129–131，135，268
　　博物馆 153–158
　　太阳或之星 131，287
　　另见"大坟冢"
圣母玛利亚 119–120，123，143 脚注，199，202，249
视野 119–120

战争：
　　和考古学 41

索引　397

希土 110，125，173，208–209
巴尔干 40–41，103–104，208
西安纳托利亚的希腊陆军 40–41
希腊内战 193，207–209，224，231
和马诺利斯·安德罗尼科斯 144–146，164
伯罗奔尼撒 57
特洛伊 180，181
独立战争 77–78，103–104，114
独立战争 77–78，104，114
西方 11，75，82，113
　作为蛮族 64
　对古物的需求 96–98
　在希腊的发掘 109–112
　希腊主义 76–77，80–81，83
　反对对雅典卫城的净化 91–92
　作为古典遗产的合格继承者 8，122，253
女性：
　考古学家 195–196

流亡 / 流放者 209，210
　和梅塔克萨斯政权 182
囚徒 / 囚犯 225
二次葬 167
配得上古典遗产 77，82，291
　和英国 253，262
　和马克罗尼索斯岛 234，235
　和梅塔克萨斯政权 172，194，198
梅塔克萨斯政权下的青年 178–189
南斯拉夫 11，另见前南斯拉夫马其顿共和国

尼科斯·扎哈里亚迪斯 191，192，195 脚注
D. 扎基西诺斯 185–186
斯皮里宗·赞贝利奥斯 116–117
扎皮翁宫 212，220，233
奥林匹亚宙斯神庙 69，186
A. 佐伊斯 48，159 脚注 23